AF241125

AUGUSTIN COCHIN

1823-1872

SES LETTRES ET SA VIE

Avec une introduction et des notes

PAR

HENRY COCHIN

« ... Il était de ceux qui donnent envie d'aimer
ce qu'ils aiment et de croire ce qu'ils croient... »

A. DE PONTMARTIN.

TOME II

PARIS
LIBRAIRIE BLOUD & GAY
3, rue Garancière
1926
Tous droits réservés

AUGUSTIN COCHIN

1823-1872

SES LETTRES ET SA VIE

AUGUSTIN COCHIN

DANS LA DERNIÈRE ANNÉE DE SA VIE

(d'après une photographie)

AUGUSTIN COCHIN

1823-1872

SES LETTRES ET SA VIE

Avec une introduction et des notes

PAR

HENRY COCHIN

« ... Il était de ceux qui donnent envie d'aimer
ce qu'ils aiment et de croire ce qu'ils croient... »

A. DE PONTMARTIN.

TOME II

PARIS
LIBRAIRIE BLOUD & GAY
3, rue Garancière
1926
Tous droits réservés

IL A ÉTÉ TIRÉ DE CET
OUVRAGE 25 EXEMPLAIRES
SUR PUR FIL LAFUMA NU-
MÉROTÉS DE 1 A 25

AUGUSTIN COCHIN

1823-1872

X

La correspondance est active entre Rome et Paris.

A Paris la rentrée de Thiers et sa réapparition à la tribune sont les événements du jour. Tous les esprits sont tournés vers la Chambre, ce qui ne s'était pas vu de longtemps.

A MONSEIGNEUR DUPANLOUP

Paris, 2 janvier 1864.

Je veux que le courrier de demain emporte pour vous mes souhaits les plus tendres et les plus respectueux. Monseigneur Place (1) m'a causé une grande joie en m'apprenant que vous étiez mieux, beaucoup mieux ; que j'aimerais à être sûr que ce progrès s'est raffermi, que Rome vous a fortifié. Rome est bien la frange de la robe du Sauveur dont le contact guérissait. Pour moi, et je dirai, *pour nous*, l'opportunité imprévue de votre présence là-bas a été un signe visible de la protection de Dieu sur nos efforts : vous avez obéi à un instinct qui ne vous a pas trompé. Tout est-il calmé ?

Le *Moniteur* vous portera le petit mot prononcé hier par l'Empereur pour rassurer l'Europe ; ce qui tombe de ses

1. Alors auditeur de rote.

lèvres ne persuade plus personne, et la crainte d'une guerre dans le courant de l'année est générale. Les événements, toujours mystérieusement favorables à notre souverain, lui ont apporté la question du Danemark, pour le tirer de l'isolement où il s'était placé, confirmer la pensée du Congrès, détourner les esprits de la politique intérieure, forcer l'Angleterre à se rapprocher. Or toutes les fois que l'Angleterre lie son jeu au nôtre, cela n'est jamais bon pour le Pape. La moindre imprudence de conduite ou de langage, tombant du Vatican à l'heure qu'il est, serait saisi comme un prétexte, tandis qu'on espère que, dans l'adresse, on ne parlera pas de Rome.

C'est l'espoir de M. Thiers. Vous avez dû être satisfait de sa rentrée oratoire, très modeste et par cela plus habile. Elle a établi trois choses : que ce grand orateur pouvait prendre possession de l'attention de la Chambre, que la Chambre entendait s'occuper des finances, et que l'extrême-gauche s'isolait et se divisait ; trois bons résultats. Notre ami a été très remonté par cet effet, et il est plus en veine que jamais. Vous feriez bien de le féliciter, si vous ne l'avez déjà fait.

L'absence de ma belle-sœur Saint-Maur (arrivée hier) ne m'a pas permis de recevoir à temps le mot par lequel vous me demandiez des notes sur l'affaire des Dominicains. J'ai inséré dans le dernier *Correspondant* un court article, au nom de toute la rédaction ; veuillez le lire, et le faire lire, si vous pouvez, aux Pères Jandel, Gigli et Modena (1). Il serait bien utile que les Évêques tinssent bon sur un point si grave. Passer condamnation, c'est remettre à M. Duruy la clef de tous les collèges libres, auxquels nous devons la moitié au moins des chrétiens de vingt ans. Je pourrais faire sur le même thème et avec d'autres arguments encore ce que vous voudriez. Je pourrais aussi publier mon petit article avec une lettre de vous.....

Au Comte de Falloux

Paris, 6 janvier 1864.

... Vous avez été content de ce que j'ai dit pour les Dominicains dans le dernier numéro, j'en suis bien heureux ; je

1. Général des Dominicains, et religieux de l'ordre.

croyais que vous étiez à la commission de 1849, comme ministre, pas comme président ; je me suis trompé, et c'est pour moi l'occasion de vous demander s'il ne serait pas temps bientôt de publier les procès-verbaux de cette commission? Ce serait du plus grand intérêt (1).

Vous avez dû être charmé aussi de l'article de M. de Meaux et de celui de M. de Gaillard. Quel dommage que ce dernier ne prenne pas la direction du recueil ! Nous nous réunissons samedi chez M. de Vogué pour régler l'entrée de Lavedan, comme secrétaire de la rédaction, chargé des chroniques, en laissant à Douhaire sa revue littéraire comme retraite, un peu mieux rétribuée que la simple rédaction. J'espère que cela se fera sans difficulté, cependant non sans résistance.

J'ai lu le travail de M. Naville (2) ; il m'a infiniment plu, et cependant, c'est un portrait par un peintre qui n'a jamais vu le modèle et ne l'a qu'à moitié deviné. Certaines pages sont froides, et sentent la politesse plutôt que la tendre admiration. D'autres, à la fin surtout, sont touchantes, élevées, pures. Que Dieu nous donne de pareils protestants pour comprendre, et de telles âmes pour les attirer !

Je ne puis vous dire rien de précis sur les dispositions de vos confrères, en ce qui touche l'élection Vigny. Cependant, M. Thiers et M. Mignet restent fidèles à M. Autran. Dès lors, si votre bataillon reste compact, vous disposerez du vote. Mais il importe que vous veniez d'avance. Je *subodore* comme dit Molière, que le P. Gratry, pressé d'entrer à l'Institut par une porte grande ou petite, va se tourner vers la succession de M. Saisset. Je crois qu'il aura tort pour lui, peut-être pour moi. Mais ce n'est pas à moi à le déconseiller, ni à l'entraver surtout.

De Rome, les dernières nouvelles sont bonnes. L'orage paraît apaisé. Le Saint-Père a déclaré qu'il ne traiterait jamais Montalembert que comme le meilleur de ses fils. L'Évêque d'Orléans est là par un coup de Providence ; sa santé est beaucoup meilleure.

Ici, vous verrez par le rapport de M. Larabure au Corps législatif, que le ton politique se relève un peu. M. Thiers est très en verve et M. Berryer aussi. Ils ne croient pas à la guerre;

1. Ils ont été publiés en partie par M. Ch. de Lacombe en 1899 (Librairie Téqui) ; mais en partie seulement.

2. Ici commencent les relations d'A. C. (plus tard très intimes) avec le philosophe genevois Ernest Naville. Il s'agit ici de ses travaux sur Maine de Biran.

et pourtant ce sera le soulagement à ses embarras extérieurs
que l'Empereur sera naturellement tenté de chercher si
l'Angleterre s'y prête. On a beaucoup parlé hier d'un complot
contre le souverain, partant de mains italiennes. Un complot
manqué viendrait bien mal à propos. Espérons que ce crime
est faux, mais le bruit sert, dans la masse de ceux que Tacite
appelait *tepidi et trepidi*.....

Mᵐᵉ Cochin, comme on l'a vu, passait dans le midi avec ses
derniers enfants, les mois d'hiver cette année-là.

A Madame Augustin Cochin

10 janvier 1864.

... Dites à votre père que M. Berryer a eu le plus grand
succès ; il a tenu pendant une heure sous sa parole, la Chambre captive et le gouvernement terrassé ; pas de violence,
pas d'injure ; élévation logique, ampleur, et à la fin un
retour mélancolique sur sa patrie et sur lui-même, du plus
saisissant effet. Cet illustre athlète qui avertit sans menacer,
s'afflige sans désespoir, et se lève, à la fin de sa carrière, plein
des mêmes généreuses passions qui ont animé sa jeunesse et
soutenu sa vie, rien de plus beau, et l'impression a été solennelle.

M. Vuitry (1), avec son habile flexibilité de langage, n'a
pu résister, et ses aveux ne pouvaient offrir un dédommagement suffisant à la ruine de nos finances dans les résultats de
la guerre d'Italie. Ollivier a fort bien parlé ; il se sépare de
plus en plus de Guéroult, et le Gouvernement, en lui opposant M. Calley Saint-Paul, ne se servait pas d'un bien noble
soldat. On dit que l'Empereur est très troublé. On dit même
que le soir de l'élection, il était à table, lorsqu'elle fut apprise.
et il fit passer à l'Impératrice ce mot : « Voilà le résultat de
votre Mexique » — elle écrivit dessous : « Non, c'est le résultat de votre 24 novembre (2). »

Tels étaient les propos du jour sur les influences régnantes aux
Tuileries. On attribuait, on ne sait trop pourquoi, à l'action de
l'Impératrice, l'expédition du Mexique. Il est plus probable qu'elle
avait peu de faveur pour les tendances libérales où l'influence
de Morny avait d'abord engagé l'Empereur.

1. Ministre des Finances.
2. Voir les lettres de la fin de 1863.

Toute l'attention était tournée vers le Corps législatif. Le 8 janvier ç'avait été le discours de Berryer ; — ensuite celui d'Ollivier ; — le 11 celui de Thiers.

12 janvier 1864.

L'événement du jour est le discours de M. Thiers, lisez-le avec soin ; c'est un programme qui aura dans le pays, un immense retentissement. Le spectacle de la vie publique commence à passionner les esprits, et l'opinion, cette souveraine anonyme, se dresse, grandit en face du souverain couronné. M. Rouher a répondu avec talent, mais toujours avec ce triple argument : 1° vos gouvernements sont tombés ; cela revient à dire que nous sommes tous mortels, car l'Empire, la Légitimité, le gouvernement parlementaire, la République sont tombés ; 2° nous sauvons la France de la Révolution ; oui, en surexcitant toutes les passions révolutionnaires ; 3° nous avons fait le libre échange et la campagne d'Italie. Ces cadeaux ne sont plus prisés très haut !

M. Jules Favre a marqué la dissidence de la gauche extrême, et tant mieux si elle s'isole. Ce sont de grands pas en avant. Il est certain que le discours de M. Larabure que vous avez remarqué a été inspiré par M. Fould qui lui a dit : « donnez-moi des coups de bâton, aidez-moi à résister ».

Tandis que la parole publique renaissait en France avec tant d'éclat, Augustin Cochin, auquel le silence pesait plus qu'on ne peut dire, s'occupait avant tout cependant à consoler ses grands aînés vaincus.

AU COMTE DE MONTALEMBERT

12 janvier 1864.

Puisque mon écriture vous fait plaisir, je voudrais vous écrire tous les jours ; je voudrais tant vous aider à sortir de cette tristesse dont vous me parlez ! De grâce secouez-la de toutes vos forces. Entrer dans la tristesse, avant d'entrer dans la vieillesse? — Mais c'est abréger soi-même sa vie. Les pères comme nous n'ont pas le droit d'être tristes ; nous devons porter ceux qui nous entourent. Dieu vous a-t-il donc trompé? Vous a-t-il promis que la vie était un lieu de plaisance? Je vous comprends bien ; votre fille n'est plus là ; votre carrière n'est plus là ; le clairon sonne et vous êtes loin de la mêlée ; je fais la part de ces chagrins secrets dont nous

portons tous une lourde provision. Pourtant, vous n'avez
encore perdu ni une affection, ni une faculté, ni un principe,
ni l'honneur, ni la fortune. Courage donc et confiance : Je
vous raisonne, je vous sermonne ! A quoi bon ! Pourquoi le
chagrin de nos amis n'est-il pas une plaie dont on puisse
sucer le venin ? Comme je collerais de bon cœur mes lèvres
sur la vôtre ! Je ne puis rien que vous plaindre et vous crier :
Spes contra spem.

Vous aurez lu avec passion le discours de M. Thiers après
celui de M. Berryer. L'effet du discours de M. Thiers a été,
est et sera immense. Il est roi de France, vrai roi, puisque
l'opinion est reine et qu'il la domine en ce moment. M. Rouher
a répondu, non sans talent, mais n'ayant qu'à changer de
sauce les trois éternels arguments : «Vous êtes tombés, nous
avons fait la guerre d'Italie, et nous avons désarmé les
rouges. » Or, au premier argument, le second réplique, car la
guerre d'Italie a mis les révolutions, qu'on se vante d'avoir
enchaînées, en branle et en mouvement. Quels pas en avant !
et quelle lanterne flamboyante l'Empereur a accrochée dans
ses ténèbres le jour où il a imaginé le décret du 24 novembre !
Il prépare sans doute en ce moment une réponse à l'adresse ;
il va dire : « on me pousse à préférer mon repos aux périls
de la France, à m'abriter en l'exposant. Je me dévoue à
garder le pouvoir ! » — Mais peu à peu l'esprit français
s'éclaire et il marche. Dieu veuille que ce mouvement régulier se prononce et s'affirme.....

Croiriez-vous que je vais samedi à Bruxelles présider un
banquet de 300 couverts pour l'inauguration d'un cercle de
jeunes gens? Impossible de refuser, et je m'exécute ! — Puis
à la fin du mois, le 29 ou le 30, j'irai rejoindre mes chers
exilés. Serez-vous arrivé alors?

A Madame Augustin Cochin

15 janvier 1864.

M. Thiers a parlé hier admirablement, et M. Rouher,
(qu'on appelle « Démosthènes » pendant les cailloux), ne
répond plus qu'en colère et par la terreur. Quel malheur que
l'extrême-gauche ajoute les excès de la violence toutes les
fois qu'apparaît la raison. Pourquoi M. Thiers et M. Berryer
ne sont-ils pas seuls, la main dans la main? la lumière se

ferait. Toutes les fois qu'ils éclairent, un Favre ou un Havin incendient, — et on recule !

16 janvier 1864.

M. X..., bien aimable d'ailleurs, ne m'a parlé que de ses maisons, que de ses loyers, des raffinements du bien-être dans les hôtels nouveaux, où il y a de l'eau chaude dans l'écurie, du parfum dans le closet, une fumigation sous le linge sale, des marbres, des glaces, de la soie dans les anti-chambres, de l'or partout ! La Richesse ! quelle divinité ! que d'adorateurs ! On me racontait qu'une dame amenant dans un salon un charmant petit chien que tout le monde caressait et admirait, un enfant terrible dit : « Maman, comme on est bon pour ce petit chien, il doit être bien riche ! » — Tant de soie n'empêche pas la douleur et la mort.

Au Comte de Falloux

S. D. — janvier.

Je vois bien que je serai parti quand vous arriverez et cela me désole. Mon enfant va mieux à Alais, cependant pas assez bien pour que je me dispense de lui faire passer encore six semaines à Cannes, et sa mère me presse de venir les chercher pour les conduire là. Je vais partir à la fin de la semaine prochaine.....

... Vous devez être comme un vieux cheval de bataille qui frémit à l'attache en entendant sonner le clairon. M. Berryer ! M. Thiers ! quelle magnifique rentrée, quels pas en avant ! Mais quel malheur de les voir flanqués et outrés par l'extrême-gauche, ce qui permet à l'Empereur de faire agiter le spectre rouge par le pesant Rouher..., et de faire passer à travers une soutane également rouge des admonestations pieuses. L'opi-nion est réveillée par une lumière si vive qu'elle en voit trente-six mille chandelles, et elle se tortille et s'effarouche. Mais peu à peu elle s'y fera. Si au moins les meneurs de Paris avaient une once de bon sens et présentaient Dufaure et Casimir Périer et non pas les Carnot, ou les Pyat, ou les Garnier Pagès ! C'est 1848 qui a fait l'Empire, et le refait sans cesse.

... Galitzine (1) me dit que vous pensez à publier les lettres

1. Le prince Augustin Galitzine, exilé de Russie comme catholique, familier de Falloux.

du Père Lacordaire. Je crois que cela viendrait très bien. La renaissance de la vie publique distrait trop les écrivains pour qu'ils soient prêts à produire. Nul livre ne distraira l'attention, et, après l'adresse, la curiosité excitée n'aura plus d'aliment.

A Rome, une lettre du 2 janvier de l'Évêque dit que tout s'apaise. Cependant on prétend que votre voisin de Poitiers(1) prépare un manifeste anti-libéral qui serait publiquement approuvé de là-bas. Avez-vous quelque moyen de le vérifier?

Il s'applique à tenir au courant Montalembert des incidents quotidiens qui peuvent l'intéresser. Mais il est une sorte de choses par contre dont ses grands amis doivent le tenir lui-même au courant : les attaques des adversaires catholiques. Il se garde de les suivre et préfère bien les ignorer. — Il reprend d'ailleurs sans cessse son office de consolateur.

Au Comte de Montalembert

janvier 1864.

... Je ne me doutais pas de ce que vous m'apprenez. Envoyez-moi le numéro du *Monde*. Comme je suis heureux de ne pas le lire !

Mettez-vous trois mois au même régime : — « *Est Dominus qui me judicat.* » — Les autres juges m'importent peu.

Je n'ai pas pu aller à Bruxelles à cause de la mort de Mme Jaubert, mère de ma belle-sœur, et aussi d'un gros rhume ; j'irai au printemps. M. Dechamps n'a nulle envie de demander une dissolution comme les journaux le prétendent. Avoir un ministère modéré, dont ils seront les modérateurs, voilà ce que les catholiques doivent préférer au pouvoir. Dissoudre la Chambre, ce serait lever l'armée de l'émeute.

Comme je regrette de ne pas vous voir à votre arrivée pour vous prêcher très tendrement de nouveau. Quoi ! C'est à moi que vous adressez les gémissements de l'ambition déçue, injustement déçue ! Cher ami votre célébrité survit à votre rôle. Vous n'êtes plus, mais vous avez été. Que diront donc ceux qui ne peuvent pas être, et mourront sans avoir paru? Vous avez la meilleure part. A quoi bon comparer? Prenons la vie comme elle est, et la croix comme l'arme parlante des hommes. — Il me semble que je puis chanter ce refrain :

Ça commence à vous ennuyer?
Eh ! bien, je vais recommencer !

1. Mgr Pie.

La santé toujours chancelante de son second fils le force à envisager pour les siens un séjour dans le midi. Après un court séjour aux Forges d'Alais auprès de ses beaux-parents, il conduit son monde à Cannes, d'où il envoie à Falloux des nouvelles d'un ami qui lui est cher le Dr Allard, alors gravement malade, et de divers hivernants.

Au Comte de Falloux

Cannes, 19 février 1864.

Je vous envoie non seulement des nouvelles de ma femme et de mon enfant, qui se trouvent à merveille de l'influence de ce beau climat, mais aussi un bulletin du Dr Allard, qui n'est malheureusement pas aussi favorable. Je suis allé hier à Nice, puis à Villefranche, où dans une gentille maison entourée d'orangers, baignée de soleil, j'ai trouvé votre pauvre ami, courageux, plein d'espoir, mais vraiment dans un état qui est effrayant ; il tousse à chaque mot, il est maigre et courbé, on le porte, il a la fièvre la nuit. Sa femme est bien inquiète. Pour lui, il prétend que l'été le remettra, il ne se croit pas phtisique, et surtout son âme ardente n'est occupée que de l'action, que du bien. Il voulait m'entretenir de la transformation d'un hôpital inutile, qui est sous ses fenêtres ; il a tout un projet, et, s'il se réalise, il promet d'être le médecin gratuit ; ce serait une maison de santé pour les artistes, médecins, écrivains, ouvriers, atteints de maladies de poitrine. Il a fait venir le maire et nous avons discuté toute l'affaire ; il nous encourageait de son regard enflammé, et cette heure lui a du moins apporté quelque joie. Je tâcherai de donner suite à son projet, offrant de bon cœur à Dieu ma petite peine pour le rétablissement de ce pauvre docteur, mais avec bien peu d'espoir. Il vous aime beaucoup et c'est une raison de plus pour que je l'aime.

Je puis aussi vous parler de M. Cousin, l'ermite d'un bois d'orangers où les petits oiseaux respectent son costume indescriptible ; — ses gestes doivent les effaroucher un peu. J'ai trouvé sa santé très bonne, quoi qu'il en dise ; et j'ai été charmé comme toujours, de ses éloquentes conversations, m'apercevant toutefois avec peine que la conclusion de ses longues méditations philosophiques l'approche plus de l'impérialisme que du christianisme. Il doit être poussé sur cette pente par son confrère en asthme et en littérature, M. Mérimée, lequel

sort tous les jours sous ma fenêtre, escorté de deux vieilles
Anglaises ; il porte un arc, elles portent des flèches, et les unes
courant après l'autre, on s'en va à deux kilomètres ; l'académicien tire alors les flèches, les vieilles dames ramassent,
puis on s'en revient en même équipage, suivi de plus ou moins
de badauds ; cet exercice détend les bras du malade, les jar-
rets des auxiliaires, les langues des témoins.

Il n'en demeure pas moins généralement établi que les
philosophes aiment la liberté, que les critiques sont les maîtres du bon goût, et que nous seuls, dévots, nous sommes
ridicules et trembleurs. Je ne nie pas, cher ami, que je ne
tremble un peu, pour ma part, en ce moment, en songeant
à ce qui va sans doute se passer à Rome. Il me revient des
échos de ce que Mercier de Lacombe apporte d'impressions
pénibles ; Monsell m'écrit dans le même sens. Nous aurons à
réfléchir mûrement à ce que nous aurons à faire, si Rome se
jette dans quelques déclarations intempestives ; attendons
et voyons d'avance dans les fautes évitées un signe de Dieu
qui protège, et dans les fautes commises un signe de Dieu qui
précipite des événements, qu'en effet je ne voudrais point
voir se prolonger autant que ma vie. Cela et bien d'autres
raisons me portent à désirer que vous donniez le plus grand
soin à l'introduction aux lettres du P. Lacordaire. Avez-vous
assez de forces pour y travailler ? Etes-vous bientôt prêt ?

Il a laissé les siens à Cannes et repris la vie de Paris. Le dialogue
reprend.

A Madame Augustin Cochin

26 février 1864.

... J'ai reçu votre lettre du 24 ce matin, et vous n'aurez la
mienne que le 27. Nous ne pouvons nous flatter de nous donner
la réplique, et de correspondre aux impressions l'un de l'autre. Nos cœurs se croisent sans se rencontrer. Aussi j'espère
que vous n'êtes plus triste ; votre lettre sent le brouillard et
la solitude. Ces froides influences me glacent aussi, mais je
me débats de mon mieux, quoique je sois à Paris, le lieu des
ambitions et des convoitises. Non, ne soyons pas tristes,
puisque nous sommes exceptionnellement heureux. Le bonheur triste serait le bonheur ingrat. Puis, soyons gais pour
nos parents qui vieillissent, et pour nos enfants qui grandis-

sent ; vieillesse et enfance ont besoin de gaîté. Voilà de belles
maximes ! Ce qui ne m'empêche pas de me traîner très mé-
lancoliquement sur les trottoirs, et hier je devais sortir le soir,
je suis resté au coin de mes tisons, dont les étincelles me parlent ; puis j'ai pris le *Correspondant*, où j'ai trouvé d'admirables pages du P. Lacordaire et de Mme Swetchine. Quelles
âmes ! quelle langue ! Je vous les envoie ! Cela vous fera plus
de bien que le lactate de fer, et vraiment c'est aussi du lait et
du fer : liquidité, solidité.

27 février 1864.

... J'étais entre 6 et 7 chez Mme de Forbin ; elle est bien
grippée. Elle m'a raconté que Mgr Chigi lui a fait une violente sortie contre moi, à cause de ma lettre à la *Civiltà* (1).
Figurez-vous que cette lettre écrite de la Roche-en-Brény
au Père Ballerini, dans les vues les plus conciliantes, lettre à
laquelle il avait répondu longuement et cordialement, est
tout d'un coup, devenue dans ce recueil romain une cible sur
laquelle tombent, en trois articles, soixantes pages de dissertation théologique. La lettre toute entière est citée, phrase
par phrase, sans nom d'auteur, et, bien que confidentielle et
nullement destinée à la publicité, écrite en courant, elle est
prise pour une thèse d'école, et une exposition de nos principes, et bombardée en conséquence. On me dit en finissant
que : *tutte le società del continente Europeo han cessato di
essere socialmente christiane, salvo un angolo d'Italia*, —
plus de société chrétienne en Europe, excepté un petit coin
de l'Italie, Rome ; — et *una parte eletta di cattolici plaudi-
ranno stoltamente ai parricidi*. — Je suis de ces catholiques
choisis et insensés qui applaudissent aux parricides, auteurs
de cette destruction satanique ! Vous pensez bien qu'on a
charitablement murmuré mon nom, qui va charitablement
circuler, et, comme je ne répondrai pas, le Nonce, et autres,
vont poser pour toujours que j'ai professé des erreurs impies que la *Civiltà* a exécutées de main de maître !

1. A l'issue du Congrès de Malines, il avait écrit une lettre toute personnelle au Père Ballerini, directeur de la revue *Civiltà Cattolica*. Cette
lettre, qu'il avait considérée comme toute privée était devenue l'objet de
commentaires en divers sens, mais tous malveillants. Il en est déjà question dans un billet à Mgr Dupanloup, qui n'a point été reproduit ici :
« Il me revient que j'aurais écrit à la *Civiltà Cattolica* pour RENIER mes
opinions ! Je suppose que vous n'en croyez rien » (28 janvier 1864).
Aujourd'hui les commentaires avaient pris une autre direction. Mgr Chigi
était nonce à Paris.

Je vous raconte tout cela, chère amie, parce que je vous dis où je dîne, ce que je lis, quels accidents remplissent loin de vous mes journées ; mais sans plus d'irritation, je vous assure, que si je parlais d'un autre. Tant qu'on ne troublera pas ma conscience, on ne troublera pas mon humeur. Je suis triste de voir la vérité ainsi défendue, et non de me voir attaqué. Quand je me retourne du côté des intérêts populaires, dont je me suis déjà si fort occupé depuis mon retour, je vois qu'il se mêle là des passions haineuses et désordonnées, qui me rendent l'intervention bien difficile aussi, et j'en conclus que Dieu veut que je me réfugie pour quelques années dans les livres et dans mon bonheur intérieur. Je ne suis pas si à plaindre, et la résignation n'a pas de peine à prendre l'accent de la reconnaissance.

7 mars 1864.

... Le beau temps vous est revenu et sur ce fond merveilleux se détachent non seulement des montagnes avec leurs grandes lignes solennelles, mais aussi trois ou quatre âmes élevées que vous avez à étudier à loisir ; elles ont aussi, au regard de l'âme, leurs lignes, leur point culminant, leurs affaissements, leurs ombres et vous êtes mieux placée pour former, avec des amitiés, des jugements dans cet exil paisible où chacun se montre lui-même, séparé de son cadre, que dans le tourbillon de Paris, où l'on ne fait vraiment, comme à la chaîne des dames, que changer de main, balancer, se saluer, et se quitter au son d'une musique banale. C'est ce que je fais presqu'exclusivement, et je me sens voyageur pressé, passant nullement assis parce que vous n'êtes pas là.

C'était un paysage lointain. Voici maintenant un portrait ; et puis des incidents de la vie de chaque jour.

7 mars 1864.

... Elle est, vous le savez, nerveuse, ardente au devoir, effarouchée, mais simple, pieuse, épouse avant tout et chrétienne, allant à la sainteté par des précipices volontaires de mortification, et ne désirant rien tant que le ciel, au bout d'une préfecture, avec des séjours dans un bon bien de Normandie ; élevée par la piété touchante, par l'affection maternelle, un peu ordinaire pour la poésie, la réflexion, le goût. Or sa fille

Berthe est une bonne réjouie, ricanant comme son père, perdant alors ses yeux sous ses pommettes, gauche et douce ; Noémie au contraire vraiment jolie, mais pensive, l'œil langoureux, la main au menton, parfaitement tenue dans ses petits atours, froissée par ce qui est vulgaire, cherchant en silence à comprendre autre chose que ce qu'elle entend tous les jours ; je serais bien surpris si elle ne devenait, étant bien dirigée, une âme poétique ; contrainte ou contrariée une âme maladive ; c'est un lys, sa sœur est un chou...

... Je suis revenu (1) derrière des ouvriers et des ouvrières qui parlaient de nous : « tu sais bien, maman, disait une grande fille, que Mme Cochin m'a donné un beau chapelet, quand nous demeurions à la gare ; dès que j'aurai mes seize ans, je veux aussi entrer dans la Société. » Continuez, chère amie, à vous lier avec des marquises, mais réservez des visites aux ouvriers. Ne nous laissons pas dire que le peuple est ingrat et révolté. Il veut violemment changer de position, cela est vrai ; serions-nous plus patient à sa place ? Redisons-nous seulement que douze ans de compression, sous prétexte d'assurer la paix, n'ont profité qu'aux mauvaises passions ; le peuple est aussi mauvais qu'en 1848, et les classes supérieures sont plus mauvaises, plus corrompues ; le gouvernement ne donne la parole qu'aux méchants ; il y a en ce moment des « lectures publiques » et j'aurais bien voulu y parler, mais on les a confiées à des rédacteurs de l'*Opinion* ; l'un d'eux a fait l'éloge de Marat. Je suis bien aise que nos enfants n'aient que cinq, dix et douze ans ; ils entreverront dans la vie une meilleure heure, je l'espère. Pour moi je n'ai d'autre avenir qu'un peu plus de liberté, et que m'apportera-t-elle ?

10 mars 1864.

Hélas, les nouvelles de Rome sont mauvaises, malgré les politesses du nonce (dont je me méfiais, ceci bien entre nous !) Le Cardinal Antonelli a écrit une lettre à M. de Montalembert : condamnation des doctrines, et demandant une rétractation (2). L'Encyclique n'est pas encore parue, mais

1. Il venait de présider une des œuvres ouvrières de Saint-Jacques du Haut-Pas.

2. Tout le détail de ces douloureuses circonstances est exposé dans le livre du Père Le Canuet, qui a donné pour la première fois le texte de la lettre du Cardinal Antonelli, avec la réponse de Montalembert (18 mars) et la magnifique lettre de consolation que lui écrivit Mgr Dupanloup (III, p. 373 et suiv.).

l'Evêque d'Orléans l'annonce. Il dit, en même temps qu'il
quitte Rome le 6, par terre, qu'il s'arrêtera à Nice ; je suppose que vous le verrez à Cannes ; il prie de ne rien faire
avant de l'avoir vu. Nous l'attendons donc. C'est un incident
bien grave. Cela peut nous mettre, mes amis et moi, sous l'eau
pour le reste de notre vie. Cependant, je ne veux rien exagérer,
et je veux voir, lire, entendre, avant de juger...

Je me sens trop innocent pour être troublé ; seulement, je
suis triste, et le pauvre Montalembert, dont la vie, donnée à
l'Eglise, aura été encadrée dans deux sentences de blâme,
est surtout à plaindre. Priez pour lui ; que le maître du ciel
le retienne et le soutienne...

Nommé administrateur de la Compagnie de Saint-Gobain (1),
il s'attache à ses nouvelles occupations industrielles, qui touchent
de si près les questions sociales. A sa première tournée de Saint-
Gobain et de Chauny, qu'il décrit en détail, il prend occasion pour
rendre visite à de vieux parents, le colonel Desforges de Vassens
et sa sœur, et de vieux amis de sa famille. Puis il revient à Paris.

A Madame Augustin Cochin

13 mars 1864.

Avec ses soixante-dix-huit ans, sa vieille moustache, sa
taille droite, mon cousin de Vassens, est toujours le même,
dans sa maison bien établie de briques rouges, avec le jardin,
les arbres, le ruisseau, le pont, le kiosque, qui font son orgueil, au dehors ; et les souvenirs, le portrait de son grand-
père, en son vivant commandant l'Ecole de Cavalerie, le
buste de mon père et l'image de son Empereur, qui sont sa
joie et son bonheur, au dedans.

Le lendemain matin je serrais la main du vieux M. Lavigne, notre ancien hôte, quatre-vingt-neuf ans, maintenant
veuf, propret, guilleret, humant son bouillon en robe de
chambre à grands carreaux, perruque bien fixée, et le mollet
en avant. A huit heures je trouvais prosternée à la messe,
où elle assiste depuis trois quarts de siècle, chaque matin,
notre cousine Pauline, quatre-vingt-deux ans, l'air fort distingué, tirée, dès le matin, à quatre et même à douze épin-
gles ; dans sa maison de famille digne et silencieuse, où tout,

1. Le 12 janvier 1864.

la cuisinière, le chat, les fleurs, les meubles, et même le petit
balai, ont l'air bien à leur place, et sans avoir bougé depuis
cinquante ans !

Tous les jours la sœur va voir son frère ; tous les soirs le
frère va voir sa sœur. L'ami Lavigne et une vieille sainte,
vierge de soixante-dix-neuf ans, se réunissent à la table de
boston, à deux sous la fiche ; on jase du journal ; on rapproche
les tisons, on attise le feu, la langue ; on regarde le portrait
de ma grand'tante de Vassens, en rose et en poudre, de sa
mère ma bisaïeule, fille d'un M. Leduc, trésorier de France,
épousée à dix-sept ans pour ses beaux yeux, par M. de Ma-
tigny maître des forêts, qui avait soixante-dix ans ; — on
parle de la seigneurerie de Vassens et de celle de Montmagne ;
— puis on se quitte, on s'endort, et on se réveille pour recommencer doucement, patiemment, comme de bonnes poires
qui mûrissent au soleil, à la même place, chaque jour un peu
plus jaunes, un peu plus ridées, et sans perdre leur saveur,
traversant encore l'hiver en se ratatinant sans se gâter.

Ces deux ou trois vieux types du vieux temps, représentent seuls l'aristocratie et le repos au milieu d'une petite
ville de bipèdes, actifs comme des fourmis, tous marchands,
ouvriers ou agents, qui semblent se tenir par une courroie
invisible, qui leur transmet un mouvement continu, à l'un
des grands volants d'une des machines qui emplissent de
leur bruit tyrannique et de leur mathématique activité les
immenses usines dont je suis l'un des maîtres. J'avais dans
l'esprit le pot de fleurs de ma vieille cousine, son rouet, sa vie
d'araignée attendant les mouches, et le petit tintement de la
cloche de l'autel ; je tombe entre des bateaux, des chariots,
des wagons, des roues, des chaudières ; ici on polit, on doucit
on étame des glaces ; là on fabrique l'acide sulfurique dans
des chambres de plomb qui coûtent 40.000 francs, et on le
concentre dans des vases de platine qui coûtent 70.000 francs.
On compose on décompose, la soude et les sulfates, et les
sulfites et les chlorates, et les carbonates ; tous les sens sont
bravés à la fois, et l'homme triomphe de tous ses sens ; il vit
dans ces odeurs, à travers ce bruit, malgré cette fumée. Pour
aller plus vite, il réduit en esclavage le fer, le feu, la terre et
l'eau ; une machine fait un tonneau entier en cinq minutes,
une autre fait cent feuilles d'étain en un quart d'heure ; on
scie, on brûle, on coule, d'énormes roues, d'incroyables volants, bien soignés, bien lavés, animaux majestueux remuant

avec une bonhomie terrible. On sort de là, étourdi, entre
la courbature et l'admiration.

Il y a des Sœurs, au milieu des cheminées, fabriquant des
âmes. On nous a adressé des compliments avec gestes. La
sœur de l'asile est pleine d'intelligence. Un chemin de fer
à nous, à travers une forêt à nous, nous a conduits à Saint-
Gobain. Là, nouvel aspect des plus curieux ; une fleur industrielle sur une tige seigneuriale, avec une racine féodale ; on
traverse l'enceinte des sires de Coucy, pour arriver à une
autre porte, comme celle de la Rocheguyon (1) ; où un grand
suisse en bas blancs, culotte rouge, baudrier aux armes de
France, tricorne entre le pouce et l'index, hallebarde en fer
luisant, vous salue profondément.

A gauche, avec une vue étendue sur les forts de la Compagnie et sur la ville fortifiée de La Fère, un château carré du
temps de Louis XIV contient l'habitation des administrateurs. Habitation complète, une belle chambre au nom de
chacun, une grande cheminée à fleur de lys, beau linge, mo-
bilier respectable ; puis deux salons, une salle à manger,
ornée à 6 heures des meilleurs mets et des plus vieux vins ;
cuisine, écuries, cocher, vieille voiture. Le soir, illuminations
dans les lacs souterrains, au fond de vastes carrières, musique des ouvriers en l'honneur du nouvel administrateur. Le
lendemain, messe dans la chapelle de l'usine, ces messieurs
dans les stalles où se carraient M. Geoffrin, l'ami de Voltaire,
et le Duc de Montmorency. Chapelle dédiée à saint Gobain,
religieux irlandais, de famille royale, venu dans ces forêts,
pour évangéliser, et qui ne se doutait guère des pièges que
sous son nom, les miroirs tendraient aux jolies femmes,
et encore moins des prodiges que l'industrie exécuterait au
lieu choisi pour sa chaumière.

Ce sont, en effet, de vrais prodiges. Le coulage d'une grande
glace est assurément un des plus étonnants résultats de
l'adresse et du courage des hommes. Je vous amènerai là,
car il est d'usage que l'on amène sa famille. Vous verrez
dans d'immenses halles porter comme en triomphe, après
l'avoir saisi dans un feu éblouissant, un vaste pot chauffé à
blanc, contenant cette belle matière onctueuse lumineuse et
ductile, qu'un tour de main fait tomber sur une vaste table ;
dix hommes poussent un rouleau sur cette lave que deux

____

1. Souvenir de l'admirable château où A. C. et les siens étaient presque
chaque année les hôtes de la Duchesse de la Rochefoucauld.

autres débarrassent des moindres poussières ; dix autres saisissent cette lame encore rouge et la poussent dans un immense four où elle se détend, s'amalgame, s'aplanit, et se refroidit peu à peu ; un globule d'air, une poussière, une seconde de trop et la glace est manquée, brisée, perdue. L'homme joue avec ce feu, ce verre, cette pesanteur ; rien de plus saisissant et de plus amusant à voir ; je passe tous les détails de la poterie, de la coupe, du mélange des matières, des fours chauffés au gaz, des pièces d'optique, et de tant d'autres degrés de cette belle fabrication.

Paris, 16 mars 1864.

Je viens d'aller entendre le P. Gratry ouvrant son cours de morale à la Sorbonne. La morale et l'Evangile en plein Paris, à la première Faculté de l'Europe, quel grand enseignement ! Hélas ! Hélas ! Il n'a pas le souffle nécessaire. Il a sa manie d'annoncer que demain matin va éclore dans le champ de la philosophie, le plus beau chou qu'on ait jamais vu. Il tourne, il revient, il appuie, il s'échauffe ; on se frotte les yeux, on tend, on distend son cerveau ; on n'aperçoit pas ce fruit étonnant, ce phénomène annoncé. Cette éloquence saccadée, chaude pourtant, ressemble à l'effort d'un homme qui hache des bûchettes, puis les ramasse, tend les bras tant qu'il peut pour les rassembler et les lier, puis y renonce et les jette au feu. Au moment où cela brûle, c'est très joli, très flambant, mais on n'emporte rien. Ainsi sauf une flamme finale, le cours n'a été que cendres et que bûchettes. Où sont les rêves ?...

L'Empire se soutient par les causes qui l'ont fait : la peur des socialistes et la division des oppositions. Nos maux lui profitent : il se gardera bien de les guérir.

16 mars 1864.

... Je dînais hier, entre Mme de Montalembert, Mme de Forbin et Mme Craven. On pourrait marquer au thermomètre, comme des métaux divers, le degré où chacune de ces âmes entre en congélation, ou en ébullition, et établir cette règle que celle qui bout le plus vite, se gèle aussi le plus vite. J'aime mieux la tempérée moins facile à fondre, mais aussi à glacer. Et vous ?

Les relations étaient fréquentes avec la Belgique, où Montalembert et ses amis ont toujours trouvé les appuis les plus sûrs. Sans cesse Augustin Cochin était invité à y prendre la parole, et il devait s'en défendre (1), car sa vie à Paris était chargée, et la responsabilité de la revue parfois lourde.

Il ne perdait d'ailleurs aucune occasion de détendre les nerfs de ses amis.

Au Comte de Falloux

Paris, 1er mai 1864.

... J'ai su que vous aviez payé votre séjour à Paris par des crises presqu'aussi nombreuses que les scrutins du dernier jour (2). Sans cette dernière et attristante corvée, vraiment, cher ami, vous auriez à vous féliciter de l'épreuve de vos forces, et j'espère que vous n'aurez rien caché à Mme de Falloux de vos nombreuses et heureuses imprudences. Si l'été est bon, de grâce accordez-nous un plus long séjour à Paris, ou plusieurs séjours ; votre présence est une puissance et un bienfait, et vous regardez à tort votre carrière comme finie. Dieu n'est pas de cet avis, ni vos amis.

Je suppose que Montalembert ou Albert de Broglie vous auront écrit pourquoi l'article de ce dernier n'a pas été publié. Je n'étais pas partisan de l'article de Foisset (3) ; je le regardais comme une demi-amende demi-honorable et inutile. Mais inconnu des libéraux, il a été très agréable aux catholiques, et nous en avons le bénéfice de ce côté. A quoi bon nous retourner de l'autre, et après le goupillon reprendre la cravache, marcher en zigzag, pencher à droite, puis à gauche et ne jamais se taire? Le silence à Paris est le meilleur moyen d'obtenir le silence à Rome. Je n'aurais pas même voulu de la politesse qui termine la chronique de Lavedan, politesse un peu humble et contrite ; s'incliner devant le juge, soit ; mais devant les avocats, c'est trop tôt.

... De Bruxelles, M. Dechamps me raconte son entrevue avec le roi. Sa Majesté voulait un ministère de droite pour ne rien faire que la dissolution, un tampon, une cible, une parenthèse remplie par une aventure ; notre ami a déclaré

1. Il se laissera entraîner à Bruxelles en mai, comme on verra. Il a résisté maintes autres fois. Je trouve notamment toute une correspondance avec un abbé Bodson, curé de Themister, près de Liége.
2. Scrutins d'une récente élection académique.
3. L'article intitulé : *La Civiltà Cattolica et le Correspondant* (février 1864).

qu'il n'accepterait qu'un ministère d'action, ne voulant pas
laisser à la gauche seule le monopole des initiatives, je crois
qu'il a courageusement résisté à ses amis pressés d'être aux
affaires, et habilement renoncé à convoquer les électeurs,
épreuve fort douteuse en ce moment. Il sera bien heureux,
si vous jugez de même de son attitude, et je pourrai lui dire
votre opinion, si vous me l'écrivez, car je serai sans doute à
Bruxelles dimanche prochain, ayant eu la faiblesse de promettre de parler à un cercle de quatre cents jeunes gens, qui
me somme tous les quinze jours de m'exécuter. Je passerais
vendredi par la Aix-la-Chapelle, où j'ai une manufacture de
glaces à voir ; je reviendrais lundi. Pourrai-je un peu plus
tard me mettre en route pour l'Anjou? Je ne puis l'affirmer
encore. Mais ma femme n'en a pas moins envie que moi,
et nous étudions la chose avec un égal désir qu'elle ne soit pas
impraticable.

J'ai suivi de près la discussion sur les coalitions, très importante en elle-même et aussi à cause du duel pénible et
acéré entre Ollivier et Simon. Je crois le premier étourdi,
mais très honnête ; le second m'inspire moins de confiance,
et en tous cas cette division est lamentable. Comme elle fait
bien ressortir et valoir, à mon sens, la belle attitude d'isolement digne de M. Berryer ; qui, du haut de sa vraie grandeur,
donnant au bon moment, entraînant et comptant par des
succès ses paroles, se réserve, se conserve, se possède et se produit, sans jamais rien sacrifier de son personnage admiré, de
sa ligne invariable. Il ne serait pas impossible que la Chambre
refusât la loi ; ce serait laisser au gouvernement, avec l'honneur de l'avoir présentée, l'agrément de n'avoir pas à l'appliquer. J'espère qu'on ne fera pas cette faute (1).

L'Evêque invite M. et Mme Cochin à venir à Orléans pour une
fête où il doit prendre la parole, l'inauguration de belles fontaines
où l'eau du Loiret est amenée à grands frais.

A MONSEIGNEUR DUPANLOUP

Mercredi 4 mai 1864.

Nous acceptons pour mardi prochain 11 heures, l'honneur
que vous voulez bien nous faire, et Mme Cochin est aussi re-

1. A la fin du mois fut votée cette loi sur les coalitions ouvrières dont
les conséquences furent si importantes.

connaissante que moi. Je pars ce soir pour Cologne, Aix et Bruxelles, voyage qui commence par des affaires et finira par un discours. Je me mets en route à 4 heures, et reçois votre lettre à midi. Pardonnez-moi de ne rien vous suggérer pour votre discours sur les eaux, qui peut-être sera sous les eaux ; il est vrai que la pluie est la mère de l'architecture ! Sans elle, pas de cathédrale ; on prierait Dieu en plein air. Je vous remercie d'avoir résisté, et je vous remercie d'avoir cédé ; car il fallait faire sentir votre déplaisir (1); et il était fâcheux de perdre cette occasion d'unir la religion aux progrès matériels salutaires.

Vous avez un magnifique sujet; soit que vous preniez le côté symbolique, là *soif* de la vérité, *da mihi bibere ;* — soit le côté économique, l'union des dons gratuits de Dieu et du travail, pour racheter la misère et augmenter le bonheur des hommes ; — soit le côté municipal, l'histoire administrative de cette agglomération d'êtres qu'on appelle une ville ; — soit le côté scientifique, la merveille de la distribution des eaux sous terre et sur la terre, les réservoirs qui sont les nuages entre les mains de Dieu, et les forêts, dont la conservation dépend de l'organisation des grandes familles, de leur perpétuité, de leur prudence, etc... etc... Matière, source à vingt discours, qui va jaillir, abondante et claire de vos lèvres !

Au Comte de Falloux

Le Plessis-Chenet, 12 juin 1864.

... Nous avons fait passer pour le prochain numéro l'article de l'abbé Blampignon (2) sur les lettres du Père Lacordaire. Je crois que vous en serez content. Il y a un peu d'effort, de style tendu, et l'analyse pourrait être plus profonde ; mais d'un bout à l'autre, respire une admiration sincère, émue, et l'on sent vivement l'effet de ces deux belles visions apparaissant du ciel à une âme jeune et croyante, qui n'a pas eu, comme nous, le bonheur de les contempler face à face. Les contemporains disparaîtront et avec eux les petites inimitiés, les petits dénigrements, les petites plaisanteries ; on a de la peine à glorifier ceux qu'on a coudoyés ; on ôte

---

1. Je ne sais à quelles circonstances et démêlés locaux il est fait allusion.

2. Connu par ses études sur Massillon. Il s'agit des lettres à Mᵐᵉ Swetchine.

son chapeau, comme dans la rue, mais pour le renfoncer bien vite. Avec le temps, les deux figures que vous avez mises en lumière, s'élèveront, se dégageront, atteindront leur midi, illumineront des inconnus, et les environneront d'un éclat vif et doux. C'est cet effet de distance qui me semble déjà rendu au vrai dans l'article de notre collaborateur.

Vous avez dû lire avec émotion les pages de Montalembert sur la Pologne. Elles trouvent bien des âmes déjà très refroidies, et on lui reproche de n'être pas assez *politique.* Soit ! Mais tant pis pour les politiques, et qu'ils nous laissent au moins la liberté de réciter à haute voix le *de profundis* et la prière des agonisants.

J'attends aussi votre jugement sur ma fantaisie oratoire de Bruxelles (1). Vous m'avez grondé pour une phrase qui n'y est plus ! Allons : dites-moi le bien et le mal de ce qui reste, et laissez-moi vous remercier de me dire mes vérités ; c'est la meilleure preuve de votre amitié, et aussi de la mienne, et : recommencez, car je ne suis pas à l'abri des rechutes ; promettez-moi seulement de ne pas désespérer de votre pénitent...

Au Comte de Montalembert

Plessis-Chenet, 21 juin.

Je veux vous écrire sans avoir rien à vous dire, rien que le regret de vous avoir manqué de deux minutes et d'avoir été ainsi privé de vous dire adieu ; cela m'a causé une vraie contrariété ; car pendant trois mois, je ne vous verrai pas, et tout le charme qu'il y a dans le mot : voir, serrer la main, — je me le promettais de ce dernier quart d'heure. Une lettre ne remplace pas cinq ou six mots d'amitié et un embrassement fraternel. Je me promets pourtant de vous écrire souvent.

Je suis sûr que vous serez bien aise d'apprendre que ma lecture à l'Académie, samedi, à très bien réussi ; j'en fais une seconde samedi prochain (2). C'est je crois, un pas notable vers l'élection. Cependant, je ne me fais pas beaucoup d'illusion. Je voudrais bien arriver là, et, en général, arriver quelque part. J'ai quarante ans et je n'ai encore atteint, ni

1. La Conférence prononcée le 8 mai sous ce titre : *Le Monde invisible.*
2. « Paris, sa population, son industrie ».

la grande notoriété, ni la plus petite autorité ; avec beaucoup d'efforts et une vie livrée à une courbature perpétuelle, je débute toujours. Cependant je ne me pécourage pas, Dieu merci, j'ai trop de bonheur pour me permettre un murmure ou même un désir.

Vous êtes parti trop tôt ; et vous avez manqué deux prélats distingués ; un vieux borgne, Mgr Tizzani, chanoine de Latran, consulteur de l'*Index*, archevêque de Nisibe, etc., etc, qui m'a paru assez libéral, toutefois suivi de trois laquais, orné de bagues et de tabatières à la mode italienne qui n'est guère la mienne ; il a cette finesse et cette facilité à attendre, à endurer et à couler, qualités qui ont dû être un si puissant obstacle à la tyrannie, lorsque l'Église a eu le bonheur d'être en lutte avec elle, mais qui se transforment en défauts si fatigants, quand il serait besoin d'agir et d'oser.

L'autre prélat est tout différent ; c'est l'évêque de Charleston, d'une ville incendiée et bombardée depuis deux ans. Autant les prélats italiens sont doucereux et fins, autant les prélats orientaux sont assoupis et fastueux, autant ces prélats américains en redingote, à cheval, en paquebot, toujours courant, luttant, semant, sont simples, actifs et virils. Celui-ci est remarquable, il n'avait qu'un désir ; — « voir Montalembert, l'Empereur des catholiques » — m'a-t-il dit ; et il espère, à son retour de Rome vous retrouver. Par malheur, il est du sud, il a une mission du président Davis près du Pape ; il est embarrassé sur la question de l'esclavage, mais, patriote, ambassadeur, homme de son pays ; voilà un prélat moderne.

Vous devez être charmé du vote des chambres belges, sur la motion de M. Nothomb. Cela prépare des élections bien difficiles, mais quel noble combat pour les catholiques, malgré les mensonges vraiment inexcusables de la *Revue des deux Mondes*. Je voudrais seulement que les journaux catholiques changeassent de ton. Quelle grossièreté ! Quelles plaisanteries de crocheteur ! Ces injures à coups de plume amèneront les scrutins à coups de poing. Faites leur force sermons de politesse en même temps que de persévérance.....

P.-S. — Après la lecture de samedi, je partirai avec Albert de Broglie pour visiter nos manufactures de glaces de Cirey et de Mannheim. Ce sera l'affaire de six jours.

A Madame Augustin Cochin

... Nous avons une industrie assez morale, assez généreuse, mais pourtant avec le cortège d'ivrognerie et de misère morale et matérielle que toute usine traîne, et qui, au fond, se résume à ceci : salaire trop bas, et religion trop faible, pour les besoins et les plaisirs que toute réunion, un peu grande d'hommes fatigués par un travail monotone, développe fatalement.

Au Comte de Montalembert

La Roche, 27 juillet 1864.

C'est encore l'industrie qui m'a empêché de vous écrire depuis deux semaines. Je viens de faire une petite tournée d'usines avec Albert de Broglie ; ne la querellez pas trop, cette pauvre industrie ; je lui dois deux biens, trois même ; le premier, c'est d'agir au lieu de toujours discourir et soupirer ; le second, c'est d'oublier, de me secouer, de ne pas me laisser aller à l'ennui de n'être rien ; le troisième, c'est de varier mes points de vue et ma langue. Tout cela m'intéresse et m'attache, je ne dirai pas : me console et me suffit ; tant s'en faut ! Vous trouverez dans notre numéro de demain, mon travail trop long, mais qu'il eût été difficile de couper, encore sur l'industrie ; c'est le travail que j'ai lu à l'Académie, et il doit faire partie d'un ouvrage sur Paris, où je développerai les points que le temps ou les scrupules de M. Mignet ne m'ont pas permis d'aborder. Je vous demande vos critiques et vos précieuses observations sur ce travail qui m'a coûté beaucoup d'efforts, et plaira moins assurément que ces discours belges, qui m'en coûtent si peu.

Voici le moment, où nos amis nous pressent d'aller en prononcer d'autres. Votre parti me semble bien pris. Le mien serait pris, et je resterais chez moi si je ne consultais que mon goût. Placé entre le monde et l'Église, il est dur de se donner une courbature pour déplaire au monde sans plaire à l'Église. Je trouve aussi que si nos amis gagnent le pouvoir dans les élections du 11 août, ce congrès les embarrassera ; s'ils sont battus, ce sera comme une doléance stérile et bruyante. De toutes façons, je voudrais un Malines incolore et voué seulement aux bonnes œuvres. M. de Melun est résolu à s'y rendre et c'est très bien. Le prince de Broglie peut y paraître un jour en revenant d'Angleterre, où il sera appelé le 27 je crois, pour l'anniversaire du roi Louis-Philippe. Je vois par votre lettre que vous désirez que je m'y rende avec Gaillard comme des *Di minores* du libéralisme catholique. Falloux est d'un avis contraire. Enfin, les belges me pressent, l'évêque d'Orléans ne dit ni oui, ni non ; et de Rome Mgr Place écrit : *Eh ! Eh ! hum ! hum !*

Entre toute ces opinions la mienne est de rester tranquille. Je veux bien cependant attendre 1° les élections belges et l'avis de notre ami Dechamps ; 2° votre avis, vous demandant très instamment et sans modestie, de penser à *mon* intérêt plus qu'à celui de ce congrès, qui n'aura pas, après tout, beaucoup d'importance.

L'opinion du roi des belges exprimée à un de nos amis communs à Paris, c'est que les libéraux ont eu tort de pousser les catholiques à bout, et d'allumer des polémiques sur des questions religieuses, dont l'agitation continue ébranle les sociétés ; il croit que les élections changeront peu la majorité, et il se dispose à gouverner avec un cabinet extra-parlementaire. Que de bêtises se débitent sur la situation des catholiques en Belgique ! — Eh ! quoi dit-on, ils ne peuvent être les plus forts ! — N'est-ce donc pas beaucoup déjà de balancer la majorité, d'avoir la moité du pays derrière soi, d'avoir la force, l'envie, le talent de lutter? Que n'en sommes-nous là en France !

J'ai assisté jeudi à la séance de l'Académie. Vous serez content du discours de notre ami, qui pourtant ne pouvait faire oublier le vôtre sur le même sujet. Il a parfaitement réussi, malgré une chaleur étouffante et un débit défectueux. On a vivement applaudi la forme élégante, variée, l'émotion, corde toute neuve, dans le genre un peu tendre de son talent habituel, les idées hautes, nettes, courageuses ; cela a été un vrai, juste et grand succès. M. Villemain a été peu applaudi et pourtant son discours est excellent, le passage sur Taine, sur les idées *libres* qui ne sont pas *égales*, est à retenir ; puis le sujet prête plus à l'éloquence que le prix Monthyon. En entendant les grands orateurs se succéder chaque année, pour cette tâche ingrate, il me semble que je vois les grands peintres Raphaël ou Scheffer, le Dominiquin ou Flandrin, obligés à faire chaque année le portrait de trois ou quatre servantes de 70 ans avec la *bonté peinte sur la figure.* Cela ne convient

qu'au pineau de ceux qui se font une grande idée de la *bonté*,
et ainsi ce vieux Monthyon sans le vouloir a fondé une apologie annuelle de la religion, en même temps qu'une rente destinée à solder les arriérés de gage des vieilles bonnes entêtées
dans leur fidélité au même pot au feu.

M. Mignet a très élégamment, un peu longuement, lu des
fragments d'éloges de Chateaubriand. Celui de M. Benoist
est supérieur à celui de M. de Bornier (que nous publions).
M. Cousin était évidemment du même avis ; pendant le
premier, les hochements de front, et les sourires, et les allon-
gements de tibia ; pendant le second, moues diversement
gonflées, froncement d'épaules, raccourcissement de genoux
et arrondissement d'épine dorsale, comme pour supporter
un grand poids. Il y a cependant, semées dans cet éloge, de
belles phrases et de l'esprit. Mais l'auteur n'est pas exempt
de cette boursouflure qui est passée du pathos démogogique
dans le pathos catholique. M. de Lamennais a changé les
paroles sans changer la musique de ses tirades éloquentes,
et depuis lui, un peu à cause de M. de Maistre, aussi beaucoup
à cause de Donoso Cortès et de Veuillot, les catholiques et
les démagogues, la peur et la menace jouent du même
saxophone et font la même grimace *saper les bases, l'ouragan
de l'incrédulité, le gouffre des principes*, s'abreuver à *longs
traits dans la coupe de l'erreur*, une coupe impure, une erreur
subversive etc. C'est le style du piston et de la locomotive, effort, bruit, fumée, monotonie ronflante. Malgré ces
défauts l'éloge de M. de Bornier et celui de M. Benoist ont du
mérite. Les deux auteurs sont chrétiens et tous deux rendent
justice à ce grand homme incomplet, — qui est l'un de nos
ancêtres, — Chateaubriand.

J'espère que vous êtes tous bien dans ce lieu où vous avez
tant souffert d'âme et de corps l'an passé. M. de Meaux a eu
la bonté de venir nous voir quelques heures et je lui en sais
beaucoup de gré. J'espère que vous en feriez autant si vous
veniez à Paris.....

L'ami, dont il était question pour aller à Malines, Léopold de
Gaillard, sortait à peine d'une de ces luttes électorales fantastiques, comme on en voyait en ce temps-là, contre la pression officielle et il avait failli l'emporter sur un certain Pamard.

A Léopold de Gaillard

Plessis-Chenet (Seine-et-Oise), 26 juillet 1864.

Mon cher Ami,

Si vous pensez à moi, ce doit être avec une fureur légitime bien que concentrée, car j'ai l'air d'être et d'avoir été indifférent à vos grandes luttes et *pamardises*. Non, non ! Mais j'étais sur les chemins et, il y a peu de jours que je suis de retour ici. J'ai suivi avec une ardeur fiévreuse, votre combat et votre quasi-victoire. Mais le *quasi* est de trop, et je voudrais bien apprendre que l'élection peut être annulée. Il est dur de manquer le succès de si près, bien que cela soit glorieux et que nous répétions volontiers : mieux vaut être vaincus que vainqueurs par de tels moyens. Mais une série de gloires semblables, nous conduit droit à la vieillesse et à l'obscurité par le chemin ruineux des courbatures. Donnez-moi des nouvelles de votre protestation.

Dites-moi donc aussi, si vous avez eu le temps de prendre le parti d'aller ou de ne pas aller à Malines. Les Belges insistent beaucoup. Nos amis hésitent et pour moi, j'aimerais mieux me tenir tranquille. Il y a du pour et du contre : il ne faut pas paraître exclus ou en pénitence ; et, d'un autre côté, la besogne de se mettre mal avec le siècle sans se mettre bien avec l'Éternité est un peu ingrate. J'ai écrit à Dechamps pour savoir ce qu'il en pense, au point de vue de leur situation là-bas ; ont-ils besoin que nous venions souffler dans leurs voiles ? Ou bien n'en seront-ils pas embarrassés ? J'attends une réponse et je voudrais la vôtre qui aura un grand poids sur ma décision (1).....

Au Comte de Montalembert

Plessis-Chenet, 6 août 1864.

Je suis sans réponse de vous, et bien que je comprenne tous les motifs qui peuvent vous empêcher de m'écrire, je ne m'habitue pas à rester si longtemps sans nouvelles. Toutes les ombres inquiètes, chimériques ou craintives que le silence amoncelle autour de l'amitié commencent à m'envahir, et je

1. Pour conclure, ce fut Mgr Dupanloup qui alla à Malines avec le Père Félix.

me demande si vous êtes malade, préoccupé, triste, mécontent de moi, que sais-je? Lorsque je devrais me dire tout simplement que vous travaillez, que vous avez trop de lettres à écrire et qu'il fait trop chaud. Calmez-moi par deux lignes.

Je vous envoie une lettre déjà un peu ancienne de M. Dechamps (rendez-la moi) vous avez sans doute reçu de lui, une lettre analogue. Nous attendons toujours, le prince de Broglie et moi, le résultat des élections du 11, avant de nous décider à aller à Malines, et au fond, nous en avons bien peu envie. L'évêque d'Orléans me paraît au contraire assez disposé à s'y rendre, et s'il est suivi par quelques évêques ce serait la meilleure solution. S'il est seul, toujours seul, il s'usera là sans grand profit. Ruminez tout le *pour* et le *contre*, et donnez-nous votre dernier mot.

Nous serons réunis M. de Broglie et moi, mardi à 2 heures pour nous occuper du numéro d'août. Peut-être pourriez-vous nous écrire pour ce jour-là. L'important c'est un article sur le très beau livre de M. Guizot (1). J'ai fait tout ce que j'ai pu pour obtenir un article du Père Gratry. C'était l'homme et j'espérais que six semaines de vie à l'aise chez Mᵐᵉ Pozzo (2) l'auraient fastueusement reposé ; mais non, il m'a répété hier encore qu'il était incapable de ce travail, bien qu'il ait lu le livre et qu'il l'ait annoté, et qu'il ait intérêt à honorer l'auteur, goût à louer l'œuvre, devoir à glorifier le sujet. Il offre seulement d'écrire à celui qui fera l'article une lettre que l'on pourra insérer. M. de Broglie a pensé à Mgr Maret ; il dit avec raison, qu'un prêtre seul peut le prendre avec M. Guizot sur un ton haut et lui parler dignement, faire les réserves convenables avec autorité. Mais l'évêque de Sura est aux eaux, et n'a pas répondu.

M. Foisset ferait cela à merveille, à leur défaut, et de nous tous, outre les rares qualités de son âme et de son talent, il est le plus protonotaire, et je l'appellerais volontiers en tous les sens Sa Grandeur. Nous prendrons un parti mardi, il sera déjà un peu tard ; aussi est-il probable que nous devions nous borner à annoncer par deux pages le livre et un article futur ; mieux vaut ce retard, qu'un travail trop hâté.

Je vous fais passer de la part de Le Play ses deux volumes

1. Il s'agit des : « Méditations sur l'essence de la religion chrétienne. » L'article de Foisset parut en novembre.
2. Mᵐᵉ la duchesse Pozzo di Borgo née Crillon dans son château de Montretout.

sur la *Réforme sociale*. Il désire ardemment que vous les lisiez, et l'ouvrage mérite tout à fait cet honneur ; c'est d'un style un peu gris, avec des longueurs et des défauts ; mais il y a là une mine d'observations, une variété de vues, une honnêteté et une sincérité, qui vous attacheront et vous plairont...

Etes-vous toujours disposé à nous recevoir à la Roché en petit Congrès pour mettre à la mer nos deux numéros à la fin de septembre ou en octobre? Je vais établir ma famille à Azy dans 8 ou 10 jours. Nous y attendons vers le 10 septembre Lady Auguste Bruce et son *révérend* mari, le *Dean* de Westminster (1)...

Il passe mal l'été. L'atteinte de choléra dont il avait précédemment souffert, le rendait sensible à la contagion. La légère épidémie de 1864 le toucha de nouveau. Il est très faible. Pourtant, en août, il reprit assez de force pour s'en aller à Bordeaux, en qualité d'administrateur de la ligne d'Orléans, recevoir le roi d'Espagne.

A Madame Augustin Cochin

14 août 1864.

... Allons ! allons ! Soyons forts et gais, la ride au front, mais le sourire aux lèvres, et le calme au fond du cœur.

À la Comtesse Benoist d'Azy

La Roche, 17 août 1864.

Je suis sûr que vous m'avez un peu suivi dans l'espace, pendant que je me faisais courier et courtisan du roi d'Espagne, et je vous dois bien en retour de ce tendre intérêt, un petit récit de ces deux journées aussi fatigantes qu'intéressantes.

Mais, avant tout, je veux vous dire que j'ai trouvé au retour mon Denys mieux, pas encore délivré cependant de cette sorte d'inflammation de la bouche qui s'est déclarée après son mal de gorge ; nous verrons le médecin demain avant de nous embarquer, mais il est fort à parier que, samedi, tout sera fini. Pierre est beaucoup mieux, Henry très bien, Ade-

---

1. Lady Augusta Bruce, grande dame anglaise de l'intimité de la Reine Victoria, venait d'épouser le Doyen (dean) de Westminster. Elle était liée d'amitié depuis sa jeunesse avec Mme A. C.

line aussi, bien qu'un peu fatiguée de sa maison à finir, dans cette période où la femme y peut plus que l'homme. Je lui ai évité les maçons, mais je ne peux lui éviter les tapissiers. Raison de plus pour qu'elle prenne à Azy, la chambre que vous voulez bien lui donner au premier, et que je lui laisse la tourelle, emmenant mon gros Denys au-dessus, dans l'autre, et donnant les petits à garder à Catherine (1) dans la grande chambre. Je suis un peu fier que ma combinaison ait eu votre approbation.

J'en reviens aux Pyrénées. Dimanche soir, dans un bon salon, avec deux bons compagnons, je me laissais glisser sur les rails, comme une hollandaise sur ses patins, dormant mais pas assez pour ne pas entendre crier Tours, Poitiers, Angoulême, Bordeaux. Il semble, dans ces ténèbres, que l'on change de planète, et qu'on traverse en songe, Mars, Mercure et Vesta. A peine débarbouillé de cette partie du sol que notre planète, à nous, accorde un peu trop largement aux habits et aux visages, mon premier soin a été de courir après une messe.

Le port et ses vaisseaux, les soldats allant à la revue, le préfet galonné, toute la ville en fête et en mouvement, avaient de quoi distraire mes regards, et ce n'était guère de la Sainte Vierge que tout ce monde était occupé. Dans le coin d'une petite chapelle, je l'ai honorée de mon mieux, et j'ai trouvé au retour, mes compagnons et tous nos principaux agents, déjà en appétit, et une grande table présidée par M. de Germiny (2), frais, dispos, jovial, ayant accompagné l'empereur, il y a huit jours, venant au roi cette semaine, et tout réchauffé par ces deux soleils. Le télégraphe nous annonçant que Sa Majesté n'arriverait que tard, j'ai décidé M. de Germiny, et M. Dufeu à venir à Arcachon ; et une heure après, à travers des landes, des pins, et des landes, et encore toujours des pins et toujours des landes, nous touchions au bassin azuré de la Teste, et nous découvrions toute une colonie de châlets de toutes les couleurs, des barques, des costumes bariolés, en un mot, tout l'attirail animé des baigneurs citadins, venant respirer le bon air des huîtres.

Trois monuments s'élèvent au-dessus de cette ville de bois,

1. La bonne allemande des enfants.
2. Le Président du Conseil d'administration de la Compagnie d'Orléans. On rencontre plus loin le nom de plusieurs administrateurs.

gentille et gaie ; une église neuve ; un casino peint à la manière chinoise, toits relevés, lampes, croissants, queues, verres de couleur, galeries, tout cela vraiment très joli, encombré à cause de l'entrée gratuite, d'une fourmilière de landais et de landaises qui guindaient sur les échasses de leur admiration, les pantomimes les plus drôles ; enfin, un châlet, grand comme votre château, dominant la mer, entouré de jardins et de parterres, lavés, peignés et habillés tous les jours ; c'est la résidence délicieuse de M. Péreire. Je vous passe les réflexions philosophiques de votre gendre sur tant de spectacles, faste des riches, puissance des parvenus, beauté de la mer et du ciel, pauvre petit sentier des honnêtes chrétiens ici-bas, etc, etc. Je vois, avec joie, que les chemins de fer facilitent aux plus petits la répartition des plaisirs, et, bien loin de me plaindre, je me suis amusé, au retour, à entendre les anecdotes de M. de Germiny ; et après le dîner, à aller dans la foule, voir, en badaud, le feu d'artifice, prêter l'oreille aux quolibets des gascons et des gasconnes. C'est le lendemain qui était réservé aux plus intéressantes impressions.

A dix heures précises, rasé, habillé, chamarré, chacun selon ses moyens et ses croix, nous étions à la gare, et le roi entrait. C'est un petit vieux de quarante ans, bon, aimable, mais avec une voix de soprano et un visage grimaçant, court sur jambes, hérissé de chevelure, le front plus long que large. Il était suivi de vingt ducs ou généraux et de quarante serviteurs. Il a été très poli, nous l'avons conduit dans ses appartements roulants, composés de deux salons, une chambre à coucher, une salle à manger ; et il a pris d'abord M. de Germiny avec lui, puis il a envoyé chercher M. Dufeu et moi pour dîner avec lui ; après quoi, nous l'avons accompagné dans son salon. Il s'est fort amusé à se mettre et à faire mettre tout son monde en grand costume de présentation à Saint-Cloud : puis couvert d'un magnifique uniforme, avec la toison d'or et le grand cordon rouge, il m'a fait asseoir près de lui et nous avons causé d'Orléans à Paris très librement. Il a la volonté d'être gracieux ; parle très bien français et sait un peu de tout ; mais c'est un vieil enfant. Il a lu Marie-Antoinette, et M. Guizot, en parle bien, puis se met à louer encore plus M. Alphonse Karr. Il ne dit pas deux mots sans grimacer et il montre son uniforme comme un écolier sa première veste. Mais il est bon enfant, très joyeux de l'accueil qui lui est fait, doux envers ses serviteurs. Il fait ce qu'il peut des dons de Dieu, qui fut un peu avare envers lui, si ce n'est pour la naissance. Je crois qu'il a le cœur et la bonté des Bourbon, mais il est comme on dit, venu tard à la distribution des esprits et des figures. Mille détails que je vous conterai m'ont fort amusé.

A 8 heures 42 minutes, avec l'exactitude d'une comète qui revient, nous remettions Sa Majesté aux mains de la Cie de l'Ouest qui l'a conduit à Saint-Cloud, et je reprenais le chemin de Corbeil, trouvant, à la gare, un omnibus plein d'hommes ivres, et recevant ainsi une leçon d'humilité; naguère près d'un roi, dans un salon doré, puis près d'un ivrogne, dans une patache ; mais j'étais plus heureux que l'ivrogne et aussi que le roi, puisque je rentrais à minuit sous mon toit, où quatre êtres chéris dormaient en silence.....

A Monseigneur Dupanloup

Azy, 22 août 1864.

Je vois que la Providence se prononce de plus en plus pour que je n'aille pas à Malines, ce qui a peu d'importance, et pour que vous y alliez, ce qui est très important.

Pour moi, j'ai été pris d'un assez violent retour du mal auquel je suis sujet ; un de mes enfants est souffrant. Ces petits détails achèvent de me décider, et s'ajoutent aux motifs que j'avais de ne pas aller cette année au congrès. M. de Broglie n'y va pas non plus.

Mais vous, Monseigneur, puisque votre cœur généreux s'est laissé toucher, puisque vous voilà presque promis, cédez, je vous en conjure, et soyez en cette occasion comme en tant d'autres, l'homme de la Providence et son messager toujours prêt.

Le sujet que préfère Mgr de Malines est le même qui vous séduisait, et il est admirable : *l'éducation populaire.*

L'autre conduisait trop inévitablement à la politique, et il faut la laisser de côté.

Maintenant voici ce que j'ose vous proposer avec une extrême présomption :

Je crois bien connaître cette question de l'enseignement primaire, à laquelle mon père avait dévoué sa vie ; j'ai suivi et noté toutes les polémiques (et spécialement un article très perfide de M. Jules Simon sur les écoles des filles).

Je vais d'ici à la fin de la semaine, réunir tout ce que je pourrai. Puis je serai à Paris *Dimanche* prochain (une affaire m'y appelle) et si vous voulez vous y rendre le soir et vous enfermer la journée du *Lundi*, je m'enfermerai avec vous, et ce jour vous suffira pour mettre le feu à toutes les matières combustibles que j'aurai amoncelées.

Annoncez que vous parlerez *Mercredi*. Vous voyagerez tranquillement *Mardi* et pourquoi *Jeudi*, ne vous laisseriez-vous pas glisser sur les rails jusqu'aux bords du Rhin où vous iriez vous reposer deux jours à Sayn (1)?

En résumé, je joins mes instances à celles qui vous sont faites, et, en fermant cette lettre, je vais me mettre à travailler afin que vous n'ayez pas à songer de toute cette semaine à ce que vous direz ; deux jours suffiront et vous ferez un bien immense : pacification des esprits en Belgique, marche en avant dans la question populaire, la plus exploitée contre nous, confirmation des assemblées catholiques sans que Rome puisse rien dire, et, enfin un sacrifice de plus offert à Dieu.

Savez-vous que c'est à l'*Instruction Primaire* que je dois de vous avoir connu dans la commission de 1850, il y a déjà quinze ans ? Comme je veux me montrer reconnaissant envers elle !.....

P.-S. — Si vous préférez que j'aille passer lundi à Orléans, j'irais y coucher dimanche soir.

A MONSEIGNEUR DUPANLOUP

Azy, 25 août 1864.

Vous pouvez partir pour Bruxelles à 5 heures du soir par la ligne du Nord, et y coucher à 11 heures. Rien de plus facile, par conséquent que de quitter Orléans le mardi seulement. Vous ferez très bien de coucher tranquillement loin de Malines.

Je prendrai dimanche le train de 7 h. 45 du soir et je serai à Orléans à 10 h. 15. Si vous me faites prendre dans une de *vos trois* voitures et mener de suite à la Chapelle, le lendemain je serai à vos ordres et, pour toute la journée. Mais de grâce, ne me faites pas aller à Malines ! Je vous dirai mes motifs outre que je suis mal portant depuis quelques jours.

1. Chez Mme la princesse de Sayn-Wittgenstein, née Bariatinsky.

J'ai déjà des masses de notes et je vous envoie un *plan* bien décharné, un *cadre* que je remplirai de détails, de faits, d'incidents, de manière à ce qu'il n'y ait rien de banal dans un sujet si rebattu, et que vous arriviez par des degrés insensibles à l'explosion plus oratoire de la fin. Je n'ai d'autre mérite que de connaître votre âme et de lui fournir des issues.

A Madame Augustin Cochin

30 août 1864.

Dimanche après la distribution des prix de l'École Cochin, qui a réussi comme toujours, je suis parti pour La Chapelle, où je me couchais à 11 heures. Dès 6 heures j'étais au travail, et ayant vu à peine l'évêque, j'ai écrit sans m'arrêter jusqu'à midi, cinquante et une pages serrées, de notes que j'espérais lui expliquer à déjeuner, mais il y avait onze personnes dont quatre dames. Je me suis résigné à lui montrer mon travail en chemin de fer, j'ai fait réserver un coupé pendant la route. L'évêque a lu mon discours, a été enflammé, mais alors m'a supplié par toutes les instances les plus pressantes de venir. Nouvelles instances chez M. Debeauvais (1) où nous avons dîné.

Ce matin à 7 heures, il partait ; et à 6 heures il déposait une lettre chez moi ; il est maintenant à Bruxelles, et j'ai déjà reçu deux dépêches. J'ai été ébranlé. Tous ceux que je rencontre s'étonnent de ce que je ne sois pas à Malines. Et pourtant je reste. J'ai prié Dieu, et il me répond que l'important c'était d'envoyer Mgr Dupanloup et de le bien inspirer. Le reste est vraiment sans importance ; que j'aille ou que je reste, le congrès n'ira pas moins son train, et ne recevra pas moins son éclat. Or y aller pour parler des crèches, c'est peu digne ; pour dire tout ce que je pense, c'est impossible. J'aurai servi, en versant dans le verre de notre ami ma meilleure liqueur. C'est assez pour cette fois.

31 août 1864.

... J'ai payé le travail ardent que j'ai fait à Orléans pour aider l'évêque à prononcer ce flot de paroles qui, sans doute à l'heure même où je vous écris découle de ses lèvres. Que

1. Le curé de Saint-Thomas d'Aquin, ami de cœur de Mgr Dupanloup.

Dieu l'assiste, le bénisse, et veuille bien accepter mon service secret.

De retour dans la Nièvre, il trouve sa belle-sœur Mme de Saint-Maur, désireuse de traduire l'*Apologia* du Père Newman et attendant d'Angleterre l'envoi du livre.

A Sir William Monsell

Azy, 21 septembre 1864.

... Je vais commencer par lui prêter mon exemplaire de l'*Apologia*, car je l'ai fait venir et j'en achève la lecture avec le plus vif plaisir, la plus profonde émotion. Si j'avais osé, j'aurais écrit au Père Newman. Il a eu la bonté de me recevoir une fois, mais il a dû très naturellement m'oublier. Son livre, si noble, si candide, si solide, si éloquent est un des plus beaux que j'aie lus. Les savants racontent avec complaisance, que tel a trouvé telle loi, qu'un autre a fait telle expérience et ils élèvent des statues au moindre observateur de l'existence des insectes ou de la végétation des plantes. Quel spectacle, cent fois, mille fois plus imposant, présente ce que l'on peut appeler la série des apparitions de la vérité à une grande âme ! Avec quel respect le grand religieux note le nom des hommes, la date des jours, auxquels il doit les progrès de sa foi ! Quel exemple est celui de cet homme éloquent, puissant, renommé, capable d'ambition, qui renonce à toute autre joie ici-bas que la joie d'entendre, au fond de sa conscience assaillie d'injustices et d'épreuves, la voix divine de Jésus-Christ ! Quelle humilité et quelle consistance, et quel amour sous les cheveux blancs ! Je vous félicite d'être l'ami d'un tel homme, et je remercie Dieu de l'avoir donné à notre Église.

J'ai eu le plaisir de parler de l'*Apologia* à l'évêque d'Orléans, et d'obtenir qu'il le citât dans son discours de Malines qu'il enverra au Père Newman, dont je lui ai donné l'adresse. Vous serez très content de ce discours, et aussi de celui du Père Félix sur les trois phases de la vie de l'église.

Nous avions ici dernièrement le Dr Arthur Stanley le *dean* de Westminster, dont la femme charmante est liée avec la mienne. Il m'a parlé du livre et de la personne du Père Newman, avec le plus profond respect. Il m'a paru un homme instruit et excellent. Par quel mystère l'église anglicane reste-t-elle séparée de l'église universelle ?

Je ne puis rien vous dire du projet de traité entre la France
et l'Italie dont parlent les journaux. Quel qu'il soit, j'aurai
de la peine, s'il assure Rome au Pape, à ne pas le préférer à
l'état actuel des choses.

Toute la famille est réunie à Azy et grâce à Dieu en très
bonne santé. M. Benoist d'Azy est toujours jeune.

Le traité dont il s'agit est la fameuse *Convention du 15 septembre*, dont les conséquences seront graves, et bien différentes assurément de celles qu'avait envisagées l'honnête ministre Drouin
de Lhuys. Elle avait « la prétention de régler le sort futur des
« Etats pontificaux... L'Italie s'engageait à ne pas attaquer le
« territoire actuel du Saint-Père et à empêcher même toute
« attaque venue de l'extérieur. La France s'obligeait de son côté
« à achever l'évacuation dans un délai *maximum* de deux ans...
« Victor Emmanuel promettait de transférer la capitale du
« royaume dans une ville qui serait désignée ultérieurement (1) ».

Au Comte de Falloux

Azy, 24 septembre 1864.

... Voilà Rome mise en demeure de se prononcer sur autre
chose que nos phrases et nos déclarations. Vous connaissez
maintenant les conventions franco-italiennes, si singulièrement arrivées à la publicité, à travers les journaux officieux, et par une sorte de suintement d'indiscrétions gagées.
Une seule chose me plaît dans ce traité, c'est que la situation
est plus nette ; au lieu d'une protection hypocrite et avilis-
sante c'est un abandon pur et simple de Rome à elle-même
et au loup son voisin qui s'approche. Mais Rome pourra-
t-elle s'en tirer sans l'Autriche, entre les bras de laquelle on
va la jeter hélas ! Et cela ne nous présage-t-il pas des compli-
cations européennes à bref délai?... Je ne sais, d'ailleurs,
rien sur le traité que par les journaux. En savez-vous un
peu plus par votre frère (2) ou par M. de Corcelle? J'ai vu
chez ce dernier Mgr. de Mérode, qui partait pour ses terres
et visitait des boulangeries modèles, semblant tout ignorer.

Voici qu'au moment de ce traité, le gouvernement, revenant brusquement sur des refus réitérés, vient (ceci encore
entre nous) d'accorder au *Journal des villes et campagnes*

1. La Gorce, IV, 535.
2. Le Cardinal de Falloux.

le droit de paraître tout les jours et de changer de titre (1).
Mais réorganiser ce journal ne sera pas sans difficulté. Je
serai à Paris la semaine prochaine (jeudi) et je m'en occuperai. Avoir un autre journal que le *Monde*, ce serait capital,
mais avant tout il ne faut pas rater. — L'affaire avait été
engagée une première fois par Mgr Maret, une seconde fois
par l'évêque d'Orléans ; tous deux me supplient de m'en
occuper. Je vous tiendrai au courant. Que de fardeaux !

Vous me dites que je n'irai pas au Bourg d'Iré ; comment
faire, entre la famille, les affaires, et cette part de mon temps
livrée obscurément au service de Dieu, sans parler de mon
désir de poursuivre un ouvrage sur Paris ? — Je suis tiraillé
plus que jamais, et pourtant Dieu sait que, surtout parce
que je vous sais plus souvent visité par la souffrance, je
désire ardemment aller mettre ma main dans la vôtre, et me
promener dans vos allées, vous écouter, vous consulter. Je ne
prévois pas que cela me soit possible, comme je l'espérais un
peu, en octobre.

A Madame Augustin Cochin

30 septembre 1864.

Au lieu de nous plaindre des nuages de notre ciel, soyons
surpris et reconnaissants de ce qu'il est éclairé par tant de
rayons d'azur. Nous ne pouvons descendre dans le fond d'un
cœur ou d'une chaumière sans y trouver la souffrance.
Chaque vendredi je suis entouré de pauvres gens qui me
navrent et me font rougir, quand je compare leur sort au mien.

J'ai vu M. Cousin ; c'est comme si on montait sur le Rigi ;
en une heure, du sommet de cet esprit agité, élevé, bizarre,
on voit vingt lacs, des vallées, trente montagnes, toutes les
questions, toutes les digressions ; on est au spectacle.

12 octobre 1864.

... En flânant un peu plus que je ne voulais à travers les
rues de ce Paris qui pour moi est une créature vivante,
colossale et variée, qui a un sens, une histoire, un langage.
C'est singulier que l'on se sente au cœur quelque chose de
tendre pour un amas de pierre....

1. La tentative faite pour renflouer ce journal et lui donner un rôle
utile, n'eut pas grande suite.

Au Comte de Montalembert

Azy, 7 octobre 1864.

À mon très grand regret, il m'est plus impossible que jamais de vous dire quand j'irai vous voir. Je n'en perds ni la volonté, ni l'espoir, mais je ne vois plus clair dans l'emploi de mon temps. Falloux m'appelle au Bourg d'Iré, M. Bartholony m'appelle à Genève pour une conférence entre catholiques et protestants, notre ami d'Orléans qui est en Savoie me supplie de rester sous sa main très tentée de reprendre la plume. Il est indispensable que j'aille avec Albert de Broglie en Allemagne pour les affaires de Saint-Gobain ; je veux aller à la Roche-en-Brény ; ma femme assure qu'elle ne me voit plus ; voilà où j'en suis, voilà ce que c'est que d'être doué d'un seul petit mérite, celui d'accepter un rôle peu envié ici-bas, le rôle de second *partout*. Je ne fais pas le modeste ; j'aimerais mieux être le premier quelque part. Mais enfin, telle que Dieu me l'a faite, je prends ma vie, et elle n'est pas aisée dans le mois d'octobre. Je ne puis plus vous fixer une date ; peut-être serais-je plus heureux, dans quelques jours.

Je viens de passer six jours consécutifs à Paris, presqu'entièrement occupé des moyens d'aider de mon mieux les hommes dévoués au Saint-Siège dans le nouvel équivoque où ses destinées sont engagées. L'important serait de bien connaître la façon dont cette situation est envisagée à Rome même, car notre rôle est de défendre le Saint-Père comme il lui convient de l'être. Avez-vous à cet égard quelques renseignements ? Je suis tout à fait d'avis que notre ami parle, et je demande au ciel de lui en accorder la force (1). Voilà le dernier acte de cette expédition de Rome que vous et lui avez commencée, rêvant pour la France et pour la Papauté un beau rôle que ni l'une ni l'autre n'ont su comprendre. Voilà l'œuvre de Falloux, de Montalembert, de Thiers, de Barrot, livrée aux mains serviles et glissantes de Lymairac et de la Guéronnière ; tout le crédit du pape repose sur ces deux signatures ! Et pourtant, quel beau langage, fier, calme, et élevé, qu'aux pieds de la justice éternelle, on pourrait tenir encore !

1. Falloux écrivit en effet pour le numéro du 25 une belle page de politique.

Vous me demandez où en est la question du journal ; elle marche lentement et difficilement, et tout ce que je puis faire est de ne pas m'en décourager ; j'espère que cela se fera ; il vaut mieux d'ailleurs laisser passer quelque temps sur les événements derniers. Quelle horreur que la joie grossière des journaux, les *Débats* surtout, sur les embarras du père des chrétiens, et avec quel cynisme ils professent tous impunément l'art de ne pas tenir sa parole !

Que de choses à vous dire, mon cher ami, et quelle vexation de ne pas savoir quand je pourrai fouler avec vous les feuilles sèches de vos bois, recevoir le soleil à travers les rameaux dépouillés, et dans une saison si favorable aux entretiens mélancoliques, recommencer ces longues promenades que j'aime tant ; puis nous chauffer au feu de votre vaste cheminée, et au feu plus ardent encore de ces sentiments d'honneur, de foi, d'espoir invincible, dont la flamme ne s'éteint jamais en vous. Non, je ne veux pas y renoncer et vous me verrez en novembre, si vous ne me voyez pas en octobre.

Sa première pensée, après la convention du 15 septembre est d'obtenir un article de Falloux, de celui qui était en 1849, le ministre de l'expédition de Rome. Il lui est impossible d'aller le voir, le stimuler par sa force de consolation à laquelle nul ne résiste. Il y supplée en lui résumant, au courant de la plume, ses notes, ses impressions, ses conversations des derniers jours, les lettres, les journaux.

Au Comte de Falloux

Azy, 9 octobre 1864.

La Saint-Denys que nous fêtons en famille aujourd'hui est fort troublée pour moi... On me dit que vous êtes forcé de renoncer au travail que vous aviez entrepris, parce que le premier essai vous a rendu vos affreuses douleurs.

Avant tout, je suis navré de cette persistance de vos maux. Je suis désolé aussi pour la chose elle-même. Un *acte de vous* en ce moment avait une véritable importance, et une opportunité considérable. *Nul* ne peut vous remplacer. M. D... (1) m'écrit hier qu'il renonce, sachant que vous parlez. Notre ami, qui est en Savoie, m'écrit ce matin qu'il ajourne pour la

1. Je ne sais de qui il s'agit.

même cause et comment courir là-bas après lui? Je vois que nous serons réduits à la chronique et c'est trop peu.

Ne pourriez-vous pas, au moins, dicter une lettre de six ou huit pages à notre président, lettre que nous publierions en tête du numéro? Cela suffirait, signé de vous.

Mon premier mouvement a été de vous offrir d'aller vous servir de secrétaire, mais je suis appelé et retenu de mercredi à samedi à Paris et obligé de repartir pour huit jours le jeudi d'après : tout ce mois est promis et enchaîné par des affaires industrielles, ajournées pour moi, et où je ne suis pas seul.

J'avais préparé une courte note qui résume mes conversations et correspondances depuis quinze jours, et je vous l'envoie. Si vous ne vous servez pas de cette note, elle peut vous intéresser.....

Italiens.

M. Alfieri (neveu de M. de Cavour, député) : « Il fallait réconcilier l'Église et l'Italie, on les met aux mains, face à face, en colère. On ne donne pas la paix à l'une, ni l'unité à l'autre. C'est un expédient équivoque, qui remet tout au hasard. »

M. de Martino (ancien ministre libéral et fidèle du roi de Naples) : « Naples va être dominé par un seul sentiment, la peur de voir la France se désintéresser de l'Italie et la livrer aux représailles de l'Autriche ; on va se grouper derrière le roi et tout accepter. »

Français.

M. Drouin de Lhuys : « Rome n'a jamais eu de plus belle chance. On renonce à l'occuper ; on promet de la défendre, on paie sa dette. Proposez-nous tous les moyens possibles de lui donner des soldats et de l'argent. Nous y prêterons les mains. »

M. Cousin : « L'Empereur est un profond penseur ; comme tous les penseurs, il traverse des brouillards ; il y est en ce moment ; il vient de poser une formule à deux fins : — laquelle préférera-t-il? Cela dépend de votre conduite ; si vous croyez en lui, il sera pour vous, si vous l'attaquez, il sera contre vous. Intéressez son honneur ; soutenez que la *convention* est un contrat synallagmatique ; qu'il en répond ! Professez la confiance ; pas d'esprit de parti. »

M. Thiers : « Nouveau gâchis. L'Italie est aussi bien en l'air que la Papauté. A Turin seulement, il y avait un gouvernement et une armée. Si Turin et Naples sont à la fois dans l'opposition, il n'y a plus d'Italie.

« Il faut laisser payer sa dette, car avant tout il ne faut pas mourir par l'argent.

« Il faut provoquer une conférence des puissances catholiques.

« Il faut parler haut, en bon langage, sans blesser l'Italie, et ne paraître ni content, ni accablé.

« C'est une revanche contre l'Allemagne, l'Autriche surtout dans le but de se rattacher l'Angleterre, et peut-être de tenter une guerre au printemps. »

Tous les journaux : « On ne promet rien, et on ne tiendra rien, tout chemin mène à Rome et celui-ci est un raccourci. La politique est l'art de ne pas tenir sa parole. *Te Deum* à gauche, *Miserere,* à droite. On donne des avertissements à droite et on laisse dire à gauche. La lettre à M. de Sartiges (1) déshonore le Pape en le quittant, et donne d'avance les considérants de sa déchéance. On jure de le protéger, et sous la garantie de M. Lymairac et de M. de la Guéronière, les exécuteurs habituels de tous les pièges où il est successivement tombé. »

Le Monde : « C'est le triomphe des francs-maçons et de la révolution, Satan, 93, la société moderne, etc..... .

Nous : « C'est une honte pour la France ; la Papauté s'en tirera. Guerre à l'hypocrisie et aux équivoques. Nous aimons mieux un abandon net qu'une protection étouffante. Mais l'abandon est impossible à déguiser. »

Quelques-uns, — *Monsell* — (peut-être le Nonce !) : « L'arrangement est très bon et il faut le prendre au sérieux. L'Italie, au fond, n'est pas brouillée avec la Papauté. Ni M. de Cavour, ni M. Minghetti, ni Victor Emmanuel, n'ont envie d'entrer à Rome. On le dit, pour plaire aux extrêmes, mais leur ascendant diminue tous les jours. »

Tenir compte de ces deux faits :

1º Nous avons toujours soutenu que la situation actuelle était humiliante, équivoque et intenable, soit pour le Pape, soit pour l'Italie.

---

1. Envoyé comme ambassadeur à Rome au printemps de cette année.

2° Nous avons toujours soutenu que les Romains aimaient le Pape et que le tête-à-tête entre eux serait pacifique.

Voici ce que m'écrit un prêtre de Naples (1) :

« Tout pour nous vaut mieux que la situation présente. Nous savons bien quel cas il faut faire de la convention du 15 septembre, une équivoque de plus. Mais d'ici à deux ans, nous verrons : ou bien une réconciliation entre le Pape et l'Italie, ou une révolution à Rome, ou une guerre, en tous cas, une solution ; et, quelle qu'elle soit, nous nous en accommoderons mieux que d'un état violent et humiliant qui perd les âmes par milliers et les prêtres par centaines. »

Je vous envoie ces impressions diverses uniquement pour marquer cette nuance :

Il faut faire *honte* à la France de sa conduite, nullement *peur* aux catholiques des conséquences.

Abandonner le Pape, c'est le livrer. La main devrait trembler avant de défaire l'œuvre de Charlemagne ; on n'est plus garant de rien, on demeure responsable de tout. Essayez donc un tour de suffrage universel pour l'Empire en 1865 ! et même en 1864.

Mais voulez-vous éterniser la garnison étrangère ? Eterniser une situation qui, représentant devant tous les curés de France, l'Empereur comme le bouclier de l'Eglise, lui permettait de la bâillonner et de l'amoindrir en France ? Non ; regrettez donc ce qui aurait pu être, non ce qui est.

Sommez de trouver un moyen (et il y en a) de faire payer la dette, sans donner quittance des provinces. Sommez de laisser faire une armée *catholique*.

Etonnez-vous de l'impunité de ces journaux (les *Débats*) qui disent hautement au gouvernement : « Vous mentez ! merci ! » — (C'est le vieux mot de Paradol) — Tandis qu'on avertit ceux qui demandent d'autres garanties que celles de M. Lymairac.

Je comprends un article intitulé : l'intérêt français dans la question romaine — plutôt que : l'intérêt romain dans la politique française.

Je suis sûr que c'est là votre note, et je me confie les yeux fermés.

Je prie notre ami de vous dire le reste de ce que je sais.

Tâchez que nous ayons votre épreuve sans faute avant le 20.

1. Sans doute le Père Capecelatro?

Les épreuves arrivées, Cochin en donna sincèrement son avis.

AU COMTE DE FALLOUX

Azy, 16 octobre 1864.

Je viens de lire avec le plus grand soin votre épreuve. Je ne dis pas que je n'y trouve aucun défaut, aucune lacune surtout. En terminant, on se dit : il faut donc que la France tienne éternellement garnison à Rome ! Or, vous savez si les divers résultats de cette situation sont durs. On voudrait que vous pussiez indiquer comment finira cet intérim si long. Je souhaiterais aussi un mot pour faire remarquer que l'on manque aussi bien à l'Italie qu'à la Papauté, et que l'on passe non pas entre des extrêmes, mais entre des serments ; que l'on cherche à provoquer l'Autriche, que l'on nous expose à la voir revenir à Rome etc... Mais vous ne pouvez pas tout dire et je crains bien que cet effort n'ait déjà cruellement éprouvé votre santé ! — Tel qu'il est, votre article est une très forte, très noble, très libre protestation qui convenait à votre nom et à notre rôle. Merci d'avoir agi. Merci, surtout, d'avoir parlé surtout au nom de l'honneur français et en bon citoyen. Je crois que la Papauté se tirera du danger ; comment la France se tirera-t-elle de la honte ? J'ai mis sur l'épreuve que je vous renvoie quelques notes ; la fin surtout tournait court. Je regrette de vous aider si peu.

Il y a quelques traits un peu vifs que j'ai signalés. Ne nous faisons pas tuer sous notre unique cheval.....

Dites-moi bien vite que vous n'êtes pas trop fatigué.

Pendant ce séjour à Paris si chargé, il donne encore quelques moments aux arts, — quelques-uns aussi au monde.

A MADAME AUGUSTIN COCHIN

21 octobre 1864.

Je suis entré à l'exposition des œuvres d'Eugène Delacroix. Il était 4 heures 1/2, le jour baissait ; je vous assure que cet homme m'a rendu la lumière, tant sa couleur est éclatante et pleine de rayons. Vraiment nous ne le connaissons pas. Les *Croisés à Constantinople*, les *Femmes Souliotes* etc., etc., sont des toiles à placer à côté des Vénitiens et des

Rembrandt ; puis de petits tableaux étonnants ; une mer qui clapote sous un ciel orageux et que le soleil déchire, un vase de fleurs qui sentent bon vraiment, des intérieurs peints avec une bonhomie calme, prouvent que Delacroix touchait à tous les genres avec originalité et puissance. A côté de cela pendent des pantins écorchés, des femmes impossibles remuant les haillons de leur peau ; il y a des toiles qui ne sont que des assemblages de taches. Il avait plus de génie que de talent, plus de fièvre que d'adresse. Mais il est juste de le ranger parmi les grands peintres, comme Victor Hugo, figure parmi les écrivains.

Quand on écrit, on sent les tortures de l'impuissance pour rendre certaines choses, et peintre, on doit éprouver le même malaise. Il y a surtout dans la nature et dans la vie un certain côté tumultueux, violent, capricieux, grandiose, des jeux surhumains de lumières, d'horreurs, de détails singuliers, de cris plaintifs, des creux de montagne et des abîmes de misère, ou des éclats solennels du vent, de la mer, du jour, de la colère, de l'honneur, de la révolte. Il ne faut pas demander à Mme de Genlis ou au peintre Chardin, ou au poète Boileau de nous rendre ces effets-là, et parce qu'en ce genre le sublime touche au ridicule, et que l'un et l'autre dépend beaucoup de la disposition et de l'aptitude du spectateur, il ne faut pas dénigrer, en bloc, tous les efforts des rares talents tentés par ce côté des choses.

24 octobre 1864.

... Assis devant une table qui présentait à mes sens épouvantés dix-sept plats énormes, j'entendais, à droite : « Monsieur croyez-vous que les astres soient habités ? » — à gauche : « Hure de sanglier ! » — Madame je l'ai toujours pensé, mais je confesse que les preuves ne sont pas nombreuses ! — Ah, monsieur, quelle joie de songer à ces créatures qui nous contemplent, et ne croyez-vous pas?... — « Aspic de truite ! » — Merci bien — Sans doute, et nous ne pouvons supposer que Dieu ait jeté des cailloux dans l'espace et souffert le vide dans son œuvre. — « Cerf rôti ! » — Que j'aime la liberté, monsieur, et ce souffle généreux qui anime vos écrits !... « — Canard truffé ! » — Ah ! Madame vous êtes trop indulgente, etc... « Jambon aux épinards ! »......

Au Comte de Falloux

Azy, 1er novembre 1864.

Cher ami, je suis arrivé hier soir ici, après douze jours d'un voyage si rapide que je n'aurais pas pu vous écrire, même si j'avais eu à vous faire de nouvelles observations sur votre épreuve, que nous nous étions fait envoyer, Albert de Broglie et moi, à notre première étape. Ce que j'aurais voulu, c'était vous remercier, car j'ai été tout confus de la peine que vous avez prise de m'écrire deux fois et longuement, pour m'expliquer les raisons et effacer les nuances qui séparaient bien peu, bien peu, mon opinion de la vôtre. J'ai été très touché de cette insistance qui vous a coûté, je le crains, un surcroît d'efforts dont vous n'aviez pas besoin pour payer cher votre dévouement. Il me tarde de savoir que Dieu vous a soutenu et préservé pendant que vous travailliez pour son Église.

Mon voyage s'est terminé par un rapide passage à la Roche-en-Brény où j'ai trouvé avec notre ami, l'évêque d'Orléans, Foisset, Gaillard, M. Daru. Tous, et j'ajoute, l'unanimité des Benoist, ici, ont approuvé sans restriction votre acte courageux, net, et opportun. Vous savez mon entêtement à croire que la Papauté se tirera mieux de l'épreuve qu'elle ne se serait tirée de la caducité corrompue du pouvoir qui va lui échapper. Mais je suis loin de ne pas voir, de ne pas flétrir, le piège scandaleux qui lui a été tendu. Les débats de Turin montrent la manière dont la convention est entendue par ceux qui sont chargés de l'appliquer, et comment le gardien entend sa consigne.

Le peu que je sais de Rome laisse supposer que le Saint-Père répugne à refaire une armée, et à exposer de braves jeunes gens à un guet-apens, en même temps qu'il résiste à tout moyen de faire payer une partie de sa dette par l'Italie; ce qui serait cependant bien nécessaire, si cela se peut par un mode honorable, afin de ne pas finir dans les embarras d'argent, ce qui serait triste.

J'ai vivement engagé l'évêque d'Orléans à prendre la plume, après les débats de Turin ; je ne sais s'il s'y décidera.

Je vais revenir samedi à la Roche, pour être à portée d'aller à Paris presque tous les jours.....

Montalembert va très bien, et il travaille à ses volumes. Le Prince de Broglie a presqu'achevé les siens.

Quels beaux articles Paradol a écrits sur Mme Swetchine et le Père Lacordaire ! Comme il a été enlevé et échauffé par ce saint et noble voisinage ; la fin du deuxième article est admirable. Je lui ai écrit, et il me fait une réponse touchante.

Au Comte de Montalembert

La Roche, 12 novembre 1864.

Mon cher ami, déjà quinze jours se sont écoulés depuis mon trop rapide passage chez vous, et je ne vous ai encore ni remercié, ni témoigné ce que chaque visite me laisse au cœur d'émotion et de croissante amitié. Tout le jour de mon départ, en traversant seul le Morvan dépeuplé de feuilles et d'hommes, m'efforçant de changer de muscle pour résister aux cahots des mauvaises voitures, et aussi de lectures et de pensées pour abréger la longueur du chemin, je me sentais sans cesse ramené vers vous, et en me disant l'histoire de notre amitié, comment, ayant commencé par vous craindre et même vous détester instinctivement, j'en suis venu à vous connaître, à vous aimer, puis à voir ma carrière s'entrelacer à la vôtre. Contemplant ces secrets agencements de la bonne Providence, je la remerciais, je vous assure, très vivement. Votre rencontre sur mon chemin a pu m'empêcher de devenir un vertueux maître des requêtes ou un irréprochable substitut, peut-être un honorable législateur, mais, je le sens, le peu que j'ai de foi, de conscience, de talent et d'honneur, s'est chauffé, s'est formé, s'est trempé, au contact de votre âme, et je me coucherais demain obscurément dans la tombe, que je ne regretterais pas d'avoir été privé de quelques vulgaires satisfactions pour goûter de nobles passions et servir des causes désintéressées en compagnie de quelques généreux amis.

Si, de plus, j'ai pu, dans des moments de déclin, d'épreuve et de mécompte, vous soutenir un peu à mon tour, et vous rendre plus courageux en vous exhortant à être plus juste envers votre destinée, notre pays et vous-même, je remercie encore Dieu d'avoir fait épanouir mon amitié au moment où elle pouvait vous servir, et je sens bien qu'elle est plus osée, plus profonde et plus expressive, quand elle va vous chercher entre Saulières et Semur, dans vos bois solitaires, fréquentés par peu de courtisans, que si vous étiez brillant, puissant, et dans l'orgueil d'une renommée sans ombre.

Comment ne vous ai-je pas dit tous ces sentiments que les événements écoulés depuis notre adieu n'ont pas émoussés, comment ne vous les ai-je pas dit plus tôt? J'ai à peine posé à Azy, puis j'ai ramené ici tout mon monde, c'est-à-dire ma femme, mes trois fils, un cheval, un coq, un lapin, une caille, deux peaux de sangliers et vingt-trois caisses, et, deux jours après, je retournais à Paris où mes affaires courantes ont été singulièrement aggravées par la laborieuse négociation du journal projeté. Grâce à Dieu, je crois que l'affaire va aboutir. Melun y met beaucoup de bon vouloir et d'ardeur ; il serait l'âme de la combinaison, et son nom va mieux que le mien en ce moment aux *aspirations*, comme on dit, de la majeure partie des catholiques. Lemercier et moi nous l'assisterons énergiquement. L'arrangement avec le propriétaire est enfin à peu près conclu. Reste le dernier mot du gouvernement. Reste la question d'argent. Il faut au moins 200.000 francs et nous en avons plus de 100.000 déjà. Vous me direz ce que vous pouvez faire, et vous ne me laisserez pas me jeter à l'eau tout seul, n'est-ce pas? La semaine prochaine nous affrontons le ministre, et il se peut bien que la parole donnée ne soit pas tenue, et que l'on nous rie au nez. Nous grossirons le troupeau des gens trompés qui est très peuplé ici-bas, et, dépouillés d'un grand instrument de bien, mais aussi d'un lourd fardeau, nous nous résignerons sans une peine excessive.

Falloux m'écrit que vous avez dû me parler d'un projet de petit livre sur lequel il me demande mon avis ; que veut-il dire?

La Roche-en-Brény ne répondit pas. On réclama la réponse.

Au Comte de Montalembert

La Roche, 21 novembre 1864.

Cher ami, n'avez-vous pas reçu la lettre que je vous ai écrite, si je me souviens bien, il y a dix jours. Si vous l'avez reçue, tout est bien, et j'attends avec un désir toujours très vif des nouvelles de vous, mais sans m'étonner que vous n'ayez pas le temps de me répondre de suite. Si vous ne l'avez pas reçue, je serais bien aise d'en être instruit, parce qu'elle contenait des détails très intimes et très nombreux, et cela me fait supposer qu'elle a bien pu rester en route.

Entr'autres choses, je vous parlais de l'affaire *journal*. Ne me répondez pas à ce sujet. Cette affaire est enrayée, et de la manière la plus sotte ; je vous conterai les détails. Je ne sais si elle pourra être reprise. En tous cas, comme j'y mettais beaucoup d'abnégation personnelle, j'en prends aisément mon parti pour moi, pas pour les grands intérêts que nous voudrions sincèrement servir. Vous rappelez-vous ce mot de M. Thiers, dans l'ancienne commission de 1850 : « il y a des moments où tous les efforts avortent ; quand les « couleurs sont mêlées sur la palette, on a beau broyer, il ne « sort que du gris ». — Nous sommes dans un de ces moments. Il faut le prendre en patience.

Vous avez reçu comme moi l'article de Falloux qui est vraiment admirable d'éloquence et de foudroyante logique. Je voudrais qu'il rappelât davantage que tout n'est pas pour le mieux à Rome, et que ce qu'on a voulu restaurer en 1849 n'est pas précisément ce qu'on y a vu depuis. Je ne sais pas non plus s'il est bien politique de tant démontrer au gouvernement qu'il ne peut pas ne pas livrer Rome. Mais les phrases ne sont rien, le fait est là, c'est-à-dire le texte de cette convention, interprétée par ceux qui sont précisément chargés de l'exécuter. Or, elle veut bien dire : « moi Italie je ne renonce pas à prendre Rome ; moi France je renonce à la garder. » Je m'efforce en vain de comprendre ce que l'Empereur gagne à cela, et ce qu'il y perd dans le présent et devant l'histoire est énorme ! Il ne faut pas être dupe, et il appartenait au ministre de l'expédition de Rome de caractériser le quatrième acte de ce drame dont il a inventé le premier, avant que la toile tombe sur le cinquième ajourné à deux ans. Notre pauvre recueil est exposé à des rigueurs pour dire cette vérité, mais qui la dira, si ce n'est ce recueil?

Vous avez écrit au prince de Broglie de ne pas venir à la Roche ; est-ce que votre retour est avancé? Je m'en réjouirais bien, mais cela nuirait à votre travail. Pour moi, je suis ici jusqu'au 15 décembre, je crois, mais allant à Paris, les mardi, jeudi et vendredi. Sur ce je vous embrasse et je pars pour la chasse. Quoi? *pour la chasse*, avec un fusil? Oui avec un fusil ! — Et vous comptez vous en servir? Oui je compte m'en servir. — Ne vous moquez pas, je vous prie ; on a vu des choses plus extraordinaires, et il faut bien rire quelquefois, sans quoi on ne rirait jamais, dit le proverbe.....

Au Père Gratry

8 décembre 1864.

Je n'ai pu lire que 200 pages (1) ; je suis horriblement grippé et accablé de travaux divers, sans parler de la candidature.

Mais n'attendez pas mes critiques. Tout ce que j'ai lu m'a ému et élevé. Ce ne sont pas des commentaires, ce sont des psaumes et comme le chant d'un oiseau qui plane. Impóssible de mettre ce chant à telle clef, en notes et en mesure, mais on n'en sent pas le besoin et on prête l'oreille, en faisant faire silence à tout ce qui bruit autour de soi.

J'admire vos combinaisons de mots, toujours, à la fois, hardis et choisis ; on n'est pas plus libre et plus correct. Mes petites chicanes de détail ne vous serviraient de rien et vraiment, j'en ai très peu, très peu.

En décembre, plaisante excursion officielle. Il inaugure, comme administrateur du Chemin de fer d'Orléans, une nouvelle ligne en Bretagne (Pontivy à Auray). Il s'y trouve, dans les honneurs, aux côtés d'une singulière personne, la Princesse Bacciocchi, cousine de l'Empereur.

A Madame Augustin Cochin

19 décembre 1864.

... La journée a été belle et les landes fleuries, les ruisseaux, le granit, la brume, donnaient à la Bretagne un aspect sauvage et mélancolique qui lui sied bien. Sur notre passage les Bretons se mettaient à genoux en faisant le signe de la Croix comme s'ils devaient, à la fois, craindre et espérer, et se confier au ciel, sentant vaguement qu'un événement capital se passait devant eux.

Eussiez-vous eu la seconde vue, vous auriez difficilement deviné ce que je faisais aux diverses heures. Que ma destinée est donc singulière et bizarre ! A huit heures j'étais à la messe à Vannes au milieu des cornettes blanches et des grands chapeaux. A 9 heures, je présidais un déjeuner d'ingénieurs. A 2 heures cérémonie des locomotives bénies, après 2 heures de route, à travers un pays inconnu, sauvage et grave ; en

1. Du livre du Père Gratry qui venait de paraître. *Les sophistes et la critique.*

compagnie des autorités. A 3 heures 1/2 le croiriez-vous? je donnais le bras à la princesse Bacciochi, et nous passions la revue du 7e lanciers, sur la grande place de Napoléonville.

A 4 heures 1/2, à la place d'honneur, toujours aux côtés de la princesse Bacciochi, à un banquet de deux cents couverts, je débitais un discours trop applaudi.

A 7 heures, nous entendions le biniou et suivions la retraite en musique éclairée par des torches. A 9 heures, j'ai dicté le discours que je venais de faire. Il est 10 heures. Je vous écris. J'ai reçu votre dépêche pendant le dîner, avant de partir : elle m'a délié la langue.....

A LA COMTESSE BENOIST D'AZY

Bourg d'Iré, 22 décembre 1864.

Si vous avez eu, ma bonne mère, la bonté de penser à votre gendre, dimanche dernier, vers 3 heures de l'après-midi, je vous donne en mille à deviner où il se trouvait et ce qu'il faisait, à ce moment-là, et comme vous ne pourriez pas, quelque nez creux que vous ayez tous les trois, pénétrer ce mystère de ma destinée, je consens à ne pas vous faire languir et à vous le révéler sans plus de préambule.

Sachez donc que, dimanche à 3 heures sur la grande place de Napoléonville (autrefois Pontivy (Morbihan), je passais la revue du 7e régiment de lanciers, ayant à mon bras S. A. I. Mme la princesse Bacciochi !!! Il m'a fallu arriver à 41 ans pour être élevé à ce haut degré de la fortune.

Adeline vous aura écrit que j'avais dû me décider à aller représenter la Compagnie d'Orléans à l'inauguration d'un chemin de fer en Bretagne. Samedi soir, avec le directeur, j'arrivais à Vannes, et là j'apprenais que la princesse Bacciochi (fille de la princesse Élisa et propre nièce de Napoléon Ier auquel elle ressemble comme un vieux sou), établie à Korner-Houët, en Bretagne, où elle mêle beaucoup de bonnes actions à des allures très excentriques, avait voulu venir à la fête, tout à coup transformée en solennité à grand fracas. Or, il y avait bien là avec l'évêque, une demi-douzaine de préfets et de sous-préfets, deux ou trois douzaines de conseillers et de maires, escortés de colonels et d'ingénieurs, mais le chemin de fer était l'Amphytrion, et comme je le représentais seul, il a bien fallu prendre bravement la tête et tenir mon rang. C'était facile tant que nous avons eu à traverser seulement, dans un salon bien installé, les paysages charmants et graves, qui se déroulent entre Auray et Pontivy, sur les bords sinueux du Blavet, et à travers ces landes qui fleurissent en hiver, comme pour se faire pardonner d'être stériles en été. Nous traversions des flots pressés de bons bretons, en grands chapeaux et en blanches cornettes, qu'on voyait, du plus loin qu'ils apercevaient le train dans lequel on leur avait dit qu'était leur évêque, se mettre à genoux et faire le signe de croix, ou bien, perchés dans les arbres, s'agiter et crier, tout étonnés d'un spectacle si nouveau. Tout a été encore facile et beau, pendant la cérémonie de la bénédiction des machines, l'une des plus belles qui aient été ordonnées dans les temps modernes (et notre père y est pour quelque chose).

Les locomotives pavoisées comme deux grands lévriers dociles qui se couchent aux pieds du maître, s'approchent en contenant leur puisssance, des marches de l'autel, le prêtre bénit le travail de l'homme, l'industrie ploie le genou devant la religion, et le progrès matériel fait alliance avec le progrès moral. Princesse, administrateur et préfet, sont bien effacés et bien petits, devant ces scènes variées de la nature, de la nation, de la religion.

J'étais tout ému, malgré le froid, et je me disposais à reconduire son Altesse enrhumée, jusqu'à la porte de la gare, lorsqu'elle me dit : « Je voudrais prendre votre bras pour traverser la ville à pied » et me voilà (me voyez-vous ma chère mère ?) cheminant ainsi sur des cailloux tout neufs, suivi de fonctionnaires et de gamins, marchant au moins deux fois, sur la robe traînante de ma voisine et tournant enfin sur une place immense, environnée de milliers de bretons, et me postant par devant un régiment de lanciers qui défile en saluant l'Altesse Impériale appuyée sur le plus empêtré et le moins énorgueilli des dindons de sa suite. Ah comme dit la chanson :

> J'en rirai longtemps,
> J'en rirai toujours !

Je passe le reste de la journée, les danses au biniou, les visites officielles, le banquet de 200 couverts, où je figurais encore à droite de la Princesse. Là, j'ai appris dans les discours officiels, jusqu'où peut aller la louange mensongère des hommes. Le préfet nous a appris que le coup d'état du 2 décembre était un décret sublime de la Providence (a peu près comme qui dirait le 8ᵉ jour de la création), et que depuis la campagne d'Italie, les mots de la langue avaient changé, que *bataille* se prononçait *victoire* et *victoire. générosité*. Hélas ! l'évêque en avait à peu près dit autant le matin !... M. Napoléon de Champagny (1) tenant un papier, nous a bredouillé qu'il était, — « le fils d'un père qui avait signé en 1807, le décret qui donne à la ville de Pon-Pon-Pon-tivy, le nom de Napo-po-po-léonville ! »

Je me suis soulagé en portant un toast à la vieille Bretagne, qui a été trop applaudi, et je reconduisais enfin la châtelaine de Kerner-Hoüet (traduisez : *Coin du bois*, Qui est-ce qui loge là d'habitude?) — lorsqu'un gros inspecteur jovial que M. Benoist connaît bien, Levasseur, dégonflant ses poumons et sa bile, en sortant de la salle étouffante, où nous venions de passer trois heures, et passant près de nous sans nous voir, s'écria d'une voix de Stentor : « En voilà de la blague ! » — Je n'ai pu que balbutier : — « Comme ces bretons sont expansifs ! » — hâter le pas, achever de déchirer la robe en m'empêtrant dedans, et, enfin, voir ma princesse rentrer dans sa voiture, et moi dans mon obscurité.

Le lendemain, chère mère, je me suis levé à 4 heures, pour pouvoir m'arrêter à Sainte-Anne-d'Auray ; j'ai déjeuné chez Fresneau... j'ai couché à Angers chez Théobald de Soland.....

Il rentra à Paris le 23 décembre. Tandis qu'il achevait sa tournée de Bretagne et d'Anjou, il n'avait pas appris la grave nouvelle, attendue toute l'année, de documents pontificaux publiés à Rome.

Le 8 décembre avait paru l'Encyclique *Quanta cura*, à laquelle était annexé le *Syllabus* ou catalogue des erreurs précédemment condamnées par les souverains pontifes, touchant « l'ordre nature et surnaturel, les droits de Dieu et les devoirs de l'homme, les rapports de l'Eglise et de l'État, l'autorité, la société civile » et diverses autres matières. — Le Saint-Siège définissait les erreurs émises sur divers points et affirmait les vrais principes chrétiens. « Il s'était attaqué, dit La Gorce, à cette société moderne, qui avait la prétention d'emprunter sur lui, et, entre les maximes équivoques et douteuses, avait choisi, pour les condamner, celles que les habitudes publiques avaient le plus vulgarisées, même parmi les croyants. »

1. Le député du département.

La page de l'Encyclique, et les quatre articles du *Syllabus* qui touchaient le libéralisme, allaient soulever une émotion considérable. Le texte ne parvint à peine entre les mains de tous que dans la semaine de Noël. La correspondance de janvier 1865 fera connaître les sentiments de Cochin et de ses amis, l'émotion où ils restèrent tout d'abord, et la force qui leur fut donnée pour affirmer leur foi. Pourtant, dès les derniers jours de l'année, une question se posait au sujet du *Correspondant*. Le premier mouvement fut celui de la retraite et du silence. Ce fut celui qu'exprima avec son impétuosité douloureuse, Montalembert à Falloux. Mais les amis devaient sans tarder revenir sur ce premier mouvement, et trouver pour leur conscience tous les apaisements (1).

1. Le premier qui sut raisonner la situation et porter le calme dans l'âme de Montalembert fut Camille de Meaux, son gendre, cet esprit si délicat et cette âme si haute. Il faut lire dans Le Canuet la lettre pleine de haute lumière qu'il écrivit le 28 décembre.

XI

1865. — *Le Syllabus.* — *Voyage à Dijon et conciliabule.* — *La brochure de Mgr Dupanloup.* — *Augustin Cochin élu Membre de l'Institut.* — *Affaires académiques.* — *L'assassinat du président Lincoln.* — *Lettre de l'Evêque d'Orléans.* — *Mort de l'Abbé Perreyve.* — *Méditations.* — *L'amitié du Père Gratry.* — *Le deuxième centenaire de Saint-Gobain.* — *Les morts : Le duc d'Harcourt, Lamoricière.* — *Le discours de l'Evêque.* — *Lettre de M. Thiers.* — *Les honneurs à Lamoricière.* — *Le Récit d'une Sœur.* — *Bonne année.*

1865

Le retentissement des documents pontificaux fut très grand. Le Gouvernement de Napoléon III ne fit que l'augmenter, en interdisant, bien inutilement d'ailleurs, aux évêques de publier le *Syllabus*, sous le prétexte qu'il était contraire à la Constitution. Les journaux anticléricaux, *Siècle, Opinion nationale,* triomphaient bruyamment, sur ce ton : « C'est un suprême défi jeté au monde par la papauté qui s'en va !... Voilà qui va aider nos affaires, détacher la jeunesse de l'Eglise, et la jeter pour toujours dans la philosophie positive. »

Par contre, à droite on triomphait tout autant. Le *Monde* s'écrie : « Ah ! l'Encyclique était bien nécessaire » pour foudroyer ces idées modernes, qui lèvent la « tête comme des batraciens coassant hors de leurs marais fétides » (1). Et on citait avec éloge, ces phrases d'un journal espagnol : « Notre foi *unique* est de stigmatiser comme anticatholiques le libéralisme, le progrès, la civilisation modernes... ces avortons de l'Enfer. »

Le parti fut vite pris au *Correspondant,* de relever la tête, et de ne pas se laisser aller à une panique que rien ne justifiait. On prit rendez-vous à Dijon où demeuraient les têtes de l'ancien *Correspondant,* Foisset et son ami le marquis de Saint-Seine, dont la haute valeur morale était d'un grand poids. Un accord fut vite établi sur la conduite à tenir.

(1. 18 février 1865. L'article du journal espagnol dont il va être question avait paru le 13 janvier.

Dès les premiers jours, Cochin avait couru à Orléans pour solliciter l'Evêque de parler. Là, avec sa collaboration constante, fut écrite la brochure, alors célèbre : *La Convention du 15 septembre, et l'Encyclique du 8 décembre.*

Au Comte de Falloux

8 janvier 1865.

Vous n'avez pas de lettres de moi depuis quelques jours, parce que j'étais fort occupé d'aider notre ami d'Orléans, qui veut écrire dans un sens dont j'espère que vous serez satisfait. Puis, je pense que vous avez eu des lettres de tous et que vous êtes au courant de nos impressions de chaque jour.

Votre lettre a été notre principale sujet de méditation et vous pensez bien que je ne suis pas celui à qui elle a fait le moins d'effet, malgré quelques dissidences que je vous dirai en terminant, pour ne pas commencer par ce qui me touche, point très secondaire.

Avant de lire votre lettre, j'avais écrit à la Roche, engageant notre Président à écrire et à signer quelques lignes fières et filiales à la fois, à peu près sur ce thème : « Je « suis le seul écrivain vivant qui ait adhéré à l'acte de 1832 ; « mêlé depuis lors, c'est-à-dire depuis trente années, à la vie « constitutionnelle de mon pays, j'ai loyalement accepté et « employé ses lois, et j'ai pu les faire servir au service de « l'Église, avec sa complète approbation. Je suis la preuve « vivante de la compatibilité de la foi la plus soumise avec « l'action la plus libre. J'ai pu excéder dans mes paroles, j'en « fais aisément le sacrifice. Mes actes ont été approuvés tou-« jours. L'encyclique de 1864, ne fait que répéter, celle de « 1832. Elle ne change rien aux conditions de la lutte, et « elle ne me concerne pas. Je pourrais donc me taire. Fidèle « aux mouvements de toute ma vie, j'aime mieux me lever « et me donner en exemple de la soumission filiale et de la « loyauté patriotique, etc... »

N'est-ce pas là ce que vous désiriez, et cela n'irait-il pas bien au passé et au présent de notre illustre ami? Je le crois, malgré l'inconvénient de mettre écriteau sur notre porte et d'attirer sur nous le regard et le doigt. Il faut, vous le dites très bien, que ce mouvement soit spontané, libre, tout personnel. Je n'insisterai donc plus. Je ne compte pas sur cet acte.

Reste l'acte collectif pour le 25.

Nous acceptons un rendez-vous à Dijon pour samedi prochain. Soyez-y présent par un dernier avis. Nous partirons vendredi.

Soyez tranquille, nous ne voulons ni d'une bêtise, ni d'un scandale ; nous ne voulons ni tuer le recueil, ni nous dénoncer nous-mêmes, ni nous débander sous le feu. Votre lettre a bien contribué à nous relever, et à nous tracer la conduite du premier moment.

Reste l'avenir. Le terrain est bien effondré, le rocher est retombé sur nous, comme sur l'ancien Sisyphe, et il y a nécessité de changer non de but, mais de route. Albert de Broglie est très décidé à se retirer ; j'avoue que j'ai *le plus grand désir* de le suivre. Il ne s'agit pas du tout, pour moi surtout, de retrouver un autre public et de changer le bénitier contre l'écritoire, en courtisant quelque parti répugnant. Je sais très bien que je serai à peu près dans la rue, et dans une rue déserte, entre deux démissions à quarante ans, mais il y a quelque chose qui l'emporte sur ce péril probable, c'est le besoin d'être en paix au fond de l'âme, et de ne plus faire un métier qui use les forces et presque les convictions ; c'est le besoin de ne plus tenir un langage gêné, suspect, à moitié sincère, qui déplaît à Rome, à Paris et surtout à moi-même.

Pardonnez-moi ce mouvement d'humeur ; je ne prends aucune résolution ; je réfléchis et je retourne devant Dieu ce que j'ai à faire dans l'avenir. Pour le moment, pour notre devoir immédiat, je crois que vous approuverez ce que nous ferons, après l'avoir inspiré.

Puis, que d'incidents ! et comme toutes les questions, d'ici à deux ans, passeront au-dessus de nos têtes : quelle marée !

P.-S. — De Rome, on nous fait beaucoup dire : « Rien n'est pour vous ! » On ne ménage rien pour endormir la douleur après avoir porté le coup.

Au Comte de Falloux

11 janvier.

... Les conseils de docilité, je n'ai pas de peine à les pratiquer ; je fais, à peu près, dans ma pauvre raison, ce que vous faites quand vous éprouvez une crise : je ferme les

rideaux, je clos les paupières, je mets des compresses, et
j'attends en silence.

Malgré tout nous serons, demain soir en route pour Dijon,
où viendront de leur côté, nos amis de la Bourgogne et du
Midi. Nous donnons là une preuve de notre déférence pour
Foisset, plus pieux et plus expérimenté que nous, — une
preuve aussi de notre bonne volonté à faire tout ce que
commandera la piété filiale. J'espère que j'aurai demain un
mot de vous, et je vous écrirai lundi de Paris, où j'attends
monseigneur d'Orléans avec son travail. Quel malheur que
vous soyez loin et comme j'aimerais à appuyer mon âme à
tout moment sur la vôtre dans ces jours d'orage...

Je joins un extrait des lettres de Rome. M. de Corcelle
part le 22 (1).

A Madame Augustin Cochin

> Dijon, 14 janvier 1865.

Voyage un peu dur par la pluie et le vent ; bel accueil dans
un bel hôtel, bien habité ; réunion longue, discussion pénible
mais sincère avec de nobles cœurs ; ajournement à demain
matin ; courte visite à ce qui reste de la maison de Bossuet ;
déjeuner dans le studieux, calme et honnête intérieur de
M. Foisset ; dîner tout à l'heure chez notre hôte, dont la belle
fille vous aime vraiment, voilà notre journée.

J'espère n'avoir scandalisé personne, et je prie Dieu de
m'inspirer le langage et la conduite que je voudrais avoir
tenus au moment de paraître devant Lui. Priez-le pour moi.

Aussitôt de retour il rejoint à Orléans l'Evêque qui est au
travail. La brochure sur l'Encyclique sera prête à paraître le 23.

Au Comte de Falloux

> 17 janvier 1865.

... Je m'extermine pour travailler à la seule diversion que
nous puissions espérer, et qui va être prête. C'est pourquoi,
je n'ai pas une minute pour vous écrire. Albert de Broglie
a dû vous rendre compte de notre voyage d'où je suis revenu

---

1. En partant à Rome M. de Corcelle y portera la brochure de Mgr Dupanloup, pour laquelle il allait demander, et obtenir, l'approbation pontificale. Il ne partit en fait que trois ou quatre jours plus tard.

moulu. Je comprends les vérités que vous voulez me dire, et qui se résument à : *non potestis una hora vigilare mecum*. Quand vous aurez une heure, ne me ménagez pas. Vous êtes le seul ami que j'aie au monde qui ait la bonté de ne pas me taire mes défauts, et vous m'avez rendu bien des services ainsi que je n'oublierai jamais. Je serai patient, mais je suis désorienté, et tout ce que je lis, y compris ce que j'écris, ne me paraît qu'une série de subtilités. J'ai vraiment besoin d'une petite retraite intellectuelle.

Mais ne parlons pas de moi. Je retourne près de notre ami, très courageux, mais qui s'est laissé aller à trop de longueurs théologiques et de politique courroucée. Il faudrait être aigu comme une flèche et tendu comme un arc. Je vais m'efforcer de travailler dans ce sens. Ce sera en tous cas une grande et puissante diversion, et un acte de courage bien beau. Dieu lui vienne en aide !

Le 25 janvier, le *Correspondant* publia l'Encyclique et le *Syllabus*, en les faisant précéder de quelques lignes pleines de dignité et de soumission envers le Saint-Siège, non moins que de reproches au Gouvernement impérial, qui avait prétendu interdire la publication des documents pontificaux.

Pour le reste, il renvoyait ses lecteurs à la brochure de Mgr Dupanloup.

Elle avait paru le 24 janvier, et avait produit un effet considérable. Un contemporain a écrit : — « Il faut avoir vécu à « Paris dans le monde catholique à cette époque pour se faire une « idée du revirement soudain produit par la brochure libératrice « de l'Evêque d'Orléans. On passe presque sans transition du « découragement à l'allégresse » (1). La brochure fit le tour du monde y recueillant chaque jour de nouvelles adhésions épiscopales : il y eut 620 lettres d'évêques ; c'était presque l'épiscopat du monde entier. Enfin, pour couronnement, le 8 Février devait venir un bref solennel d'approbation du pape.

En relisant la fameuse brochure, tous ceux à qui sont familiers

1. *Le Canuel*, III, 790. Il faut rappeler en quels termes Mgr Dupanloup lui-même s'est exprimé sur la brochure : « Dieu m'a soutenu miraculeusement dans cet effroyable travail. Ç'a été certainement le plus grand effort de mon pauvre esprit que j'aie jamais fait de ma vie... Le succès est sans aucune proportion avec le mérite de l'œuvre. Il y a, à l'heure actuelle cent mille exemplaires de la brochure, indépendamment de la reproduction des journaux et des traductions. Cinq en Angleterre, à ma connaissance, trois en Espagne, au moins trois en Allemagne, deux en Hollande, deux en flamand, une à Dublin à douze mille exemplaires, trois à Florence seulement. Les nonces de Lisbonne, de Munich, de Vienne ont écrit au nonce de Paris, de qui je le tiens, pour lui dire quel bien faisait cette brochure autour d'eux... »

le trait et la main d'Augustin Cochin, l'y distinguent en plus
d'un passage. J'en signale un en particulier, car on y retrouve
aussi l'attention de son cœur ami, et un souvenir qui lui était
personnel. C'est un passage où l'auteur de la brochure fait
entrer en lice Montalembert, comme défenseur du Pape, loué
et approuvé par le Pape.

Il s'agit là de ce principe condamné « que le Pontife romain
peut et doit se réconcilier avec la civilisation moderne ».

L'auteur de la brochure écrit : — « Où et quand le Pape a-t-il
condamné le principe en question? Dans une allocution prononcée
en 1861, que Montalembert avait justement commentée dans une
de ses fameuses *Lettres à Cavour* » (1). — Et après une longue citation d'une des *Lettres à Cavour*, l'auteur ajoute : — « Et savez-
vous qui a donné l'ordre de traduire en italien l'écrit de M. de
Montalembert? — Le Saint-Père lui-même ! »

Ainsi l'auteur de la brochure, approuvée par le Pape lui-même
citait comme autorité, Montalembert, avec son langage même, et
il le comprenait, l'attirait, dans le bénéfice de la bénédiction
pontificale.

AU COMTE DE MONTALEMBERT

Janvier 1865.

... Nous avons vu à quel point la France tient au christianisme par le fond de ses entrailles, et comme elle l'aime
quand il est malade. S'il se montre farouche ou trop exigeant,
elle s'en va comme le jeune homme de l'Évangile, tristement ;
abiit mœrens ; mais que l'Église se retourne en souriant,
quel soulagement ! et qu'on lui donne aisément raison, dès
qu'elle a la bonté d'être raisonnable. Notre ami triomphe
grâce à ce sentiment ; et ce triomphe est immense, inattendu.
S'il est paraphé à Rome, et je l'espère, ce sera un des coups
du ciel et un des effets de la parole et du courage les plus
surprenants qui se soient vus depuis longtemps. Remerciez-le
bien. Il a été admirable de cœur, d'entrain, d'honneur, de
probité ; et votre nom était sur les lèvres (aussi sur les
miennes, allez !) quand il défaillait un instant. Il a fait cela
pour Notre-Seigneur, mais aussi et beaucoup pour vous, et
comme s'il lui était donné de panser les plaies de votre âme.
Il était beau ce vieillard blanchi, que nous avons vu comme
un soldat qui perd son sang, se relevant, saisissant le drapeau,

1. On n'oublie pas que ces lettres avaient été écrites pour Montalembert par A. C. (voir t. I, p. 233).

et, poussant de sa poitrine ce cri valeureux : Dieu, l'honneur
et la liberté ! Remerciez-le bien, en le félicitant. Bien des
rancunes vont fermenter ; c'est le tour de l'écume après le
flot, et nous n'avons pas fini. Mais on respire et le vent a
tourné (1).....

Il est question de la brochure dans toutes les lettres.

Au Comte de Falloux

Janvier 1865.

... Je serai bien content de savoir que l'écrit de Mgr d'Orléans vous a ému et réjoui, et si le début, la fin et le milieu
vous ont plu. J'en serai spécialement heureux. Mais surtout
remerciez-le de son courage. J'ai admiré plus que je ne saurais le dire, ce vieillard allant au devoir, comme un autre va
au plaisir, travaillant, priant, avançant, sans prêter l'oreille
aux timidités bruyantes des grandes dames, résolu à nous
couvrir, à nous nommer, à ne rien ménager, à ne rien abandonner. Il a été je le répète, admirable, et Dieu bénit son
courage. C'est un éloge universel et un retour marqué d'opinion, bien que tout le mauvais effet ne puisse être détruit.
Remerciez-le bien.

C'est samedi que l'on présente les candidats (2). Je ne
serai que le deuxième, surtout si M. de Beaumont me lâche.
Je suis bien tenté de prier le général de Lamoricière de lui
écrire, en le priant au moins *de ne pas venir*. Je n'ose pas
ennuyer le général de cette affaire personnelle. Mes chances
continuent à être très bonnes dans l'académie et j'espère que
la discussion des titres me relèvera. M. Guizot parlera pour
moi avec quelques autres. L'élection est pour le 11 février.
Voyez ce que vous pouvez pour m'aider. Je serais bien heureux de réussir.....

J'ai vu ce matin M. Berryer bien souffrant d'un rhume
persistant, mais toujours en train, et en haute voix et haute
tête. M. Dupin paraît perdu ; cependant il tient fort. M. de
Barante n'est pas malade comme on le dit.

P.-S. — Comment trouvez-vous la note du *Correspondant?*
— Un ami, qui est à Rome m'écrit qu'il a prononcé mon nom

1. Lettre citée par *Le Canuel*.
2. A. C. est candidat à l'Académie des sciences morales.

au pape, en lui disant que j'étais affligé de l'Encyclique. Le pape aurait répondu : « S'il a besoin de direction, dites-lui qu'il aille à Orléans. » — Cela me donne bon espoir de l'effet de l'écrit que M. de Corcelle a emporté lundi dernier !

Au Comte de Falloux

Paris, 24 février 1865.

En apprenant que l'Académie avait fixé les élections au 6 avril, j'avais été tout heureux à la pensée que vous alliez venir bientôt ; mais Albert de Rességuier me dit que vous ne viendrez que pour voter, et je suis tristement désappointé. J'entends déjà parler beaucoup de vos futures élections ; les cartes sont sur la table, mais le jeu n'est pas coupé, et l'on se livre à toutes les combinaisons du rouge et du noir. On assortit Cuvillier et Autran, Gratry et Henri Martin, Paradol et Amédée Thierry ou Lavergne, sans parler du candidat souverain qui n'a pas encore déclaré sa volonté (1). Je vous tiendrai au courant si cela vous amuse.....

Notre ami d'Orléans est allé se reposer huit jours près de Toulon pour respirer seul. Il a reçu enfin la lettre du Saint-Père, longue, explicite, sans réserve. Je ne sais s'il la publiera. D'une part il y a des phrases vives sur la convention du 15 septembre qui confie *prœclaræ isti custodiæ reliquæ prœdæ*, — à cette belle garde les restes de la proie. De l'autre, il y a danger de faire produire quelqu'autre bref à l'évêque de Poitiers ou Montauban. L'important, c'est que ce bref existe, couronne et ferme la campagne et prouve que les terribles efforts contraires n'ont pas prévalu.

..... Mon beau-père arrive de Nîmes, enchanté du mariage de son fils Charles avec Mlle de Surville. Il a presque assisté aux élections protestantes, toutes hétérodoxes, comme celles de Paris, qui vont recommencer contre M. Guizot. Quel singulier état de l'Église et des Églises ? Chez nous, le pouvoir absolu, chez eux le suffrage illimité, Notre-Seigneur mis aux voix. Dans l'état, mêmes oscillations du despotisme au désordre. Ou plutôt l'un se cumule avec l'autre et le désordre s'épanouit dans toutes ses variétés, comme vous l'avez vu par l'affaire Schneider, et le procès X... : « Pauvre X... ! » (on vous aura cité ce mot de Rothschild),

1. Le bruit avait couru que l'Empereur Napoléon III serait candidat.

« le tribunal l'a condamné à six mois de probité, cela peut le
« ruiner ; mais l'Empereur est là, vous verrez qu'il ne les fera
« pas » ! — Les bals masqués vont leur train et le carnaval
n'est pas tout dans la rue. Je vous souhaite à Paris, mais
vous ne vous y plairiez guère en voyant de près tout ce qui
fourmille dans ce chaos. Voilà bien du noir pour un candidat
heureux ordinairement optimiste.

Falloux ne put se trouver à l'Académie le 6 avril.

Au Comte de Falloux

Paris, 7 avril 1865.

... Vous savez déjà le résultat de la séance d'hier. Tout
mon regret de votre absence tient au chagrin de vous savoir
souffrant ; car votre présence n'aurait rien changé au résultat : elle aurait même élevé à 17 au lieu de 16 le chiffre nécessaire. Vous auriez été un peu embarrassé entre votre goût pour
Paradol, et votre quasi-engagement envers Janin. En somme,
le résultat est heureux pour le premier scrutin ; le talent et
le caractère d'un homme qui n'a donné sa plume d'or ni au
pouvoir, ni à la rue, méritent une couronne, et je suis charmé
du résultat, malgré l'émeute véritable des salons, dont vous
ne pouvez aisément mesurer les éclats bruyants, dirigés en
particulier contre notre ami l'évêque d'Orléans ! Entre les
glaces et les truffes, les miroirs et les dentelles, on devient
féroce sur la rigueur des principes et le puritanisme des choix.
C'est exactement le contre-pied de l'excès des braillards qui
versent leur encre sur la tête de tout suspect de cléricalisme
A inquisiteur inquisiteur et demi. Je suis bien fâché pour
M. Autran ; mais pourquoi faire la guerre avec ce sabre
de bois ? J'aurais voulu plus de justice envers le Père
Gratry. M. Doucet est un galant homme, et pour le public,
il vaut l'autre poète. On ne se foulera pas à sa réception par
M. Flourens. Mais quelle jolie séance, Paradol reçu par
M. Guizot !

Vous avez su qu'à la séance trimestrielle, il y avait foule ;
on savait que l'empereur avait envoyé César, dans un pli
mystérieux. On l'ouvre ! Attention générale ! Un seul volume
broché, avec ces mots : « Offert à la bibliothèque de l'Institut,
de la part de l'empereur ; le secrétaire : Pietri. » Tous les
nez se sont allongés. On a parlé de faire répondre par le chef

de dynastie Pingard (1). Faut-il croire que toute candidature soit écartée?

Le 14 avril, Abraham Lincoln, Président de la République des États-Unis l'auteur de l'abolition de l'esclavage, tombe victime d'un odieux attentat. Sa mort fut pour Augustin Cochin comme un deuil personnel. Il eut à cœur comme on le pense, que les catholiques français parussent parmi les admirateurs du grand citoyen. Et c'est pourquoi il publia, s'y croyant autorisé, une lettre qu'il avait reçue de Mgr Dupanloup quelques jours avant l'assassinat (2).

A MONSEIGNEUR DUPANLOUP

Mercredi, 3 mai 1865.

J'ai lu avec le plus grand soin notre préface que je trouve excellente, touchante, juste et de tous points adaptée au but que vous vous proposez. Dois-je vous la renvoyer? Je n'y ai absolument noté que des fautes d'impression que vous n'auriez pas laissé échapper. C'est une bien grande et utile pensée que ce catéchisme à l'usage du monde (3).

Montalembert m'a dit hier seulement, et sans avoir le temps de me donner les motifs, que vous ne désiriez pas la publication de la lettre que vous avez bien voulu m'écrire au sujet du discours si admirable du président Lincoln. Je suis désolé si cette publication vous a contrarié.

Je vous ai écrit par le télégraphe jeudi : *Votre silence me dira : oui,* — et, dès le soir, M. Lagrange me répondait : « Je transmets votre lettre à Monseigneur » ; — J'ai attendu vendredi, samedi, dimanche ; j'ai cru pouvoir publier dimanche soir dans la *Gazette.*

Voici mes motifs : M. Guizot m'avait dit qu'une grande adresse des pasteurs protestants se signait. L'horreur causée par le meurtre de Lincoln pouvait, et peut encore, entraîner des représailles et des haines, au lieu de la paix. Cet homme

1. Les Pingard avaient, de père en fils, acquis quelque célébrité, dans les fonctions quasi-héréditaires d'huissiers à chaîne de l'Institut.
2. Au sujet du discours prononcé par Lincoln le jour de son installation de Président réélu. On y lisait entre autres, ces lignes : — « Quel beau jour... lorsque le chef deux fois réélu d'un grand peuple tient un langage chrétien, trop absent de notre Europe du langage officiel des grandes affaires, annonce la fin de l'esclavage et prépare les embrassements de la justice et de la miséricorde... » (Le discours de Lincoln avait été communiqué à Mgr Dupanloup par M. Bigelow, ambassadeur des États-Unis.
3. La préface du *Catéchisme chrétien* fut reproduite dans le *Correspondant* de juin 1865.

était admirable d'honnêteté, de confiance en Dieu, et sa cause était juste ; sorti du peuple, comme un pape, il est mort victime de son devoir, comme Rossi ou Mgr Affre.

Enfin, vous aviez permis que votre lettre parût en Amérique, je l'avais déjà remise à l'ambassadeur ; elle serait revenue en Europe.

J'ajoute qu'elle a réussi parfaitement ; *la Presse* l'a reproduite ; on la cite, on l'admire, et on m'écrit ce matin encore de Bruxelles pour vous féliciter.

J'espère que vous me pardonnerez, et il me tarde d'en être sûr ; j'ai du regret, nullement du remords, je vous l'avoue.

La lettre de Mgr Dupanloup, dont il vient d'être question, avait été, reproduite par toute la presse. Montalembert voulait la citer dans un article qu'il écrivait sur la guerre d'Amérique et la victoire du Nord. C'est de quoi, comme on verra, l'Evêque s'alarmait un peu.

A Monseigneur Dupanloup

La Roche, 18 mai 1865.

Votre lettre du 12 ne m'est parvenue qu'hier, au retour d'un voyage de quelques jours. Je l'ai montrée à M. de Montalembert, qui m'a chargé de vous dire que l'Académie se réunissait seulement le jeudi.

Quant à l'Amérique, je n'ai pas vu son article. Je le verrai demain et je tâcherai d'en adoucir les couleurs dans le sens que vous désirez. Mais soyez assuré qu'on nous trouvera toujours exagérés, comme lorsque nous parlons des Polonais, ou des ouvriers, ou du paupérisme. On est pourtant assez appuyé quand on attaque l'esclavage, l'assassinat et la révolte, et, à mille lieues surtout, il devrait être permis de négliger les nuances et de prendre parti carrément pour la justice. Quel asile, la justice ! Ce que j'admire en Amérique, ce n'est ni le nord, ni le sud, c'est la Providence qui mène par le châtiment au progrès. Quand je vous verrai, je multiplierai les preuves si vous le voulez.

La douleur de ce printemps fut la mort de l'abbé Henri Perreyve. Il était dès longtemps mourant. On le savait, mais on ne pouvait le croire. On ne pouvait pas voir la mort dans un être que l'ardeur de la jeunesse, un visage charmant, des yeux brillants et doux, une gaîté irrésistible faisaient l'image même de la

vie. Et que dire de son amour des hommes, de sa fidèle amitié, de
sa foi victorieuse? La jeunesse des écoles, pour qui surtout il avait
dépensé ses forces, l'adorait. Il avait aussi la tendresse de ses
aînés, des philosophes, des politiques, des orateurs, des sages (1).

Il avait passé l'hiver à Pau, et au printemps, pour mourir
parmi les siens, il avait regagné Paris.

Au Père Gratry

Plessis-Chenet (Seine-et-Oise)
20 juin 1865.

Je ne vous demande pas de venir ici, parce que la chambre
que je vous destine est occupée, encore pour quelques jours,
par ma tante, Mme Carron, qui est fort âgée et dont nous
entourons la vieillesse de nos soins, pendant quelque temps.
Mais surtout, je crois que vous ne voulez pas quitter Paris,
tant que notre pauvre ami Henri Perreyve est sur la terre.
Ah ! Comment donc le sauver, mais comment donc se résigner à le perdre ! Je pense à lui, sans cesse, et en pleurant (2).

Toutes ses lettres de cette période sont pleines de l'abbé Perreyve (3).

Au Père Gratry

Plessis-Chenet, 20 juillet 1865.

Et moi aussi, je voudrais bien vous voir et je devrais bien
vous écrire. J'ai même pris la plume dix fois, et je l'ai laissée.
Que dire de sincère, si l'on veut porter la consolation ; et
que dire de suffisant, si l'on veut partager la douleur ! Vous
avez perdu un fils, j'ai perdu un ami, que nous ne retrouverons plus sur cette terre, où il pouvait tant pour établir le
règne de Dieu ! Ses derniers moments, simplement écrits par
M. Bernard (4), sans phrase et sans vaine déclamation, sont

1. On a vu déjà quelle confiance et quelle tendre admiration il témoi-
gnait à A. C. On ne peut se garder de citer cette expression de tendresse
passionnée qu'il lui adressait peu de temps avant sa mort : « Vous êtes
pour moi une des justifications sensibles de la Providence, qui se cache
si souvent en ce monde » (mars 1865).

2. A. C. écrivait, dans le même temps à Falloux — : « Je suis au triste
et au noir, parce que j'ai passé une demi-heure avec mon pauvre ami l'abbé
Perreyve, et je l'ai vu moribond. Quelle douleur ! » (11 juin).

3. Il a parlé de lui le 6 juillet au Cercle catholique, dans une chaleu-
reuse improvisation qu'il faudra quelque jour reproduire.

4. M. l'abbé Bernard, mort aumônier de l'École normale.

admirables. Ils jettent sur la loyauté de sa vie et la beauté de son âme, un éclat définitif. J'ai parlé de lui, jeudi, devant les jeunes gens du cercle catholique ; ils ont pleuré avec moi. Je vous enverrai ces faibles paroles. Puis votre voix surmontera votre douleur, et vous allez élever son monument. Merci d'avoir accepté cette tâche ! Rien ne peut honorer plus dignement cette charmante et respectable mémoire.

Vous me parlez de venir ici en août. Je crois que notre départ pour Azy sera avancé, parce que ma belle-mère est seule, et nous appelle. Nous allons passer la fin de la semaine à la Rocheguyon, chez Mme la duchesse de La Rochefoucauld. C'est plutôt à Paris que je pourrais vous voir, car j'y vais trois fois par semaine, ou à Saint-Cloud, si je trouvais le temps d'aller remercier encore de leurs bontés M. le Duc et Mme la Duchesse Pozzo. Veuillez leur offrir mes respects.

Jouissez bien de la douce et noble amitié, de la belle résidence, de l'excellente compagnie, qui environnent en ce moment votre vie, et que Dieu vous rende les forces. J'ai bien besoin des *élans* dont vous me parlez. Tout ce mois, entre de tristes affaires et ce grand chagrin, a été horrible et comme agité par un violent vent sec ! C'est bien ingrat, quand je regarde mon intérieur !

Au mois d'août, sa famille installée à Azy, il reprend la série de ses voyages d'été et des lettres intimes. La tristesse de cette année de deuil le mène aux graves méditations.

A Madame Augustin Cochin

5 août 1865.

Oui, il faut sentir que Dieu est le *Maître.* Par la maladie il nous avertit de la fragilité de la vie, par les pertes il nous montre la fragilité de la fortune, par les mécomptes et le jeu des événements, il nous enseigne la fragilité de l'ambition et les bornes étroites de la raison ; tous ces coups jettent enfin à ses pieds. Je sens que son *Règne arrive,* comme dit le *Pater ;* il arrive de mon imagination où trônait un Dieu idéal, à ma volonté où s'établit et commande le Dieu réel. Ce sont choses communes à dire ou à répéter aux autres ; pendant vingt ans elles traversent les lèvres ; mais il faut vingt ans pour qu'elles traversent le cœur, et qu'on les sente. Je les sens. Encore cette impression est-elle comme toutes nos pensées, fugitive et vite effacée ; il la faut ramener, s'y fixer et s'en nourrir. Alors on passe outre, et on sent ainsi que ce grand maître est bon, qu'un voile léger de courroux couvre à peine et par moment la douceur infinie de son regard, et que ses rigueurs, nécessaire instrument de sa justice, coûtent à sa bonté ; on comprend qu'il meurt pour ceux qu'il afflige, et ce juge qui descend du tribunal pour partager le supplice du coupable et aider son condamné à souffrir, semble bien en réalité le Dieu tel qu'il doit être, tel qu'il est. Demain, je m'unirai à lui, et après l'avoir déjà longtemps servi, je lui demanderai la grâce de le connaître et de l'aimer ; car j'en suis bien loin.

Depuis la mort de l'abbé Perreyve, Augustin Cochin sent se resserrer plus étroitement son amitié pour le Père Gratry, dont il comprend de plus en plus les peines, les tristesses et les déceptions (1).

Au Père Gratry

Azy, 5 septembre 1865.

Je devais passer la semaine dernière à Paris, je vous aurais vu ; je serais allé au dernier mercredi de Saint-Cloud, je me serais présenté rue François Ier (2) ; tous ces plans sont tombés dans l'eau sucrée de la tisane, j'ai dû garder le lit, avec un violent mal de gorge. Je me croyais délivré de ce mal. Mais les soucis que j'ai traversés, m'ont affaibli ; le souci mine plus que le travail.

Au moins, donnez-moi de vos nouvelles, car j'en ai soif, je voudrais vous aimer pour deux, puisque notre ami s'est envolé. Dites-moi que vous n'êtes pas triste, et que Dieu vous inspire de belles pensées sur ce jeune et cher ami, pour votre discours de rentrée.

J'espère être à Paris la semaine prochaine. Y serez-vous ? Nous tâcherions de terminer l'*affaire* qui vous intéresse, puis nous laisserions aller nos âmes et nos langues vers cette

---

1. C'est à son sujet qu'il écrit à Mgr Dupanloup (27 août) : — « Oh ! comme je comprends la souffrance d'un homme qui a consacré sa vie à allumer en haut lieu une éclatante lumière, et qui la voit presque éteinte entre le souffle impur des méchants et l'haleine nauséabonde des imbéciles présomptueux ! »

2. Après quelques jours passés à Saint-Cloud chez le duc Pozzo di Borgo, le Père Gratry avait été un moment l'hôte de M. Foucher de Careil.

terre promise du bien, du vrai et du beau, qui nous fuit, mais qui existe, et vers laquelle il faut violemment tendre.

Nous avons ici une petite nièce de six mois bien malade. Est-il un plus navrant spectacle que la souffrance inexpliquée d'un enfant et la douleur irraisonnée d'une mère !

Priez pour toutes deux. Le reste va bien.

Il aime à parler de ses occupations industrielles avec son beau-père qui en a toute l'expérience, et auquel une souffrance momentanée donne des loisirs.

Au Comte Benoist d'Azy

18 septembre 1865.

Adeline me dit que vous êtes encore retenu par votre jambe, et cela me désole. Je voudrais vous tenir compagnie, mais j'aimerais surtout vous rendre le mouvement, et je prie le Maître divin du mouvement de délivrer votre jambe de ce mal trop long.

Je suis arrivé ce matin à 11 heures pour retomber à midi dans le jury que je préside à l'Exposition. Ces trois jours ont été bien occupés et bien intéressants.

L'industrie des glaces accomplit des progrès remarquables, et je crois qu'elle a un bel avenir. Les opérations chimiques se simplifient, les procédés mécaniques aussi, la durée des élaborations diminue, et les prix, en s'abaissant, rendent les produits d'usage de plus en plus général. La concurrence est difficile. Tout va bien de ce côté. L'industrie des produits chimiques est, au contraire, bien attaquée ; elle a l'inconvénient de ne pouvoir supprimer les produits les plus menacés parce que les combinaisons s'engendrent les unes les autres, et que la fabrication d'un corps rend celle d'un autre corps inévitable. Puis les produits ont un gros volume pour une petite valeur et cela fait jouer à la question des transports une influence décisive. Nous avons là beaucoup à veiller et à travailler. Notre nouveau directeur, dont les manières rappellent le vicomte de Jodelet, a du feu, travaille, agit et il nous rend de bons services, tout en se querellant avec ses collègues. J'ai à peu près décidé mon conseil à renoncer à l'affaire Kuhlmann. Placer trois ou quatre million dans des usines d'une surveillance difficile, vouée à une industrie menacée, c'est courir un trop gros risque, et je ne vois, dans un achat, aucun avantage que nous ne puissions trouver dans une entente.

Comme j'aimerais à vous montrer ces grands établissements ! Notre siècle a beaucoup fait pour l'industrie. Quel chagrin de penser que l'âme de ce siècle est dirigée par la presse, et la presse par l'ignorance et l'immoralité ! *Non in solo pane vivit homo !* Nous sommes bien actifs, bien opulents, bien ingénieux : le fer, le verre, le coton, la laine, la soie sont des créations bien remarquables ; mais la foi, la science, l'honneur, la liberté, — où cela se fabrique-t-il? et qui en veut? — Gardons bien pour nos enfants, dans notre petit coin de famille, le culte de ces choses sacrées !

J'ai les lunettes de Mme Benoist ; je gagne trop à ce qu'elle s'en serve pour les avoir oubliées ! Qu'elle est bonne d'avoir cherché les traces de ce Dufresny, qui épousa sa blanchisseuse pour ne pas payer sa note (1). J'ai voyagé avec M. Boutron (2) qui m'en a parlé, car il sait toutes les anecdotes de deux ou trois siècles, ayant passé sa vie à collectionner et à peser des pilules et du bel esprit, des onguents et des livres, aimable conteur, fin connaisseur, comme ce Maucroix ami de La Fontaine, qui écrivait :

> Je l'ai trouvé ! que j'en suis aise !
> C'est bien la bonne édition ;
> Car on trouve à la page seize
> Les quatre fautes d'impression
> Qui ne sont pas dans la mauvaise !

M. Boutron est le compère de Mme Benoist comme parrain d'Ernest Guillaume, et je voudrais voir leurs deux mémoires surprenantes trinquer ensemble.

J'écris à Dechamps, comme vous voulez bien le permettre, et j'espère qu'il pourra venir le 30 à Azy. En attendant, j'irai, s'il plaît à Dieu, et quelle joie ! je partirai demain soir.

La Compagnie des Glaces de Saint-Gobain avait décidé de célébrer à l'automne le deux centième anniversaire de sa fondation (3). Le Prince de Broglie devait prendre la parole au nom du Conseil d'administration.

1. Dufresny l'auteur comique. — Mme Benoist d'Azy était une grande lectrice et au courant de toutes sortes de souvenirs historiques et littéraires.
2. M. Boutron, administrateur de Saint-Gobain, était le beau-père du célèbre chimiste Frémy, et lui-même bibliophile renommé.
3. 8 octobre 1665. Lettres patentes du roi Louis XIV, instituant la manufacture royale des Glaces.

Au Prince de Broglie (1)

... Ne craignez pas de presser la fibre généreuse, chrétienne ; elle est au fond de ces cœurs d'ouvriers, et nous ne devons pas oublier que Notre-Seigneur tenait le langage le plus délicat aux foules, *ad turbas*. Nous avons voté la distribution de votre discours dans tous les ateliers de Saint-Gobain et de Chauny. Quand nous inaugurerons la chapelle, reprenez la parole. Ces milliers d'hommes ont besoin qu'on les loge et qu'on les soigne, mais bien plus encore qu'on les touche et qu'on les apprivoise, et lorsque la vérité tombe des lèvres d'où part ordinairement la consigne, ils la gardent et la respectent. Vous avez tout ce qu'il vous faut pour cette mission, quoique vous en disiez ; je vous aiderai, je vous suivrai de mon mieux. Ah ! si nous pouvions modestement moraliser et rendre plus heureux ces gens dont la vie se dépense à nous faire des recettes, quelle part réservée ce serait dans les bénéfices que le monde ne compte pas.

A son passage à Paris en septembre Augustin Cochin avait appris avec douleur la mort imprévue du général de Lamoricière. Il avait pour le célèbre homme de guerre une admiration très grande et un attachement personnel. Une vie de gloire militaire, et aussi de science administrative et civilisatrice, toute inspirée d'amour de la liberté, s'était close par un acte de foi et de dévouement à l'Eglise catholique. Il y avait là de quoi conquérir Augustin Cochin et le remplir d'enthousiasme.

Aussi toute sa volonté s'applique à faire rendre les honneurs les plus parfaits au soldat et au chrétien. Tout d'abord il arrête au passage Montalembert qui partait en voyage, et obtient de lui un morceau d'éloquence pour le *Correspondant* du 25 octobre.

Puis, à sa manière ordinaire, il amasse une riche substance pour Mgr Dupanloup, qui doit prononcer l'éloge funèbre à la cathédrale de Nantes.

Au Comte de Falloux

Azy, 24 septembre 1865.

J'ai reçu votre lettre à Paris que je traversais pour aller faire avec Albert de Broglie une course industrielle qui a duré

1. Cette lettre n'est pas datée.

quatre jours. J'avais appris en arrivant la fatale nouvelle, et mon premier soin avait été d'écrire à Montalembert, dont le départ pour l'Espagne s'est trouvé à propos retardé. Vous aviez fait de même je crois. Je souhaitais ardemment que l'oraison funèbre du plus généreux fût faite par le plus éloquent, que le grand maréchal de la foi fût loué par le grand orateur de la foi. Il a accepté, j'ai reçu son épreuve, et je suis dans l'enthousiasme. Je me garde bien de lui demander la moindre sourdine à une explosion superbe d'honneur et d'admiration. Le même feu brûlait dans les veines de ces deux hommes, et ils étaient pétris de la même poudre fulminante, animés du même cœur généreux. Rien de plus beau, vous le verrez, que cet éloge de l'un par l'autre. Mais cette vie, cette mort, cette gloire, ce sacrifice, tout cela est si beau ! Je ne crois pas que notre siècle ait offert rien de plus héroïque, et, au milieu de tant de douleurs, il est doux, on est fier et retrempé, en voyant que cet homme-là était de notre bord, et j'aime (en fils de ma mère), à ajouter : de notre Anjou. Que vous devez avoir souffert, cher ami, de ne pouvoir aller vous tenir debout, prier et frémir, et parler sur cette tombe ! Vous me dites qu'un service aura lieu en octobre, sans préciser la date, et vous me demandez de faire coïncider avec cette cérémonie notre visite. Ce serait admirable ; je ne sais si ce sera possible. Voici, en effet, les obstacles.

Montalembert compte toujours partir pour l'Espagne à la fin du présent mois.

Albert est pris le 23 et le 24 par le mariage de son neveu.

Lui et moi, sommes pris le 21 et le 22 par une cérémonie *bi-séculaire* et une bénédiction de chapelle à Saint-Gobain.

Avec les voyages, c'est donc *du 20 au 25*.

Ajoutez que le prince de Broglie n'aime pas à laisser seul à la campagne son père qui n'est pas très bien, et qu'il ne le ramènera à Paris que le 15. Cela étant, nous étions convenus de n'allez chez vous qu'après le 25 et probablement au retour de Montalembert. Tout cela me paraît difficile à arranger avec votre rendez-vous.

... Tâchez que le comité du monument soit bien fait, et comprenne, sous la présidence de Changarnier ou la vôtre, M. Dufaure, M. Rivet, M. de Corcelle, M. de Saint-Aignan, M. Daru, les amis particuliers du général, avec des noms catholiques, M. de Mérode, etc., Mon beau-père serait fier d'en être. Je vais voir l'évêque d'Orléans dans ce pays, dans quelques jours, et je ne doute pas qu'il n'écrive une lettre à ce comité. Mais il ne faut pas le solliciter trop ; il faut que cela soit très bien fait, et qu'il suive son mouvement et prenne son temps.

Adieu, cher ami, que nos pertes sont grandes et mysté-rieuses ! Adorons la volonté du Maître.

P.-S. La famille d'Harcourt s'est décidée à faire imprimer mes paroles et je vous les envoie.

Il faut dire de quoi il s'agit dans ce *post-scriptum*. Le duc d'Harcourt venait de mourir à quatre-vingt ans dans une retraite pleine de dignité, après une vie occupée aux missions diplomati-ques les plus importantes et à de généreux dévouements.

Le jour de ses funérailles, le 5 mai 1865, à l'improviste, Augustin Cochin avait été instamment prié de prendre la parole sur les marches de l'église des missions étrangères. Il avait aimé rappeler les nobles causes auxquelles avait voué sa vie le fils d'une des plus antiques familles de l'aristocratie française : l'indépendance de la Grèce, la Pologne, et le Saint-Siège aux heures dures de 1848, lors du meurtre de Rossi, et de la fuite du pape à Gaëte.

Le discours improvisé est assurément un des plus vivants mor-ceaux de la parole d'Augustin Cochin.

Cela le ramenait à Rome et à Lamoricière. Il était prêt à tout pour honorer le héros. — « C'est bien le moins, a-t-il dit (1), que « nous nous mettions en avant pour l'honneur d'une vie sacrifiée « et livrée aux bêtes et aux méchants pour notre foi. »

A MADAME AUGUSTIN COCHIN

6 octobre 1865.

... Notre cher évêque me supplie de l'aider encore demain matin, si vivement que j'obéis. Il est bien ardent, mais le bois manque au feu, et, avec ses soixante-cinq ans, il faut qu'il aille remuer les cœurs, louer les morts, émouvoir la France, honorer l'Église, et il est seul. Ne me blâmez pas de l'aider. Je le fais humblement et discrètement, pour le service de la Religion, qui vaut bien ces efforts. Dieu paiera ma peine à nos enfants.

Il va auprès de Thiers, chercher des renseignements vivants sur Lamoricière.

1. Dans une lettre à Falloux le 28 octobre.

A Monsieur Thiers (1)

Saint-Benin d'Azy (Nièvre).

7 octobre 1865.

Monsieur et illustre ami,

Le désir d'avoir de vos nouvelles et de me recommander à votre souvenir me porterait aisément à vous écrire, même si je n'avais rien à vous dire, car ma pensée se porte bien souvent avec respect et dévoûement vers vous. J'hésiterais cependant, mais aujourd'hui ma lettre a un objet sérieux.

Je viens de passer deux jours avec notre ami l'évêque d'Orléans pour causer de l'éloge du général Lamoricière qu'il va prononcer le 16 octobre à Nantes. En louant ce soldat héroïque, il importe de ne pas le surfaire, et de ne pas tomber dans l'inexactitude ou dans l'emphase.

Il ne faut pas oublier non plus les traits de sa carrière militaire ou publique qui l'honorent le plus. Votre éloquent confrère n'a pas de peine à mettre en feu son imagination ; il va aller s'animer par quelques séances dans les galeries de Versailles, et il sera aisément inspiré par le dernier acte de la carrière du général. Mais il voudrait, pour être dans le vrai, avoir votre avis, sachant bien que cet avis, sur les hommes et les choses, est la vérité même et la juste mesure.

Quelle est la part exacte de Lamoricière dans l'histoire de l'Algérie ?

Quel fut son rôle politique de 1846 à 1850, notamment dans votre cabinet du 23 février ?

Mgr d'Orléans met quelque réserve à vous adresser ces questions, pour ne pas vous imposer la peine de lui répondre, mais il désire passionnément connaître votre sentiment et il n'a cessé de me dire : « Si je savais l'opinion de M. Thiers je serais sûr d'être dans le vrai. » Je me suis donc chargé de vous exprimer son désir, et d'ajouter que si la réponse devait vous prendre trop de temps, il vous prie lui-même de ne pas la faire. Mais je sais que vous aimiez-le général, et vous ne dédaignerez pas d'aider à honorer sa mémoire.

La note du *Moniteur* n'a pas surpris Mgr Dupanloup. Il savait que le gouvernement de Florence la demandait

1. Correspondance de Thiers à la Bibliothèque nationale.

pour le moment des élections. Il n'a rien appris d'ailleurs sur l'état des esprits à Rome, qui mérite de vous être signalé.

Veuillez offrir mes humbles hommages à Mme Thiers et agréez, Monsieur et illustre ami, mes sentiments très respectueux et tout dévoués.

P.-S. — J'ai prié M. Cousin de vous demander si vous n'avez pas écrit autrefois une *Notice sur les établissements d'Anzin*, que je voudrais bien lire, parce que j'en fais une sur la compagnie de Saint-Gobain, qui va célébrer son deux centième anniversaire.

Voici quelle fut la réponse de M. Thiers (1).

A AUGUSTIN COCHIN

Château de Franconville, par Luzarches
le 9 octobre 1865.

Mon Cher Monsieur Cochin,

Quoique fort occupé en ce moment et tâchant de concilier le travail avec le soin de ma vieille santé, je me hâte de vous répondre, voyant, d'après votre lettre, qu'il importe de mettre promptement votre vénérable ami, l'évêque d'Orléans, en possession des notes désirées sur le général de Lamoricière. Je vous prie de dire à Monseigneur que je vous écris à vous pour lui, et que ma lettre est adressée à vous plutôt qu'à lui parce que vous êtes plus assuré de le rejoindre immédiatement.

J'ai beaucoup connu les quatre principaux généraux d'Afrique, Bedeau, Changarnier, Lamoricière, Bugeaud, et je puis, en effet, donner bien des notions sur chacun d'eux.

Je n'ai pas présents à la mémoire tous les détails de leur vie militaire, mais j'ai retenu les plus importants, et quant à leur physionomie, elle ne s'effacera jamais de ma mémoire. C'étaient des hommes rares (encore heureusement) et prouvant la fécondité inespérée de la France en hommes de guerre.

Lamoricière est un des personnages les plus brillants, les plus attachants, que j'aie connus.

1. Écrite, suivant sa coutume sur une suite de petits feuillets de papier, de sa ferme écriture élargie par la plume d'oie.

Caractère bouillant, impétueux, un peu mobile, mais sincère, bon, généreux, aimable, le plus dépourvu d'envie que j'aie connu. Il faut noter le dernier trait qui est bien remarquable. L'envie est le malheur de tous les amants passionnés de la gloire. Lamoricière quoique un de ces amants, était pour les vivants le meilleur des camarades. Il n'a jamais jalousé ni décrié personne.

Courage à la guerre. — Ses camarades disaient qu'il était du plus rare courage. Dans les murs de Paris, aux fatales journées de juin, où huit généraux succombèrent, il avait l'air de se jouer au milieu du danger. Il donnait confiance à tout le monde par son entrain.

L'esprit était des plus variés, des plus étendus, des plus féconds. Il comprenait tout, se mêlait de tout, avait une opinion sur tout. M. de Rémusat avait dit de lui ce joli mot : « Lamoricière a des opinions sur tout, même sur les hypothèques ! » — Il avait un haut savoir ; seulement son esprit, toujours en mouvement, n'était pas toujours sûr. Mais il revenait vite, parce qu'il était naturellement juste, et qu'il avait un rare désintéressement d'amour-propre. Je l'ai vu, dans des commissions, revenir d'une opinion fausse, avec une bonne foi admirable ; et ce n'était pas par faiblesse, car lorsqu'il était convaincu, il se défendait avec une opiniâtreté irréductible. Il parlait bien, et serait devenu un véritable orateur. Il l'était déjà quand il a disparu de la scène.

Ses opinions. — Les dernières sont celles qui répondaient le plus à sa nature. Il avait été de bonne foi républicain, — il était revenu à la monarchie constitutionnelle, celle que nous demandons tous, — mais ce qu'il était le plus, c'était *libéral.* Je n'ai connu personne de plus sincèrement, de plus *cordialement* libéral que le général Lamoricière. J'emploie ici le mot *cordialement*, un peu en dehors de son sens ordinaire, pour dire que Lamoricière était libéral du fond du cœur, et c'est une chose remarquable que cet homme, dont le métier était *la force*, aimait le droit par-dessus tout. Il avait le *césarisme* en horreur, jusqu'à exécrer même Napoléon Ier, dont au reste il voyait les côtés faibles avec une rare justesse, et n'admettait pas assez les grands côtés.

Sa vie. — En Afrique, il prit vite goût au pays, étudia l'arabe avec sa facilité d'apprendre et le parla couramment. Il doit à cela de bien connaître les arabes, et de concevoir une idée féconde, celle de créer un corps spécial, moitié arabe, moitié français, devenu enfin exclusivement français, les zouaves. Voyant nos régiments de ligne se succéder rapidement, et, lorsqu'ils arrivaient en Afrique, n'être d'abord bons à rien, et employer une année à devenir utiles, il imagine un corps spécial, ne quittant jamais l'Afrique ; et devenu colonel de ce régiment, il fit avec ce corps des merveilles. C'est comme colonel des zouaves qu'il commença sa popularité qui bientôt devint immense. Ce corps a, selon Saint-Arnaud (1), gagné la première de nos batailles livrées en Europe, et a décidé ainsi nos premiers succès. Le fait d'armes le plus saillant, celui qu'il faut faire ressortir, c'est l'assaut de Constantine. Le maréchal Vallée m'a dit à moi qu'il n'avait plus que dix gargousses, ayant épuisé ses munitions contre des masses dont on ne prévoyait pas la solidité. Il était dans une affreuse perplexité et dit à Lamoricière qu'il fallait enlever la brèche, praticable ou non, à tout prix. Lamoricière et le colonel Combe s'étant avancés héroïquement, Combe fut criblé de coups de feu et vint expirer aux pieds du duc de Nemours. Lamoricière emporta la brèche, sauta jusqu'en l'air par suite d'une explosion, et fut cru mort.

Le 23 février, il n'y eut pas de ministère formé. Ni Lamoricière, ni moi, n'avons été ministres. Nous avons été appelés seulement, mais quand il restait à peine quelques heures pour sauver la monarchie, perdue pendant des années ; — tandis que presque tout le monde refusait d'aller au lit d'un malade *in extremis*, Lamoricière n'hésita pas, il vint avec moi.

Pendant la République, Lamoricière qui cédait facilement la première place, la céda à Cavaignac qui lui était inférieur de toutes les manières, mais qui avait sur lui l'avantage d'un nom républicain. Il soutint naturellement le gouvernement républicain, dont les intentions, du reste, furent bonnes, mais dont la vie ne pouvait être bien durable. A la fin, quand il fallut lutter contre la Montagne, qui nous livra au *Césarianisme* par la faiblesse du parti de l'ordre, Lamoricière fut plein de cœur, de courage, et au milieu des orages de l'assemblée, il était comme à la brèche de Constantine.

Dans les journées de juin, il est de ceux qui ont sauvé la

1. « Voir le bulletin écrit le soir de la bataille par le Maréchal avant de mourir » (*Note de la main de M. Thiers*). Il s'agit de la bataille de l'Alma.

société européenne, au moment où des militaires en faveur refusaient de servir.

Ambassadeur en Russie, il charma tout le monde par son entrain, son esprit, sa franchise, sa verdeur. Il se fit aimer comme il a fait auprès de tous ceux qui l'ont connu.

Pour moi, voilà mes souvenirs recueillis en courant et que j'adresse bien volontiers à notre excellent et respectable ami. J'ajoute, en finissant que Lamoricière est un des meilleurs souvenirs de ma longue vie.

A Paris, où je serai vers le 20 octobre, je vous donnerai ce que j'ai fait sur la constitution fort curieuse d'Anzin (1).

Tout à vous de cœur.

Signé : A. THIERS.

Au Comte de Falloux

Azy, 10 octobre 1865.

Je viens de passer trois jours avec l'évêque, à travailler assidûment, et je lui envoie encore ce soir de nouveaux documents. Je crois que, si Dieu lui accorde des forces, il sera inspiré admirablement. J'ai sollicité les souvenirs de M. Thiers qui m'a écrit douze pages pleines d'émotion; M. Daru et M. Dechamps, qui sont ici, me donnent d'autres détails. Je vous écris tard et peu, à cause de ce travail, coupé par la Saint-Denys.

Nous n'aurez pas notre groupe à Nantes le 16, car Montalembert, que j'ai vu à Paris la veille de son départ, est bien parti, et Albert de Broglie qui me donne rendez-vous le 19 à Paris ne sera pas le 16 à Nantes ; il ne veut pas laisser seul à la campagne son père un peu souffrant, et compte le ramener pour le 19.

Quant à moi, je voudrais bien partir et je tâche de décider mon beau-père à venir aussi. Mais je suis fatigué ; ces dernières semaines m'ont un peu mis à bas, et je crois bien qu'ayant à revenir le 19 pour une course indispensable les 20, 21, 22, je ne pourrai pas aller à Nantes non plus. Ce sera une vraie privation. Cette mâle figure de Lamoricière m'enlève et m'éblouit. Hélas ! Il est donc mort ! Je voudrais

---

1. Les renseignements sur les mines d'Anzin avaient été demandés en vue d'une étude qu'A. C. préparait sur la compagnie de Saint-Gobain et son existence deux fois séculaire.

lui rendre tous les genres d'hommages. Tout ce que je puis, c'est de mettre du bois dans le feu que va allumer notre éloquent ami. Ne manquez pas de lui envoyer encore des inspirations à ajouter à vos excellentes lettres. Il a dû aller passer la journée dans les galeries de Versailles avec le général Trochu. Ce discours sera notre dernier cri d'honneur avant la conclusion piteuse et petite de l'affaire romaine, qui va s'amoindrissant.

A Monseigneur Dupanloup

Azy, 14 octobre 1865.

Je n'aurai pas le bonheur de vous suivre lundi, mais j'ai eu celui de vous lire, et je ne doute pas que vous ne soyez véritablement porté, inspiré, enflammé par cet amas de choses admirables. Je n'ai pu que vous rendre un bien petit service, c'est de mettre en ordre et d'abréger.

Je n'ai pas touché au plan, qui m'a paru rentrer dans le *vainqueur* et le *vaincu*, en abandonnant l'idée de parler de Castelfidardo dans la première partie ; et en effet, il y avait trop à en dire.

Je vous engage seulement à parler de la *colonisation* dans cette première partie : 1º pour ne pas parler que de guerre et de mitraille ; 2º pour ne pas revenir à un si petit sujet ensuite. Il faut abréger sur les Kabyles et la guerre de broussailles. Vous ne ferez pas des zouaves de vos auditeurs, et vous en ferez peut-être des hommes d'honneur, comme lui, comme vous. Dieu le veuille !

Ne laissez rien publier par les journaux avant une nouvelle revue sévère.

Tendres respects et vœux ardents.

La mort de Lamoricière lui remit en mémoire tous les chers morts des dernières années.

A Madame Ozanam

Azy, 15 octobre 1865.

Je n'ai pas pu aller à Paris cette semaine et je ne suis pas bien sûr d'y rester plus de vingt-quatre heures celle-ci. Ce serait vendredi matin que vous me trouveriez, si je viens, mais le mieux serait d'attendre novembre, qui nous verra tous établis rue Saint-Guillaume, dès la fin de la première semaine probablement. Je dis le mieux, je veux dire le plus certain, car, pour mon désir, le plus tôt sera le mieux.

Je vous écris à Paris, vous devez avoir quitté Bologne où je suis bien heureux que votre frère ait si parfaitement réussi. Félicitez pour moi votre excellente mère.

Combien je vous remercie d'avoir prié pour moi à Milan. J'ai ma petite part d'épreuves, et mon inutilité suspecte me pèse souvent ; car la vie passe et le rôle est fini sans avoir été joué ; mais j'ai tant de compensations que je regarderais le murmure comme une ingratitude.

La mort du général Lamoricière après celle de l'abbé Perreyve, la mort du P. Lacordaire après celle de votre mari, voilà des coups amers et mystérieux. Mais Dieu est le maître et certainement il est bon : fermons les yeux, ouvrons les ailes.

Après le discours de l'Evêque à Nantes.

A Madame Augustin Cochin

22 octobre 1865.

... Votre comparaison sur le discours de Nantes est vraie : des flots, des flots, hauts et bas, sans relation, mais puissants. Je vous ai envoyé un exemplaire, avec *mes pages* marquées. Que Dieu les reçoive. Ne pouvant écrire dans aucun grand journal, parler dans aucune grande assemblée, j'écris et je parle dans un grand homme ; pourvu que la semence tombe, peu importe le semeur.

Au Père Gratry

Paris, 24 octobre 1865.

Je reviens de passer six jours à Saint-Gobain, pour une grande fête donnée à nos 2.000 ouvriers, pauvres gens qui ont bien besoin d'un rayon de joie honnête dans leur vie si rude, et je trouve votre petit mot si affectueux.

Je vais demain à la Roche pour des affaires, et je repars vendredi soir, pour retrouver ma famille en Nivernais. Je voudrais bien être libre d'aller vous voir, ainsi que vos aimables et excellents hôtes, dont j'apprécie si haut le caractère, le mérite et la bonté, mais je suis privé de ce bonheur.

J'ai de bonnes nouvelles de Montalembert qui est en Espagne, ravi de son voyage. Quant à l'évêque d'Orléans, j'ai passé deux jours avec lui, *avant* son discours et il m'écrit ce matin, qu'il n'a pas été trop fatigué. Je pense que vous aurez trouvé ce discours bien beau, quoiqu'un peu long dans la première partie. Ce sont des flots plutôt qu'un fleuve, et des flammes plutôt qu'un soleil. Comme ces deux cœurs pareils se sont bien pénétrés !

Je suis heureux de ce que vous me dites pour l'Oratoire. Etes-vous content de vos inspirations sur la vie de notre cher, toujours plus cher ami (1)? Soyez éloquent, mais soyez *vrai* ; il s'agit d'un vivant d'hier que tous ont coudoyé et mesuré ; il ne faut pas en parler comme d'un saint du XIIe siècle et dans une auréole. Le cœur le voit ainsi ; l'auditoire ne vous suivrait pas là. C'est une mesure délicate.

Comme d'habitude il prend sur lui la peine et l'ennui, pour la formation du comité Lamoricière, le lancement de la souscription, la biographie à écrire. Ce sujet qui lui tient à cœur, se mêle à tout ce qui l'occupe en cette fin d'année.

A Monseigneur Dupanloup

Azy, le 16 novembre 1865.

Avant tout, dites-moi comment vous allez? Car les journaux m'ont inquiété. Pour moi, je viens de traverser Paris, le Bourg d'Iré, le Chillon (2).....

Au Bourg d'Iré, Falloux désire beaucoup que la souscription du monument du général, qui va bien, aille *très* bien ; il voudrait qu'un comité s'organisât à Rome, et il en écrit au duc Salviati et à M. de Charette. Ne pourriez-vous presser le premier et sa famille?

Au Chillon, ma visite m'a fort ému. Il n'y a que des femmes et des jeunes filles pour garder cette mémoire batailleuse ; elles sont admirables de fierté, de douleur. Mme de Lamoricière n'a pas pu s'opposer aux hommages à rendre à son mari, et elle n'était pas assez renseignée pour discerner. On ne peut la blâmer d'avoir donné des renseignements à tous ceux qui lui en ont demandé. Mais rien ne sera imprimé sans qu'elle l'ait vu et approuvé.

1. L'abbé Perreyve.
2. L'habitation de Lamoricière en Maine-et-Loire (commune du Louroux).

Et, vous, Monseigneur, poursuivez-vous votre œuvre? Où en êtes-vous? Ferez-vous en effet cette biographie? Avant tout ne vous exterminez pas pour cela. Croyez bien qu'après votre discours, rien n'attirera plus l'attention du public que les récits des *compagnons* de la vie militaire ou politique. Vous avez, selon moi, mieux à faire, et par exemple à saisir l'opinion par quelque grand discours *tout à fait étranger* à la question romaine, d'ici à quelques mois. Toutefois, Dieu me garde de refroidir votre zèle généreux pour cette noble mémoire si vous avez résolu de la servir encore !

Au sujet de la souscription et du même voyage.

Au Comte de Falloux

18 novembre 1865.

... Croyez bien que tout ce que je pourrai faire sera fait ; mais vous savez aussi que suis débordé et que je ne puis prendre la responsabilité du sommeil d'autrui, ni la charge de le réveiller !

... Je suis arrivé à Angers à la minute même de prendre le train, bien fatigué, mais ayant dans la même journée vu, au Bourg d'Iré votre courage et votre amitié ; à Segré votre fondation si touchante dans un site superbe et riant (1), dans des proportions excellentes ; au Chillon les plus nobles souvenirs placés sous la garde d'un amour fier, tendre et soumis. Cette vision ne me quitte pas, et je remercie Dieu de me l'avoir accordée, quoique trop courte.

P.-S. — Grondez-moi et aimez-moi.

On l'aimait bien, mais on le grondait un peu trop.
Mais quelle confiance on avait en lui ! Falloux lui envoie « à correction » son article sur Lamoricière.

Au Comte de Falloux

Paris, vendredi.

Assurément non, je ne vous enverrai pas de notes, car votre morceau est coulé en bronze ; c'est le Falloux de 1849 qui se dresse et lance la foudre. Rien à retrancher.

1. L'hospice Swetchine, fondé par Falloux en souvenir.

On vous fera ces deux objections :

Oui, tous étaient d'accord en 1849 pour restaurer le pouvoir temporel, mais, depuis, on a vu ce qu'on avait restauré, et on s'est divisé ; il n'est plus resté que les dévôts.

Et vous, qui avez, en 1849, écarté les matières combustibles, et déblayé le terrain, pourquoi donc n'avez-vous pas balayé la maison avant d'y ramener le pape, et les cardinaux; et n'étiez-vous pas alors en position de faire ce que vous reprochez à l'empereur de n'avoir pas fait depuis?

Nous n'avons pas voulu prendre sur nous, Broglie, Moreau et moi, d'insérer dans le *Correspondant* sans avoir l'avis de tous. Car la responsabilité est grave. Toutefois, notre mouvement est d'oser.

On m'a raconté que, pour le numéro d'octobre, le ministre de l'Intérieur, prévenu par le parquet, avait ordonné un avertissement. Puis au conseil, M. Drouin de Lhuys a demandé la saisie et un procès ; — M. Rouher avait hésité, disant que le travail servirait à sa discussion devant la Chambre, comme extrême-blanc à opposer à l'extrême-rouge, — quelques autres avaient insisté et l'empereur avait terminé et résumé par ces mots : « Passons à autre chose ! » — Ce coup de la grâce avait converti tous les auditeurs. Mais *on* ajoutait : « Tenez-vous bien pour la prochaine fois ! »

Nous sommes entre deux devoirs, celui de garder notre œuvre, et celui de servir la vérité pour laquelle cette œuvre est faite. Nous aurons tous les avis dans deux jours.

Vous devez être bien fatigué, mais que de force vous reste ! vos défaillances seraient l'énergie de tant d'autres !

Aucun article fulgurant de ce genre ne se rencontre dans les numéros suivants de la revue, et l'on ne sait de quoi il s'agit. Mais, par l'anecdote sur le Conseil des ministres, on voit que, malgré les récentes velléités libérales, les foudres du Gouvernement restaient suspendues sur les têtes.

Ici va se poser une question délicate. Mme Augustus Craven avait réuni les souvenirs de sa famille dans un récit qui charmait tous ceux qui en avaient eu connaissance (1).

Le Récit d'une sœur, devait-il être publié? Cette question sera l'objet de toute une correspondance, qui débute ici.

1. Mme Swetchine avait défini ainsi ce beau récit : « étonnante réunion de caractères, de grâces, de sentiments, des plus belles douleurs... »

A Madame Augustus Craven (1)

née la Ferronays.

Saint-Gobain, 6 décembre 1865.

J'espère bien vous voir demain, mais je veux vous dire déjà que j'ai lu cent pages hier soir et ce matin, et que je suis sous le charme, et que j'aime de tout mon cœur ces ombres chéries. Tant de passion et tant de pureté ! Une flamme sans charbon qui noircit, sans fumée qui aveugle ! Dieu si discrètement mêlé à tous les tête-à-tête et sa présence au fond de l'amour ! Tout cela est beau, pénétrant, pathétique, et lorsqu'on sait que ces êtres ne sont pas imaginaires, qu'ils sont réels, ce plaisir que la vérité seule procure, et qui dépasse tous les effets artificiels des arrangements littéraires, achève d'emplir l'âme des impressions les plus chaudes, les plus profondes. S'il en est temps encore, il me paraît utile d'enlever quelques détails, quelques taches toutes petites ; mais surtout il faudrait abréger. Est-ce encore possible ? Cela est trop triste, dès le début, pour pouvoir être suivi à travers les larmes pendant deux volumes. Puis je persiste à croire qu'il faut étendre très lentement le cercle de la publicité ; il se formera un public, il viendra, il grossira, et l'émotion, en se communiquant, fera le succès, qui infailliblement descendra, s'élargira, mais qu'il est essentiel de ne pas jeter dans la rue, où elles seraient foulées aux pieds, ces délicates feuilles de rose blanche.

Pardonnez-moi ces mots rapides ; je n'ai pas voulu tarder à vous dire ma vive impression des cent premières pages.

P.-S. — Combien vous avez à bénir Dieu d'avoir vécu, d'être née au milieu de pareilles âmes et sur ces hauteurs des plus beaux sentiments !

Maintenant le Comité Lamoricière est bien « lancé », — mais lancé à gauche, il fait grincer à droite, et réciproquement. Pourtant l'année finit en tendresse.

---

1. Les lettres adressées à Mme Craven concernant la publication de son livre avaient été toutes remises par elles à son neveu le comte Albert de Mun. C'était un document de famille. Albert de Mun les a laissées à M. Geoffroy de Grandmaison, qui en a fait une très heureuse publication dans le *Correspondant*, et a ensuite eu la gracieuseté de m'en offrir les originaux.

Au Comte de Falloux

31 décembre 1865.

Je vous embrasse de tout mon cœur pour le nouvel an, et je vous prie de vous jeter au cou de Bertou pour moi (1); j'ai reçu hier sa bonne lettre. Si je ne vous ai pas écrit pour l'Académie, c'est que je ne sais rien. Mgr d'Orléans fait campagne pour M. de Champagny ; le Père Gratry se retire très positivement ; je ne vois pas que Mgr Darboy et M. Troplong s'avancent ; on dit que la place Saint-Georges pense à M. Duvergier ; la *Revue* a poussé en avant M. Thierry, dont les titres sont sérieux et dont le nom est bon. Jusqu'ici il n'y a que des murmures vagues et le fauteuil me paraît encore chez l'ébéniste. J'ai, en tous cas, bien redit et accentué à Albert de Broglie ce que vous m'avez dit pour lui.

Je voudrais vous en dire plus sur le comité Lamoricière ; vous avez vu le joli accueil fait par l'*Union* à la bonne volonté (tiède) des *Débats* et du *Temps* ! quel bon prétexte pour leur grimace ! Quelle maladresse ! Je voudrais qu'on pût donner un nouveau et dernier élan à la souscription en disant son emploi. Nous allons en causer le 4 chez le général Changarnier. Dites-moi vos idées. Mme de Lamoricière ne veut pas qu'on songe à un tombeau, et à une exhumation. Les Nantais pensent à la restauration de leur collégiale. M. Dufaure tient pour une œuvre en Algérie, et je suppose que Keller nous proposera un monument à Rome. Je sais aussi que Mme de Lamoricière voudrait une partie de la somme employée au Louroux.

Il m'est venu deux idées dont je ne suis pas content :

1º Cinq grandes inscriptions, une dans Saint-Pierre de Rome, une dans Notre-Dame de Paris, une dans la cathédrale de Nantes, une dans la cathédrale d'Alger, une dans l'église du Louroux, sur marbre avec un médaillon très bien sculpté et de grandeur de buste. Cela coûterait environ dix mille francs ; puis une rente perpétuelle de dix mille francs *par an*, à distribuer en *pensions Lamoricière* de 200 francs ; à d'anciens soldats français ou pontificaux, nés en Bretagne et Anjou, ou à leurs orphelins, par les soins d'un comité,

---

1. Le comte de Bertou, qu'A. C. comprend dans ses embrassements est l'ami inséparable de Falloux, le familier permanent du Bourg d'Iré.

composé à perpétuité de l'*évêque*, du *Général*, et du *député* de *Nantes* ;

2° Grand monument à Nantes, dans la cathédrale, avec service solennel annuel ; vitraux rappelant la vie du général avec inscriptions dans les églises du Louroux, de Saint-Philibert (1) et de Prouzel.

Ce dernier plan est trop local, pas assez national. Espérons qu'il viendra de meilleures idées à d'autres. Je vais y penser encore et je vous supplie de m'écrire vos idées avant le 4.

Je viens d'entendre le P. Hyacinthe, dont le succès est immense, et le talent vraiment bien remarquable. Il n'a pas, il s'en faut, l'éclat du Père Lacordaire ; il enchaîne plus fortement ses idées, moins fortement ses auditeurs. On l'attaque avec vigueur de droite et de gauche.

Le dernier volume des lettres de M. de Tocqueville est charmant et réussit partout ; l'heure serait donc deux fois bonne pour le montrer en dialogue avec Mme Swetchine (2). C'est bien vous, par elle, qui avez donné ce goût des lettres, qui a ses inconvénients, mais du moins, présente les âmes à découvert ; il est tout à l'avantage des belles âmes, et ouvre une nouvelle veine à l'apologie chrétienne en même temps qu'au goût littéraire. Vous avez raison de désirer qu'on fasse honneur à M. Gustave de Beaumont, si fidèle ambassadeur ici-bas de l'âme de son ami ; mais son nom mis en avant rencontre deux objections ; il est d'une académie et cela suffit à ce qu'il a produit lui-même, et il n'y met jamais les pieds, jamais, vraiment jamais.

Je crains que ma lettre ne parte après la Saint-Sylvestre et je la finis vite en offrant mes hommages et les meilleures amitiés de Mme Cochin à vos dames et en vous embrassant encore.

1. Saint-Philibert de Grandlieu commune natale du général (Loire-inférieure) Prouzel son habitation dans la Somme.
2. Le vœu fut exaucé. La Correspondance de Tocqueville avec Mme Swetchine va commencer à paraître dans le *Correspondant* en février 1866.

XII

Mgr Place était un ami d'ancienne date, un esprit charmant, de vues larges et généreuses, plein de bonhommie, de finesse et de gaîté. D'abord avocat, puis diplomate (1), — il était entré tard dans les ordres. Il avait été Auditeur de rote, et venait d'être nommé Evêque de Marseille (2).

A Monseigneur Place

Paris, 8 janvier 1866.

Mon cher seigneur et ami,

Je ne veux pas être des derniers à vous embrasser et à vous féliciter de votre nomination à Marseille, qui vous ramène enfin à vos deux patries, le sacerdoce et la France, et ferme dans votre vie cette parenthèse diplomatique et judiciaire, dans laquelle vous aurez rendu tant de services et rencontré tant d'ennuis. J'ai été touché de voir votre nomination au *Moniteur* le jour de l'Épiphanie, fête sublime, et j'ai lu tous les offices en pensant à vous. Noël nous montre Jésus miraculeux, céleste, surnaturel ; la Circoncision, c'est

1. Accompagnant en cette qualité Pie IX à Gaëte en 1849.
2. Il devint plus tard archevêque de Rennes et Cardinal.

Jésus citoyen se soumettant jusqu'au sang aux lois du pays ; l'Épiphanie, c'est Jésus universel, *salvator omnium hominum,* allant des bergers aux monarques et des élus aux gentils, *iis qui prope, iis qui longe ;* et que de belles paroles : *gentes concorporales... non est distinctio... vocabo non plebem meam !*
— Il me semble que tous ces mots étonnants et sublimes sont la devise de votre Épiscopat. Marseille est précisément le rendez-vous de toutes les nations, et tout spécialement de l'Orient et de l'Afrique, *reges Arabum* et *ultra flumina Æthiopiæ* (1).

Je bénis Dieu, s'il vous inspire, comme je n'en doute pas, de dilater votre cœur dans ces pensées, et de faire vœu d'être pasteur, uniquement pasteur, et pasteur de tous. Vous allez au centre d'un mouvement industriel et commercial immense, d'une population active et passionnée, avec un territoire restreint. Vous pouvez devenir l'ami, le père et le chef vénéré de milliers d'hommes, marins, portefaix, ouvriers, et c'est là votre pincipal troupeau. Vous en ferez ce que vous voudrez avec la sagesse constante et l'ardente charité que Dieu a mises en vous. Les ressources matérielles ne vous feront pas défaut, ni les ressources du dévoûment dans ce centre de richesse et d'activité.

Je ne connais pas de point où un Évêque qui veut n'être qu'Évêque, puisse faire plus de bien. Je n'ai pas besoin de vous dire que si, par hasard, je puis vous être bon à quelque chose dans cette voie du bien populaire, je suis tout à vous. Mais, à défaut de mes efforts inutiles, recevez mes vœux bien ardents pour que Dieu vous assiste, vous éclaire, vous défende, et vous récompense, avec mes dévoués et profonds respects (2).

Mgr Dupanloup est à Paris vers le milieu du mois.

À MONSEIGNEUR DUPANLOUP

Samedi, 13 janvier 1866.

J'espérais avoir le bonheur de vous voir jeudi chez M. Debeauvais ; — le plaisir dont j'ai soif, est remis à jeudi pro-

---

1. On retrouve ces citations dans l'office de l'Epiphanie (Capitule, Offertoire, Procession).

2. Je ne puis oublier que Mgr Place m'a présenté en 1877 au pape Léon XIII à peine élu, et lui a fait agréer plus tard l'hommage du livre posthume d'A. C. *Les Espérances chrétiennes,* qu'il a honoré d'un bref infiniment précieux.

chain. Si je savais à quelle heure vous arrivez, j'irais vous
chercher pour causer en route avec vous.

J'attends vos épreuves et je n'ai rien reçu. Je ne vous ai
rien envoyé sur le général Lamoricière, parce que je voudrais
en causer avec vous d'abord, et parce que je suis accablé
de travail.....

Vous ne lisez pas les journaux. Vous y auriez vu que
l'amendement à la Constitution américaine, qui abolit définitivement, légalement, l'esclavage, est voté. Vingt-sept
États ont ratifié, et la prohibition de la servitude fait désormais partie de la Constitution. Ces deux lignes sacrées, qui
font disparaître un crime expié par la guerre, méritent un
remerciement à Dieu. *Pourquoi demain, après la grand'messe
solennelle n'entonneriez-vous pas un Te Deum inattendu,
précédé de trois mots?* — On le ferait, si le choléra avait fui.
On se tait quand l'injustice est vaincue. Je vous demande ce
Te Deum.

Le premier volume du *Récit d'une sœur* a paru en édition res-
treinte. Le second doit-il voir le jour, et y aura-t-il une édition
publique ?

A MADAME AUGUSTUS CRAVEN

Paris, 30 janvier 1866.

Chère Madame,

Je veux vous dire de suite que j'ai lu jusqu'à la dernière
ligne votre volume et que je ne crois pas avoir éprouvé depuis
longtemps une émotion plus vive, plus pure et plus profonde.
Il n'y a pas à hésiter, à faire suivre ce premier volume du
second. Je ne m'attends pas à un succès très étendu, il faut
trop pleurer ; mais toutes les âmes en qui le feu n'est pas
éteint, les âmes délicates et hautes, qui ne craignent pas les
larmes, iront trouver dans cette œuvre naturelle, vraie,
naturellement et vraiment admirable, la source des larmes
les plus pures et, ce qui vaut mieux encore, le secret, le sens
et la divine vertu de ces larmes.

A mesure que le dénoûment fatal approche, que la séparation, peut-être éternelle de ces deux cœurs épris va s'opérer,
que tout ce bonheur honnête et charmant va s'écrouler, on
sent s'élever au fond de soi comme un murmure, et presque
un blasphème ; on va dire : « Mon Dieu ! Mon Dieu ! pourquoi

les avez-vous abandonnés. » Mais cette communion dans la
mort même la plus sublime, fait aussi descendre Dieu sur
les lèvres du lecteur, ce Dieu qui vient pleurer aussi, souffrir
avec eux, les marier encore, et se faire l'époux de cette veuve
et la fiancée de ce mort, en attendant qu'il les réunisse dans
son sein éternel. Non, je vous assure, je ne connais rien de
plus beau que cela, et tous les arguments de la divinité de
notre foi ne font pas plier mes genoux et pleurer mes yeux
comme cette admirable et véridique histoire de vos morts
bien-aimés.

« Je jette au feu mes craintes et mes critiques, et je vous
demande le second volume en vous remerciant profondément
du premier. »

Toute la discussion des amis de Mme Augustus Craven pour ou
contre la publication de son livre a été racontée au complet (1),
et on a publié à ce sujet une abondante correspondance qui comprend plusieurs lettres d'Augustin Cochin. Ces lettres on les reproduit ici avec plusieurs autres qui sont inédites. On verra comment les objections restèrent inébranlables dans l'esprit de
Mgr Dupanloup, et comme il eut peine à se résigner finalement au
sentiment unanime de ses amis.

Dès à présent, Cochin se sert du livre bienfaisant où Montalembert paraît jeune, ardent, confiant, pour consoler Montalembert
las et découragé. Et pour appuyer sa consolation, en face des
romanesques et radieux personnages du *Récit d'une sœur*, il
évoque la mélancolique figure d'un grand homme auquel, comme
à tant d'autres, la vie publique du xixe siècle fut amère. Je veux
parler d'Alexis de Tocqueville (2).

Au Comte de Montalembert

Paris, 30 janvier 1866.

Cher ami, le croiriez-vous? j'avais deviné que vous portiez
au cœur une peine secrète, tant vos dernières lettres m'avaient
paru empreintes d'une tristesse sans proportion avec le
regret si légitime et si cuisant de la vie publique. Je vous
plains sans vous interroger, et je voudrais vous remonter si
je le pouvais. Car, ajouter à des croix la croix du décourage-

1. Il s'agit de la publication de M. Geoffroy de Grandmaison (voir plus
haut, p. 86).

2. Dont la correspondance venait d'être publiée par Gustave de Beaumont. Le succès de cette publication allait engager Falloux à donner au
Correspondant la correspondance de Tocqueville avec Mme Swetchine.

ment, c'est perdre tout ce qui nous reste. Je porte aussi, vous le savez, mon poids de chagrin, et il s'alourdit chaque jour, et pourtant je sens dans le fond de mon âme une disposition raisonnable et douce en ce moment; je la dois, je crois, aux quatre livres que je viens d'achever, les lettres d'Ozanam, la vie d'Henry Perreyve, le 8e volume de la correspondance de Tocqueville et le Récit de Mme Craven.

Petit-fils de Malesherbes, et ami de Royer-Collard, naissant avec la liberté à la vie publique, Christophe Colomb de l'Amérique politique, célèbre à trente ans, ministre, orateur, académicien, assuré de la postérité, que lui manque-t-il à l'illustre Tocqueville? Et pourtant, il est mélancolique, inquiet, mécontent et distrait, choisissant ses idées pour le public comme une femme choisit les robes pour le monde, partagé entre de grands desseins et de petits actes. On ne retrouve dans ces admirables lettres, l'ardeur qu'au début, le calme, qu'à la fin ; la gloire ne lui a pas apporté la joie, et ce qui est bien plus grave, ce grand penseur, ce grand écrivain n'a pas été un ministre utile. Devant la postérité et dans la vie privée, il dut tout à ses livres.

Et ce cher enfant, notre Henry Perreyve, que le P. Gratry nous montre en quelque sorte transparent, ressuscité, a-t-il connu le bonheur? oui, — le succès, l'utilité? oui ; — et le coup qui le frappe avant 40 ans n'a pas provoqué sur ses lèvres un murmure, une plainte? Il en fut de même d'Ozanam arrêté à 40 ans, comme un chêne foudroyé, poussant encore des branches et des feuilles après la chute de sa cime, et s'étendant au lieu de grandir; ni son ardeur, ni son humeur, ni son action, ni son bonheur n'ont été terrassés par la maladie, la mort prématurée.

Enfin, vos chers amis, qui ont traversé l'amour, puis l'union, puis la mort, est-il rien de plus sublime, de plus fort? Et de quel effort de la plus poétique et de la plus brûlante imagination, serait sortie cette scène vraiment sublime de la communion dans l'agonie et sur le seuil de l'éternité? Ah ! de tels exemples grandissent l'homme et ravissent le chrétien. Pauvres humains, que de peines, de douleurs, de misères ; et qu'il est beau et honorable à notre nature de ne pas nous retourner vers Dieu, pour l'accuser et lui crier : êtes-vous donc sourd et cruel ! Mais quelle joie, quand à la lumière chrétienne, on voit ce Dieu qui ouvre son ciel, montre son cœur, descend, comme le Samaritain de son cheval vers le blessé, et souffre, pleure, aime, prie et meurt avec nous, semblant nous dire : j'ai tout vu, tout senti, et ce soir, vous serez avec moi, pauvre crucifié, dans le paradis !

Tout cela n'est pas neuf, cher ami, mais en me comparant à Tocqueville, à Ozanam, à Perreyve, à Albert de la Ferronays, supérieurs par le talent, le travail, la foi, la vertu à ce que je serai jamais, je ne me sens pas le droit de me plaindre. Et, vous, qui avez un nom célèbre dans les deux mondes, dont la jeunesse fut sans tache et éclatante, dont les œuvres se liront tant que la langue française sera admirée, vous qui avez reçu des dons, et rencontré les heures que je n'aurai jamais? Ah ! ne vous plaignez pas. Que parlez-vous du « Gouvernement de la Providence »? Est-ce le gouvernement d'une bonne d'enfants? Voyez donc les choses matérielles elles-mêmes, bien qu'obéissantes et bornées :— Dieu a fait la laine et pas le drap, la pluie, la terre et la semence, mais pas le pain, la poussière d'or, mais non le joyau, le chanvre et non l'étoffe, pas même le fil ; il se cache sous toutes les matières premières, et il nous laisse à en tirer l'œuvre utile et le progrès puissant ; et vous voudriez que, dans les choses morales, il mît la main de plus près sur le monde et tînt en lisière nos esprits et nos destinées ! Libéral, que faites-vous de votre indépendance? Chrétien que faites-vous de votre pénitence? Homme de la famille, de la patrie, de l'Église, qui croyez à ces grandes vies collectives, vous étonnez-vous de porter votre part des maux de ces sociétés sacrées?

Qu'est-ce que la main de Dieu a semé ici-bas pour sa gloire? Il nous a créés, — merveille, — il nous a aimés, — autre merveille, — il nous élèvera à une vie plus belle, — dernière merveille, et il est venu la promettre et la mériter. Puis il a répandu la vie, l'esprit, la beauté, l'éloquence, la poésie, l'art, l'espérance, l'amour, l'honneur, le pardon, la lumière ; voilà sa part, et elle suffit à sa gloire. L'histoire humaine est bien ténébreuse, bien sanglante, et pourtant tous les êtres ont aimé, travaillé, agi, pensé, espéré. De grandes masses, parmi eux, se sont élevées de la servitude à la souveraineté, de l'ignorance à la lumière, de l'oppression à la justice, de la grossièreté aux Beaux-Arts, et de la matière au vrai Dieu; qui ne cesse pas de répandre ses dons et d'attendre nos mérites, en accordant à tous les universels bienfaits de la vie, et à chacun, dans deux ou trois moments, des preuves évidentes et directes de sa bonté, — sans dispenser personne des lois générales de la lutte qui élève, et de la souffrance qui expie. Je ne demande pas d'autres signes à ce gouvernement divin que vous accusez, et si je suis un épi qui ne mûrira pas, cela n'empêchera pas la moisson ; et j'aurai fait sur ma petite motte ce que j'avais à faire, germer de mon mieux.

Recevez, cher ami, cette petite méditation fraternelle. Oh ! je n'ai pas l'orgueil de la résignation, et j'en déteste surtout le sommeil. Ma langue enfle de tous les discours que je voudrais crier à la tribune, au moment surtout où, l'Empereur, refusant la liberté en promettant les biens du corps, humilie mon âme et mon pays, déclarant la France indigne et le gouvernement infaillible, puis imprimant le lendemain au *Moniteur*, que l'Angleterre est contente de son discours ; je le crois bien !

Oui, je ronge mon frein ; et je trouve aussi la vie privée bien lourde et étrangement compliquée... Et pourtant ! Si nous sommes vraiment chrétiens, comment nous plaindre, et de quel cœur consolerons-nous le murmure d'un pauvre homme qui sue pour gagner du pain noir?

Courage, courage ; et ne vous nommez pas une ruine prématurée, un mort tout vif. Avec votre âme, votre plume, votre famille, votre nom ! Vos peines égaleront difficilement les faveurs que vous avez reçues !

Quoi? Je vous ai, sans m'en apercevoir, prêché pendant six pages ! pardonnez-moi ; j'aurais mieux fait de vous dire tout simplement : je vous embrasse, je vous plains et je vous aime bien.

Montalembert est tout conquis à la publication du *Récit d'une sœur*. Tout le monde ne l'est pas !

A Madame Augustus Craven

Paris, 2 février 1866.

Je serais bien confus de combattre et surtout d'éteindre vos scrupules, bien que je n'y démêle pas très clairement la part de la littérature et celle de la piété, la part de la conscience docile et celle de la responsabilité personnelle. J'aime, j'admire et je respecte, vous le savez, le juge auquel vous voulez vous soumettre ; en même temps je le connais, je connais son ardeur et ses fatigues, je voudrais lui épargner ainsi qu'à vous une entreprise dont le commencement m'inquiète, dont je n'entrevois pas la fin, et dont je ne comprends pas les motifs. Le succès, le seul succès que notre illustre ami ambitionne, et qui soit digne de nous, me paraît pleinement atteint parmi les premiers confidents ; et cela est étonnant que vous ayez rencontré l'admiration là où se trouve si rarement l'indulgence. Le même succès d'émotion, de respect et de religion est assuré, après cette épreuve, dans ce second cercle d'âmes qui s'éprend d'autant plus volontiers d'autres âmes, qu'elles n'ont pas connu les corps et le masque humain. Dans ce cercle, vous heurterez aussi les sarcasmes et les objections dédaigneuses ; mais les larmes noieront les rires de ceux qui iront jusqu'au bout, ou plutôt les rieurs n'iront pas loin, et ce livre ne fera que du bien, n'attirera que des lecteurs capables d'émotion ; ceux-là, il les fera certainement tomber à genoux. Qu'ajouterez-vous, qu'enlèverez-vous, que changerez-vous? Des points, des virgules, des demi-pages? Et à ce travail vous perdrez deux mois, six mois, un an peut-être, et vous reviendrez alors avec un travail qui sentira la lime, le marteau et le tiroir. En vérité, je ne vois pas ce que ces chères mémoires et les lecteurs et le bon Dieu y gagneront. Il sera utile, très utile de soumettre à notre ami les *épreuves* du deuxième volume, et vous verrez qu'elles ne seront pas très modifiées. Tout refaire me paraît tout retarder certainement, peut-être tout risquer.

Vous vouliez mon avis, et le voilà de nouveau bien brutal ; il ne pèse pas à ma conscience, je vous l'avoue ; s'il pèse à la vôtre, écoutez-la en me pardonnant.

De jour en jour, se poursuit avec Montalembert la correspondance de consolation.

Au Comte de Montalembert

Paris, 14 février 1866.

Le désir impuissant de soulager ceux qu'on aime est le supplice de l'amitié. Puisque vous me dites que mes lettres vous font quelque bien, ce pauvre petit bien fugitif qu'une âme est capable de faire à une autre âme, oh ! de quels dons je voudrais être doué, pour redire souvent et avec tout l'effet

Non, je vous assuré, je ne connais
rien de plus beau que cela, et
tous les arguments de la divinité
de notre foi ne font pas plier mes
genoux et pleurer mes yeux comme
cette admirable et véridique histoire
de vos morts bien aimés.

Je jette au feu mes craintes et
mes critiques, et je vous demande
le second volume en vous remerciant
profondément du premier.

Agréez mes bien respectueux
hommages. A. Cochin

P. S. J'allais vous envoyer cette
lettre, quand je reçois votre question, à
laquelle je ne sais que répondre exactement.
Je le crois chez Mme la M^{ise} de Forbin, à
St Marcel près Marseille. Le mieux
serait d'écrire à Orléans, avec ces mots:
personnelle, faire suivre.

que je souhaite passionnément, que vos peines m'occupent
me touchent et font vraiment partie des miennes. En même
temps je voudrais vous prouver que vous laissez entrer trop
avant dans votre âme l'aiguillon empoisonné de ces peines.
Vous généralisez, et, dans votre lettre, je suis surpris de
tous ces *pluriels injustes* que vous déchargez sur tous les
chrétiens, parce que *un* ou *deux* chrétiens vous blessent.
C'est votre manière de traiter la France, l'Église, le genre
humain par grandes catégories, et comme on traite en Algérie
les tribus Kabyles, en ravageant toute une province pour les
torts d'un hameau.

Cher ami, le christianisme ne change guère les caractères
et les actes, il ne change en général que les motifs, subordon-
nant toute la série des motifs qui peuvent déterminer, à ce
motif dominant : plaire à Dieu. Ce motif-là produit tour à
tour la sainteté ou la barbarie, la lumière ou les plus épaisses
ténèbres, selon qu'on est dans le vrai ou dans le faux. Si on
se trompe, on devient innocemment absurde et impitoyable.
Les bramines qui se tiennent sur une seule jambe pendant
huit jours, sont de ces pieux logiciens de l'absurde.

J'ai conduit un jour au Père de Ravignan une dame, qui,
par piété, désespérait sa famille, et qui lui disait doucement
et opiniâtrement : — « à mesure que j'avance dans la voie
que j'ai choisie, j'y trouve plus de croix, donc je suis plus
sûre d'être unie à Notre-Seigneur. » — « Madame, répondit
le Père de Ravignan, vous confondez les croix que l'on subit
avec les croix que l'on inflige. Notre-Seigneur ne vous a pas
commandé de crucifier votre mari, votre famille, vos enfants
mais *vous-même.* » — Il n'en obtint rien et me dit. « J'aimerais mieux avoir à faire à une Madeleine ! Celle-là sait bien
qu'elle fait mal, mais quand on avance dans la logique de
l'absurde par sainteté, c'est inextricable ; la raison et le cœur
y passent. »

Vous me paraissez, cher ami, avoir à faire à quelques-uns
de ces innocents bourreaux. Ayez pitié de leur intention,
que Dieu jugera seulement quand le temps aura englouti
leurs petits actes : et pensez souvent à Jean Huss qui voyait
une bonne femme porter avec effort un fagot à son bûcher,
et souriait en disant : *Beata simplicitas.* — Ces misères, ces
tortures, ces inconséquences, ces terribles iniquités, n'em-
pêchent pas qu'en rattachant les actes humains au désir de
plaire à Dieu, le Christianisme n'ait grandi, relevé, et divinisé

les âmes, sans pourtant les préserver de leur pente native
et de leur libre choix, qui les plonge si souvent dans la bêtise
et la méchanceté.

Assez, ce me semble, pour mon petit sermon de mercredi
des Cendres que je ne veux pas terminer sans vous engager
à lire l'admirable passage d'Isaïe qui sert d'Épître à la messe
de vendredi prochain (1). Nous avons entendu rouler depuis
quarante ans, sans parler de Mirabeau, des torrents d'éloquence qui ne sont rien à côté de ces éclairs éblouissants et
directs.....

P.-S. — Pourquoi vous éterniser à la Roche, si vous êtes
souffrant, et si vous travaillez mal? Revenez à Paris, où
vous serez distrait et soigné.

Au Comte de Falloux

14 février 1866.

..... Je vous attends et j'aime bien mieux les conversations
que les lettres. Cependant, je veux vous remercier des lettres
de Mme Swetchine et de M. de Tocqueville, dont j'ai reçu
hier, et dont j'ai du aussitôt, l'épreuve. Ce dialogue est admirable. L'un et l'autre de ces grands interlocuteurs semblent
d'abord un peu intimidés, Mme Swetchine devant la renommée, M. de Tocqueville devant l'ascendant. On débute par
les choses de l'esprit, où Mme Swetchine se montre subtile,
plus recherchée que d'habitude, M. de Tocqueville plus clair,
éloquent, et se mettant en frais, déployant tous ses dons.
Puis l'intimité gagne, et chacun laisse pénétrer plus avant
dans son âme, jusqu'aux régions profondes où le caractère
se dessine sous les regards de la conscience. Là, Mme Swetchine reprend toute sa supériorité, et sa ferme sérénité
contraste avec les hésitations maladives de M. de Tocqueville. Elle devient l'homme, ou plutôt elle devient la vérité
et la vertu, en face du doute et de l'amour-propre, d'ailleurs
les plus sincères et les mieux avoués, sans parler des admirables pages de philosophie ou de politique. C'est ce côté
d'analyse morale des deux caractères qui me frappe et me
touche extrêmement dans ces lettres, et votre introduction,
si fine et si profonde, invite, ce me semble, à regarder de ce
côté.

1. Isaïe, LVIII, 1-9.

Je persiste à croire qu'un jour viendra où il faudra faire un extrait et un abrégé de tous ces portefeuilles, vidés devant nos yeux depuis que les hommes publics n'ont plus que la vie privée. Les détails, au moins pour moi, sont un peu fatigants : « Je suis souffrant » et « vous êtes bien bonne », reviennent un peu trop dans les correspondances, publiées, même par vous. Mais, après tout, ces révélations seront tout à l'avantage des belles âmes ; les beaux moments des chrétiens sont les vilains moments des autres, à savoir le déshabillé et la mort. Les lettres chrétiennes demeureront, quand on aura brûlé les autres. C'est dire que celles que nous allons vous devoir, entre Mme Swetchine et M. de Tocqueville vivront longtemps. Avec le volume de M. de Beaumont, ceux d'Ozanam, celui du P. Gratry, celui de Mme Craven, que vous avez assurément goûté, nous voilà bien dotés de consolation, d'agrément et d'admiration, au début d'une année qui ne nous montrera pas, je le crains, l'honneur et la religion triomphants.

Je n'ai pu résister, cher ami, au plaisir de vous dire ma première impression, mais je n'ai plus que le temps de vous embrasser en imagination, en attendant mieux.

A Monseigneur Dupanloup

14 février 1866.

Je suis sans nouvelles de vous, et je voudrais bien savoir que vous vous trouvez bien de votre voyage ; ne revenez pas trop vite ; respirez l'air salé, recevez les rayons du soleil. Le froid commence à sévir ici.

Vous m'avez laissé avant de partir, le devoir de travailler à *l'enquête morale*, et je ne manque pas de réunir des notes. Mais je persévère à croire que vous saisiriez bien plus fortement les esprits par des chapitres publiés séparément, en commençant par le plus urgent : le *rôle* et *l'état* de la *presse*.

Nous en causerons si vous me donnez cinq minutes au passage.

Je viens de terminer le livre de Mme Craven que je trouve admirable, malgré ma répugnance contre ce genre de publications.

Dans celle-ci, le naturel, la distinction des caractères, la variété des détails, et surtout l'irrésistible émotion des premiers sentiments si purs, et des dernières épreuves si tragiques, la venue sublime du vrai Dieu descendant pour unir ces âmes avant de les séparer, pour les unir en lui, tout cet ensemble, fait de ce livre un bienfaiteur. Il a traversé l'épreuve si redoutable des impressions intimes, ordinairement banales ou dénigrantes. Il peut maintenant, je le crois, aller aux inconnus, à ces âmes qui s'éprendront volontiers de ces belles âmes dont elles n'auront pas connu les corps. Je suis persuadé que tel qu'il est, et sans y rien changer, ce beau livre fera à d'autres le bien qu'il me fait à moi, qui suis déjà un témoin de la rue, n'ayant jamais vu les membres disparus de cette famille.....

Une des grâces que je rends à ce livre, c'est d'avoir montré si aimé, si aimable, si généreux, notre ami Montalembert. Les lettres que je reçois de lui me laissent voir qu'il est souffrant et languissant de corps et d'âme. Ah ! si vous pouviez lui faire la surprise de vous arrêter à Montbard, et de tomber à la Roche-en-Breny, en retenant à l'avance une voiture qui vous ramènerait le surlendemain, quel bien vous lui feriez, et si mon instinct affectueux ne me trompe pas, avec quel à-propos ! Mais consultez avant tout, vos forces.

Le nom de M. Dupont-White a déjà été prononcé au sujet d'articles sur la liberté de la presse. Cet homme distingué, dont le nom aujourd'hui est un peu oublié, joua un rôle de quelque importance dans l'histoire des esprits, notamment pour avoir introduit en France l'économie politique anglaise et comme traducteur de Stuart Mill.

À M. DUPONT-WHITE

Sans date.

Cher et honorable ami,

Puisque vous avez la bonté de me consulter particulièrement sur le passage relatif à Cromwell, je vous conseille de le supprimer (1). Ce n'est pas sans regret, car il est très bien venu. Mais l'argument n'est pas très nécessaire à votre thèse de politique générale, et l'allusion paraîtra toujours trop malveillante aux courtisans de Cromwell et trop bienveillante à ses adversaires ; elle ne contentera personne, ni la vérité, ce qui est plus grave. Car c'est en Juin 1848 que les

---

1. Le passage en question a été effectivement supprimé.

niveleurs ont été vaincus, nullement en décembre 1851, et
l'expédient qui porte cette date pourrait bien, tout compte
fait, avoir été plus utile à une dynastie, qu'au pays ; il n'était
pas une nécessité comme vous le dites, et il n'a pas été un
bonheur ; bref, argument ou allusion, le passage est contestable, scabreux, inutile à mon avis, quoiqu'éloquent, et
nerveux.

J'entre pleinement dans votre thèse générale qui est, ce
me semble, que la France est en progrès dans tous les sens,
sauf l'esprit politique qui souffre faute de liberté. J'adhère
à tout ce que vous pensez de la liberté spéciale de la presse,
mais je ferai de nombreuses réserves sur des points de détail,
et je subalternise la presse, plus que vous. Je crois que le
véritable précepteur politique, du pays, c'est le député-
orateur, parce qu'il a un mandat et une responsabilité ; ce
n'est pas le journaliste, qui dit ce qui lui passe par la tête
ou par la poche, sans mission, sans sanction. Quand la tribune est libre, la presse passe à son rang d'écho ; elle est
l'affiche du spectacle et le chœur de la pièce ; la loi des signatures a transformé les figurants en acteurs ; la loi de 1852 a
transformé les journaux en monopoles, et ainsi leurs maîtres
en dictateurs, vendant la lumière à leur profit personnel. Il
a fallu que M. Thiers fut agréé par M. de Girardin, comme
M. Bravay (1) l'est par M. Rouher.

La loi actuelle renverse toute la juste hiérarchie ; il n'y
a plus d'élus du pays, mais des candidats de la Cour et des
candidats de la presse ; pour réprimer la presse, on a centu-
plé sa force ; sous prétexte de protéger la morale, on la livre,
et jamais elle n'a été plus attaquée. On a livré la dynastie
divine comme dérivatif pour abriter la dynastie impériale.
La loi, je le répète, faite pour diminuer la presse et protéger
la morale, grandit la presse et écrase la morale ; voilà le
résultat. Le vrai, c'est la tribune libre et la première ; la
presse libre, diminuée par la concurrence, mise au second
rang par la tribune. La presse ne remplace pas les anciens
pouvoirs, la chaire, l'école, le livre comme vous semblez le
dire. Ils coexistent et c'est le caractère de notre temps. Les
sources sont multiples ; analysez les eaux, elles ont toutes
les mêmes éléments. On se bat, et au fond tout le monde
veut la même chose. C'est même une des causes de ce que

I. Si l'on avait oublié le célèbre candidat officiel Bravay, on le retrou-
verait sous les traits du *Nabab* d'Alphonse Daudet.

vous appelez l'affaiblissement de l'esprit : la *matière* de l'esprit manque. Pourquoi? parce que toutes les grandes conquêtes sont faites en matière politique depuis 1789 (sauf l'éclipse de la liberté ; mais tous les moyens de la demander sont interdits) ; nous ne nous exerçons plus que sur des détails ; nous n'avons plus à plaider les grandes causes ; elles sont gagnées.

Ajoutez que l'avènement heureux de l'égalité doit produire ces poussées de trivial, de monotone, de gros sel qui vous agacent. Nous sortons des montagnes et nous entrons dans la plaine ; c'est plat. Le Mont-Blanc est plus beau qu'un champ de blé ; mais le blé nourrit la foule.

Je bavarderais longtemps ainsi ; je suis un peu plus optimiste que vous, et je crois moins à la presse, autant à la liberté et aux pertes incalculables que son absence impose à l'esprit français, par suite, à l'esprit humain. Je retrancherais Cromwell !

Pardonnez-moi de vous écrire un peu à la hâte, et croyez-moi très reconnaissant de votre confiance et de votre amitié à laquelle je réponds de tout cœur.

Pour distraire Montalembert, toujours malade au loin, lui envoie des nouvelles du jour, de la Chambre, de l'Académie.

Au Comte de Montalembert.

26 février 1866.

Je viens d'assister au magnifique cours d'histoire et de droit de M. Thiers : vous le lirez demain ; rien de plus clair et de plus fortement tissé. Il a manqué un peu de vivacité et de chaleur, et la Chambre a été plus attentive qu'impressionnée. M. Rouher va répondre comme toujours : 1º Ce que vous réclamez vous l'avez ; 2º Ce que vous auriez empêché c'est notre gloire ; 3º Votre vieux carrosse jaune à deux chevaux parlementaires traînant le bourgeois repu, nous l'avons remplacé par la locomotive du suffrage universel. En voilà de l'égalité et de la souveraineté ; mais à condition de rails, de tampons, de freins et de serrures ; 4º Qu'aviez-vous fait de la France? Elle dormait mal et dînait peu. Maintenant elle ronfle et elle engraisse. Dieu soit loué !

Ces arguments de la halle ne suffisent plus, et l'amendement Buffet est un signe qui fait le plus grand honneur à ses

auteurs, le plus grand effet au public ; c'est l'avant-garde
de la liberté régulière qui se met en marche. Quel regret de
n'être pas là pour voter, signer, soutenir cet amendement !
On ne peut s'en tirer que par des promesses qui deviendront
des engagements......

Comme votre bonne lettre me touche, mais comme elle
me désole encore, en me montrant que votre cœur saigne
toujours, sans qu'une main amie puisse le guérir. J'aurais
voulu du moins, sans fermer la morsure, y appliquer mes
lèvres et en arracher le venin. Croyez-moi, vous n'êtes pas à
votre tour assez compatissant envers l'aveuglement involontaire qui croit faire le bien, en faisant le mal. Mais je ne
suis pas cependant moins courroucé que vous contre l'étroite
direction. La vraie sainteté dilate ; et ne me parlez pas de la
carafe frappée de la dévotion humide et congelée ! Je vous
plains, si c'est ce breuvage que vous avez rencontré. Dédom-
magez-vous dans vos moines et vos saints, qui ne s'abreu-
vaient pas là.

Quand donc revenez-vous enfin? Ne sera-ce point pour la
réception de Paradol? J'assistais à celle de M. Doucet
auquel M. Sandeau a de tout temps répété : « Monsieur, je
vous estime, mais je ne vous admire pas. » — Vigny était un
grand écrivain, et un ridicule égoïste ; ils n'ont pas assez
apprécié l'écrivain ; ils ont déprécié le poète, et oublié
l'homme. La séance a été peu remarquable. La prochaine
sera, je crois, admirable. Nul ne parle mieux que M. Guizot, et n'écrit mieux que Paradol. Venez, venez, vous êtes
sûr de faire bien des heureux. Je réponds d'un et c'est moi.

A Madame Augustus Craven

6 mars 1866.

Si vous avez la bonté de venir voir Mme Cochin demain de
4 à 6 heures, vous me trouverez, quoique sorti pour tout le
monde. Si vous avez un billet pour jeudi, ne voulez-vous pas
prendre votre collation rue Saint-Guillaume, à 11 heures,
afin d'aller à midi affronter la foule (1)?

Mon avis est très décidé pour la publicité immédiate ;
l'intimité devient banale ou ingrate ou pressée, et il est temps
que le navire quitte les côtes et leurs angles pour gagner le
large à la garde de Dieu.

1. Jeudi 8 mars. Réception à l'Académie française de Prévot-Paradol.

A Madame Augustus Craven.

Je suis pris lundi. Je dîne chez Mme de Galliera. N'y pourriez-vous pas venir de bonne heure? Car j'aimerais bien à causer avec vous et je n'ai plus le bonheur de vous voir, tant les mailles du filet que je traîne deviennent serrées.

Demain je vais à la campagne.

Je n'ai pas encore lu vos deux cents pages. Je me suis mis à relire, la plume à la main, le premier volume et je vis avec vos chères âmes dans des quarts d'heure de vrai paradis. J'avoue que je serais bien heureux d'avoir la *primeur* de ce second volume. Ne perdez pas assez « l'illusion libérale » pour m'en priver. Cependant faites ce que vous voudrez et jugerez meilleur à votre but. Je ne suis qu'un *en cas*.

Envoyez à M. de Pontmartin, ce sera en bonnes mains.

Ce qui arrive à la *Civiltà* est bien excessif et douloureux. Mais tenons bon, fermes et respectueux ; ces violences et ces fautes auront leur terme et aussi, hélas ! leur châtiment. Que j'aimerais à vous parler de tant de choses et à traiter durement votre charmant Prussien, s'il est partisan de l'homicide Bismarck.

La suite de ces billets, outre qu'ils racontent l'histoire de la publication d'un précieux livre, donnent une idée vivante de la vie de salon à l'époque où nous sommes. On sort tous les soirs et l'on se retrouve dans deux ou trois maisons amies toujours ouvertes, où l'on cause des événements du jour, la littérature, la politique. Qu'était l'affaire de la *Civiltà?* — Pourquoi — (déjà !)— qualifiait-on Bismarck d' « homicide »? — Et quelles plaisanteries avait-on échangées sur l'« illusion libérale? » — Poursuivons.

A Madame Augustus Craven

Le silence sur les notes que vous avez la bonté de me communiquer va de soi ; et vous pouvez y compter. J'aurais bien aimé à en causer avec vous demain, mais j'ai accepté un dîner en ville ! Si vous aviez l'intention de venir chez Mme de Galliera j'aurais l'honneur de vous y voir. Sinon, seriez-vous libre de dîner avec nous mardi avant vos visites du soir? J'ai besoin de savoir ce que vous désirez de moi pour ces notes ou même pour un article, si vous croyez le moment venu. L'*erratum* que vous êtes allé chercher à Orléans doit vous tenir

la conscience à l'aise et il faut prendre votre parti de publier
ou d'attendre encore. Que décidez-vous?

On communiquait les feuilles du premier volume aux amis qui
pouvaient s'y plaire.

A Madame Augustus Craven

Mme de Castellane (1) a été avant tout fort touchée de
votre attention envers elle. Comme vous l'aviez pressenti,
elle est extrêmement attachée à la mémoire si contestée de
son grand-oncle. Mais les deux citations que je lui ai lues
ne peuvent que lui être fort agréables, la première surtout
qu'elle accepte sans aucun changement.

Elle vous prie, quant à la seconde, de modifier ce qui la
concerne. Il y a une petite confusion. La petite-nièce *qui
venait de faire sa première communion* était Mlle Marie de
Talleyrand, aujourd'hui Mme Stanley. La petite nièce qui a
été l'instrument de la conversion était bien Mlle Pauline de
Dino.

Otez le *nom et l'indication inexacte.* Laissez : « On dit que
c'est sa petite-nièce qui l'a disposé et amené à mourir chrétiennement. » Ainsi tout sera bien : nom voilé, confusion
évitée, désignation suffisante.

Le consentement de Mgr Dupanloup se faisait toujours attendre.

A Madame Augustus Craven

Paris, 11 mars 1866.

... J'avais écrit à Monseigneur, mais ma lettre n'était pas
partie que j'en ai reçu une d'Orléans, puis la vôtre que je
vous renvoie. Je viens de répondre à Monseigneur que, dans
mon avis réfléchi, il convient :

1º De laisser achever le deuxième volume ;

2º De publier les *deux* aussitôt, à 400 exemplaires, première
édition de luxe ;

3º De préparer, pour le mois de juin ou juillet, une
deuxième édition, moins chère, à 3.000 exemplaires, qui
pourrait être précédée d'une lettre de lui, et, en tout cas,

---

1. Née Pauline de Dino, et petite-nièce de Talleyrand. L'histoire de la
conversion de Talleyrand était alors mal connue.

aurait été remaniée d'après ses indications. Je dis que la marche contraire laisse le livre exposé aux seuls salons pendant plusieurs mois, — et comme une pièce à l'état de première représentation contestée ; — qu'elle vous impose, outre une perte inutile, une fatigue de cerveau intolérable, vous forçant en quelque sorte à repasser deux fois le même océan sans respirer, — que le succès, déjà excellent dans les salons, malgré le petit murmure insignifiant des frondeurs, sera consolidé dans le public et préparera celui de la deuxième et meilleure édition.

Je crois très fermement que ces raisons sont bonnes et vraies, et je voudrais vous voir vous y tenir. Je serais surpris que Montalembert ne fût pas du même avis, et demain, en dînant chez lui, je m'en informerai. Vous pouviez ne pas publier, mais c'est fait ; ne pas publier à 100 exemplaires, mais c'est encore fait. Nulle raison de se repentir et de reculer, puisque tel qu'il est, le livre a ému, charmé, édifié la grande et bonne majorité de ceux qui l'ont reçu.

Le public qui achètera la première édition chère et de luxe sera encore restreint. Puis le livre descendra, en s'améliorant, vers le large public par des pas réguliers et soutenus, au lieu d'être brisé comme une argile mal venue que l'on recommence. Il ne mérite pas cette rigueur et ces risques.

Tel est mon sentiment réfléchi. Je n'ai aucun droit d'obtenir qu'il prévaille ; je serais bien heureux d'y voir revenir notre illustre et si bon ami, qui insiste de manière à bien montrer en quelle estime il tient le livre et l'auteur.

A cette lettre, Montalembert (arrivé depuis peu à Paris) avait ajouté de sa main :

J'adhère parfaitement à tout ce que dit si bien M. Cochin, qui ne laisse rien à ajouter, ni surtout, ce me semble, rien à répondre.

CHARLES DE MONTALEMBERT.

A MADAME AUGUSTUS CRAVEN

Je dois bien vous dire que j'ai reçu une réponse peu satisfaite, avec la promesse de ne plus s'en mêler. Je vous la raconterai si vous venez ce soir chez la princesse Czartoryska.

Mme de Lamoricière soupire toujours après un volume et ce serait bien charitable de dire à votre secret imprimeur de lui adresser cette consolation.

P.-S. — Serait-ce bien indiscret de vous demander votre nom pour un concert qui s'organise en faveur des pauvres esclaves affranchis?

A Madame Augustus Craven

Je ne suis pas plus que vous endurci contre les désirs de Mgr d'Orléans, toujours inspirés par le plus religieux sentiment du bien, et par la plus littéraire appréciation de la forme. Mais il ne peut ne pas être touché et persuadé quand vous lui direz derechef : « Monseigneur, comme vous me l'écriviez : à l'impossible nul n'est tenu. Or ce que vous me demandez dépasse mes forces ; j'essaie, je lutte, je me consume sincèrement et je ne parviens ni à exécuter ce que vous me dites, ni à deviner ce que vous ne me dites pas. Mais, de grâce, réservez-moi vos bonnes intentions et vos avis pour la deuxième édition ; et surtout votre conscience est engagée à me dire ce qui doit intéresser la mienne, et à m'indiquer les points dont pour la première fois vous me dites que la morale exige le sacrifice. »

Cependant les exemplaires du premier volume avaient attiré l'attention de divers côtés, avant que le second fût prêt.

A Madame Augustus Craven

Avril 1866.

Je vois que vous êtes ce matin dans la *Revue des Deux-Mondes* ; je n'ai pas eu le temps de lire l'article, mais je crois que c'est le moment de donner à votre éditeur la permission de mettre en vente le premier volume et d'annoncer de suite dans *les Débats, la Gazette, l'Union, le Monde* : « Le premier volume du *Récit d'une Sœur*, par Mme A. Craven, née de la Ferronnays, est mis aujourd'hui en vente à la librairie Didier, quai des Grands-Augustins. »

Vous n'aurez pas un deuxième article dans cette Revue pour le deuxième volume ; c'est par elle que vous allez d'ici à quinze jours entrer dans les désirs de nombreux lecteurs nouveaux. Je ne sais s'il est bon que ce pas soit franchi ; j'aimais mieux les deux à la fois. Mais puisqu'il l'est, ce n'est pas le cas de trembler et de reculer, mais de poser le pied ferme et d'avancer.

J'aurais bien voulu que *le Correspondant* parlât aussitôt que
la *Revue* ; mais je suis pris de court, et il était convenu que
je parlerais des deux à la fois. Donnez-moi le second dès que
vous pourrez, pour que je sois prêt en mai. Puis préparez-vous
un bon repos pour l'été loin de Paris, car vous en aurez besoin
après toutes ces émotions et fatigues. Mais Dieu vous aidera,
puisque vous ne cherchez qu'à le servir et à le faire aimer.

L'affaire du livre trouvera sa place dans les conversations qui
vont bientôt se nouer à Paris. Le groupe ami va s'y rencontrer.
On en donne la nouvelle à l'ami belge qui vient de dénoncer, avec
une rare clairvoyance, les projets cachés de l'Allemagne (1).

A ADOLPHE DECHAMPS

6 avril 1866.

... Je pense à vous en lisant la circulaire Bismarck. Ne
serait-ce pas le cas de reprendre vos écrits sur Gastein où
vous avez le premier en Europe et au milieu de tant de dénégations signalé l'orage qui s'amoncelle et effraie tout le
monde en ce moment? Ne serait-ce pas le cas de bien nettement caractériser les situations par un nouvel article et
pourquoi ne le donneriez-vous pas au *Correspondant* qui
paraîtra le 25 de ce mois?

Il sera assez tôt de l'envoyer le 17 en chargeant l'un de
nous de le corriger.

Reprenez vos avantages et ne laissez pas tomber la justi-
fication de votre perspicacité et de votre patriotisme. Tout
le monde ici blâme M. de Bismarck, mais croit qu'il ne s'avan-
cerait pas tant sans avoir pris ses sûretés. L'inquiétude est
d'ailleurs extrême parce que l'on voit toutes les questions
prêtes à renaître et le feu central se ranimer en Europe. S'il
ne s'agissait pas d'Allemands ce serait déjà parti. Mais leurs
mouvements sont plus lents. Répondez-moi si je dois vous
réserver une place.....

Si vous veniez à Paris avant le 12, vous y trouveriez le
Comte de Falloux et ce serait le bon moment de *consulter les
augures.*

Falloux n'était pas à Paris sans que quelque conciliabule s'en-
gageât, — mais aussi sans que son ami l'entraînât là où de bonne
musique se pouvait entendre.

1. Voir La Gorce IV, 194.

Pour le *Récit d'une sœur*, toute opposition n'était pas levée·
Le livre avait paru : soit. Mais on n'aimait pas qu'il en fût parlé.

A Madame Augustus Craven

Mardi 10 avril 1866.

Je n'ai pu, chère Madame, avoir l'honneur de vous voir
hier soir, parce que nous avions, M. de Falloux et moi. formé
le projet d'aller entendre *Don Juan ;* et aujourd'hui votre
mardi est une tentation à laquelle mes nombreuses chaînes,
pour parler élégamment, ne me laissent aucunement libre de
succomber !

Je suis surpris de la résistance de M. C'est à la publication
première que l'on peut répugner ; mais lorsque cette répugnance est vaincue, il faut subir les conditions de la publicité
acceptée. Or ce sont aujourd'hui les articles qui font faire aux
livres non seulement leur chemin, mais je dirais presque leur
figure. Ils dictent à la moitié des lecteurs ce qu'ils doivent
penser. Dans notre *cas*, ce n'est pas seulement le livre que l'on
jugera, c'est aussi le procédé, la révélation, la confidence con-
temporaine et domestique. Il n'est pas inutile de faire ce que
le livre ne fait pas, la guerre aux mille petits murmures
maussades de la pudeur étroite, jalouse, affectée, ou sincère
et vraie, murmures qui circuleront tout bas. C'est ce genre
de service que des articles, s'ils sont bien inspirés, doivent et
peuvent rendre à votre œuvre. En quelque sorte, ils balaie-
ront et ratisseront l'allée devant vos pas. Il est vrai que, si
ces articles ont le ton de la flatterie, ou s'ils dissèquent litté-
rairement vos sœurs et vos frères, ils seront plus choquants
qu'utiles.

Ce danger est toujours à craindre. Faut-il, par peur des
mauvais articles, se priver des bons? Et en écartant les bons,
serez-vous maîtresse d'écarter les mauvais? C'est à vous à
juger et à bien choisir vos introducteurs. Vous avez d'ailleurs
le temps d'y penser, et d'en causer avec M. de Montalembert qui a l'avantage d'être juge excellent et partie très
intéressée. Pour moi, je me tiens à votre disposition, nullement pressé de faire un article, mais bien désireux de servir
et de défendre votre livre, ses intentions et son but.

Recevez tous mes remerciements pour les pauvres affranchis et mes bien respectueux hommages.

Une occasion tout autre se présenta de s'entretenir avec l'Evêque. Une désastreuse inondation de la Loire avait ravagé son diocèse, et, dans une lettre pastorale publiée à ce sujet, il avait insisté sur cette pensée qu'il y a un châtiment du ciel dans les calamités de la terre. Il n'en fallait pas tant pour soulever les violences et les railleries de la presse anticléricale. Les plus modérés prenaient part au concert avec les plus violents. Tels les *Débats* et la *Revue des Deux-Mondes*.

Augustin Cochin n'était pas d'avis de répliquer ; mais il était aux ordres de l'Evêque.

A Monseigneur Dupanloup

Sans date.

... D'après votre lettre de ce matin, je tremble que vous ne soyez tenté de faire un second grand acte incomplet, et que vous n'usiez vos forces à peine retrouvées dans cette guerre défavorable contre les prussiens du journalisme.

Le côté vulnérable de votre acte a été d'attacher une chose à une autre, de parler indirectement et par occasion. Vous ne pouvez pas traiter encore un aussi vaste sujet que la *presse*, par occasion, dans une réplique, après une enquête de huit jours sur un seul point.

Je vous en supplie, croyez-moi, les Bédouins qui vous fusillent ne valent qu'une bonne charge de cavalerie légère et pas autre chose. Ils ne sont pas la *nation*, pas plus que Liége n'est la jeunesse, et Genève le travail.

Ah ! si vous voulez traiter à fond *la presse*, je suis votre homme, et c'est une œuvre magnifique et essentielle, car, les abus odieux venant de l'usage d'une loi despotique, la censure de votre courroux tombera sur l'abus, et tournera à l'éloge de la presse libre.

Cette œuvre est digne de vous, elle éclaire, elle attire, c'est de l'avenir conquis.

Or, Monseigneur, il faut penser à l'avenir, quand l'Empire d'Allemagne sera fait, et l'Italie achevée, et les consciences déroutées et les impies en lice ; c'est alors que votre grande voix sera utile, importante ; combien il est essentiel de garder vos forces et votre auditoire et votre ascendant ; voyez quel bruit à chacun de vos mouvements. De grâce, ne compromettez pas, ne dispersez pas, n'usez pas ces biens et ces dons dans une plus longue polémique, sur un mauvais terrain, où d'autres Évêques vont entrer, exagérer, noircir et tourner, j'en ai peur, sans votre mesure et votre hauteur.

Ou bien ne répondez rien du tout, ou bien un coup sec et prompt ; mais sans leur faire l'honneur d'un grand acte. — Puis un peu plus tard, un acte direct, ample, étudié, premier chapitre de l'enquête morale.

Voilà mon vœu ardent, réfléchi, inspiré par un amour profond de votre personne et de notre cause.

Vous ne m'écouterez point, j'en ai peur ! Je parlerai néanmoins ; puis après avoir rejeté mes avis, comptez toujours sur mes services.

A Monseigneur Dupanloup

Samedi 14 avril 1866.

Je ne vous ai pas écrit parce que je vous attendais et que je travaillais. J'ai bien plus à vous parler qu'à vous écrire, et je regrette bien votre retard ; car mercredi je serai à Corbeil, et vendredi, je pars pour Lyon.

Voulez-vous, si vous arrivez mardi à cinq heures, venir chez moi et me faire l'honneur d'y dîner avec celui de vos Messieurs que vous amènerez? Nous causerions à fond avant. Veuillez me dire *oui* ou *non* par un mot.

Voici mon impression et mon travail : Votre écrit est très beau, très grave, très à fond, et je n'ai plus les objections que j'avais contre le premier. Puisque le feu a été ouvert, il faut bien avoir le dessus et vous l'aurez par ce grand acte : *La guerre à Dieu.*

Seulement, il va tomber dans un moment où tous les Évêques, selon leur habitude, vont faire un mandement sur le même thème, et suivre Mgr de Tours, prononcer chacun une oraison funèbre de la société, à propos de celle du pouvoir temporel, dont notre devoir est en effet, d'être tous occupés à cette heure. Il ne faut pas que vous ayez l'air : 1º de parler d'autre chose ; 2º de détourner les esprits. Et votre grande question divine sera certainement distraite et écartée et couverte par la question Romaine. Il faut s'y attendre et aller au devant de la double objection en sens contraire des dévots disant : « pourquoi ne pense-t-il pas au Pape? » — et des impies : — « il cherche à effrayer à cause du Pape ! »

Il importe encore bien plus de ne pas paraître si désespéré

qu'il n'y ait plus de ressource que dans un pouvoir fort auquel vous dénoncez les coupables. Il faut de toute nécessité une fin nettement libérale. Vous avez beau dire que la religion est la seule digne : dans les âmes, oui ; — dans les rues, non. — Que vous faites appel aux honnêtes gens ; — ils n'ont que le droit de frissonner et que le penchant de s'abriter derrière la force. Cela est vague, et la logique va au delà de votre appel jusqu'à MM. les Préfets et MM. les Colonels.

Contre ces deux dangers très sérieux, j'ai préparé une dernière partie intitulée : *Pas d'équivoque*, que je vous engage à placer avant la belle page finale.

Je n'ose pas toucher à la partie théologique, sans quoi je demanderais à ôter (10, 33) que « Le choléra vient de Dieu ».

Notre Dieu est le Dieu de la vie, l'ennemi de la mort ; il en délivre nos âmes et même nos corps ; nous retombons dans le sein de la mort et de la souffrance quand il s'éloigne, mais ce n'est pas lui qui envoie la mort, et la peste n'est pas son ministre. Il est le *sauveur*, le *libérateur* de ces fléaux, non l'auteur.

Pardonnez-moi cette résistance.

La lutte n'est pas (35-36) la lutte totale, suprême. Vraiment la croyance à Dieu est celle de milliards d'êtres, et l'athéisme n'est qu'un champignon pourri dans un coin de la planète. Nous n'en sommes pas là. Oui, l'athéisme renaît, c'est monstrueux. Mais il ne domine pas, et il ne convient pas de laisser croire à cette bande de voleurs que tout est à leur merci.

Cela dit, j'admire presque tout, je vous remercie de ce grand effort : je le voudrais parfait, sans exagération, sans équivoque. Je vous envoie les pages critiquées, les pages annexées, et je vous demande un entretien mardi.

L'évêque passa à Paris le 17, et termina avec son ami sa brochure, l'*Athéisme et le Péril social*. — Pour le *Récit d'une sœur*, on avait pu lui arracher définitivement l'*exeat*.

A MADAME AUGUSTUS CRAVEN

18 avril 1866.

Notre ami, s'est rendu à mes raisons. Comment ne pas ouvrir la porte dont on vous met la clef dans la main, lorsque cette porte conduit précisément où vous voulez aller ?

Autorisez donc M. Didier à vendre, et donnez-lui ordre de faire une annonce immédiate, et de mettre le livre en dépôt chez quatre ou cinq libraires bien en vue.

Puis fermez les yeux et laissez dire, laissez faire.

Mais donnez-moi le deuxième volume en *épreuves*, je vous en prie, un peu avant la fin.

De Lyon où l'entraîne brusquement une importante affaire (1), — il écrit à son second fils, qui va commencer sa retraite de Première Communion.

A HENRY COCHIN

Lyon, 22 avril 1866.

Mon cher Henry,

Quoique je sois bien occupé, je n'ai pas manqué de monter à Fourvières, ce matin pour prier la Sainte Vierge et lui recommander ta première communion et toute ta vie. Une neuvaine de messes sera dite à ton intention, et je t'envoie une petite médaille à pendre à ton cou et des images pour tes frères et tes amis.

Mets-toi sous la protection de Marie, la plus parfaite des créatures, et à cause de cette perfection, la plus aimée de Dieu. Honore-la sous ces trois beaux noms : *Mater Christi*, vierge choisie par Dieu pour servir à son fils d'entrée dans le monde et de protectrice humaine ; — *Speculum Justitiæ*, créature parfaite, humble, droite, pure et en toutes choses, juste et sans tache ; — *Auxilium Christianorum*, devenue à cause de ces dons, de ces perfections, de ces grâces, une puissance, une prière continue, une âme attentive à nos âmes et agréable aux regards de Dieu, notre secours sur cette terre où elle a vécu et dont elle connaît les peines et les périls. Que cette douce et forte confiance te protège toute ta vie, cher enfant. Sois pur comme Marie à la Crèche, et énergique comme Marie à la Croix.

Je n'ai que le temps de t'embrasser à la hâte. Dis à ta mère que je ne vais pas mal, que j'espère sans en être sûr,

1. Il s'agissait d'établir une fusion entre la Compagnie de Saint-Gobain et une grande maison industrielle Perret et Olivier. L'affaire qui devait donner un développement considérable à l'industrie des produits chimiques de la Compagnie de Saint-Gobain, ne fut conclue que postérieurement.

partir demain soir, et que je l'aime de tout mon cœur, en la remerciant de se dévouer si admirablement à tes frères et à toi.

Ton père qui te bénit.

A Madame Augustin Cochin

Lyon, 22 avril 1866.

J'ai pu écrire un mot en courant à notre Henry ; — après une journée de courses variées, je retrouve dix minutes, et aussitôt qu'il est hors de la cage des affaires, mon cœur vole où vous êtes, et je me repose en me rapprochant de vous.....

Oh ! que la richesse est donc un habit peu fait pour la taille de la vie, et que de plis inévitables, de taches et de coutures dans ce vêtement de hasard. Tout cet or est l'œuvre de pauvres diables jaunes, silencieux, aux bras nerveux, et au teint plombé, qui vont de l'acide à la soude, du cuivre au plomb, de la flamme à la fumée, portant le poids d'une vie terne et lourde, au bord d'un grand fleuve aux riants coteaux, dont les eaux courantes et les courbes gracieuses ne sont pas faites pour les yeux fixés sur la tâche quotidienne. Demain, nous verrons la mine, les puits, les pioches, les lampes, un autre appareil formidable de travail et d'inégalité, cinq ou six cents hommes occupés des revenus de 2 ou 3. Et pourtant à côté de ce mystère insondable de la condition humaine, que de gloire dans les procédés, les usages, les applications scientifiques, les vastes débouchés, l'intelligence partout répandue, comme tout cela est curieux, amusant, varié ! Les choses ressemblent aux arbres ; des feuilles charmantes sur un tronc noir, rugueux, laid, tourmenté !

Mais voici l'heure de la poste ; adieu ; je fais tout ce que je puis pour arriver mardi ; je vais assez bien. Le changement d'air est délicieux après la vie, de lustre et de salon, de l'hiver...

M. Dechamps avait répondu au désir qui lui avait été exprimé et écrit d'excellentes pages sur la Circulaire de Bismarck, les ambitions de la Prusse, et les dangers auxquels l'incertaine politique de Napoléon III exposait la France (1).

On était à la veille des graves événements dont nous portons encore le poids. Il faut lire le palpitant récit de La Gorce sur ces

______

1. L'article de Dechamps avait la forme d'une lettre adressée à Augustin Cochin, datée de Bruxelles le 15 avril 1866.

jours mémorables. Le 3 mai à la Chambre, Thiers prononça un discours admirable : — « On vit ce qu'on n'avait jamais vu... Vers l'orateur de l'opposition toutes les mains se tendaient, et pendant plus d'un quart d'heure on n'entendit plus qu'un murmure confus. »

La séance éveilla en Napoléon III « une de ces froides et sourdes colères, qui, à de rares intervalles, bouillonnaient dans son âme tranquille ». Trois jours plus tard à Auxerre, pour répondre au discours qui avait tant ému l'opinion, il prononça à son tour un discours, qui paraît violent et confus.

Il faut rappeler ces circonstances, dont l'écho revient souvent dans les lettres suivantes.

Au Comte de Falloux

2 mai 1866.

J'ai découvert trop tard dans la *Revue des deux Mondes*, du 15 août, page 991, une page qui me semble mériter une réponse de vous, parce qu'elle qualifie injustement votre loi, et parce que les phrases qui suivent semblent décrire cette loi, tandis qu'elles exposent le contraire. Ne pourriez-vous forcer la Revue du 15 prochain à insérer une réponse dans ce sens : « M. — Je lis ces mots : *la réaction triomphe*, etc., jusqu'à la fin de l'alinéa. Or cette page qualifie injustement la loi de 1850 et semble y rattacher une pensée de réaction et des mesures de centralisation. L'auteur de cet article n'a pas lu la loi, sans quoi il saurait .

« 1º Que cette loi a doublé le traitement des instituteurs ; 2º a posé le principe de la retraite ; 3º a imposé les écoles de filles dont la loi de 1833 ne parlait pas ; 4º a donné la nomination de l'instituteur au Conseil Départemental composé de membres électifs, et non pas nommés, sous la direction compétente du recteur, et non du Préfet ; 6º a chargé des délégués gratuits d'une partie des fonctions des Inspecteurs ; 7º a fondé les cours d'adultes, développés en vertu d'un article de cette loi; 8º a affranchi l'enseignement libre, sans distinction entre l'enseignement laïque ou religieux ; 9º a étendu le programme de 1833 ; 10º a permis aux maîtres de former des stagiaires, etc.....

« Depuis cette époque, la liberté a été paralysée par un procédé fort simple, comme (par une ligature) on endort un bras sans l'amputer : on a mis partout la *nomination* à la place de l'*élection*, le Préfet à la place de la Commune, la politique à la place de la compétence. Et cependant, la loi de 1850.

mutilée, sert encore d'abri à ce qui reste de liberté, sans avoir jamais servi d'obstacles à la diffusion des écoles dont le nombre après cette loi, avait augmenté de..... en deux ans.

« Puisque vous aimez l'instruction populaire, vous devez désirer que tout le monde l'aime, et ne trouver aucune satisfaction à signaler des ennemis, lorsqu'ils n'existent pas. Ne troublons pas une si belle unanimité, et que ceux qui écrivent ne soient pas si sévères envers ceux qui ont agi dans des moments moins paisibles.

« Je vous prie d'insérer etc., etc..... »

Il y aurait peut-être aussi à faire allusion à la circulaire Duruy condamnant les Frères au recrutement.

Enfin, c'est, selon moi, le cas de ne pas vous laisser injurier sans réponse. Si vous êtes de cet avis, je suis à vos ordres pour préciser les articles etc.....

Il a fallu, pour notre cher Général, (1) écrire une demande directe à l'Empereur et *tous* l'ont signé ; reste à recevoir la réponse. Les fonds rentrent peu à peu ; il y a environ 125.000 francs et nous aurons bientôt une réunion.....

La guerre paraît de plus en plus probable. M. Thiers et M. Rouher doivent en parler demain à la tribune.....

Montalembert va mieux mais la crise a été terrible.

A M. DECHAMPS

9 mai 1866.

Je n'ai pas à vous apprendre que votre lettre a eu grand et utile effet. M. Thiers, le lendemain de son triomphe, m'a bien chargé de vous remercier, et le petit mot ci-joint d'Ollivier vous prouve combien vous avez compté dans la mémorable séance du Corps législatif.

Le discours d'Auxerre prévaudra sur tant d'honnêtes et fortes raisons, et nous sommes menacés de voir nos journaux corrompus et nos députés trembleurs passer du côté du canon et du tambour ; d'ici à peu de semaines, vous entendrez dire que la Chambre a eu tort et que tout le mal vient d'elle ; et M. de Bismarck qui foule aux pieds les lois de son pays, passera pour un héros de 1789, en même temps que la France criera contre la partie des traités de 1815 qui lui est précisé-

1. On entend qu'il s'agit de Lamoricière.

ment favorable, et, au nom de la revanche de Waterloo,
aidera les compatriotes du Maréchal Blücher ! Je crains fort
cette perturbation de l'opinion menée et déguisée par la
presse. Dieu veuille que je me trompe. Mais ce serait un
prodige que la guerre ne sortît pas d'un pareil gâchis.

Cependant il continue sa bienfaisante diplomatie personnelle.

A M. FAUGÈRE

17 mai 1866.

Cher Monsieur le Directeur,

Nous est-il possible de faire passer par le portefeuille une
adresse à S. M. l'Empereur du Brésil? Elle est conçue — cela
va sans dire, en termes très respectueux, et a pour but de
presser Sa Majesté de s'occuper de l'abolition de l'esclavage.
Elle est signée par MM. le duc de Broglie, Guizot, Laboulaye,
Wallon, Henri Martin, de Presscusé etc., et par moi. Vous
savez que l'Empereur est favorable à cette cause d'humanité.
Les circonstances sont favorables. Si vous le pouvez, je vous
enverrais l'adresse, et elle arriverait aisément et sûrement.
Si vous jugez que ce simple port ait quelqu'inconvénient,
vous seriez bien bon de me donner un conseil pour l'envoi
de cette lettre, de manière à ce qu'elle parvienne sûrement.
Ce sera rendre service à une cause, objet de vos chrétiennes
sympathies (1).

Le *Récit d'une sœur* a paru. Le succès est très grand (2).

A MADAME AUGUSTUS CRAVEN

La Roche, mardi 9 juin 1866.

Je veux vous conter une petite histoire. Dans le petit village du Coudray (3), il y a un vieux notaire retiré, maladif,
occupé de ses fraisiers et de ses rhumatismes, avec une femme
quinteuse qu'on ne voit pas, et un chien velu qui aboie toujours. Il y a, en outre, un fabricant, enrichi par la flanelle
et les cotonnades, mal marié, mais bon chrétien, et poussant
la vie, une vie obscure, travailleuse, un peu tortue, entre ses

1. Peu après l'Empereur du Brésil abolit l'esclavage dans ses états.
2. Il y eut, en deux ans, vingt éditions, chiffre énorme pour l'époque.
3. Le Coudray est l'Eglise paroissiale de la commune du Coudray-
Montceaux où est La Roche (Le Plessis-Chenet est le bureau de poste).

chiffres et son ménage, avec bon cœur et le crucifix à la main.
Puis il y a un jeune curé à lunettes, flâneur par le fond de la
nature, régulier par la soutane, peu enthousiaste, mais bon
enfant. Ils vivent les uns à côté des autres sur un joli coteau
qui domine les gracieux contours de la Seine, laissant couler
le temps et l'eau, sans éclairs de génie, sans effort de travail,
loin de tous les flots de la pensée, du plaisir et du monde.

Or, il est arrivé dans ce coin un exemplaire du *Récit d'une
Sœur*. Le fabricant l'a prêté au notaire, le curé l'a pris à
celui-ci, le fabricant pleure, le notaire s'agite, le curé est
dans un sincère et touchant enthousiasme. Il y a bien, dans
un château voisin, une duchesse qui, avisée de ce soudain
transport, murmure qu'il y a quelque témérité à montrer
ainsi au public sa famille, qu'elle a connu cette famille, et
que sans doute... mais enfin... on pourrait dire que... A quoi
le curé ne veut rien entendre : « Qu'on m'en montre et qu'on
m'en montre encore, de telles familles, s'écrie-t-il ! Tant
mieux si vous les avez connues ; mais moi qui ne les ai pas
connues, je remercie ceux qui me les font connaître. »

Et hier, au soleil couchant, dans la petite allée bien monotone de son pauvre presbytère, saisi d'une ardeur que je ne
lui avais pas encore vue, il me poursuivait de questions : —
« J'ai passé la nuit au chevet d'Olga, sans pouvoir dormir...
Dites-moi, je vous en prie, ce que sont devenus les enfants
d'Eugénie? Comprenez-vous cette Mme d'Alopeus qui n'admirait pas sa fille ! Ah, maintenant je ne me coucherai plus sans
dire : « Albert, priez pour moi. »

Et il ajoutait : « Quoi ! vous avez le bonheur de connaître
Pauline ! Et M. Augustus, est-il heureux de l'avoir épousée! »

Je me suis vanté que vous viendriez peut-être un jour
constater les agitations par vous causées dans le hameau du
Coudray ; et j'ai voulu vous conter cette histoire vraie, touchante et dont il faut bénir Dieu.

P.-S. — N'oubliez pas l'exemplaire cartonné promis aux
jeunes filles malades de l'hôpital.

A Madame Augustus Craven

Paris, 20 juin 1866.

Avant tout, je veux vous donner des nouvelles de Montalembert. Hier et avant-hier, nous avons été tourmentés ;

le frisson était revenu, et la respiration paraissait moins
régulière. Aujourd'hui, il est beaucoup mieux ; j'ai pu le voir,
à six heures ; il n'avait aucune fièvre, causait librement,
souriait même. Mais qu'il est amaigri et affaibli ! Priez et
faites prier pour ce précieux ami et cette *irremplaçable* existence. Je vous donnerai des nouvelles vraies, mais dans vos
lettres à la rue du Bac (1), ne laissez paraître aucune inquiétude, venant de moi ; cela les désole, et je ne saurais plus
aucun détail.

Hâtez-vous de nous donner des nouvelles de votre long
voyage et de votre arrivée (2), de vos impressions en revenant
dans votre cher intérieur après avoir accompli une si grande
tâche, et aussi en revoyant l'Italie si troublée, mais si enthousiaste. Si la Prusse pouvait être bien battue (3) et Venise
délivrée, ah ! ce serait l'idéal, mais la Providence ne nous
joue pas des dénouements si agréables. Attendons, en ne nous
hâtant pas de placer nos vœux. Pour nous, catholiques, surtout, ni le triomphe de l'Italie ni celui de l'Autriche n'ont de
quoi nous rassurer beaucoup. L'un opprime, l'autre corrompt.
Un mot aussi sur le sort du P. Capecelatro et de ses frères, et
de vos sœurs de Charité !

J'ai enfin donné le bon à tirer, moi aussi, pour *votre* article (4) ; je désire que la lecture vous trouve aussi indulgente
qu'une rapide et incomplète audition. Remerciez-Dieu et
laissez dire. Vos deux volumes font et feront un bien sérieux,
durable ; c'est un ouvrage à part, neuf et vrai, qui frappe
et qui grave. En félicitant M. Craven de votre retour, dites-
lui qu'il vienne enfin s'installer avec vous à Paris, pour
quelques mois, régulièrement. Quittez enfin les mœurs des
hirondelles pour les mœurs des pigeons. Vous avez des amis
partout. Laissez-moi croire que ceux *du pays* sont encore
les meilleurs, et que vous donnez une petite place à mon
ménage parmi les plus dévoués.

Honorer la mémoire du Père Lacordaire était le devoir le plus
cher à tous ceux qui avaient été ses amis. Au lendemain de sa
mort, Montalembert avait écrit, pour le *Correspondant* un morceau

1. Montalembert demeurait 40 rue du Bac, 5, Impasse Valmy. C'est la
maison où il est mort (Cette maison est actuellement ma propriété).
2. A la Cava de Tirreni, près de Naples.
3. La guerre avait éclaté entre l'Autriche et la Prusse, alliée à l'Italie.
4. L'article qu'A. C. venait d'écrire sur le *Récit d'une sœur*. On remarquera les craintes que donnait la révolution à Naples pour le sort des
Religieux.

qui, dans sa noble forme oratoire, avait de la beauté, et qui fut
acclamé à l'époque. Falloux avait publié la correspondance du
grand moine avec Mme Swetchine, singulier monument d'une
amitié d'âme entre deux êtres d'exception. Au nom des Dominicains, le Père Chocarne avait donné deux volumes nourris de
sainteté. On attendait une œuvre plus intime encore d'un ami de
tous temps, le vertueux et sagace magistrat bourguignon Théo-
phile Foisset (1). Celui-ci frappé par un coup imprévu, se décida
à consacrer uniquement tout ce qui lui restait de vie à honorer
son incomparable ami. Il avait vu mourir brusquement un autre
ami, compagnon de toute sa vie, l'aimable et parfait gen-
tilhomme, le marquis de Saint-Seine. — « Dijon, dit-il, est désormais vide pour moi. »

Le vieux magistrat renonça à sa robe de Conseiller, le vieux
bourguignon à sa ville, le vieux dévot à ses œuvres, et même
à la Conférence de Saint-Vincent-de-Paul.

A M. FOISSET

24 juin 1866.

Empêché d'écrire autre chose que l'article que vous lirez
dans le *Correspondant* de demain, je ne vous ai pas félicité
de la liberté que vous venez de reconquérir. Votre démission
a dû être un grand déchirement sans doute ; dans votre vie,
rendre la justice, servir la foi, faire la charité, tenaient une
place égale. Et pourtant, cette détermination courageuse va
vous restituer le loisir indispensable à l'achèvement indispensable de tout ce que Dieu attend de vous ici-bas. Atta-
chant le plus grand prix à cet achèvement, je vous remercie
et je vous félicite, tout en comprenant le combat que vous
avez dû vous livrer à vous-même.

Notre ami (2) a bien dormi, il est mieux ce matin, mais que
ce mieux est lent, compliqué, et inquiétant encore ! Ne ces-
sons pas de supplier Dieu.

Comment faire autre chose d'ailleurs dans cette heure de
gâchis sanglant que traverse l'Europe ! M. Thiers me disait
hier que cette heure est la plus grave qu'elle ait traversée
depuis 1789. L'opinion, malgré les journaux, demeure
remarquablement contraire à la Prusse. Tiendra-t-elle contre
une victoire ? Elle tournerait alors. Mais rien de plus certain :

1. Henri Perreyve, légataire des papiers de Lacordaire, les avait lui-
même légués à Foisset.
2. Montalembert.

les peuples sont pacifiques ; les gouvernements seuls sont belliqueux ! — D'où cette conséquence, la liberté qui associe les peuples aux gouvernements, prépare la paix ; *si vis pacem, ama libertatem.* Et cette autre conséquence que tirera l'avenir ; s'il n'y avait pas de rois, il n'y aurait pas de guerres... et on entend le xxe siècle murmurer déjà : Vive la République !

Trève aux prophéties.....

Donnez-moi votre avis sur mon article (1) qui m'a coûté beaucoup d'efforts, parce qu'un tel sujet est si intime qu'on craint de le profaner ; puis, abrégé, il devient funèbre comme si l'on pressait une éponge baignée de larmes. L'article est donc mauvais, le livre délicieux, tout à fait à part, pathétique, parfaitement distingué, rayonnant de piété ; il fera un bien profond. Mais quand donc aurons-nous votre Lacordaire?

AU RÉVÉREND PÈRE CHOCARNE,
DES FRÈRES PRÊCHEURS (2)

Juin, 1866.

Mon bien cher Père,

Je me reproche de ne vous avoir pas écrit depuis que j'avance dans la lecture de votre admirable volume. Croyez bien que mon jugement n'est pas banal. Jusqu'ici je suis pleinement et entièrement satisfait. Il est impossible de mieux raconter, de mieux juger, de mêler plus d'élévation à plus de charme. Vous avez su vous placer assez haut pour juger en toute liberté, dans la paix d'un regard pur, toutes les circonstances difficiles d'une carrière placée sur les limites de la religion, de la politique, du présent, de l'avenir. Vous n'avez craint de scandaliser ni les incrédules, ni les croyants, très faciles aussi à scandaliser par le spectacle de la pénitence dans la gloire. Nous-mêmes, amis, admirateurs de ce grand religieux, nous ne connaissions que la robe blanche qui couvrait ses épaules ; nous connaissons maintenant le vêtement intérieur et l'enveloppe même de son âme. En voilà pour des siècles ! Tant que les écrits de votre Père retentiront, — et je suis persuadé que l'avenir leur réserve un écho magni-

---

1. Sur le *Récit d'une sœur.*
2. Au sujet de ses volumes sur le Père Lacordaire.

fique, — cet avenir saura que cet homme éloquent était un pénitent, cent ans après Voltaire, et malgré les éclats de rire des bals de l'Empire et les lèvres de l'incrédulité savante, un pénitent pour lequel la croix n'était pas un vieux trophée pendu à la muraille, mais un objet sacré d'imitation quotidienne. En même temps, les hommes d'honneur et les consciences fières apprendront ce que la foi apporte au courage, au dévouement, au sacrifice, à la dignité, de lumière et d'appui. Ah ! ne nous plaignons pas et ne méprisons pas notre siècle, qui a produit de pareils caractères, de pareils prêtres, inconnus depuis cent cinquante ans !

Vous avez cité des lettres inédites et des pages des *mémoires* d'une beauté claire et contenue que les *Conférences* n'atteignent pas. Et à côté de ces pages superbes, les vôtres sont lues avec une véritable jouissance, tant vous avez su être calme, sagace, ému, nullement déclamatoire, puissant, dans le ton le plus convenable au sujet, l'admiration, l'affection et l'indépendance de jugement. Que Dieu, qui vous a si bien inspiré, vous bénisse ! Votre Travail assurément vaudra des amis à votre maître vénéré, et au maître de votre maître, à Jésus-Christ.

Au Comte de Falloux

5 juillet 1866.

Deux mots, non pour vous parler de la nouvelle du jour (1) ; — qu'en dites-vous ? Et que la Providence est difficile à comprendre !

Deux mots sur notre ami et sur votre candidature (2), mes deux préoccupations principales.

Je viens de voir Montalembert. Depuis dimanche le mieux s'est arrêté. Il y a eu des vomissements. Il est pâle. Ce qu'il m'a dit me fait (entre nous) craindre qu'une deuxième opération soit nécessaire. Le moral est excellent. Écrivez à Montalembert ; cela le distrait et lui fait plaisir. Puis priez bien pour lui : disputons-le au ciel. Cette faiblesse extrême m'inquiète de nouveau. Il y aura consultation. J'en saurai demain le résultat.

1. La bataille de Sadowa, 3 juillet 1866.
2. Il courait la chance d'une élection partielle dans le Maine-et-Loire, contre le candidat officiel Berger soutenu par la préfecture avec tous les moyens ordinaires. Le préfet était M. Poriquet. On s'efforçait d'obtenir, par M. Thiers, la retraite d'un candidat plus avancé.

Puisque vous avez le courage de vous présenter, nous devons tous vous remercier et vous aider. La non-candidature de M. Freslon n'est-elle pas l'essentiel? Ou, au contraire, préférez-vous le jeu, périlleux selon moi, du second tour de scrutin? J'ai vu hier M. Thiers, et je l'ai beaucoup pressé d'agir sur M. Freslon, et ses amis. Il m'a promis, mais il a besoin d'être pressé, 1º parce qu'il part pour Trouville ; 2º parce qu'il m'a dit : « ON ne m'a pas demandé d'agir, je ne sais pas quelles sont leurs combinaisons locales. Il y a des griefs de la dernière élection. » Pourtant je suis revenu à la charge et il a dit qu'il agirait... Vous ferez bien de lui écrire à Trouville. Puis l'influence principale sur M. Freslon est M. Dufaure. Je vais tâcher de le voir. Mais c'est M. Berryer qui devrait s'en charger. Inutile de vous dire que M. Thiers vous désire beaucoup, mais il craint sa peine, et croit que *lui* est assez. Il a parlé de vous avec haute estime, de votre courage, de votre clairvoyance, de votre talent.

Je vais établir ma famille à Azy samedi ; j'y passerai dix jours sans revenir, ayant bien besoin de repos.

Au Comte de Falloux

Azy, 12 juillet 1866.

Je vous envoie la réponse d'Ollivier ; je n'ai pas encore celle de Simon. J'ai prié que l'on m'envoie les articles du *Siècle*, de l'*Opinion*, de l'*Avenir* qui vont tomber sur vous et sur la loi de 1850, pendant les derniers jours. Le seul service que je puisse vous rendre, c'est de préparer à ces articles des répliques immédiates. La loi forçant à l'insertion dans les vingt-quatre heures, les cabarets seront forcés de lire les réponses. Je serai, d'ailleurs, à Paris la semaine qui précédera l'élection ; m'autorisez-vous, et m'engagez-vous, à rédiger ces répliques portant toutes *sur les faits?* J'ai écrit hier à Albert de Broglie pour le prier de voir M. Paradol et M. Forcade (1). Que vous devez souffrir par ces jours chauds ! J'admire votre courage et je vous remercie.

... Votre circulaire est très bien ce qui convient dans le moment actuel, et devant l'auditoire du suffrage universel. Celle de M. Berger est bien du style du temps, et se réduit à : « comptez que je vais là pour demander des faveurs et non

1. Chroniqueur de la *Revue des Deux Mondes.*

pour réclamer des droits. » La proclamation de M. Poriquet est d'une bêtise lyrique bien rare ; elle vous fera du bien. Ne m'écrivez pas ; faites-moi dire que vous allez bien, et si je puis vous servir.

P.-S. — Mme de Montalembert m'écrit que l'opération a été jugée inutile. Elle ne paraît pas plus inquiète. Je le suis toujours.

Au Comte de Falloux,

Azy, 13 juillet 1866.

Je reçois ce matin votre lettre, et je m'empresse de vous envoyer une note, indiquant, *article par article*, l'énumération des bienfaits que vous avez oubliés et que je me flatte de vous avoir autrefois fait glisser dans votre loi ! Sachez bien que M. Duruy ne fait des écoles de filles, des classes d'adultes et des cours publics, qu'avec votre loi, — et que vous avez porté à 600 francs, le minimum des instituteurs qui était à 200 francs.

Envoyez-moi toutes les attaques. Je vous conseille toujours de mettre les réponses sous forme de lettres adressées aux agresseurs, dans les vingt-quatre heures, et reproduites par vos amis, avec huissier pour ceux des journaux qui ne reproduisent pas les réponses.

Il est bon aussi de résumer la campagne dans une deuxième circulaire, affichée dans toutes les communes la veille de l'élection ; prenez pour cela vos précautions, en vous assurant que votre imprimeur a du papier timbré d'avance et que votre afficheur a des colleurs. — Sinon, que cette réponse finale puisse arriver sous enveloppe à l'adresse de *tous* les électeurs, la veille. Je suppose que vous avez des listes et des enveloppes, avec adresses mises à l'avance et des bulletins dedans, avec des amis pour distribuer instantanément. C'est dans les huit derniers jours, et peut-être même les trois derniers, qu'on va vous cribler.

... Albert de Broglie me donne ce matin de meilleures nouvelles de Montalembert.

Mgr Dupanloup, souffrant est en Dauphiné (1).

1. Cher M. Albert du Boys.

A Monseigneur Dupanloup

Azy, 13 juillet 1866.

... La dernière phrase de votre lettre me poursuit et me trouble ; vous me dites que vous êtes *profondément fatigué, que vous aurez peine à vous remettre.*

Je vous en prie, rassurez-moi : c'est si dur de porter la maladie de Montalembert ; comment supporter aussi de vous savoir accablé et très souffrant !

Mais ne me rassurez qu'en priant M. du Boys de m'écrire un mot. Je ne veux pas vous coûter une ligne, et je voudrais être sûr que vous ne faites rien, vraiment rien, absolument rien.

Je suis persuadé que dans vos souffrances il y a surtout des *tristesses.* L'état du monde vous afflige ; et le sang versé, l'injustice triomphante, l'insolence exaucée, le bien humilié, tout cela vous arrache des larmes. Ces tristes choses sont des déceptions, parce que nous nous flattions d'habiter un siècle où elles ne seraient plus possibles ; mais elles ne sont pas des nouveautés. Bien loin de pleurer le passé, il faudrait pleurer parce que le présent lui ressemble, et que l'histoire des hommes est toujours honteuse et sanglante. Mais, de grâce, de grâce, conservez, augmentez, allumez votre lumière intérieure, votre foi, votre espoir. Gardez comme les maîtres de la peinture et du langage les couleurs les plus vives pour vos derniers ouvrages. Comme je voudrais me promener avec vous quelques jours, moi, bien meurtri cependant... pour vous montrer tout ce que je vois de beau dans ce monde et dans ce siècle, pour vous entraîner vers des horizons nouveaux, pour vous décider à quelques grands actes inattendus, au moins pour vous faire un instant sourire, et vous rafraîchir des espérances que rien n'épuise en moi. Consolateur submergé par les larmes que vous avez à essuyer, combattant épuisé par l'inutilité renaissante des victoires, changez d'air intellectuel ; pensez à d'autres choses, visitez d'autres sommets... Mais que fais-je ? Mon tendre respect transforme mes vœux en conseils, et je me laisse aller à vous prêcher, ou peu s'en faut, de changer de vie ! Pardonnez-moi. Je désire tant que votre fardeau s'allège, et que votre âme se repose et se retrempe ! Dites-moi que vous me pardonnez et que vous allez mieux. J'ai amené ma famille à Azy, et pourquoi n'y viendriez-vous pas en revenant de La Combe ?

Le train de trois heures à Grenoble vous mène coucher à Lyon. Vous pouvez partir le matin, dîner et coucher le lendemain à Azy, et en partant le jour que vous voulez, après votre messe, être à deux heures après-midi à Orléans.

Au Comte de Falloux

Azy, 16 juillet 1866.

Je ne manque pas de prévenir Ollivier que M. Freslon ne se présente pas, afin qu'il tâche de vous obtenir la *Liberté* (1). Est-ce que M. Cuvillier-Fleury et Paradol réunis ne vous obtiendraient pas les *Débats ?* C'est une platitude à laquelle je ne puis pas croire.

Voici la réponse de Jules Simon, qui fuit devant ma question très directe : « que pouvez-vous et que voulez-vous faire pour aider à l'élection de M. de Falloux? » — « Rien à faire de ce côté. »

Je ne vais pas à Paris cette semaine, parce que je suis arrivé très fatigué, et j'ai encore besoin de repos. Mais j'y serai la semaine prochaine, et je me fais envoyer les journaux qui vous attaquent. Ils ne se démasqueront tout à fait que dans la dernière huitaine...

C'est jeudi 19, fête de Saint-Vincent-de-Paul, et jeudi 26, de Sainte-Anne. Écrivez à Caradeuc pour une neuvaine à ces deux protecteurs (2) en faveur de notre Montalembert, dont les bulletins sont bien faibles.

P.-S. — J'ai demandé à Mgr de Mérode si ses amis du *Monde* auront le cœur de laisser leurs abonnés indécis entre votre concurrent et vous.

Augustin Cochin arrive à Paris pour ses affaires le 30 juillet. La veille, dimanche 29, l'élection de Maine-et-Loire a eu lieu et Falloux a été battu.

---

1. Journal alors inspiré par Emile Ollivier.
2. La maison-mère des Petites Sœurs des Pauvres était située dans les environs du château de Caradeuc où vivait Mᵐᵉ de Caradeuc, belle-mère de Falloux.

A Madame Augustin Cochin

31 juillet 1866.

... J'ai passé hier, ma soirée en arrivant, avec Montalembert ; tous les symptômes s'aggravent, et pourtant la tête et l'estomac demeurent intacts. Je crois qu'il ne peut guérir que par un miracle ! Sa fille le voit (1). Elle entre gravement dans cette chambre où s'est écoulée sa jeunesse, sourit et passe comme si elle ne touchait pas à la terre, tendrement fidèle à son père, mais tremblante, on le voit, d'être infidèle à Dieu, fût-ce par l'ombre d'un regret. Mme de Montalembert est bien changée, vaillante, se livrant aux plus petits soins ; la bouche riante, et les yeux humides. Le jour tombait sur nous trois, hier au soir, et la nuit enveloppait le visage pâle de mon pauvre ami, le regard brûlant et inquiet de sa femme, la fixité contrainte du mien ; un soupir était entendu à chaque exclamation, pendant que la petite Thérèse riait sur la terrasse avec la sœur garde-malade, et que Mlle de Montalembert écrivait dans la pièce voisine à la lueur de la lampe.

Nous nous efforcions de parler, mais en sortant je ne pouvais plus me tenir, et il m'a bien semblé que je n'avais plus à le voir que peu de fois en ce monde.

Le sujet de notre entretien a été la défaite de Falloux, et les réflexions qu'inspirent cet échec d'un homme illustre, honnête, intelligent, bienfaisant, sacrifié à un chef de bureau inconnu, tombant sous la coalition des journaux et des gardes champêtres, étouffé par ce bras du pouvoir prolongé, de la main de la presse, qui nous tient tous désormais à la gorge, et accusé uniquement d'être catholique ! Que de réflexions tristes et de cruelles perspectives ! Et pendant ce temps Mgr de Brézé se rend à Vichy pour encenser lui-même l'empereur. Chère amie, nous sommes au fond du fossé, piétinés dans la poussière des deux côtés. Nulle illusion, et, de longtemps, nulle ressource.

Je remercie pourtant le Bon Dieu de m'accorder patience, énergie et bon vouloir ; je ne regretterai jamais d'avoir préféré me compromettre à son service que de me glorifier au

1. On comprend qu'il s'agit de la religieuse.

service des hommes. Tâchons de bien élever nos enfants, et de chasser les sombres et inutiles tentations de l'ingratitude et du découragement.

Au Comte de Falloux

Paris, 31 juillet 1866.

... Je ne vous console pas ; vous avez agi par devoir, sans illusion ; vous vous êtes lancé pendant l'orage suivi de gens qui ont abandonné à la première apparence d'éclaircie. Vous n'avez pas trouvé vos amis ingrats ; vous rentrez dans votre repos, ayant fait de vos forces physiques un usage qui en prouve la solidité ; je ne vous console pas. Mais comment nous consoler, ainsi de la France, de la foi, de la liberté, quand nous voyons qu'il n'y a plus de vrais libéraux, que la religion est devenue un épouvantail, que l'on rend à l'église ses anathèmes, et que la France est étendue sans vie sous le bras étouffant du pouvoir, allongé de la main tachée d'encre et de boue du journalisme payé. Un homme illustre, honnête et bienfaisant, supérieur par l'esprit, rarissime par le dévouement, homme de la nation et homme du pays, peut être sacrifié à un jeune homme inconnu, hier dépendant et dépendant demain ; et il suffit pour cela d'invoquer l'Inquisition, à l'aide de moyens qu'elle n'avait pas imaginés pour torturer les hommes, et l'*ancien régime*, au nom d'une docilité cupide qu'il n'avait jamais entretenue. Votre défaite marque le point maximum de la puissance du système Césaropopulaire et point maximum de l'abaissement de la religion dans l'opinion publique. Mon optimisme n'a jamais reçu soufflet plus dur sur ma joue. Il ne se désespère pas, il reprendra le dessus, il y a encore du bien à faire et il faut le faire dans l'étroit petit sentier où nous devons marcher sous les projectiles et l'insulte, mais pour le moment, je suis sous l'eau, je bois, je trouve le breuvage amer, et je ne vois plus clair.....

Adieu, cher ami. Offrez à Mme de Castellane (1) tous mes respects les plus sincèrement dévoués, et recevez-moi dans vos bras plus fidèlement que jamais, puisqu'on vous abandonne et qu'on vous calomnie.

1. Falloux est à Rochecotte chez la marquise de Castellane.

A Théobald de Soland

Azy, 5 août 1866.

... Je suis resté quelques jours à vous écrire après l'échec de Falloux, et il fallait bien ce temps pour me remettre de cette surprise. Vous aviez trop bien prévu le résultat. Je m'obstinais à ne pas croire à vos tristes pronostics. Sous la Restauration, on parlait de l'alliance du Trône et de l'Autel. Nous assistons au triomphe de l'alliance du Trône et de la bouteille. Plus les populations sont naïves, et plus on les intimide, on les entraîne, on les trompe, on les gagne. Je n'aurais jamais cru à un tel écart dans le nombre des voix. J'ai su à Paris que le Gouvernement et la Gauche avaient de Falloux une frayeur qui est la mesure de son mérite. Il mettra la main sur Thiers a dit notre absurde ami Picard, si spirituel mais si haineux.

Je ne console pas Alfred, qui rentre dans son repos, mais comment vous consoler, vous qui l'avez soutenu avec tant de courage, d'intelligence et de loyauté ! Nous sommes chrétiens et libéraux ; c'est-à-dire deux fois battus, roulés, calomniés, abandonnés. Et pourtant, cher ami, tenons-nous debout, gardant aux causes sacrées, notre amour fidèle et désintéressé ; et n'envions pas ceux que nous méprisons. Ne croyons pas non plus tout perdu et la vie décolorée parce que nous sommes battus et méconnus.

Les noces de Cana et les Rameaux ne sont pas tout l'Évangile, et il faut savoir passer par les verges et la Croix.

Au Comte de Falloux

Azy, 14 août 1866.

Je vous suppose revenu au Bourg-d'Iré, après une course de peu de jours à Paris, et je voudrais savoir votre impression vraie sur trois santés : la vôtre, celle de Montalembert, et celle de l'Évêque d'Orléans. Vous avez dû voir à Paris nos deux amis.

Le comte Daru m'a écrit que son opinion et la vôtre étaient assez confiantes et cette confiance vient me réconforter ; car je vous l'avoue, mon inquiétude était extrême.

Cette persistance des forces, même physiques, au milieu
d'accidents si graves, est sans doute bien remarquable, et le
courage ne se dément pas. Mais ne doit-on pas croire à une
perforation de l'intestin pour expliquer ce flot de sang et
s'il n'entraîne pas mécaniquement les pierres qui causent
ces ravages, comment résister à une suppuration et à une
hémorragie continues ! Dites-moi, je vous en prie, votre
impression nette.

Dites-moi aussi ce que vous pensez des alarmes vives de
l'Évêque sur sa propre santé? Je les crois fort heureusement
exagérées ; tout prêtre, vivant seul, s'examine et se croit
malade ; tout hercule indisposé se croit déjà mort. Notre
ami est pourtant maigri, et abattu. Ce pourrait bien être
la vieillesse si ce n'est pas la maladie.

Je me flattais d'un petit voyage en septembre vers Rochecotte, qui n'aurait pas eu de peine à se pousser jusqu'au
Bourg d'Iré. La santé, toujours la santé ! en décide autrement. Je suis obligé de conduire aux eaux d'Aix Mme Cochin,
toujours boiteuse d'un gonflement au genou et je serai là
cloué du 25 août au 15 septembre à peu près. Or, dès le
10 octobre, il me faut rentrer à Paris pour faire entrer Denys
au collège externe, à Bonaparte, ou à Louis-le-Grand (1).

D'ici au 25 août, je vais aller à Paris pour mes affaires ;
j'y attends de vos nouvelles et je vous adresserai un bulletin
de notre ami et de tout ce qui vous intéresse. Si votre grande
œuvre de Mme Swetchine est finie, ruminez, en vous prome-
nant, un livre personnel à publier dans quelques années ;
vous avez des trésors d'analyse morale, fine, profonde, éloquente, à faire sortir du fond de votre âme, et vous n'avez
que la peine d'y regarder. Puis soyez bon pour Paris, donnez-
lui quelques mois ; l'Anjou a-t-il été assez reconnaissant de
votre fidélité pour que vous nous sacrifiez tous à l'arrondissement de Segré?

Au Père Gratry

Aix-en-Savoie, 6 septembre 1866.

Quand vous m'avez écrit, je quittais Paris, venant prendre
mes enfants et leur mère en Nivernais, où le choléra les envi-
ronnait, et les amener au fond de la Savoie, dont l'air pur

1. Louis-le-Grand eut la préférence.

et les eaux thermales commencent à remettre toutes les santés. J'avais passé dix jours à Paris, c'est-à-dire que j'avais vu dix fois notre cher et illustre malade. Je l'ai laissé mieux, vraiment mieux, et pour la première fois j'ai emporté l'espoir qu'il reprendrait le dessus, avec l'aide visible de Dieu.

Les nouvelles, que j'ai reçues depuis, confirment cette espérance, que nous ne pouvons pas assez ardemment recommander à Dieu.

Je puis vous donner en même temps des nouvelles très fraîches de notre autre illustre ami souffrant, l'Évêque d'Orléans, car je l'ai quitté hier. Je le trouve aussi plus fort, bien qu'un peu abattu, distrait, et préoccupé de la diminution de ses forces. Il est plutôt vieilli que malade, et il faut bien vieillir ! Il est résolu à prolonger son repos jusqu'à la Toussaint. Lundi, je suis allé déjeuner avec lui à Chambéry, chez le vénérable Cardinal-Archevêque (1), qui porte très bien ses 87 ans. Nous sommes revenus ici, où j'habite une petite maison simple et écartée, cachée sous les jasmins et les vignes, avec un grand jardin qui domine la vallée. Puis il est parti, le soir, pour Annecy, et mardi, nous le retrouvions à Menthon, dans cet incomparable château de Saint-Bernard, dont l'histoire remonte au xe siècle, et dont la situation à mi-côte, entre un lac tranquille, grave et souriant tour à tour, et un diadème de rochers sauvages est ce que j'ai vu, je crois, de plus saisissant en ce genre. Enfin hier, nous avons quitté notre ami en route pour Genève et Einsielden, après avoir rendu visite, avec lui, aux sanctuaires de Saint-François de Sales à Annecy.

Ces deux jours ont été magnifiques, et, en nous comblant de bonheur, de ce bonheur si rare qu'il faut noter dans la vie, ils ont paru faire à Mgr d'Orléans un peu de bien et de plaisir.

Ne pouvant retourner à Azy, où règne encore le choléra, et avant de regagner Paris, il passe quelques jours en Morvan chez les Saint-Maur.

Au Comte de Falloux

Saulières, 5 octobre 1866.

Votre nom est en tête d'une longue liste de lettres que je voulais écrire à Aix, lorsque j'y suis tombé vraiment malade.

1. Le Cardinal Billet.

Les eaux, qui ont, Dieu merci, fait à Mme Cochin le plus grand bien, m'ont secoué trop fort, et j'ai passé quinze jours avec la fièvre, à tousser, à frissonner. Le vieux proverbe dit : « à brebis tondue Dieu mesure le vent ». J'ai été demander l'hospitalité au château de Menthon et quelques jours de promenades dans les montagnes avec l'Évêque d'Orléans, suivis de quelques jours de soleil, passés à courir avec M. Naville, de Genève à Lausanne, Vevey, Montreux, m'ont rendu mes forces à peu près. Ma dernière station est à Saulières et non à Azy, car ce pauvre village a été et est encore un peu visité par le choléra ; et lundi je serai à Paris pour la rentrée de Denys comme externe au collège Louis-le-Grand.

Sans vous écrire, combien j'ai parlé de vous avec Mme Cochin d'abord, puis avec Mgr d'Orléans que je trouve vraiment *beaucoup* mieux, et avec M. Naville, si sympathique et si élevé ! En ce moment, je suis près de vous par l'âme, et loin par le corps et les destinées de la vie. M. Naville en est là pour la foi ; tout près par l'âme, si près qu'on ne voit pas ce qui nous sépare, mais retenu et enlacé à Genève par mille liens de famille, de position, d'habitude, que Dieu seul peut trancher, Mme Swetchine l'eût converti ; mais elle n'est plus là.....

..... Je vous prie de me dire aussi ce que vous savez des inondations à Rochecotte ; les journaux nous disent que le chemin de fer est coupé à Langeais. Ici, où du moins autour de Nevers, les désastres sont grands, et notre famille en a sa part dans quelques fermes. L'hiver va être cruel après ces calamités, et si l'on voulait être superstitieux, on se dirait que le maître du monde n'illumine pas et ne fête pas les événements présents et prochains. Ces événements viennent d'être appréciés avec un talent vraiment supérieur par Charles de Lacombe dans le dernier *Correspondant* (1). Je ne vois pas et je ne prévois pas tout à fait comme lui sur tous les points, mais j'ai admiré extrêmement son œuvre, et je partage sa souffrance patriotique au plus haut degré quand je compte sur mes doigts ce que *nous ne sommes plus.* —Nous ne sommes plus les possesseurs de la Méditerranée, nous ne sommes plus les protecteurs de l'Orient, nous ne sommes plus la première armée du monde, nous ne sommes plus les dominateurs de l'Allemagne, les défenseurs de la

____

1. Article intitulé : « La guerre d'Allemagne, ses origines et ses conséquences. »

Pologne, les fils dévoués de l'Église, les civilisateurs de l'Algérie, les alliés fidèles de l'Amérique ; nous ne sommes plus les propagateurs de la liberté ; nous plantons des choux que le luxe et l'impôt mangent. S'il ne nous restait pas de 89 une société établie sur des bases équitables, et de l'Évangile un souffle généreux qui ne se dissipe pas, vraiment ce serait un moment et un avenir bien noirs. J'espère malgré tout, et je vois, je pressens un meilleur avenir.

Au Comte de Falloux

Dimanche 24 octobre.

Je commence par la fin de votre lettre, pour vous dire que je suis très heureux de l'annonce d'un article de vous (1), puisqu'il viendra très à propos, et qu'il atteste vos forces. Je suis bien sûr que vous n'y tomberez pas dans les lamentations expressives que notre illustre ami a laissé éclater. Le mal n'est pas dans quinze étudiants, vingt ouvriers ou trente francs-maçons. Il est dans la direction politique et administrative de la France, et il ne convient pas d'attaquer les souffrants qui gémissent ou rugissent, les insensés qui déraisonnent, mais les puissants qui pervertissent. Puis, parce que le fusil à aiguille tue plus vite que le fusil à mèche, il ne faut pas oublier que les porteurs du fusil à mèche, pillaient, volaient, violaient, brûlaient, rançonnaient, décimaient, et le grand Condé n'y allait pas de mainmorte.

Nous avons bien assez à gémir devant : l'empire d'Allemagne qui sera fait avant un an, l'empire d'Italie, et l'empire de la mauvaise presse et de la mauvaise administration, servies par la mauvaise magistrature, dans notre pays. Je m'en rapporte à vous pour viser juste et ne pas déclamer la même antienne que NN. SS. les Évêques de Poitiers, Tulle et Nîmes (2) ! — Ce qui nous reste et nous reviendra, c'est le fond de la société, l'opinion non représentée de la masse des honnêtes gens, qu'il convient de rallier et non de consterner.

Mon cœur dégonflé pour vous seul, je vous dois des nouvelles de ce grand et précieux ami, que je brûle de défendre contre ses ennemis, et ses amis, et lui-même. Il a vraiment

1. Intitulé : *L'Agriculture et la politique* (publié en novembre).
2. Mgr Pie, Mgr Berteaud, Mgr Plantier.

retrouvé beaucoup de forces et plus de confiance dans sa santé ! Il est en train de les épuiser au lieu de les ménager pour les grands moments (1).

Quant à notre cher Montalembert, il avance bien peu ! Je n'ai pas trouvé de progrès depuis un mois. Il mange et dort, a peut-être un peu démaigri, ne rend plus de sang. La suppuration continue, et vous savez qu'un frisson peut rendre une suppuration mortelle. La vie n'est pas menacée présentement, — ni complètement sauvée. Prions de toutes nos forces pour lui. Ses filles l'entourent *toutes* admirablement.....

J'attends mardi Albert de Broglie, qui vient s'installer comme moi à Paris.

Son frère Paul est tout à fait déterminé à se faire prêtre (2); et il va entrer, je crois à Saint-Sulpice. Je l'ai vu à Coppet chez sa tante de Staël ; rien de plus touchant ; elle jette sur lui des regards tristes et respectueux ; il la comble de tendresses, comme s'il voulait se faire pardonner sa vertu, et il semble lui montrer Dieu qu'elle n'ose pas combattre ; ce muet dialogue est émouvant et admirable ; et il a lieu sous ces lambris tout peuplés des froides ombres de M. Necker et de Mme de Staël, de M. Benjamin Constant et de M. de Lafayette. Entre ces souvenirs, au pied de tous ces portraits, on n'avait pas prévu Notre-Seigneur traversant les murailles et disant : « C'est moi ! suivez-moi, quittez tout. » Paul a certainement entendu cette voix vivante et maîtresse.

Le fléau des inondations ne nous a pas trop atteints en Nivernais. Mais le choléra a tué plus de soixante personnes à Azy. Mon beau-père, épargné, a été admirable de charité.....

P.-S. — Savez-vous que je m'attends à vous voir à Paris, puisqu'on y joue l'Alceste de Glück !!!

La résonance mélancolique de quelques-unes de ses lettres de cette année ne doit pas faire oublier son fond de gaîté naturelle. Elle se réveillait dans les lettres intimes, avec parfois quelque verve satirique.

L'homme dont il va être question ici, un peu oublié aujourd'hui, e Président Sauzet, qui fut grand ami de Lamartine (et grand ennemi de Victor Hugo), était connu pour sa parole intarissable et sa taille dégingandée.

1. Il s'agit évidemment de Mgr Dupanloup.
2. Le Prince Paul de Broglie, officier de marine, puis prêtre. Mme de Staël dont il est ici question est la nièce de la célèbre femme de lettres

A Madame Augustin Cochin

26 novembre 1866.

... J'ai obstinément esquivé un dîner de 15 plats, et à partir de 5 heures, je me suis obstinément refusé aux affaires ; j'ai invité M. de Laprade en tête à tête. Et le soir, nous avons été tenus au silence le plus rigoureux par l'irruption dans ma petite chambre de M. Sauzet, avec sa cravate blanche, et son parapluie, traitant sans prendre haleine, et sans *rater* un seul mot, les questions romaine, mexicaine, germaine, — donnant avec ses jambes des signes d'approbation, battant ses mains comme pour dire : « Voilà qui est complet », — se donnant et se rendant la parole, se présidant enfin lui-même, comme une assemblée dont il serait à la fois le directeur, l'orateur et le public.

On n'est pas plus éloquent. Avez-vous vu une presse à imprimer? Chaque fois qu'elle s'abaisse et que le rouleau passe, on tire une feuille, sur laquelle trente lignes noires bien égales, avec des petits mots rangés comme des gendarmes à la revue, tout est de la même longueur, de la même couleur, de la même hauteur, et cela, sans fin ! — M. Sauzet pourrait dicter par derrière sans s'arrêter et sans se tromper. Avec cela les sentiments les plus généreux et les plus chrétiens, les plus français, une vie modeste et irréprochable, fidèle à sa foi et à sa patrie.

Ce n'est pas là un homme ordinaire. Mais, quelle fontaine oratoire !.....

A M. Faugère

Combien je vous remercie de m'avoir envoyé la réponse de S. M. Brésilienne à notre adresse abolitionniste ; cette réponse fera le plus grand honneur à l'Empereur et le plus grand plaisir aux amis de la liberté humaine.

Dois-je remercier M. l'ambassadeur? et voulez-vous, si ce devoir est convenable, me donner son nom et son adresse?

Ce qui mettrait le comble à vos bontés, ce serait d'accepter de faire partie du *Comité français d'Emancipation*, maintenant que vous avez été élevé à une Direction, étrangère à la politique. Vous y trouveriez MM. Guizot, de Broglie, Labou-

---

1. Ministre et Président de la Chambre sous Louis-Philippe.

laye (1), tous très sympathiques à votre personne, sans parler de votre bien dévoué.

A M. FAUGÈRE

Le Comité d'Emancipation auquel vous voulez bien vous associer n'a pas de statuts. C'est une réunion présidée par M. Laboulaye, avec MM. le Duc de Broglié et Guizot pour présidents d'honneur. Je suis le secrétaire, je suis en relations suivies avec les sociétés analogues de New-York, de Londres, Madrid, La Havane, Rio de Janeiro, et quand il est utile d'agir sur l'opinion par la publication de faits importants, ou sur les gouvernements par quelque démarche, nous agissons. Le reste du temps, nous veillons, défenseurs officieux et fidèles de pauvres gens qui ne se défendent pas eux-mêmes, et qui ne nous connaîtront jamais en ce monde.....

L'année prochaine, pendant l'Exposition des merveilles du travail libre, nous aurons une réunion internationale des amis de l'abolition du travail servile, qui présentera quelqu'intérêt. Je vous demande donc de me confier votre nom pour quelques démarches rares.

Mme Craven est retournée à Naples, où la pensée de ses amis la suit fidèlement.

A Madame Augustus Craven

26 décembre 1866.

Je ne vous écris pas, parce que je suis toujours mal portant, fiévreux et obligé à peu écrire ; mais comment ne pas céder au besoin de mon cœur, en vous adressant mes tristes, bien tristes condoléances (2). Encore un mort à ajouter à la noble et douloureuse galerie de vos morts, encore un coup à ajouter à tous ceux qui ont brisé votre cœur, en réunissant prématurément dans la tombe tous les membres de cette brillante famille, à laquelle vous survivez presque seule, et dont vous avez eu du moins la force et la consolation de vouer la mémoire au respect public.

Je me demande comment vous est parvenue cette fatale

---

1. Outre ces noms, le Comité comptait ceux de MM. de Montalembert, Henry Martin, de Pressensé, Wallon, de Corcelle, Monod.
2. Le comte Fernand de la Ferronays, mort à Frohsdorff.

nouvelle, comment vous l'avez supportée ; je voudrais avoir des détails savoir où est Madame votre belle-sœur, pour déposer à ses pieds mes tristes hommages. Que la distance a dû encore vous peser ; mais du moins quelle gloire pour votre frère d'être mort là, dans l'exil volontaire que son honneur avait choisi, loin des siens, mais près du prince que sa fidèle affection n'avait jamais cessé de servir. Dans votre famille on n'est pas plus préservé que dans les autres des épreuves de la vie et des sévérités de la mort, mais on sait vivre et mourir noblement.

Quelle fin d'année pour vous, mais aussi pour nous tous, Français ! Vous ne sauriez croire à quel degré tous les cœurs un peu fiers sont humiliés de notre politique au Mexique, et en Allemagne. C'est un lugubre moment pour l'honneur français. Comme chrétien, je ne suis au contraire ni dans les craintifs, ni dans les désolés.

Jusqu'ici, sans répondre de l'avenir, l'honneur, la grandeur sont de notre côté, et c'était l'important : il fallait une fin majestueuse. Le langage du Saint-Père au général de Montebello et l'admirable circulaire de votre saint cardinal nous assurent le respect universel (1). Espérons que nulle faute, nulle exagération ne démentiront ces premiers accents. Je voudrais une belle proclamation du Pape à l'Italie et au peuple romain. Prions Dieu et demandons-lui pour son Église ce que les Anges ont annoncé cette nuit à Noël : de la gloire, de la paix, et des hommes de bonne volonté.

Montalembert n'est pas guéri ; je le trouve cependant plutôt en progrès et assez notablement. Il a pu publier son troisième volume, qui est très beau, et sur lequel le P. Capecelatro devrait écrire quelque chose.

Notre ami est bien heureux du succès croissant de votre *Récit*, passé désormais au nombre des monuments de la littérature et des arguments de la foi. Ce que c'est que de parler à propos religion et amour, à un public qui n'entendait parler depuis dix ans que de pouvoir temporel et d'anathème!

Quand revenez-vous ? Recevez et partagez avec M. Craven les vœux du nouvel an de mon ménage, vœux bien dévoués et ardents.

1. L'occupation française à Rome touchait à sa fin. Le 6 décembre le général de Montebello est venu présenter ses adieux à Pie IX qui lui a répondu des paroles nobles et tristes. Le Cardinal Riario Sforfa archevêque de Naples a apprécié dans des termes solennels l'inquiétante situation de l'Eglise.

XIII

Augustin Cochin est dans un médiocre état de santé. Il se décide à un séjour dans le midi, où en même temps que son rétablissement, s'achèverait celui de son second fils. Il s'arrête d'abord à Saint-Marcel, dans la banlieue de Marseille, chez la marquise de Forbin. Là il apprend la mort subite de Victor Cousin qu'il espérait revoir à Cannes.

On sait l'attrait qu'il avait pour le vieux philosophe. Il le regardait comme un grand écrivain, un esprit d'une rare culture, et une des grandes influences du siècle. Et dès longtemps, chaque jour, il le voyait incliner vers le christianisme (1).

A Monseigneur Dupanloup

Saint-Marcel, Marseille (Bouches-du-Rhône).

16 janvier 1867.

Arrivés ici lundi soir, nous y avons trouvé au lieu du soleil, la neige, et au lieu de la joie, la peine. La nouvelle de la mort subite de M. Cousin nous a atterrés hier soir, et j'ai de suite

---

1. Sur les tendances chrétiennes de Cousin, il faut voir une lettre, plus ancienne de dix ans (1865), de Henri Perreyve au P. Lacordaire. Elle rapporte de longues conversations du jeune prêtre avec le vieux philosophe, qui, dès cette époque, ne « manquait jamais la messe », — et disait dans un moment d'abandon : « Savez-vous ce qui m'empêche de dormir? C'est le catéchisme. »

pensé à votre douleur, d'avoir été si près, et pourtant si loin, des derniers moments de cet illustre ami. J'ai pensé aussi que vous alliez venir à Cannes célébrer la messe pour son âme, avant le départ de ses restes mortels. Si je ne me trompe pas, envoyez-moi un télégramme, afin que je m'y rende.

Je compte m'installer à Cannes dans deux ou trois jours, et pas à Nice, où je connaîtrais trop de monde. Mais j'irai tout de suite à Nice pour avoir le bonheur de vous voir. Dites-moi si vous n'en bougez pas pendant toute la semaine prochaine, et espérons que le soleil et la joie reviendront colorer les moments que nous passerons ensemble.

Comme cette mort subite, après de si longs retards, me frappe et me consterne ! Mais ne jugeons pas, nous n'avons ni la bonté, ni les lumières du juge, et en pensant à la vie de M. Cousin, et à ceux qui attaquent aujourd'hui l'Église, regrettons et honorons de tels adversaires !

Au Comte de Falloux

Nice, 7 février 1867.

Hôtel du Prince de Galles. Boulevard Carabacel.

Très cher ami, vous êtes bien renseigné sur mes actes extérieurs et sur mes pensées intérieures ; je suis, en effet, beaucoup mieux portant, et je songe à rendre hommage, avec les réserves convenables à M. Cousin. Je vous aurais renseigné moi-même si je n'obéissais ponctuellement à la consigne de paresse presqu'absolue qui m'a été imposée par le médecin, et surtout par l'évidente nécessité. Je reprends mes forces et la fièvre qui me poursuivait, et m'a fort abattu encore, dans le court séjour que j'ai fait chez M. de Forbin, a complètement disparu. Après quinze jours passés à Cannes je suis venu à Nice depuis deux jours. J'y ai trouvé Mgr Dupanloup, plein de vie, plus préoccupé que gêné de sa santé ; sans doute l'âge et la fatigue le rendent moins capable d'un long et continuel effort, mais grâce à Dieu, il est encore vigoureux, animé, et je ne vois en lui, sauf la coloration accoutumée et croissante, aucun symptôme alarmant. Il a le tort de consulter autant de médecins que Juan de Bourbon a consulté de théologiens ; mais tous s'accordent à répéter avec plus ou moins de gravité : « le mal est la fatigue, le remède est le repos ». Il est vrai et vous savez avec moi que la *virtus dormitiva* dont parle Molière est une vertu difficile à aimer et à pratiquer.

Sous la première impression de la mort soudaine de M. Cousin, qui, depuis si longtemps aux pieds de la religion, n'a pas su mourir dans ses bras, j'avais, chez Mme de Forbin, écrit une courte notice qui n'a pu être finie à temps pour le 25 janvier. Je l'ai envoyée à Montalembert, en forme de lettre adressée à lui, comme au plus illustre et ancien antagoniste de M. Cousin, lui disant que je compléterais cette lettre, s'il la jugeait bonne. Il ne m'a pas encore répondu, et un mot de M. Lavedan me fait croire que le *Correspondant* se contentera d'un article ultérieur sur les travaux philosophiques de M. Cousin. Je suppose que nos amis ont préféré cette forme (1). Cependant M. Cousin était au moins autant une physionomie qu'une philosophie, et c'est là ce que j'aurais aimé à retracer, et l'Évêque d'Orléans me presse de le faire. Envoyez-moi donc à tout hasard copie des pièces dont vous me parlez, et vous pouvez être bien sûr que, si je m'en sers, ce sera avec le respect qui est dû à ce grand silence des dernières intentions, scellé par la mort, et que Dieu seul pénètre et juge. J'ai horreur de ces procédés de greffiers du jugement universel, qui tirent à eux les morts pour les canoniser ou les rôtir en effigie, au gré de leur étroit caprice. Pauvre M. Cousin ! Quelles facultés rares, quels dons, quelle éloquence, le tout gâté par l'habitude d'exagérer sans cesse. On a coutume de dire des morts célèbres : *il a joué un grand rôle ;* — comme c'est vrai, au pied de la lettre, pour cet esprit enflammé, mobile et puissant, toujours en scène et en public, et malgré tout plus savant et plus profond que les quatre ou cinq garçons philosophes qu'il laisse pour le continuer en petit. Il avait de vous une grande idée ; c'est une de ses idées justes. Je ne puis oublier qu'il a été gratuitement et constamment bon pour moi.

Je voulais vous écrire deux lignes et je ne sais pas m'arrêter quand je cause avec vous.

À Nice, il avait trouvé peu de repos. Le site endormant d'Hyères lui fut plus favorable. Il vit bientôt, dans les environs, arriver l'évêque d'Orléans.

1. Au moment où il écrivait ces lignes, sa lettre à Montalembert avait paru dans le *Correspondant* de Février.

A Monseigneur Dupanloup

Hyères, 23 février 1867.

Je m'empresse de vous dire que je suis à l'Hôtel d'Orient, au rez-de-chaussée. Je viens de voir Mme de Prailly (1) et de lui annoncer votre arrivée pour lundi... Je crois que ce délicieux site de Costebelle est vraiment plus reposant pour vous que Nice, et que ces huit jours vous feront du bien. Je me sens ici en pleine paix.

Que vous êtes bon pour mon futur ouvrage, et que cela me donne du cœur et de l'ardeur pour y travailler (2) !

Quel bonheur de vous revoir !

Il rentra à Paris en mars. On y parlait de l'Exposition Universelle. Mais les nouvelles européennes étaient inquiétantes, et celles du Mexique désastreuses. A la Chambre, M. Thiers monta de nouveau à la tribune, avec moins de succès, semble-t-il que l'année précédente (3). Il ne semble pas qu'Augustin Cochin ait ressenti un recul d'enthousiasme.

A M. Thiers (4)

15 mars 1867.

Monsieur et illustre ami,

Ma santé fort ébranlée depuis quelques mois me prive du bonheur de vous voir le soir, et de vous entendre, et pourtant après vous avoir lu, je voudrais vous remercier.

Ce n'est plus seulement la politique c'est l'histoire qui parle par vos lèvres, et il s'ajoute à votre gloire ce caractère plus rare, et, je dirais volontiers plus sacré, qui élève et immortalise, au-dessus des hommes de talent, les serviteurs désintéressés de la patrie, de la justice et de la vérité. Je remercie Dieu de vous avoir réservé ce grand rôle et d'y proportionner vos forces.

Recevez mes très humbles et très dévoués respects.

1. Qui avait été une des correspondantes du P. Lacordaire.
2. Il s'agit assurément des *Espérances chrétiennes*.
3. « Il fut, dit La Gorce, long jusqu'à la fatigue... trop accessible au plaisir de détailler jusqu'à la satiété tout ce qu'on aurait dû faire et tout ce qu'on n'avait pas fait. »
4. *Bibliothèque nationale*. Correspondance de Thiers.

Écrivant ensuite à Falloux il marque la même admiration. — Falloux n'avait pas goûté totalement la lettre sur Victor Cousin. Surtout il lui avait plu médiocrement d'entendre louer le Cardinal Morlot, lequel lui avait paru faible souvent vis-à-vis de l'Empereur.

Au Comte de Falloux

Paris, 17 mars 1867.

Malgré vos recommandations, je suis revenu à Paris et je ne me trouve pas trop mal *jusqu'ici*, de cet acte d'insoumission. Je suis insoumis aussi en ce qui touche l'appréciation de Mgr Morlot vis-à-vis de M. Cousin.

Éloigné de vous tous, je n'ai pu emprunter qu'à mes souvenirs personnels, très vivants, mais très courts, et je ne savais pas un mot de l'intervention de Mgr Sibour dont vous me parlez. Ce que je savais, c'est qu'ayant écrit à Mgr Morlot, encore archevêque de Tours, il me répondit une lettre immédiate très nette, promettant des démarches actives et il me montra quelque temps après une lettre excellente et vraiment ferme qu'il écrivait au Saint-Père. De plus, M. Cousin ne m'a jamais parlé à cette occasion que de ce qu'il devait à Mgr Morlot, auquel il soumit les épreuves de ses éditions, pendant toute la durée de l'épiscopat de ce Cardinal. Il est trop vrai que j'ai vu ce prélat dans deux moments de déplorable défaillance que vous avez bien raison de rappeler et de qualifier sévèrement ; mais je ne puis oublier plusieurs autres traits à son honneur qui m'ont laissé un souvenir rendu plus partial par la comparaison avec ce qui a suivi, et parmi ces traits, la conduite à l'égard de M. Cousin m'a permis de prononcer le mot de fermeté. Il me semble que je fais à mes dépens, à coups d'expériences tristes, quelques progrès pour me corriger du péché d'indulgence, que vous avez raison de me reprocher souvent. J'ai de la peine à faire mon *mea culpa* cette fois-ci !

Quel discours a prononcé M. Thiers, et comme il faut admirer en lui, au-dessus de l'orateur, de l'historien, de l'homme politique, le serviteur désintéressé de la patrie et de la vérité ! J'espère que demain il serrera le ballon, gonflé de phrases sonores et embarrassées, de M. Rouher, trop intelligent pour n'être pas gêné. J'aurais aimé que M. Thiers terminât par des interrogations : « qu'allez-vous faire pour nous tirer d'où vous nous avez mis? » — et non par des conseils et la promesse de voter la loi de l'armée. Car on ne peut dire à un pays qui se nomme la France : « Vous avez reçu un soufflet, je vous donne une épée, mais ne vous battez pas ! » Au confessionnal, cela se dit et en retirant l'épée, mais à la tribune ! Sauf cette réserve, quel magnifique, quel mélancolique, quel écrasant tableau ; quelle douleur patriotique et quelle fête intellectuelle apportent de tels accents.

J'espérais, cher ami, que l'Évêque d'Orléans arriverait à temps pour venger la loi de 1850 des morsures de M. Duruy, et la défendre publiquement. Par malheur, son travail a été achevé trop tard, et je ne sais où l'auteur court en ce moment. Je l'ai laissé encore assez fatigué d'une série de mauvais jours passés à Nice, et je suis sans nouvelles depuis mon retour.

Avec quelle joie j'ai revu, après ma famille, nos amis communs, Rességuier, Bertou, sans oublier l'indulgente et bonne Mme de Castellane. Ils m'ont dit que vous n'étiez pas très bien depuis quinze jours. Dites-moi que vous reprenez et que vous arrivez.

A l'Institut il entend lire un mémoire de son ami genevois Ernest Naville. Il s'amuse à lui décrire l'attitude des diverses sections de l'Académie des Sciences morales.

A ERNEST NAVILLE

4 avril 1867.

... Lorsque je suis parti, M. Mignet avait lu, très bien lu, le commencement seul ; car, à mon grand regret, la lecture avait été coupée en deux. J'avais entendu cette première partie — *La Morale* prenait en écoutant, cet air confiant et satisfait qui signifie : « Voyez mes œuvres. » — La *Philosophie* penchait la tête et faisait une petite moue qui veut dire : « J'ai mieux que cela. » — l'*Economie politique* (représentée par Mûhel Chevalier et un membre sourd), m'a paru sommeiller ; — mais l'*Histoire* et la *Législation* étaient attentives et charmées, semblant murmurer : « Voilà donc enfin de vrais, larges et lumineux principes sur lesquels peuvent reposer nos sciences. Voilà bien le flambeau de l'expérience et du droit. » — Puis peu à peu, votre style qui est éloquent et clair a entraîné toutes les attentions, vos arguments ont enchaîné les intelligences et, ce qui est rare, tout le monde m'a paru silencieux, satisfait et adhérent... Puis, la fièvre, le voyage, la fatigue..., et je ne vous ai pas écrit !

Il m'est revenu que vous aviez été entouré tout cet hiver, d'un très nombreux auditoire. Tant mieux ! Dites-m'en un mot, je vous en prie.

Relevez la Philosophie morale ; elle est chez nous bien abaissée, bien humiliée et l'immense majorité des maîtres, nous abreuvent d'eau sale au lieu de vin généreux. Que la Suisse, l'Allemagne et l'Angleterre viennent en aide à l'esprit français. Si vous venez à Paris, prévenez-moi, et si vous n'y venez pas, donnez-moi de vos nouvelles. Pardonnez-moi un long et involontaire silence. Parlez à Mme Naville de Mme Cochin et croyez à mon bien sincère et profond attachement.....

P.-S. — Avez-vous lu « *Ecce homo* » livre anglais anonyme, parvenu à la 7e édition?... Je voudrais savoir votre opinion ; j'admire beaucoup cet éloquent et original ouvrage (1).

Une joie pure : l'élection du Père Gratry à l'Académie Française.

Au Père Gratry

Jeudi, 2 mai 1867.

Salut, cher et bien-aimé Père, vous voilà assis sur le fauteuil de Voltaire, et classé parmi les maîtres de la pensée et de la langue, dans la contrée où l'on pense et où l'on écrit le mieux ! Honneur pour vous et justice ; grandeur et joie pour les catholiques. Vive satisfaction pour ceux qui vous aiment ; devoirs nouveaux, actions de grâces, couronne, gloire ; tout cela est bien placé !

Dans mon ménage, c'est fête.

Le Pape a convoqué l'Episcopat du monde entier à Rome pour célébrer le centenaire de la mort de Saint-Pierre. Cette réunion vraiment catholique devait être une préparation du Concile du Vatican. C'est ce que l'on savait encore que par hypothèse.

Paris d'ailleurs avait d'autres pensées, tout aux fêtes bruyantes de la grande foire universelle.

1. *L'Ecce Homo* a paru en 1865 sous le voile de l'anonyme. L'auteur était un Robert Seeley. On lit dans le *Dictionnary of National Biography* : « The book is an attempt to present the life, work, and teaching of Christ in a simple and positive form, avoiding textual and other dubieties, sketching and connecting the larger features rather than elaborating détails... The book immediately attracted attention, and though intentionnaly uncontroversial, provoked a storm of controversy, in which M. Gladstone, Cardinal Newman, Dean Stanley and others took part ». — Seeley était un universitaire ; il enseignait à Londres au moment où parut son fameux livre. Il devint ensuite professeur d'histoire moderne à Cambridge. En dehors de l'*Ecce homo*, tous ses livres portent sur l'époque napoléonienne. — (Je dois ces renseignements à mon ami Paget Toynbee).

A Monseigneur Dupanloup

Paris, 14 mai 1867.

Votre bonne lettre de Lans-le-Bourg m'a rempli de joie ; mais déjà je voudrais en avoir une de Rome pour être sûr que votre long voyage s'est bien fait, et surtout que vos premières impressions sont bonnes, et que, partant de ce Paris où tout s'envenime, pour arriver à Rome où tout s'endort, vous avez déjà reçu les premières atteintes de ce bienfaisant sommeil.

Vous n'étiez pas parti que j'aurais voulu vous poursuivre, et vous dire que vous aviez *très bien* agi à l'Académie, pouvant ne pas vous brouiller avec les forts, ni vous montrer infidèle aux bons. Cela est compris de tous, notamment où vous me demandiez d'aller, et pour moi, je vous remercie et vous loue (1).

Nous sommes ici à la paix, complète mais cependant mélancolique, et qui coûte à l'honneur. Les souverains, comme des bourgeois de province, veulent voir l'Exposition, et ces visites vont panser un peu les blessures d'amour-propre de notre souverain. L'année se passera ainsi ; nul ne peut jurer que la suivante sera paisible. L'attention, distraite de la guerre, va se porter sur Rome toute entière, et la cérémonie de juin sera l'événement du monde entier, par une sorte de soif des facultés morales, peu satisfaites par la guerre où le grand bazar, et qui vont se jeter sur toutes les paroles qui tomberont de Rome. Tout ce que vous pourrez faire dire à l'honneur de la paix, et du travail, et de la fraternité des peuples, sera au diapason général, et redit par cent millions d'échos. Des paroles et pas de dogmes ! S'il plaît à Dieu, tout ira bien et mon instinct est confiant.

Avec quelle joie nous prenons acte, Mme Cochin et moi, de votre promesse de venir passer quelques jours à la campagne à votre retour. Le chemin de Corbeil à Malesherbes et Montargis est ouvert et vous pourrez aller de La Roche chez M. Berryer.

Vos *Femmes studieuses* font du chemin et du bien (2).

---

1. On ne comprend qu'assez vaguement le détail des négociations académiques auxquelles il est fait allusion.
2. La préface au volume sur les *Femmes studieuses*, venait de paraître dans le *Correspondant* sous ce titre : *Femmes savantes et Femmes studieuses.*

M. Foisset était plongé, de toute sa force et de toute sa conscience, dans son livre sur Lacordaire. Il était arrivé aux jours de 1859 et 1860, où se posèrent les questions poignantes de l'unité italienne et de l'indépendance du Saint-Siège.

A M. FOISSET

30 mai 1867.

J'ai fait copier et je vous envoie les lettres que le P. Lacordaire m'a adressées en 1859 et 1860. Ces dates font leur sérieux intérêt. Elles sont les années du commencement de la guerre d'Italie. Cette guerre avait commencé avec cette promesse : *l'Italie sera indépendante*, et Rome sera respectée.

Ce programme était fait pour plaire au P. Lacordaire, et à nous ; il écrivit alors les lettres à l'abbé Perreyve et à Eugène Rendu dont on a tant abusé.

Puis il devint certain que les trônes seraient renversés, et que Rome, calomniée, dépouillée, trahie, serait jetée dans les bras de l'Autriche, bien loin d'être soustraite à son influence.

C'est là ce que je m'efforçai de démontrer au P. Lacordaire. Sa belle réponse montre ses hésitations. Puis l'attaque est trop forte, la justice crie, il cède et se met à écrire ; il m'adresse une lettre qui approuve ma propre brochure, et désavoue les lettres Rendu et Perreyve ; il élève enfin sa grande voix. Toute cette histoire est très importante dans la vie de votre illustre ami. En publiant la *Correspondance* de d'Azeglio, Rendu a encore publié la lettre de Lacordaire italianissime sans aucun *erratum*. Il importe de bien fixer la vérité, et mes lettres la mettent je crois, en pleine lumière.

Quelle joie de vous avoir revu ! Montalembert part vendredi pour Rixensart. M. Nélaton a autorisé ce voyage qui m'inquiète un peu.

Mgr Dupanloup va revenir de Rome et s'arrêter en Savoie. Il a le désir d'écrire une grande lettre pastorale.

A MONSEIGNEUR DUPANLOUP

Paris, 30 juin 1867.

Je suis désolé ! Votre lettre du 18 m'est arrivée trop tard, parce que j'étais absent, et je ne trouve pas ici le temps de penser et d'écrire sur le sujet que vous m'indiquez.

Et pourtant j'ai la tête pleine d'inspirations, et si à cette source s'ajoutait le fleuve de vos impressions de Rome, il pourrait sortir de ces ondes mêlées, un cours magnifique. Avez-vous résolu d'écrire de Rome même, et ne pourriez-vous au retour consacrer trois jours de calme à cette grande œuvre qui sera une date?

Je vous offre de venir à La Roche chez moi, en le laissant ignorer à tout le monde.

Je voudrais vous offrir d'aller vous trouver à Menthon ; mais ce serait plus difficile, parce que nous sommes en train de déménager, et que je ne puis quitter mes enfants, que je vais mettre à la campagne, pendant que leur mère reste à Paris pour surveiller les bagages.

Combien je souhaite ardemment que vous donniez trois jours de recueillement et de large respiration pour travailler à une œuvre si importante.

Avant tout je veux vous obéir et je vous envoie le plan qui me vient et dont il me semble que les développements peuvent être magnifiques et directement utiles, dans les sens les plus variés.

Je vais tâcher de garder ma journée de mardi pour vous envoyer mercredi quelques-uns de ces développements.

Veuillez, après avoir reçu cette lettre me télégraphier : *Continuez à m'envoyer*, ou bien : *Attendez ma présence* ; ou bien : *Je vous demande ceci ou cela* ; je vais aller ici ou là...

Montalembert a pu quitter Paris. Il est à Rixensart.

Au Comte de Montalembert

3 juillet 1867.

Votre lettre ne me satisfait pas entièrement : j'espérais mieux pour votre santé du changement d'air, et pourtant je me méfiais du séjour de Rixensart. C'est bien différent de venir dans un lieu calme en sortant du tourbillon, ou d'y arriver après quatorze mois de réclusion : au lieu de passer du bruit dans le silence, on ne fait que changer de prison monotone, et celle de Paris avait plus de monde à la grille. Je vous félicite cependant de n'entendre que de loin cette série de fêtes bruyantes, qui transforment tant de choses sérieuses, la vie, la politique, la royauté, les alliances, la parole humaine, en pièces de comédie à grand spectacle, jouées gratis devant les badauds du monde entier. Quand un escamoteur arrive dans un village, déballe ses babioles, et se coiffe de plumes, l'artisan laisse son rabot, la fille jette l'aiguille ; on court, on se bouscule ; le gamin monte sur la borne, et les trompettes et les grosses caisses remplissent l'air de leurs étourdissantes harmonies. Paris est devenu ainsi un champ de foire, où l'empereur montre un Czar, un Sultan, un Bismarck, un aquarium, un temple égyptien, des chameaux, un sauvage etc., et le vieux Rossini a imaginé, pour accompagner ces exhibitions sans pareilles, une cantate exécutée par mille musiciens, un orgue, douze pièces de canon et douze cloches.

O Mozart ! O *Flûte enchantée*, devenue canon d'airain ! O *Domine salvum* carillonné, blindé, crevé ! O rochers musicaux, et bancs de houille harmonieux, enlevés à la mine et au pétard ! Non, Roméo a bien raison : ce n'est pas le jour, ce n'est pas l'alouette ! Les oreilles m'en bourdonnent encore, et les trois mille deux cent quarante-sept fibres ténues que l'allemand Helmolz a découvert au fond du tympan en grinceront longtemps, des deux côtés de ma cervelle ébranlée. Il fallait bien cela pour tellement surexiter mon sens auditif qu'il est devenu capable d'entendre sans broncher que la France « est un pays libre, où les jouissances matérielles ne nuisent pas à la culture de l'âme ! »

A part ces sensations désagréables, la fête a été admirable pour les yeux, organisée avec l'ordre de Le Play, et le goût des architectes décorateurs, et des fleuristes contemporains. Puis, c'était beau de voir cette revue de l'armée de la paix. Louis XIV, entouré d'autant de souverains et inspiré de plus haut, n'avait pas devant lui un peuple si nombreux, d'hommes élevés à un certain degré d'instruction et d'aisance. Souverain et nation mis face à face, le souverain a honteusement baissé, mais je vous le dis toujours : la nation a grandi. Trève à mes réflexions sur ce point. Le Sultan est de tous points ignoble et ne le cède en laideur qu'au petit *Taïcoun*. Où est l'argument de Rousseau sur ces peuples primitifs, ces races de l'extrême-Orient, ces sauvages naïfs? On les connaît; ils y perdent. Les plus beaux ressemblent à des singes malades. Rien de plus beau au contraire que vos Hongrois. Le comte Zichy était superbe avec son manteau et ses éperons d'or. Savez-vous qui a été le plus applaudi? le P. Secchi, un jésuite venant chercher la croix d'honneur.

J'ai dîné ce soir avec de grands savants Wheatston, l'inventeur du stéréoscope, Staas, votre chimiste belge, un Portugais, des Américains. J'ai causé avec l'historien Bancroft. Voilà le côté intéressant de l'Exposition ; pas un de ces vrais savants en lunettes et en cheveux blancs ne se doute du rôle que des barbouilleurs de papier assignent à la science, nouvelle religion, nouvelle divinité, nouvelle philosophie, à la science reine de l'avenir, à la science émancipatrice des hommes, etc., etc. Les vrais savants sont humbles, et ils tirent leur chapeau devant ce grand Dieu dont ils touchent et retrouvent les traces à tous les coins du globe.

Mais cette journée étourdissante a été close par un coup de canon, tiré vraiment celui-là du concert de Dieu : l'annonce de la mort de Maximilien dont on ne peut plus guère douter (1). Si ce crime est certain, la fête d'hier est comme un festin de Balthazar, avec une main qui écrit sur la muraille des caractères sanglants. Rentrez chez vous, gens de la noce, il pleut du sang sur vos beaux habits ! L'année 1867 sera l'année des fêtes, mais troublée par des signes qui annoncent l'année des combats.

Pendant ce temps Rome semble rajeunir, et concevoir à tout âge, comme Elisabeth, la mère de saint Jean. Si ce Concile n'avorte pas, ce sera une bien magnifique assemblée que nous devons saluer avec confiance. Notre ami paraît dans ses lettres bien satisfait, au moins du succès présent. Je suppose qu'il quittera Rome lundi et que je pourrai bientôt vous écrire ses impressions. Je ne puis prolonger cette lettre.

A Monseigneur Dupanloup

La Roche, 26 juillet 1867.

J'ai lu enfin et j'ai relu votre belle lettre, et je la trouve grave, pieuse, tout à fait épiscopale ; elle me remplit, comme fidèle, de consolation, de lumière et d'espérance.

Je ne sais pas ce que sera le Concile ; mais l'idée et l'annonce du Concile sont de grands faits, solennels, imposants, opportuns. J'espère que les mécontents et les exagérés ne changeront pas la *note* que vous venez de donner à tout l'orchestre, et n'écriront pas des mandements imprudents. Il me tarde de vous voir, de vous entendre, de vous interroger, et pourtant il ne m'est pas possible d'obéir à Mme de Menthon

1. Maximilien avait été fusillé le 19 juin 1867.

et d'aller vous trouver à l'ombre de ses tours. Elle a beau
dire que je ne suis bon à rien dans un déménagement, elle
ne se trompe pas, mais je sers au moins à garder les enfants
pendant que leur mère est à Paris, ou à garder Denys qui
n'a pas fini ses compositions, pendant que sa mère revient
ici ; je remplis un rôle subalterne, mais utile, et d'ailleurs je
n'ai pas beaucoup de forces, et je dois hésiter avant de me
mettre en route sans nécessité. Puis je travaille au projet de
livre que vous savez. Voilà bien des excuses ; je sens en effet
le besoin de les accumuler pour me faire pardonner. Du moins
ne me punissez pas, en me refusant un jour à votre passage
à Paris. Il m'est très facile de vous reconduire à la ligne d'Orléans.

P.-S. Montalembert me presse aussi de venir le voir, et
son état n'est pas meilleur. Est-ce que vous irez à Malines ?
Et ne serait-ce pas l'occasion de le visiter ? — Est-ce que
vous trouvez utile d'aller à cette assemblée, bien pâle après
celle de Rome, à moins d'y tracer le grand tableau de *l'état
du monde*, — comme dit le P. Gratry ?

Au Comte de Montalembert

17 juillet 1867.

C'est dans le courant d'août que je pourrai vous voir, ou
bien à la fin, si je me décide à aller à Malines comme on me
le demande. Dites-moi votre avis, sur cette démarche dont
je n'ai guère envie. Je vous remercie mille fois d'avoir pensé
à me présenter à M. le duc d'Aumale. Son caractère et son
talent sont dignes d'admiration, et j'aurais été charmé de le
voir et de l'entendre. Comme il arrive si souvent dans la vie,
de petits obstacles privent de grands plaisirs. Ne lui com-
muniquez pas, je vous en supplie, votre mépris pessimiste
de la nation française. Je conviens que depuis dix ans elle
descend tous les jours, mais elle n'est pas morte, et sa maladie
n'est pas désespérée. 1760 et 1860 lui ont légué l'irréligion :
elle doit à 1814 et à 1830 la division ; à 1804 le militarisme,
à 1793 et à 1848 la peur ; et tous ces régimes réunis ont tressé
le filet aux mailles serrées que la bureaucratie universelle
étend sur la démocratie universelle, sorte de gros dogue qui
aboie sans mordre, et semble formidable tandis qu'il est
docile. Ajoutez que 1789 a mis les hommes en possession de

telles jouissances de l'ordre civil, de tels instruments de l'ordre matériel, que les hommes se laissent aller dans ce lit, sur cette pente, comme les ondes d'un fleuve grossies de mille rivières, élargies, riantes, et peu attentives aux petites barques politiques, théologiques, ou utopistes qu'on leur fait momentanément porter.

Pour continuer mes métaphores, dont le désordre d'une lettre excuse la négligence, les rats qui doivent ronger le filet sont à l'œuvre ; les écueils où les vagues doivent échouer sont proches, et, avec une agriculture en progrès, un commerce intelligent, un clergé pur, une jeunesse travailleuse plus nombreuse que la jeunesse pourrie, une armée solide, et la grande expérience d'un despotisme, doux et pourtant avorté (parce qu'il était le despotisme), nous verrons, ou la fin de notre siècle verra, se lever une belle nation française, qui existe, qui est au monde, mais que le nombre de ses maladies, et les fautes de ses médecins tiennent sur le flanc. Je la vois, cette nation, je la touche, je vis au milieu d'elle, et en constatant avec douleur les taches qu'elle reçoit, les degrés qu'elle descend, j'accuse ceux qui l'empoisonnent. Je ne puis pas le condamner avec vous, ni désespérer d'elle.

Me voici à la quatrième page sans avoir repris haleine, et sans avoir le temps de continuer...

Au Comte de Falloux (1)

La Roche, 23 juillet 1876.

...Il me vient trois idées, dont l'une au moins, je le sais, vous est déjà venue, celle des *prix de vertu aux nations*, — qui peut, par un mouvement facile, arriver à la fin comme une belle vue d'ensemble du mouvement actuel. A l'honneur de l'homme, le succès l'éblouit, mais la grandeur seule l'enthousiasme. Johson faisant grâce à Davis, voilà la grandeur (2). Maximilien vaincu, fusillé par Juarez, voilà le succès ignoble. Le nom des nations réveille dans l'âme des sentiments divers, et quelques-uns, — Irlande, Pologne, — sont accompagnés d'une larme secrète ; — Angleterre, Russie,

1. Falloux est chargé du Discours des Prix de Vertu.
2. En mai 1867 Johnson Président des États-Unis faisait mettre en liberté Jefferson Davis, qui, comme chef des confédérés du Sud pendant la Guerre de succession, avait combattu avec une passion infatigable Lincoln et son successeur.

Prusse, — on sent tout bas un élan vers l'envie ou la vengeance, en laissant passer ces noms entre ses dents.

Nous sommes dans l'année des fêtes, succédant à l'année des fautes, et la faculté excitée partout est l'admiration. Eh ! bien, prenez l'admiration comme un instrument, et faites résonner chacune de ses cordes.

Voilà la gloire, voilà la force, voilà la richesse, voilà les rois, les bals, les fêtes ! Quelle note a retenti ? Une note froide, aiguë, et sans charme. Passent l'honneur, le malheur, la liberté, la justice, la pitié ; ah ! quelles notes, quels accents, comme l'âme est saisie, que le retentissement est long ! N'accablons pas l'homme ; l'animal est généreux et les vaudevilles et les opéras de cent théâtres, les visites de tous les souverains, les richesses de tous les continents, qu'est-ce que sonne tout cela sur l'instrument de l'âme, auprès de l'honneur et de la pitié? A ce signe se reconnaissent ou se classent les grands peuples.

Je voudrais encore une autre idée, c'est l'éloge des *petites vertus.* Moquez-vous tant que vous voudrez des vieilles dévotes qui égrènent le chapelet et écument le pot-au-feu ; les trois quarts des hommes sont élevés sur les genoux des grand'mères, et la fumée de la marmite qui monte au-dessus du toit de la pauvre chaumière atteste la présence d'une femme patiente et humble qui veille sur sa petite famille. Le récit des batailles est bien beau ; que feraient les maréchaux sans le petit soldat, les amiraux sans le petit matelot? L'Exposition de l'industrie est bien belle ; que feraient tous les fabricants sans les petites vertus de patience et de sobriété de leurs meilleurs ouvriers? Toute l'administration française vit par les petites vertus de l'employé modeste, pilier de chaque bureau. Et que deviendraient les familles, les ménages ; les enfants, sans les petites vertus intérieures, le petit effort désintéressé, le petit sacrifice obscur, la petite bonne volonté continue?

Eh ! bien, ce sont ces petites vertus-là que l'Académie récompense. Et il ne faut pas croire qu'elles n'aient pas la première place au fond des cœurs comme au fond des sociétés; elles nous touchent, nous attachent, nous attendrissent. Un roi meurt, héros martyr ; sa femme est loin, martyre elle-même, devenue folle, peut-être pour que son âme aille au-devant de l'âme de son mari. De ce noir mélodrame aux scènes sanglantes, sort un cri touchant. Nulle phrase à effet,

nulle pose à l'antique, ce simple cri : « Pauvre Charlotte ! »
Le roi disparaît, l'homme se montre, et dans l'homme le
cœur aimant. Ce n'est pas à la reine, fille des rois, qu'il
songe, mais à l'épouse, au bonheur intime ; et tout le monde
a compris. Elle n'est pas si pâle la part de l'Académie dans
cette distribution des récompenses : à elle la vertu, c'est-
à-dire le *cœur*, deviné, signalé, dans les plus humbles conditions. Ne croyez-vous pas qu'il y a quelque chose à tirer de là ?

Puis, et en troisième lieu, il n'y a plus à justifier M. de
Monthyon, car le bonhomme n'a vraiment pas su ce qu'il
faisait ; mais n'est-il pas curieux de montrer ce qu'un siècle
après, devient une idée inspirée dans un autre siècle ?

C'était un financier voltarien, qui a voulu couronner des
rosières athées, et la vertu pour lui était la grande fille bien
sage de la maman ou plutôt de la déesse raison.

Il se trouve que dans cette école fondée par les Encyclo-
pédistes, c'est toujours ce bon élève qui s'appelle l'Enfant
Jésus qui a le prix. Oui Voltaire a bien fondé le prix,
mais c'est Jésus qui a fondé la vertu ; et bon gré, mal gré, on
tire au sort dans la masse de la nation française depuis cinquante ans, et c'est toujours la vertu chrétienne qui gagne.
Voltaire est obligé de couronner Vincent de Paul.

Si vous ne voulez pas ou n'osez pas mener le sermon
jusqu'à ce troisième point, vous pouvez au moins dire à
l'adresse de MM. les gens de lettres que le sort est assez
spirituel, quand il force l'imagination à honorer la réalité.
C'est la littérature qui engendre les admirables mais périlleux
personnages que chacun sait. M. de Chateaubriand engendre
René et la famille des langoureux, Schiller chante les bri-
gands, Byron embellit le corsaire, Gœthe exalte Prométhée,
Lamartine nous séduit par Jocelyn ou par les girondins,
Hugo réhabilite le bagne, Musset, Augier, etc., chacun a
son fils et ce fils charmant est un révolté. Soit ! libre carrière
à l'imagination ; laissons supposer à M. Sainte-Beuve *qu'il
se crée lentement une morale à base nouvelle.* Mais il n'est pas
mauvais que les chantres de Manfred, de Jean Valjean et
même les admirateurs de Robespierre aient une fois par an
à honorer des bonnes femmes, et à médailler les Auvergnats
qui sautent à l'eau pour rattraper les noyés.

Cela dit, cher ami, je vous embrasse, ayant fait preuve de
bon vouloir et de petite, bien petite vertu, — bien grande
tendresse.

Au Comte de Montalembert

La Roche, 7 août 1867.

Depuis ma dernière lettre, je suis sans nouvelles de vous, et j'ai bien grande envie de savoir comment vous êtes. Je reçois ce matin la nouvelle qu'Albert de Broglie est battu dans sa campagne électorale (1). Quelle tristesse, non pas pour lui que deux dîners par an à la préfecture ne grandiraient guère, mais pour le pays qui préfère un homme obscur et inutile à un homme de talent et à un nom illustre ! — Mais à qui la faute, si ce n'est au gouvernement, qui trompe les électeurs ignorants et brutes, mais dociles, dévoués à l'autorité et ne sachant pas voir qu'on les abuse ? Quel élément d'ordre grossier et de facile despotisme : bien peu de nos amis auront été plus heureux. Réal a réussi et l'un des Montesquiou ; je ne sais rien de mon beau-frère Augustin Benoist d'Azy, ni de Charles de Lacombe. Tanneguy Duchâtel et Rességuier ont échoué.

Je suis allé à Orléans, assister à la tragédie grecque (2) et surtout voir notre illustre ami. Vous vous en serez aperçu à sa lettre : il est bien portant, plein de courage, et tout ce qu'il m'a dit de Rome est de nature à encourager la foi et l'espérance. Vous le verrez avant Malines où il a promis de se rendre et je l'y suivrai probablement pour vous voir ; c'est mon seul attrait. Je ne vois pas que cette assemblée soit utile, et je répugne fort à fatiguer sans nécessité ma santé, meilleure mais encore peu solide.

Dites-moi bien si vous jugez qu'il y ait là un service à rendre.

Avant ce congrès nous allons avoir à Paris un et même deux *meetings* abolitionistes, qui seront je le crois, très curieux. Je tiens à ce que votre nom y soit prononcé, et je vous prie de m'écrire deux lignes de regret, que je puisse lire avec les lettres déjà reçues de M. Guizot, de Sumner, de Vendell Phillipps etc. Le vieux lord Garrison, mis en prison il y a 40 ans, pour avoir attaqué l'esclavage, sera présent, et j'ai des documents curieux, du Brésil, de Cuba etc.

Soyons fidèles, dans l'impuissance d'être utiles. Vous m'avez puni de n'être pas venu, en ne me racontant rien de

1. Au Conseil général.
2. On représentait Prométhée enchaîné d'Eschyle au petit séminaire de la Chapelle Saint-Mesmin. A. C. y avait emmené ses fils aînés.

la visite que vous avez reçue (1). Vous me la conterez én
Belgique ; mais ne poussez pas la punition jusqu'à me taire
que vous allez mieux et que vous m'aimez un peu.

A M. FAUGÈRE

19 août 1867.

Vous êtes prévenu de nos deux assemblées internationales
pour conférer de l'état actuel de la question de l'esclavage et
de l'émancipation. M. le Duc de Broglie m'écrit qu'il assis-
tera à la première. Nous aurons un grand nombre de délégués américains. Tâchez de venir.....

Autre demande : un évêque des États-Unis, Mgr Lynch,
évêque de Charleston, dont la ville et le diocèse ont été
cruellement éprouvés pendant la guerre, va retourner en
Amérique, et il me prie de vous demander, s'il serait possible
d'obtenir pour lui un des passages gratuits dont dispose le
gouvernement français sur les paquebots transatlantiques?
Il voudrait partir le 12 septembre sur le *Saint-Laurent*.

Voulez-vous avoir la bonté de faire la demande si elle est
réalisable et de me transmettre la réponse ? Ce sera rendre
un grand service à un des prélats les plus distingués et les
plus éprouvés de l'Église américaine.

Mgr Dupanloup avait été à Malines avec Falloux et le P.
Hyacinthe. Le succès avait été grand auprès de ce beau public
facile à enflammer (2). La plus grande ovation avait été pour
Montalembert, malade, absent, — mais là, tout près, en Belgique.
Falloux avait lu une lettre de lui, au milieu d'immenses acclama-
tions.

Cochin fut presque le seul des amis qui ne parut pas cette année
à Malines. Il ne le regretta pas. C'est en France qu'il désirait la
parole. Elle ne lui avait pas été encore permise, après bien des
promesses données et reprises (3).

A Rome, l'heure d'une crise approchait. La date fixée par la
Convention de 1864 pour l'évacuation de Rome par les troupes
françaises, était venue à échéance. Ces troupes avaient terminé
l'évacuation le 13 décembre. Avant leur départ, Napoléon III,
toujours incertain dans ses actions, avait pourtant garanti au
Pape la protection de ses états, et avait favorisé la formation

1. Il s'agit sans doute d'une visite du Duc d'Aumale.
2. On peut lire les discours dans le *Correspondant* du 25 septembre.
3. Il y avait trois ans que duraient les hésitations du pouvoir. Voir à
ce sujet ce qu'a raconté le duc Albert de Broglie sur une conversation en
1863 entre Duruy, Augustin Cochin et lui-même.

d'une armée pontificale. Mais qu'allait-il advenir? Garibaldi entrait en scène. Il était mystérieusement sorti de son île, et, le 8 septembre, il arrivait à Genève, aux cris de joie de milliers de révolutionnaires de tous pays, qu'il conviait à deux tâches, — « détruire *tous* les trônes, et abattre *l'institution pestitentielle de « la papauté.* »

Au Comte de Montalembert

Saint-Benin d'Azy (Nièvre), 20 septembre 1867.

Je ne vous ai pas écrit pendant les réunions de Malines, parce que vous aviez autour de vous beaucoup d'amis, et que le temps de lire vous manquait. Si vous saviez combien il m'en a coûté de ne pas vous voir. Je me consolais bien du Congrès, quoique les occasions de parler soient rares : ils me font rire tous ces orateurs officiels qui commencent leur discours par cette bêtise consacrée : « J'aurais voulu qu'une voix plus *autorisée* que la mienne »..... Ils ont raison, la France n'entend plus que des voix *autorisées*, et je serai l'une des voix les moins autorisées de la France, tant que l'autorisation viendra de M. Duruy ! Mais j'aurais aimé surtout à présenter les armes à l'Église, à l'âme, à l'honneur, à toutes ces beautés dont on n'encense plus les autels. Plus que cela encore, j'aurais voulu applaudir avec ceux qui ont acclamé votre nom, et puis aller vous serrer les deux mains dans votre ermitage, voir si vous êtes mieux, comme tous nos amis me l'écrivent, et si les forces vous sont rendues comme elles semblent l'être à l'évêque et à Falloux. Oh ! comme je me sens encore privé de n'avoir pas eu ce bonheur. Dans mon exil nivernais, j'ai repris un peu plus de vigueur, et j'en ai trouvé de suite l'emploi.

Car notre infatigable ami ne dort plus depuis que Garibaldi s'est si complètement ridiculisé à Genève, et il craint que ce vieux gendarme qui prêche la paix, ne retombe en Italie pour faire la guerre au pape.

Donc, vite, vite, une brochure, et comme la forme seule peut changer, j'ai conseillé et ébauché une lettre à M. Rattazzi sur l'anniversaire de la convention du 15 septembre (Cela va paraître, si Garibaldi a la politesse d'attendre le Nº du *Correspondant*). Je n'ai pas manqué, puisqu'on l'avait comparé à Guillaume Tell, de déterrer dans Schiller, la belle scène avec Jean de Souabe.

Nichts theil ich mit dir ! — Gemordet
Hast du ; ich hab mein theuerstes vertheidigt.
Hort was mir Gott ins Herz gibt : ihr musst fort

Insland Italien, nach sankt Peters stadt.
Dort werft ihr euch dem Pabst zu füssen ; beichtet
Ihm eure Schuld, und löset eure Seele ! (1)

Cette lettre à M. Rattazzi, si elle paraît, ne fera pas changer le cours des événements, et je crains que notre illustre ami ne fatigue le public ; mais il croit plaire au pape, et au moins il contribue à montrer combien est infâme et énorme le jeu qui se prépare. Toujours optimiste je me dis, bien bas, que de toutes les manières de mourir, détresse financière, bataillle régulière, congrès diplomatique, soulèvement romain, la plus réparable, est un coup de Garibaldisme qui met aussitôt de notre côté, tous les intérêts conservateurs, tous les esprits honnêtes, tous les procédés libéraux, et laisse sur les bras des ennemis de l'Église la piraterie et le brigandage d'un pareil acte.

Je juge du même bon côté le Congrès de Malines et l'ensemble de notre situation catholique. Quant au congrès, vous dites qu'il n'est que de la fumée d'encens, qu'il n'a pas de résultats pratiques. Que je reconnais bien un de ces heureux, que j'envie, qui ont parlé à des tribunes nationales, scellé de leur cachet des lois obligatoires, pris part enfin à la vie officielle d'un grand peuple ! Tout le reste n'est à leurs yeux que stérile bavardage. Mais pour les infortunés qui, comme moi ne sont jamais parvenus à s'asseoir nulle part, qui ont toujours répété derrière la toile des pièces qui n'ont pas vu le jour, un petit congrès de statistique, de littérature, de religion, d'archéologie, semble encore une table assez appétissante. Un congrès, c'est un concert, cela ne régénère pas la musique, mais cela en répand le goût. Or, ce concert de Malines a été beau ; la note dominante est la nôtre, il ne s'est joué que de notre musique et les solos

1. La lettre à Rattazzi a paru en effet en octobre. Les vers de Schiller (*Guillaume Tell*, acte V, Sc. 2), ne sont pas cités dans la lettre à Mgr Dupanloup, mais dans la chronique (*Les Événements du mois*) qui précède, et qui est signée Léon Lavedan. En voici le sens : « Je n'ai rien de commun avec vous ! Vous avez commis un crime ! Moi j'ai défendu ce que j'avais de plus cher. Écoutez ce que Dieu inspire à mon cœur : vous devez partir pour l'Italie, à la ville de Saint-Pierre. Là jetez-vous aux pieds du Pape : confessez-lui vos fautes, et délivrez votre âme. »

étaient applaudis et aimés. Certainement il y aura eu un lendemain : il aura été écrit à Rome, par les bureaux connus, des dénonciations ténébreuses. L'évêque aura été accusé de faire le pape, et les orateurs de se faire oracles. Néanmoins on aime à Rome ce qui réussit, ce qui paraît fort, et il n'en résultera aucun changement contre nous ; on continuera à détester nos idées et à apprécier nos services. Peut-être les ardents feront-ils de plus grands efforts pour obtenir des définitions dans le futur concile. Mais ici, plus de luttes, ce que ce concile décidera pourra nous fermer à jamais la bouche.

Mais s'il nous réduit au silence, nous le garderons sans hésiter et avec respect. C'est le dernier ressort de la foi, après lequel il y a chose jugée et docile obéissance.

Envisageant notre situation générale, je vous prie de me laisser ne pas m'exprimer sur la France ; je continue à ne pas accuser la Nation ; mais je conviens que mon optimisme reçoit de terribles soufflets ; l'humiliation est lourde ; l'issue pleine de ténèbres. Ne parlons que de notre situation catholique, cher ami, et permettez-moi de prendre pour juger cette situation mes points de comparaison dans votre carrière. Il vous est arrivé, ce qui est arrivé à Lamoricière ; après avoir été le général de l'armée française victorieuse, vous avez été, vous semblez encore être, le général de l'armée romaine vaincue. Je vous ai connu dans les dernières années de cette invasion hardie, à la tête des catholiques français, sur le terrain libéral, réclamant des droits au nom du droit commun, parlant la langue nouvelle, affranchissant les consciences du pouvoir civil : bon terrain, bonne guerre, bonnes armes, marche en avant ! Depuis dix ans, c'est une retraite que nous menons... pauvres soldats, qui reculent avec bonne contenance, ayant perdu la moitié de leurs armes et vu l'ennemi prendre leur drapeau. Il y a bien loin de ce Constantine à ce Castelfidardo ! Mais dans les luttes de l'Église sur la terre, Dieu qui inflige aux hommes de rudes journées, ne cesse pas d'agir directement et d'allumer les astres dans d'autres cieux, quand il semble les éteindre pour un hémisphère. Sans vos succès de 1840 à 1850, auriez-vous pu, à Malines, convoquer quatre mille hommes à volonté, tous animés de la flamme catholique? Auriez-vous pu à Genève afficher sur les murs, une protestation en faveur du Pape et balancer les voix dans toutes les élections? Auriez-vous pu à New-York bâtir une cathédrale immense, par souscription et couvrir les États-Unis de libres monastères enseignants? Aviez-vous à Paris, l'honneur et la force de tenir tête au nom de nos dogmes à toutes les erreurs matérialistes et socialistes dont l'Église est aujourd'hui la *seule* adversaire puissante? l'honneur et la force de sauver les grandes vérités spiritualistes, dont l'Église est aujourd'hui la seule dépositaire redoutée?

Vous n'aviez pas prévu tant de rage, tant d'épreuves? Auriez-vous prévu tant de développement et de puissance? Et pour ne parler que de Rome, aviez-vous prévu tant de force de résistance et d'inspirations soudaines? — Ah ! la mer est orageuse, mais le ciel est clément, la barque est solide et le métier de matelot est noble. Je me sens bien humilié comme français, bien remonté au contraire comme chrétien, — dans un moment, où nul autre monarque, nulle autre cause, nulle autre doctrine, même au point de vue humain, ne méritent assurément qu'on leur accorde en partage la moindre parcelle du dévouement que nous devons à Jésus-Christ et à sa foi.

Je crains de vous fatiguer en me laissant aller au courant de mon âme, un peu naïve peut-être, quoique je ne m'abuse pas, sur les rudes conditions de la lutte extérieure où passera ma vie et bien d'autres ; mais la lutte, la tentation intérieure, sont la bataille vraiment pénible, et je me sens soulagé de ce côté depuis que le concile se présente à mes yeux à la place de la Cour de Rome ; il me semble que j'éteins ma lampe et que le jour se lève, le cauchemar s'évanouit et le travail commence avec la force qui revient.

Je compte retourner à Paris, pour la rentrée au collège de mes enfants, vous voir alors à mon aise rue du Bac, et me dédommager un peu.

Les événements d'Italie à l'automne de 1867 sont confus et malaisés à suivre par l'incertitude des décisions de Napoléon III et l'attitude variables du gouvernement italien, les manifestations nouvelles de Garibaldi.

AU COMTE DE FALLOUX

6 octobre 1867.

... Il est probable qu'on va se regarder sans rire, et au fond s'arranger pour enlever « une feuille de plus à l'artichaut », — selon l'expression consacrée. Mais la difficulté sera accrue. Le pape réduit à Rome et sans ressources, pèsera sur les seuls bras de la France à 60 ou 70 millions de budget annuel. L'occasion est si belle pour défaire et refaire l'Italie, reprendre la situation de l'empire conservateur, puis libéral, dissiper les cauchemars qui pèsent sur toutes les âmes, et se sauver en nous sauvant ! Mais non, dit le vers banal :

> Non l'honneur est une île escarpée et sans bords ;
> On n'y peut plus rentrer quand on en est dehors !

On n'y rentrera pas. Tous les bruits des Tuileries attestent une volonté défaillante, et des colères qui succèdent à des frayeurs sans suite. Nous allons donc avaler des déceptions nouvelles, humiliés comme français, fiers comme chrétiens, et toujours confiants en Dieu, seul bien visible. On dirait une journée de mistral, un vent qui vous glace et un soleil qui vous inonde, des impressions splendides et affreuses au même moment. J'en reste sur cette comparaison de fiévreux…

Albert de Broglie revient ce soir. M. Duchâtel est bien mal, mais en règle avec Dieu, grâce au P. Gratry. — Le discours du P. Gratry est fait, mais selon moi, à refaire en partie. — Place Saint-Georges, santé et entrain !

Nous n'avons pas fait d'article spécial, le mois dernier, parce que nous n'avions personne en haleine, et que la situation était transitoire. Le mois prochain, Camille de Meaux se prépare ; poussez-le (la chronique était très bonne). Son beau-père est vraiment plus fort ; il va à la messe à pied ; il travaille, il fermente, il est éloquent, et si doux envers son mal toujours stationnaire. Il mange et dort mieux.

A Monseigneur Dupanloup

Dimanche matin, novembre 1867.

Je reçois votre lettre, et j'y réponds tout de suite, dans l'espoir que ce mot vous arrivera ce soir.

Pour Rome, je crois que l'agonie commence, que l'Italie pousse, que la Prusse veut brouiller l'Italie avec la France, ou forcer la France à isoler 20.000 hommes à Rome, que l'empereur dort et laisse aller les choses sans prendre aucun parti. Il y a donc fort à craindre de jouer le jeu de la Prusse en demandant que la convention tombe ; et si elle subsiste, c'est un pont pour l'Italie, et non pas une digue pour le pape.

Tout cela est odieux. Mais le seul grand malheur qui pût arriver à l'Église eût été de perdre l'honneur, et nous l'avons ; la dignité morale est entière ; le crime est sur les puissants, et Dieu a ses vues sévères en apparence, tendres au fond, auxquelles il faut nous confier. J'aime mieux un coup de tonnerre que le brouillard malsain, fiévreux, mortel que nous traversons.

Les événements incertains qui se déroulent en Italie, ont un singulier contre-coup à Paris à la Chambre des Députés.

Au Comte de Falloux

7 décembre 1867.

...J'étais avant-hier à cette scène tout à fait inattendue, dont les journaux ne peuvent donner une idée. Une assemblée aura sauvé le pape en 1849, une assemblée vient de le sauver en 1867. Il *fallait* assiter à ce Mentana parlementaire. M. David ennuie, mais montre que les fidèles eux-mêmes poussent le gouvernement. M. Rouher essaie en vain de rallier et d'enlever ses troupes sans proférer d'engagement, — il recule, froideur ; il s'engage de nouveau, sympathie, adhésion, de plus en plus forte, comme la pincette dans les jeux d'enfants ; — il essaie de retirer, on ne le suit plus ; — enfin, il parle, précise, accentue, brûle les vaisseaux de M. de Moustier, blême et nerveux : acclamations incroyables, même des tribunes ! — La séance est suspendue, et tous les membres s'entre-croisent comme des fils mêlés, dont le bout est tenu par ce petit homme gris, M. Thiers ; — explications, dénégations, refus, enfin M. Rouher monte à la tribune ; — un huissier le rappelle ; — *il descend les marches, et on voit M. Thiers lui dicter les mots* qu'il doit répéter, et qu'il répète, comme devant notaire et témoins. M. Favre constate et signe, M. Chesnelong vise et paraphe, puis le vieux Berryer se précipite, indique qu'on se défie encore et toujours ; mais comme un miroir qui reçoit et qui renvoie les gerbes de lumière, il dit deux ou trois grands mots qui résument l'impression de tous, et transforment la séance d'un jour, en un événement de l'histoire. Guéroult veut parler, et apparaît à la tribune comme pour personnifier

en lui le parti que les votes vont terrasser, et leur imprimer
un caractère de plus. Que fera cette parole? Que durera-
t-elle? Est-elle arrachée ou acceptée? Quel piège cache-
t-elle? Je ne sais, mais le moment a été extraordinaire et
l'effet indescriptible.

P.-S. — Votre confrère Flourens est mort, Montalembert
vraiment mieux, l'évêque très bien, et moi, pas mal. Comme
vous avez bien riposté à la *Liberté* et quelle grimace vous lui
avez arrachée !

On voit par cette lettre quel fut sur le moment le retentissement de cette séance du 5 décembre, — dont les conséquences
d'ailleurs ne devaient être qu'une vaste déception. Il sembla aux
catholiques que la France venait de sauver le Saint-Siège, et que
l'artisan de son salut était M. Thiers. Il en sembla tout autant
à leurs adversaires. Guéroult en allant vers la tribune, avait passé
près de Thiers, et lui avait adressé d'amères paroles, que les voisins avaient bien entendues. « *N'était-il donc plus libre penseur?* »

Le lendemain matin Mgr Dupanloup se hâtait vers la place
Saint-Georges, avec une grande émotion. Thiers l'accueillait par
ces mots : *Le Pape est sauvé !* Et ils s'embrassèrent.

Une longue, palpitante conversation s'ensuivit. L'Evêque tirait
à lui l'homme d'état, vers le catholicisme. L'effort n'était pas
d'hier : il datait de 1849 et de la Commission de l'enseignement.
Dans la présente année même, lorsque M. Cousin était mort,
subitement, sans achever une conversion qui semblait toute
prête, l'évêque d'Orléans avait écrit à Thiers une lettre longue et poignante. Une circonstance toute nouvelle permettait
de reprendre la conversation ; et M. Thiers ne semblait faire
qu'une faible résistance. Il se laissait ramener aux souvenirs chrétiens de sa jeunesse; il affirmait son intention de ne pas voir venir
la mort sans appeler un prêtre ; il nommait le prêtre qu'il voulait appeler (1).

Pour pousser les choses jusqu'au bout, l'Evêque d'Orléans avait
cru pouvoir suggérer à Pie IX la pensée d'écrire personnellement
ses remerciements à M. Thiers. Le pape ne crut pas pouvoir le
faire ;et chargea Mgr Dupanloup d'être son interprète. Il sera plus
d'une fois dans la suite, question de ces circonstances.

1. Voir tous les détails dans les fragments du *Journal intime de
Mgr Dupanloup*, publiés en 1902 par M. Branchereau (p. 293) et les livres
de Mgr Lagrange et de Mgr Chapon.

A Monsieur Dechamps

Noël, 25 Décembre 1867.
86, rue de Grenelle, Saint-Germain (1).

En vous envoyant mes vœux de nouvelle année mêlés à mes prières de Noël, je veux vous demander d'offrir mes respectueuses félicitations au nouvel archevêque de Malines (2). Je n'ai pas à vous dire que j'ai beaucoup regretté le vénérable cardinal si sage, si ferme, si bon et, en ce qui me touche, s'il est permis d'ajouter ce tout petit détail, si indulgent. Mais il a dû demander lui-même son successeur à Dieu et, sa prière exaucée a eu l'assentiment immédiat de ce suffrage silencieux des consciences satisfaites, qui vaut mieux que le suffrage bruyant de la passion aveugle. Je serai très honoré, si vous voulez bien déposer mes hommages respectueux aux pieds du prélat et recevoir aussi mes compliments pour l'honneur que Dieu fait à votre nom et à votre famille.

L'année finit comme toutes les années, en laissant des légions de questions indécises ; mais savez-vous ici-bas des questions qui reçoivent une solution, excepté le mariage et la mort? — C'est de luttes que se composent la vie et l'histoire ; mettons-nous le bien dans la tête pour ne pas soupirer toujours ! Ne devons-nous pas être très fiers, nous chrétiens, libéraux, Français, de voir le chef de l'Église, sinon sauvé, au moins couvert et grandi par le secours de dévouements et de votes dus aux actives démarches d'une opinion persévérante, et aux ressources d'une liberté incomplète, l'opinion finissant par ramener à la cause de l'Église le bon sens et l'honneur, le bon sens personnifié par M. Thiers, et l'honneur par un Duc de Luynes (3)? Et si le côté mystérieux des choses nous plaît plus que le côté lumineux ; si nous aimons à associer aux événements politiques, les secours et les combinaisons d'en haut, quoi de plus frappant que de voir, dans le siècle de Voltaire, de Napoléon, Louis-Philippe et Ledru-Rollin, le siècle où la foi a subi les assauts du ridicule, de la violence et de la taquinerie(sans parler des efforts

1. Cette année même A. C. avait quitté sa demeure de la rue Saint-Guillaume pour vivre au-dessus de son beau-père, rue de Grenelle.
2. Mgr Dechamps (plus tard Cardinal) frère de M. Adolphe Dechamps. Il avait succédé au Cardinal Steerck.
3. Le Duc de Luynes, dans l'organisation de l'armée pontificale, avait joué un rôle très important.

de l'impiété et du torrent de nos fautes) ; de voir, dis-je,
l'opinion demeurer papiste, malgré la presse, malgré la
Cour, malgré le théâtre, malgré la science ; assez papiste
pour forcer une assemblée, molle sur tout le reste, à se laisser
conduire, par qui?... par l'auteur de l'histoire de la *Révolution!* Non, ne nous lamentons pas, et malgré les *points noirs*,
que le fond soit d'azur !

Qu'est-ce qui arrive donc à votre cabinet belge ? Le voilà
qui croule ! Je n'ai pas suivi pourquoi. Cela vous ramènera-
t-il à la vie politique? Je le souhaite et, si vous me le dites, ce
seront de bonnes étrennes. Donnez-m'en aussi, en me disant
que vous viendrez bientôt à Paris, où vous trouverez M. Thiers
très bien, au plus glorieux moment de sa vie, quoique forcé
de retourner sa vieille maxime : car, il règne et ne gouverne
pas.

Au Comte de Falloux

Plessis-Chenet (Seine-et-Oise).
30 décembre 1867.

Je suis venu passer huit jours ici avec mes enfants pour
me reposer d'une fin d'année un peu trop fatigante, et mon
premier moment est consacré à vous envoyer mes vœux les
plus tendres et à souhaiter à Mme de Falloux, à Mme de
Garadeuc, à Mlle Loyde, à vos hôtes que je suppose Mme de
Castellane et Bertou, les vœux les plus sincères de nouvel an.
Je ne veux pas vous dire que je prie pour vous, parce que
vous pourriez me répondre comme Mgr Borderies : *Ma foi !
mon ami je ne m'en aperçois guère* (1). — Et pourtant, je
vous recommande tous très cordialement et en vérité au
Dieu juste et bon.

Je n'ai pas pu donner suite au vœu de votre dernière
lettre ; j'en ai parlé à quelques-uns de nos amis, qui crai-
gnaient de n'être pas très agréables à M. Thiers par une
manifestation *à droite;* je n'avais pas le même sentiment et
je partageais votre désir, mais il eût fallu vous adresser à
un moteur moins rouillé et moins chargé ; je n'ai vraiment
pas eu le temps de suivre votre pensée ! Vous me pardonnerez en recevant le compte de plusieurs des affaires qui m'ont
occupé et vous intéressent.

1. Le fameux abbé Borderies, apôtre pendant la Révolution, créateur
des catéchismes à Paris, le père spirituel de Mgr Dupanloup, qui disait:
« Je lui dois tout. » Devenu en 1827 évêque de Versailles, mort en 1832.

Mgr d'Orléans a voulu avec son énergie habituelle, donner suite à une dernière réponse à M. Duruy, réponse très développée et pour laquelle j'ai dû l'aider de mon mieux, afin qu'il ne s'épuise pas, — et au sauvetage du journal des *Villes et campagnes*, dont je l'avais supplié de ne pas m'occuper et qui a fini par me retomber sur les bras. L'une et l'autre besogne sont terminées, tant bien que mal. La campagne contre M. Duruy a le très bon effet de tenir les évêques dans l'indépendance, sur le terrain de leurs vrais devoirs, dans un moment où plusieurs auraient préféré l'encensoir au fusil ; elle enraie une très vilaine entreprise. Mais elle a l'inconvénient de tirer sur l'Université, et de charger un canon pour foudroyer un rat ! Vous verrez que le troisième coup est bien bourré, quoique toujours de trop de choses et trop vite.

Quant au *Journal*, il y avait une grande œuvre à faire, ou une petite ; la petite seule est accomplie. Pendant un an, les fonds sont assurés, et la ligne du journal tracée et garantie par un traité en règle : Vous avez vu le *prospectus ;* recommandez ce journal au clergé et si vous le pouvez, donnez-nous une liste de personnes à qui envoyer le *prospectus*.

Je n'ai pas manqué de veiller au *Correspondant*. Nos amis ont été d'avis que je visse M. Pinard (1), et cela n'a pas été très utile, car il m'a demandé d'attendre la loi de la presse. C'est, d'ailleurs, ce que je préfère.....

Ma conversation avec mon ami le ministre ne me donne pas une haute idée, je le dis à regret, soit de sa volonté, soit de sa puissance. Elle me rend, à peu près certain des élections pour l'année prochaine. Il m'a assuré qu'il avait rendu plus d'autonomie aux circonscriptions, et qu'il laisserait plus de liberté aux candidats. Je serais étonné que cela s'étendît jusqu'à l'arrondissement de Segré !

Vous avez dû être content de la notice de Melchior de Vogué sur le duc de Luynes, sauf qu'il a tort de l'appeler le *dernier grand seigneur,* lui qui n'a qu'à l'imiter, et en connaît d'autres !

... Dieu est bon pour nous en ce moment ! Méritons qu'il continue.

1. Ancien camarade d'école d'A. C., avocat, magistrat, et devenu récemment ministre de l'Intérieur.

L'Empire libéral s'annonçait, mais l'esprit inconstant de l'Empereur s'avançait avec hésitation, par pas en avant suivis de pas en arrière (1). Il finit par donner brusquement bien plus qu'on ne lui demandait.

Augustin Cochin n'était pas sans inquiétude, en voyant s'approcher sans transition, après les années de pouvoir absolu, celles de liberté sans limite.

Au Comte Benoist d'Azy

3 février 1868.

....Au Corps législatif, mon ami Pinard a perdu une bien belle occasion de se retourner vers mon autre ami M. Thiers et de lui dire : « Vous êtes illustre et je suis inconnu, mais je suis plus fort que vous, car vous êtes l'argument vivant, et aussi la victime de la puissance de la presse pour détruire, et moi, je défends non ma place, non le gouvernement, mais

---

1. Il faut se rappeler les précisions que nous a laissées Émile Ollivier dans ses livres vraiment palpitants. Le fait saillant de l'année où nous sommes, c'est la lettre retentissante du 19 janvier.

les premiers biens des hommes, Dieu, l'autorité, la famille,
la loi, que la presse assiège tous les jours. Elle est la liberté de
penser, comme le fusil est la liberté du bras. Elle est la lumière ; mais on n'allume la lampe qu'avec des instruments
qui permettent de la baisser et de se défendre de l'incendie.
Je suis très partisan de la liberté de la presse, mais pas illimitée, et la gauche à tort d'aller à cet extrême. » M. Pinard
avait beau jeu, et il avait sa gloire entre les lèvres ce jour-là,
elle est encore au fond de la gorge. Nous causerons de toute
cette politique mercredi, puisque nous aurons le bonheur de
vous voir cette semaine...

Ce que la discussion sur la liberté de la presse avait d'étrange,
c'est que d'anciens ennemis de cette liberté étaient contraints de
la défendre par ordre. Tel M. Rouher. — C'est ce qu'on voit
dans la lettre qui vient, où repassent quelques-uns des sujets
usuels, l'Académie et le monument de Lamoricière.

Au Comte de Falloux

Paris, 5 février 1868.

Je viens d'être obligé de passer plusieurs jours à Saint-
Gobain, pendant lesquels a eu lieu la réunion chez le général
Changarnier, à mon grand regret. Il a été convenu que M. de
Corcelle et M. de Montaignac (1) iraient voir M. Baroche?
A-t-il l'ordre secret de différer et d'endormir? Ou bien fait-il
du zèle comme un de ces agents à qui ont dit : *touche* et qui
entendent : *pille ?* — C'est ce que sauront nos amis. — S'il
n'y a que des prétextes on pourra les lever en proposant qu'un
architecte officiel, un de nos collègues et notre sculpteur (2)
aillent sur les lieux se mettre d'accord. S'il y a refus déguisé,
nous aviserons, et notre devoir sera d'user de tous les moyens
d'appel. Je n'avais pas manqué d'envoyer au Général, avec
mes excuses, extrait de votre lettre.

Vous désirez des nouvelles de l'Académie? Le discours du
P. Gratry est terminé, sauf des retouches nécessaires ;
M. Vitet que j'ai vu ce matin, n'a pas achevé le sien. M. Favre
est prêt, M. de Rémusat pas encore. Les journaux annoncent

1. L'amiral de Montaignac, beau-frère de Lamoricière.
2. C'est le sculpteur Paul Dubois qui avait reçu la commande du monument et qui devait réussir à en faire l'œuvre vraiment admirable qui
honore la cathédrale de Nantes.

à tort la fixation du jour. Quant aux élections, on en jase. M. Guizot étant revenu, si vous arriviez, l'Académie serait dans une *position intéressante*. M. Autran me paraît garder d'assez bonnes chances. Ses amis d'Aix demeurent fidèles, et plusieurs autres se laisseraient faire. On a inventé M. Claude Bernard pour remplacer M. Flourens. Il a trois titres, prince des physiologistes, comme on dit... plus : ami du médecin de M. Guizot ; Enfin, déclarant la question de Dieu ouverte, tandis que M. Littré la déclare fermée, et que M. Dumas croit à deux Dieux, dont l'un règne au ciel, l'autre aux Tuileries. En un mot, une passerelle entre un sénateur et un athée. Voilà les deux noms dont on parle le plus. Je vous en dirai davantage, quand je serai mieux renseigné.

Vous avez vu que M. Rouher, comme l'Esprit d'en haut, est venu hier illuminer les députés qui allaient voter contre la liberté de la presse, et les convertir sur place. Il a fallu trois jours au gouvernement pour se décider à tenir son engagement ; M. Rouher avait donné sa démission, et n'a été autorisé qu'à 2 heures à soutenir la loi, — (que la gauche a, selon moi, beaucoup trop estropiée). Mais quelle admirable méditation de M. Thiers sur l'histoire de l'esprit humain !

Au Comte Benoist d'Azy (1)

Paris, 10 février 1868.

Je salue ce beau temps qui va probablement vous décider à partir, puis vous accompagner pendant la route, et je vous envoie au départ mes vœux les plus ardents. Les nouvelles de René reçues hier par une dépêche d'Edouard sont : « pleine convalescence, filles arrivées heureusement *Via de' due Macelli* 71. » J'espère qu'une autre dépêche nous annoncera aussi bientôt que vous êtes débarqué dans cette rue des deux bouchers, très bien située près de la place d'Espagne et du Corso, à côté de la Trinité-des-Monts, et de Sant' Andrea où fut converti M. Ratisbonne. Quelle joie pour le cher malade, pour Ernestine, pour toute la colonie qui va voir arriver ses chefs ; et, pour vous deux, quel beau voyage, dont les émotions vont illuminer votre vie entière ! Comme j'aimerais à accomplir ce pèlerinage avec vous dans cette

1. Il est à Rome, auprès de son fils Augustin, qui s'occupe de l'Armée pontificale, et de René de Saint-Maur, son petit-fils, zouave pontifical, tombé malade de la fièvre typhoïde.

ville si glorieuse par sa destinée, centre deux fois de l'histoire
du monde, illustre par les événements, les monuments et les
sanctuaires. Je vous demande des lettres pour nous associer
de loin à vos impressions, comme nous le serons aux prières
que vous allez porter pour tous vos enfants, et pour la France,
aux pieds du plus haut des représentants de Dieu parmi les
hommes.

Je vous enverrai à Florence quelques lettres si vous devez
y séjourner, et d'autres à Rome, inutiles d'ailleurs car vous
y serez précédé par votre nom, et on vous dira comme à
Mgr de Salinis : « Je connais votre *fame* (1) ; elle est publique !»

Je vous envoie une lettre pour Gênes adressée à un homme
très distingué, membre du Parlement, intelligent et chrétien.

Peut-être voyagerez-vous avec le P. Hyacinthe, car il m'a
dit hier qu'il partirait samedi par Nice, pour Rome où il
prêche le carême à Saint-Louis des Français. Vous l'entendrez et je désire beaucoup que vous le voyiez ; vous lui ferez
du bien. C'est un homme sincère et une nature généreuse...

Vos enfants de Paris vont tous bien, et vous accompagnent
cher père et chère mère, de leurs vœux les plus pieux. Je
crois bien que c'est la première fois de votre vie que vous
faites un voyage d'agrément !...

La nouvelle loi sur la presse ouvrait de nouveaux horizons. On
allait pouvoir parler et se défendre. On va voir comment prit
forme bien vite le projet de fonder un journal, comment on réunit
les fonds nécessaires au nouveau journal, comment on lui trouva
un nom, et quels hommes se dévouèrent à y collaborer. Aux
sujets usuels de la correspondance, ce sujet va sans cesse se mêler
désormais (2).

A Monseigneur Dupanloup

1er mars 1868.

...Je ne comprends pas bien les motifs qui vous ont porté
à renoncer à faire pour le journal les démarches que vous
méditiez ; ce sont probablement des refus ; dans le monde

1. Est-il besoin d'insister sur le quiproquo entre *fama*, la renommée, et
femme ?
2. On a vu précédemment comment A. C. et ses amis, s'étaient en vain
efforcés de tirer parti de petites feuilles déjà existantes, ce qui était le
fait obligatoire sous la bizarre législation de 1852. C'étaient *L'Ami de la
religion*, et ce petit *Journal des villes et des campagnes*, que je ne sais
quel plaisant surnommait : *des vieilles et de leurs compagnes.*

où vous agissez on n'aime pas la presse, on ne comprend pas sa puissance, et si mon nom est prononcé, il est probable qu'il inquiète, plus qu'il ne décide. On est, dit le proverbe, *toujours le jacobin de quelqu'un!* Je suis trop libéral et trop populaire pour des millionnaires titrés. Réussirez-vous mieux dans d'autres eaux? J'en doute ; mais l'insuccès ne sera pas une raison pour laisser tomber ce journal ; je trouve que M. d'Yvoire gagne chaque jour, qu'Audley va très bien, que les revues varient agréablement le journal, et qu'il devient vraiment utile. Que la grande œuvre si problématique ne nous fasse pas oublier et sacrifier la petite !

Vous me parlez Académie. La combinaison qui tend à la nomination de MM. Claude Bernard et Autran a la préférence de tous vos amis. M. Bernard est un savant de premier ordre, déiste, dont la candidature rend impossible celle de M. Littré. M. de Quatrefages n'a pas le même renom et ne s'est pas présenté, tandis que la lettre de M. Bernard est écrite, lettre contenant une profession de foi ouvertement déiste. Il n'est pas question de mon ami M. Beulé, encore jeune et déjà comblé de palmes vertes.

A notre académie, hier, grande et mémorable bataille pour disputer à M. Vacherot et au matérialisme, la succession de M. Cousin. On votera dans huit jours. Quelle confusion si la philosophie du xviiie siècle renaissait sur la tombe de celui qui a eu la gloire de tenir allumé le flambeau du spiritualisme pendant la majeure partie du xixe siècle. Je vous raconterai cette discussion extrêmement frappante entre M. Guizot et M. de Rémusat. Quel rôle aurait l'Eglise au milieu de ces nuées flottantes, si son immuable clarté n'était pas ternie par d'autres fumées malsaines.

Les élections deviennent de plus en plus probables avant peu de temps. C'est du moins un bruit qui se consolide beaucoup.

M. Thiers vous a-t-il écrit pendant cette semaine d'interruption du Corps législatif? Je le désire bien ardemment.

Avez-vous demandé au P. Gratry de vous envoyer son discours, et l'a-t-il fait? Veillez-y, je vous en conjure.

Nous avons mardi, réunion chez M. de Champagny, je vous en préviens pour le cas où vous auriez à me parler du journal.

Je vous quitte pour aller au comité du monument Lamoricière ; cette affaire, enrayée dans les bureaux du ministère de la Justice, va enfin avancer...

Ici l'on va voir paraître le futur directeur du nouveau journal.
François Beslay est un jeune avocat, qui, sans marchander, sacri-
fia tout un avenir au service de sa foi. C'est un homme exquis,
que nous avons vu disparaître quinze ans plus tard, encore en
pleine maturité, et que n'oublieront jamais ceux qui l'ont connu.
Un des jeunes qui se dévouaient alors avec lui à la nouvelle
œuvre, Paul Thureau-Dangin a fait de lui après sa mort un beau
et digne portrait (1). Augustin Cochin l'adorait, et ils étaient faits
pour se plaire. C'était un cœur brûlant, une âme droite, un esprit
juste et fin, et quelle gaîté ! Gaîté joyeuse, doucement railleuse,
gaîté parisienne, gaîté d'âme pure ! Et quel désintéressement !

A Monseigneur Dupanloup

Mercredi, 4 mars 1868.

Je réponds aujourd'hui seulement à une partie de votre
lettre avant de répondre à la seconde. J'ai voulu voir M. Beslay ; je le verrai ce soir et je vous écrirai demain. Quant aux
statuts, M. Lambert est malade, et croyait me les avoir laissés
il se trompe, il les a sans doute égarés ; mais il a le brouillon et
va le recopier dès qu'il sera mieux ; il importe peu que vous
les ayiez d'ailleurs ; ce sont les statuts ordinaires de toutes
les sociétés par actions. Il vous les enverra.

J'en viens aux deux lettres *que je vous renvoie* (2). J'attendais mieux ! Cependant, depuis que je vis dans le monde politique et académique, je m'aperçois que nous attachons trop
d'importance aux opinions, pas assez aux intentions : les
opinions changent, fléchissent, se contredisent dans la vie,
souvent dans la journée d'un même homme. Est-il sincère ?
Tout est là, pour la conscience et Dieu. Je me garderais donc
bien d'envoyer à Rome la lettre de M. Thiers : elle attirerait
quelque formule théologique dont il aurait à s'irriter ou à
sourire. Je me bornerais à envoyer ses remerciements dont
il vous charge, en termes si excellents. Puis je lui écrirais
à lui : « J'ai reçu votre lettre, j'ai transmis vos remerciements.
« J'ai confiance dans votre sincérité, et je ne suis pas de ceux
« qui prennent les gens au mot, et les emprisonnent dans des

1. L'article si émouvant publié dans le *Français* du 20 juillet 1883, a
été reproduit dans le volume : THUREAU-DANGIN, *Pages catholiques* (1921).
2. Lettres de M. Thiers. Voir plus haut p. 162 ce qui a été dit de la
Séance du 5 décembre au Corps législatif, des conversations de Thiers
avec Mgr Dupanloup, et du bref de Pie IX à l'évêque d'Orléans, pour le
charger d'exprimer à Thiers sa reconnaissance.

« déclarations et des formules. Votre philosophie n'est pas
« une religion. Au delà de vos opinions, sur le même chemin,
« mais plus haut, dans une lumière plus pure, résident nos
« croyances religieuses. Je vous attends là ; je vous y donne
« rendez-vous, et les prières du prêtre en passant par un
« cœur d'ami, prennent une ardeur dont je ne puis pas me
« défendre et dont vous ne pouvez pas me blâmer. »

Quelque chose comme cela, qui laisse la porte ouverte et
le droit de revenir et d'insister. Voilà ce que la charité, l'amitié et l'intérêt d'une si grande âme me paraissent conseiller.
Merci de m'avoir initié à ce colloque auquel notre Seigneur
assiste, et prendra sa part, je le veux croire.

Je vous écris bien vite. Mille tendres respects. Remontez
M. d'Yvoire par quelques bonnes paroles ; il commence à
trouver les ennuis de son chemin un peu multipliés. Je le
soutiens de mon mieux (1).

Deux élections pour remplacer Cousin : le rationaliste Vacherot
aux Sciences morales et le républicain Jules Favre à l'Académie
française.

Au Comte de Falloux

9 mars 1868.

...Vous savez, cher ami, que le P. Gratry est venu le 26,
et que nous avons hier placé sur le monument de M. Cousin
par nos votes, M. Vacherot, vis-à-vis du gardien que vous lui
avez donné de l'autre côté, M. Favre. Pauvre spiritualisme
libéral et conservateur, quels héritiers ! C'est le xviiie siècle
reprenant au xixe sa couronne. J'étais au service de bout
de l'an de notre illustre philosophe ; les *oremus* de deux ou
trois dévots, et la messe après un an, voilà ce que son âme
recevait de plus précieux, et les anciens obligés n'y pensaient
plus !

Au Comte de falloux

Dimanche, 29 mars 1868.

Je me pardonne de ne pas vous écrire, puisque c'est contre
mon gré, mais je ne m'en console pas, car j'ai l'air indifférent

---

1. Le baron d'Yvoire, qui fut plus tard député de la Savoie, est un
des braves qui se dévouaient à la fondation du journal.

à vos soucis et à vos amitiés ; vous savez bien que cela n'est pas. Je viens d'avoir à achever à jour fixe le rapport à l'assemblée générale de la Compagnie d'Orléans ; c'est bien prosaïque, mais ce travail m'a ôté depuis huit jours toute liberté d'écrire des lettres. Bertou vous aura dit que tenant à ne pas rôder en ce moment du côté du ministère de l'Intérieur, j'avais fait votre commission par un ricochet indirect ; il ne m'en est venu aucune réponse, ce qui ne me surprend pas ; et voilà la sentence rendue, très injustement rendue ; je suppose que l'appel va suivre le procès de première instance. Ces procès sont une tactique pour intimider les indépendants avant les élections, et cela ne peut servir qu'à les irriter. Le Gouvernement vise à votre poitrine à travers l'*Union de l'ouest* (1) ; il ne se trompe pas, en sachant que nul député ne serait plus redoutable que vous. Qu'il entre dans la Chambre future une opposition inflexible mais raisonnable, et le pays et le pouvoir seraient contraints de changer. Tandis qu'en réunissant dans la même bergerie à dessein, les moutons des campagnes et les loups des faubourgs, on perpétue la domination des bergers et de leurs chiens, tondeurs des moutons et compères des loups. Pauvre pays, si naturellement grand, si fatalement amoindri ! Combien j'aurais aimé, cher ami, à aller causer de toute cette situation, et prendre un fortifiant repos auprès de vous, pendant les congés de Pâques. Je n'ai pas eu de peine à me laisser tenter par ce projet, et tous, autour de moi, y donnaient les mains. Je ne le réaliserai pourtant pas ; le congé de mes enfants ne sera que d'une semaine et j'ai remis à cette époque des règlements d'affaires.

Vous auriez été content d'assister à la séance de réception du P. Gratry par M. Vitet. Le discours du premier est sans suite, et toujours rempli de cette vue habituelle à notre ami : « Le temps approche ! Encore un siècle ou deux, et devenus « parfaits, nous serons certainement meilleurs. » — Nous aurons, dans ce temps-là, tous quitté le spectacle, et sans contre-marque ; l'espérance est un peu différée ; mais, malgré cette opinion qui dépasse un peu mon optimisme, quelle flamme, quel souffle généreux, quel sentiment résolument libéral, quelque belle page sur les foules obscures, et comme il est bon que tout cela soit signé par un prêtre ! Le succès

1. Le *journal* angevin qu'inspirait Falloux et que dirigeait son ami Arthur de Cumont.

a été très réel, non moins que celui de M. Vitet, sérieux, gracieux, touchant, piquant, chrétiennement académique. Viendrez-vous pour la réception de M. Jules Favre? Je l'espère et j'en profiterais.

En France la politique est toujours flottante. De belles nouvelles viennent d'Angleterre. Dans la nuit du 3 au 4 avril, la Chambre des Communes a voté des mesures qui mettent fin à la séculaire oppression religieuse de l'Irlande.

Au Comte de Falloux

8 avril 1868, Le Plessis-Chenet (Seine-et-Oise).

...Vous avez bien raison de souhaiter une entente des journaux de l'indépendance modérée à Paris en vue des élections. Mais nul n'y songe ou n'y travaille. Il y aura coalition des cinq journaux, *Siècle*, *Opinion*, *Débats*, *Liberté*, *Avenir*, suivie en rechignant plus ou moins par le *Temps* et l'*Epoque*, autour de la liste qui comprendra les députés actuels, de M. Thiers à M. Guéroult, moins M. Darimon. Le reste des journaux se divisera, ou s'annulera, je le crains. Cependant, il y a quelque chose à faire. Mais la loi de la presse et la loi de réunion vont-elles être ajournées par le Sénat? Beaucoup le croient, et parlent d'une campagne militaire de trois mois sur le Rhin, pour remplacer les élections ajournées. Fièvre ou chaud-mal ! Je suppose que l'imprévu régnera pendant que l'indécision gouverne, et que l'année coulera, sans coup de théâtre.

Quel événement que le vote du parlement anglais sur l'Irlande ! « C'est, me disait hier Monsell, avec son flegme « accoutumé, à peu près le plus étonnant événement depuis « sept cent cinquante ans ! » L'Irlande refoulée vers l'Amérique par la pression de l'Angleterre, et retombant d'Amérique, où elle a semé la foi catholique, sur l'Angleterre, où elle menace d'ébranler la vieille constitution ! N'est-ce pas quelque chose comme la vapeur refoulée par la force qui la presse, et revenant ramener cette force puissamment en arrière? N'est-ce pas un mouvement de ces *lois* de la Providence, inflexibles comme les lois de la nature physique? — Mais attendons la fin, et craignons cet autre effet des mains humaines qui est de dépasser souvent le but. En tous cas, le moment est extraordinaire, et M. Disraëli qui a jeté l'an dernier ses opinions à l'eau pour gagner le pouvoir par la popularité, doit être bien étourdi du coup qui le dépouillera sans doute de l'un et de l'autre ; qu'est-ce qui lui restera ? Réduite à sa personne, la réponse importe assez peu.

Je vous écris de mes champs, au lieu de causer en parcourant les vôtres. Mais j'espère vous voir pour le 23 au plus tard. J'ai dit au P. Gratry vos compliments de son discours. L'Empereur l'en a félicité comme d'un appel à la concorde ; il a demandé à M. Vitet des nouvelles du Conseil d'Etat (où il n'est plus depuis 30 ans au moins), et à M. Villemain : « Comment vous portez-vous? — Bien humblement, sire ! » Voilà l'audience...

Au Comte de Falloux

Paris, 24 avril 1868.

J'espère bien vous voir la semaine prochaine, car l'élection Autran est de jeudi en huit. Hier, je vous ai regretté à la séance de réception de M. Jules Favre, très animée et vraiment mémorable. Vous n'aurez pas de peine à trouver avec moi le discours de M. de Rémusat très supérieur au premier. Mais pourtant il faut savoir gré à M. Favre de la grande leçon de spiritualisme nettement déiste qu'il a donnée à son parti. Il nous l'a fait payer, et on aurait dit que de temps en temps il jetait un quartier de viande catholique aux chiens qui le suivent, pour apaiser leurs grognements. En outre, les lieux communs abondent dans ce discours, à un degré qui m'a stupéfait ; les périodes en sont bourrées ; cela m'a rappelé nos torrents, bruyants et rapides, du Nivernais, où l'on fait flotter des bûches ! Bref, comme amateur d'éloquence et de raisonnements bien conduits, je n'ai pas beaucoup joui. Mais l'acte, le fait capital, c'est la profession de foi, je le répète, très nettement religieuse, et fort applaudie par une jeunesse aussi bouillante que barbue, laquelle à la sortie, a fait une ovation à MM. Thiers et Berryer. Il y avait sans doute convention tacite entre les orateurs de ne pas parler de la période de 1830 à 1848, sans doute pour éviter cette dernière date ; vous remarquerez cette lacune, qui a pour résultat de nous montrer deux morceaux de Cousin, le Cousin flambant et insurgé contre la Restauration en 1815, et le Cousin soumis et ratatiné de 1855 ; rien du milieu. C'est un portrait à achever. M. de Rémusat devrait se donner ce plaisir pour terminer son très spirituel, très habile et très vivant discours...

P.-S. L'Empereur va à Orléans pour les fêtes de Jeanne d'Arc. Le savez-vous ?

Mgr Dupanloup avait communiqué à son ami son discours pour la fête de Jeanne d'Arc ; et en même temps une lettre qu'il avait projeté d'écrire, au sujet de la discussion qui allait s'ouvrir sur la liberté de la Presse.

A Monseigneur Dupanloup

24 avril 1868.

...Je vous renvoie par M. de la Rocheterie :

1º Les paroles pour le 8 mai. Je les trouve charmantes, sauf quelques négligences à la fin, que je me suis permis d'indiquer. Mais, vous avez bien raison d'être tout à la France et à Jeanne d'Arc, de ne rien demander ni suggérer, ni concéder, en un mot de ne pas transformer un hommage digne en une pétition, et de ne pas mêler 1868 à 1429(1).

2º La *lettre*, que j'ai reçue hier, mais je ne vois pas pourquoi la publier lundi, puisque la discussion au Sénat, si je ne me trompe est pour le 19 seulement. Ne pourriez-vous pas la réserver pour le *Correspondant* du 10? Je vous la renvoie cependant, puisque vous fixez ce court délai, mais sans avoir eu le temps matériel de la montrer à Montalembert, mais seulement d'écrire quelques additions. Je me suis borné à des notes en marge à la hâte. Si vous vous donniez la semaine prochaine, renvoyez-nous le texte, et cela peut devenir une œuvre mieux finie. Ne croyez pas qu'aucun de nous aille jusqu'à la liberté illimitée ! Mais il faut savoir accepter que la liberté limitée profite à d'autres qu'à nous, et ne pas en appeler à l'état contre elle, mais contre *lui-même*. C'est lui qui abuse.

Je suis obligé de brusquer faute de temps (2)...

1. Le discours eut très grand succès. M. Thiers en félicita l'évêque chaleureusement. Il avait été prononcé sur le parvis de la cathédrale où l'Évêque avait reçu et salué l'Empereur, l'Impératrice et le Prince Impérial avant de les introduire.

2. Je ne pense pas que la lettre en question ait jamais été publiée. Mais la définition de la liberté de la presse me paraît à retenir.

, Montalembert est rentré à La Roche-en-Brény à bon port. Son ami l'a conduit à la gare et a gardé dans les yeux l'image du vigoureux malade encore si plein de verdeur. — Rentré dans ses bois, parmi ses livres, le malade s'est remis au travail. Les lois favorables à l'Irlande viennent de lui inspirer de fortes pages (1).

Au Comte de Montalembert

La Roche, 8 juin 1868.

Mme de Montalembert a eu la bonté de m'annoncer votre heureuse arrivée. Je l'en remercie bien vivement. J'étais un peu inquiet de cette longue route. Je suis trop parisien pour n'avoir pas souri, en vous apercevant au buffet, entre quatre sacs, un journal, un cigare et une religieuse, — image du clérical hardi, et du libéral sans préjugés, qui se montre entre la presse et l'église, soldat de toutes deux, — mais surtout en entendant les soupirs ahuris de la pauvre sœur Saint-Marcellin, en tête à tête, le soir, au café, avec un fumeur qui l'emmène. Mon sourire a été promptement refoulé par l'émotion du départ et la pensée de la nuit de fatigue à laquelle vous étiez condamné.

Béni soit donc le petit mot qui est venu me rassurer et me transporter en esprit dans votre cabinet, près des fenêtres entr'ouvertes, en face de ces arbres verts, enfants grandis aux bras tendus, que vous aviez pensé ne plus revoir. De mon côté, je suis venu m'installer aux champs un peu plus tôt que je ne pensais, parce que j'étais et je suis encore très fatigué. Mon dernier jour de Paris a été tout rempli d'échos de votre nom samedi à l'Institut. M. Daru m'a parlé de votre article avec enthousiasme, et en rentrant je trouvais un mot du Comte de Montessuy me priant de vous exprimer le même sentiment.

Le soir, nous dînions chez la duchesse de Galliera. Quel palais ! Mais n'y a-t-il pas dans les *Mille et une nuits* des palais enchanteurs habités par des êtres difformes ! — On entre — : un parc au milieu de la ville, parc dont tous les arbres, soignés, ont de bonnes manières et un air majestueux, des fleurs, filles de l'art et de la nature ; des fruits, des vins, des viandes, des poissons, dans l'argent, le cristal et le vermeil, tout cet étalage de dorures, de tapisseries, d'étoffes et de

---

1. *Correspondant*, 25 mai.

lumières, qui va si bien aux grands espaces ; enfin cet ensemble de luxe et d'opulence, pour lequel le plus pauvre se sent né, et dont il jouit sans effort, car la pauvreté est une peine, et nous sommes les enfants d'un père riche qui, de rien faisant tout, aurait pu faire un peu davantage. Au sein de ces splendeurs, hélas : apparaît le petit mari que vous savez, le pauvre fils qui vous est connu ; mais heureusement la mère intelligente, et fière qui vous est si dévouée, Mme de Castellane était là, douée des mêmes qualités avec plusieurs autres ; puis le P. Gratry, *rara avis*, très rare en effet, et très ailé ; puis M. de Mirepoix, si heureux d'être au monde, et tous ont parlé de votre article (Irlande et Autriche) en des termes qui m'ont frappés, par ce que les points de vue divers n'empêchaient pas les éloges, et, comme cela arrive souvent, vous avez dit bien haut ce que plus ou moins vaguement, on sent tout bas.

Vous avez surtout fait plaisir aux jeunes gens. Jeudi, j'en réunirai 20 ou 30 autour de François Beslay, qui se dévoue enfin tout entier à sauver ce journal si nécessaire et toujours expirant. Je veux les exhorter à entrer après nous dans le sillon, et à passer la tête sous le joug. Vous voyez que je ne me lasse pas de ranimer cette pauvre mèche ; si elle se rallume il faudra aider de toutes nos forces ces braves jeunes gens. Je vous en donnerai des nouvelles.

Adieu, très cher ami, reprenez vos forces, ne travaillez pas trop, promenez-vous en voiture, dormez tard et ne me répondez pas.

Aux premiers jours de juin, souffrant, il vient respirer un peu à la Roche avec Pierre son dernier fils ; sa femme reste à Paris avec les aînés.

A MADAME AUGUSTIN COCHIN

9 juin.

...La maison est bien grande, le temps est bien long, la vue est bien pâle, sans vous.

Vous absente, je me sens paralysé de la moitié de l'âme.

A propos de l'affaire du journal quotidien, il écrit à l'évêque en Savoie, et lui dit un mot aussi de ses principales préoccupations.

A Monseigneur Dupanloup

21 juin 1868.

J'ai revu deux fois, hier et avant-hier, nos jeunes gens, sans faire encore la grande réunion, qu'ils préfèrent le lendemain et non la veille du départ, et je crois maintenant ce départ assuré. Les 150.000 francs sont prêts, l'acte de société prêt, la rédaction prête ; il manque encore un bon gérant ; mais plusieurs sont en vue. Continuez à prier Dieu de bénir le lancement du navire, dont on ne peut répondre, tant que le dernier câble n'est pas coupé. Puis il faudra vigoureusement soutenir la traversée et les manœuvres. J'ai le ferme espoir de vous annoncer dans quelques jours que nous sommes sortis du port.

Va pour *la Paix !* Mais c'est un mauvais titre parce qu'il signifie quelque chose ; c'est un programme, non pas un nom propre. On interprètera : *paix avec le gouvernement.* Puis, *la paix,* c'est ce que souhaitent les vieux ! Une œuvre d'action est belliqueuse. Si on prend le Rhin, si on sauve la Pologne, la *Paix* ne sera plus la paix. Pas d'épigraphe, les journaux ne sont pas des sermons. Mettez celle-ci si vous voulez : « la *Paix* ce n'est pas l'Empire. » Mais plutôt rien. La *Paix,* ce sera le journal de l'abbé de Saint-Pierre. La *Paix,* garçon, avec un verre d'eau-de-vie dans un café, cela sonne mal... Enfin, je n'aime pas la *Paix.* Je préfère l'*Europe,* ou le *Messager.* Mais soit, va pour la *Paix,* si vous le préférez. Je vais écrire votre sentiment à Beslay.

Vous me demandez si je vais venir à Menthon ou à la Roche et comment le voulez-vous, avec une pareille œuvre sur les bras, et tant d'autres, et les affaires, et mes collégiens ?

Je ne puis pas quitter Paris ou les environs de Paris, avant les vacances d'août. Comme j'aimerais à partager vos promenades avec Mgr de Grenoble (1), M. Sauzet, M. du Boys, M. et Mme de Menthon, devant le lac, entre deux cieux, sous les marronniers ! Et que je suis heureux de penser que vous vous entretenez là régulièrement des grands sujets, probablement du futur Concile ! J'ose soumettre à vos méditations, la question capitale, qui prime toutes les autres, de la *religion dans le peuple...*

(1) Mgr de Ginouilhac. On voit là le groupe des amis les plus intimes de Mgr Dupanloup, de chacun desquels il a été plusieurs fois question.

Mais je touche à ce qui ne me regarde pas ! Tenez pour certain que, surtout dans les villes, *pauperes non evangelizantur.*

A Dieu, recevez et répandez autour de vous les plus dévoués respects.

Je n'ai pas de nouvelles de M. Debeauvais. Mais j'en suis bien inquiet et je partage votre peine.

L'abbé Débeauvais mourut peu de jours plus tard. Augustin Cochin écrivit quelques pages sur lui, qui commencent par ces mots : — « Quel ami, quel pasteur, quel modèle ! Il savait rire et pleurer avec cette facilité d'allégresse et d'attendrissement, qui attestent une âme innocente et profonde. »

Au Comte de Falloux

La Roche, 21 juillet 1868.

Je suis en mesure de répondre à toutes vos questions, et je m'empresse de le faire. Léopold de Gaillard était hier soir ici avec le P. Gratry et Beulé. Nous avons bien parlé de vous, notamment devant votre portrait qui orne mon cabinet. Léopold avait reçu le matin une lettre de Montalembert, de sa main, parlant encore de son pénible état, mais sans rien indiquer de plus grave. J'ai moi-même une longue lettre du 11, et le 8, l'Evêque d'Orléans, traversant Paris, est venu dîner avec moi, et m'a donné son impression : notre ami s'est cru guéri, il a voulu marcher, écrire debout, ranger ses livres, et la suppuration, presqu'arrêtée, de sa plaie, a augmenté jusqu'à 80 grammes, chiffre d'il y a un an. Cette cause d'affaiblissement pendant une si rude chaleur, a déterminé quelques défaillances, et elle continue. Cela est extrêmement décourageant.

Toujours ardent, notre ami m'a envoyé un long mémoire en vue du Concile, me priant de vous le communiquer ainsi qu'à Albert de Broglie, qui le tient en ce moment. Je vous l'enverrai et nous serons certainement d'accord en répondant sur les questions politico-religieuses qui l'occupent : 1º qu'il faudrait les résoudre comme lui, mais 2º qu'il faut bien se garder de les poser comme lui.

En reconduisant Gaillard, j'ai trouvé au chemin de fer M. Berryer, un peu fatigué. Tous deux sont d'accord sur l'ajournement des élections, dont le signe est la convocation au 10 août, des électeurs du Jura (1). Toutefois, un sous-préfet m'écrit en confidence : « Tenez-vous prêt pour septembre. » Je me tiens prêt, en organisant tout ce qu'on peut organiser seul ; un petit bateau, un petit filet, et quelques hameçons, avant d'affronter les vagues inconnues.

Le même Léopold nous a lu hier la fin du poème vraiment national de Laprade (2) ; c'est admirable. La poésie de Laprade est comme le grand orgue d'une cathédrale, qu'on entendrait dans une forêt. Toutefois, l'épilogue est trop long. Mais la mort du héros touche au sublime.

Votre réponse à ce grand orgue ne m'est pas encore arrivée ; je la lirai avec délice et malice, pour me contenter et vous obéir.

J'ai envoyé votre lettre à Ollivier, qui en sera très touché. Il n'a pas la foi, mais il a le respect, et il s'incline devant cette majesté de l'antique Eglise, le long de laquelle ses amis ne savent que déposer des ordures.

Que je ne manque pas de vous dire qu'enfin le journal des *Villes et des campagnes* va être sérieusement transformé, grâce à l'opiniâtre et touchante persévérance d'Etienne Récamier, que je vous prie d'en féliciter, et au généreux dévouement de Beslay, qui n'hésite pas à quitter le barreau pour être rédacteur en chef de ce journal qui se nommera le *Français*. Tout est signé, les fonds sont faits pour un an, au moins, et cela paraîtra vers le 1er août. Vous aiderez à répandre ce journal, moins important pour l'influence qu'il ne peut gagner que lentement, que par l'avantage de refaire une *jeune phalange* de défenseurs...

P.-S. Je vous envoie les amitiés de mon hôte le P. Gratry. Il est venu se remettre de la frayeur qu'il a eue d'avoir à faire l'éloge de Viennet à la tête des francs-maçons du rite écossais ! M. Patin s'est dévoué.

Au retour d'Azy, M. et Mme Cochin s'arrêtent en Touraine à Rochecotte.

Au Comte de Falloux

5 août 1868.

Nous ne pouvons aller chez Mme de Castellane que mardi prochain, et y demeurer que mercredi et jeudi. Vous pensez

1. Pour une élection partielle, où sera élu Jules Grévy.
2. Le poème qui a pour titre : *Pernelle*, trop oublié aujourd'hui.

bien que nous tendons les bras vers le Bourg d'Iré, Mme Cochin et moi, et que nous trouvons bien mal pour vous, bien dur pour nous, d'aller si près sans pousser jusqu'à votre chère maison. Des circonstances de famille vraiment impérieuses nous forcent à être le 14 près de nos beaux-parents, et les compositions de mes enfants ne me permettent pas de partir plus tôt. Si serrés par le temps, si serrés par le cœur, je crie vers vous pour que vous portiez la clémence et l'amitié jusqu'à venir à Rochecotte, où nous voudrions tant vous trouver. Je verrai au passage pendant quelques heures l'évêque d'Orléans, et il est probable que je vous apporterais son nouveau travail, car il m'écrit qu'il a transformé son œuvre.

Laissez-vous fléchir et venez, même à celui qui ne vient pas à vous, mais vous aime bien...

L'élection du Gard pourrait me confondre, si votre échec n'avait précédé. Rien ne m'étonne plus depuis lors. Mais c'est fort ! Qu'un tireur comme Pinard, avec un fusil comme Dumas (1), puisse faire coup double contre la droite et la gauche, en plein Midi, c'est fort ! Et cela me fait douter de plus en plus de la théorie de la division des voix, au premier tour, contre le candidat, toujours unique, de l'administration.

J'ai lu votre *Musique* (2), moins la fin qui n'est pas sur l'épreuve. Je suis en accord parfait avec vous sur chaque mot. La Musique est pour moi presque un huitième sacrement, et je trouve vos réponses très belles et très concluantes. Si vous ne tenez pas à votre finale, je vous signale dans *le Vrai, le Bien, le Beau*, de Cousin, une page admirable sur la Musique. Mais il serait encore mieux de prendre le poète par la musique de la poésie, qui en double évidemment le charme et la force. Qu'est-ce donc que le pied, la césure et la rime ? Et quel usage Laprade vient d'en faire dans le dernier chant de Pernette, tout bonnement sublime.

M. de Corcelle a présidé la distribution des Prix à Sainte-Barbe. C'est le lendemain d'une distribution du concours général, qui a fait grand bruit. Le nom du jeune Godefroy Cavaignac avait donné lieu à une manifestation contre l'Empire.

(1) Ernest Dumas, qui avait joué un certain rôle dans l'administration et que A. C. avait connu dans les jurys des Expositions, venait d'être élu député du Gard, contre M. de Larcy.

(2) Falloux vient d'écrire un article sur la musique (que Laprade abhorrait).

A M. DE CORCELLE

Rochecotte par Langeais (Indre-et-Loire) 12 août 1868.

Il me tarde bien de lire votre discours de Sainte-Barbe
et surtout de savoir ce qui s'est passé, car la scène de la veille
au concours général donnait à votre parole un à-propos que
vous n'aviez pas cherché, et elle semblait en faire un commentaire des applaudissements de la jeunesse au souvenir
de Cavaignac. J'ai trouvé M. Duruy bien sot de n'avoir pas
su inventer un mot pour attirer à lui ces applaudissements, en
disant à son auditoire : — « Vous faites bien d'honorer toutes
les gloires de la France et ceux que la mort a rendu sacrés ! »
c'était si facile, au lieu de recevoir tous ces battements de
main sur sa joue et celle de son impérial pupille.

Mais peu m'importe ce ministre-hanneton. C'est votre scène
et votre succès que je voudrais connaître. Puis j'aime à vous
envoyer pour François mes plus vives félicitations ; ses belles
nominations ont dû vous réjouir et vous rendre fier de cette
fierté paternelle qui attendrit et console. Mme Cochin envoie ses compliments les plus empressés à Mme de Corcelle.

J'ai lu ici, chez Mme la marquise de Castellane où je suis
venu passer quelques jours avec mes enfants, l'article de
M. de Larcy dans la *Gazette* sur Mme de Lafayette (1).
J'avais commencé le mien, mais il ne vaut pas grand'chose
et je dois m'arrêter, puisque l'hommage est rendu par un si
bon juge. Rendez-moi seulement témoignage auprès des
vôtres, de mon entière et bien reconnaissante bonne volonté !

Je me suis arrêté au passage chez l'évêque d'Orléans, que
j'ai trouvé tout entier aux travaux préparatoires du Concile,
et en communication avec beaucoup d'autres travailleurs
importants, très occupé et charmé aussi, dans ses rares moments de repos, de la lecture de Mme Seton (2)...

P.-S. N'oubliez pas, si vous en avez la bonne occasion,
de nommer au Saint-Père les très généreux et dévoués jeunes
gens qui écrivent le journal le *Français* ; c'est une phalange
d'héritiers qui se forme pour continuer, après ceux qui vieillissent, le bon combat.

1. La veuve du général de Lafayette, tante de Mme de Corcelle.
2. Le livre de Mme Craven sur une sainte figure d'Angleterre, Elisabeth Seton.

AU COMTE DE MONTALEMBERT

Azy, 22 août 1868.

Quel long silence j'ai gardé depuis votre dernière lettre ; je me le reproche chaque jour, sans le rompre, parce que ce silence a été rempli par beaucoup de courses et pas mal de travail comme vous allez le voir. J'ai commencé les vacances de mes enfants par une visite à M. Berryer, que nous avons trouvé toujours jeune, entouré de dames qui ne le sont plus, dans cette grande demeure d'Angerville, dont il n'a que la jouissance, mais au moins la pleine jouissance, car il s'y plaît plus que partout ailleurs. Mais aussi quel entourage, et quelle compagnie de souvenirs !

Mon seul regret dans la vie, est de ne pas être demeuré avocat. Etre avocat dans un siècle où il y aura eu tant de causes, tant de drames, tant de vaincus, quel beau rôle ! — Ici, les lettres du prince Louis-Napoléon écrivant à M. Berryer : — « Je ne pourrai vous remercier que quand je serai puissant, mais vous ne voudrez pas alors de mes remercîments ! » — Là, à la place d'honneur, le vieux Charles X et son petit-fils, rois vaincus, toujours rois pour l'avocat fidèle.— Plus loin, l'édition unique de Bossuet offerte par les imprimeurs, et le petit chef-d'œuvre qu'ont exécuté pour lui les charpentiers, et le Démosthènes qu'il doit au chef des catholiques (1). Près du cabinet de travail, l'oratoire où le vieillard incline son front blanchi, avec ces mots : — *Credidi, propter quod locutus sum !* — et autour d'une demeure ainsi peuplée, un beau parc semé de rochers, de grands chênes, de fleurs, et traversé par une eau courante, rochers, chênes, fleurs et ondes, langage éloquent et emblême parlant de la nature autour de l'orateur. Lui-même enfin, vigoureux, sonore, avec ces larmes qui passent de son cœur à sa voix et à ses yeux, lui-même débitant à la nuit tombante devant mon fils, ce sublime passage de Bossuet : — « parle, parle, conscience captive..... »

Voilà des souvenirs auxquels j'aime à mêler une promenade faite avec lui à Malesherbes au château des Lamoignon, au milieu des portraits de cette illustre famille et des débris vivants de ses derniers descendants.

Que cette journée eût été bonne avec vous ! Votre nom

1. Statuette en argent offerte à Berryer par Montalembert après son procès (voir t. I, p. 187).

du moins s'y est promené sur toutes les lèvres ; et il n'était pas oublié, lorsque nous arrivions le surlendemain tous à la Chapelle, chez l'Évêque d'Orléans, escortés de mes enfants, de mon neveu et de leur chien, qui n'était pas trop agréable à M. Gaduel ! Je tenais à voir notre ami avant ce mandement, que je regarde comme très essentiel, parce qu'il sera pour l'histoire la préface du Concile, et que le premier jet était plus que faible, et dangereux. Vous avez été plus content du second, et nous serez tout à fait content du troisième, sauf des longueurs dont je n'obtiens pas le sacrifice.

Je vais envoyer ce soir cette même édition à Orléans. Vous serez bien aise de savoir que notre ami est en pleine préparation (et, ceci entre nous), envoie M. Hetsch (1) aux évêques d'Allemagne, verra dans deux mois les évêques belges, s'arrange pour voir avant le Concile des évêques espagnols, qu'en un mot il se prépare sérieusement, utilement, exclusivement. Je l'ai quitté pour aller à Tours, où j'avais à réunir les mécaniciens du chemin de fer, dont j'aime à serrer les mains noires, et pour aller ensuite à Rochecotte, autre lieu, plein de souvenirs et contraste saisissant.

Rochecotte et Ussé sont en face l'un de l'autre. Dans ce vieux château d'Ussé du xive siècle, où Mme de la Roche-jaquelein nourrit des sentiments pour le moins du xie, la bibliothèque est toute du xviiie, et prouve ce qu'étaient les grand'mères de nos dévotes ! Diderot est là, surpris de voir entrer sur les vieux rayons où il moisit, les visions de Marie Alacoque, et à Rochecotte le prince de Talleyrand, peint ou sculpté à tous les étages, pince les lèvres et cligne les yeux devant sa sainte famille ; et il regarde d'un air narquois le vieux maréchal de Castellane qui semble tout occupé d'autre chose que des *Oremus*. Décidément les châteaux sont tous mieux occupés en 1868 qu'en 1768, et aussi les presbytères, et les contrastes sont des plus saisissants. Par malheur, si les vieux étaient moins pieux que les jeunes, comme les jeunes sont plus oisifs !

Deux jours à Rochecotte, dans la compagnie de l'aimable et ardente Mme de Castellane de sa charmante fille, ont été bien vite écoulés. Nous revenions le 14 coucher à Orléans, mon travail refait dans l'intervalle, et le 15 j'ai pu le revoir avec l'auteur, puis être ici le soir, — ici, où j'aurais dû vous

1. Vicaire général d'Orléans.

écrire de suite, si je n'avais eu le tourment de voir mon fils aîné malade (il est mieux maintenant) ; — puis nouvelle édition, et ainsi finit la quinzaine, entremêlée de mandements et de courses, de visites et d'impressions, que je me suis laissé aller à vous raconter pour expliquer mon long silence.

Je n'ai pu m'occuper beaucoup du *Français* en courant ainsi ; cependant je ne l'ai pas perdu de vue et je lui prépare des articles ; vous devez le trouver mieux. On n'est, on ne peut être jamais prêt quand on se lance, et il faut de l'indulgence pendant les premières semaines. Mais l'important, c'est qu'une jeune phalange se reforme et s'habitue à aller au feu. N'en désespérez pas. J'ai bon espoir qu'ils grandiront. Abonnez autour de vous, et recommandez-les.

L'événement du moment est l'ajournement des élections, dont je suis bien aise pour ma part, et l'élection Grévy, dédommagement à mes yeux médiocre de l'échec Larcy, car, pensant bien plus à la liberté qu'aux dynasties, je désire bien plus voir se former un centre gauche que voir se grossir la gauche extrême, et le retour de 48 me consolerait mal du départ de 1852. Mais enfin, il y a de quoi donner un peu de cœur et d'exemple aux électeurs ruraux, dont on accablait la bêtise dans le Gard et dont on exalte le bon sens dans le Jura. A bas le vers à soie ! Vive le fromage !

J'ai hâte de savoir comment vous vous trouvez à Maïche. Assez bien, à ce que m'écrit Mme de Galliera, qui devait venir avec nous à Rochecotte, et qui ne l'a pas fait... Elle va en Suisse. Ne passera-t-elle pas par Maïche ? En me disant comment vous vous portez, dites-moi aussi combien de temps vous y restez, car nous irions aussi bien vous y voir qu'à la Roche, si vous y prolongiez votre séjour. Je ne crois pas que vous y soyez installé pour y recevoir toute une famille ; mais, ou bien vous me logeriez seul, ou bien vous nous logeriez dans quelque auberge, et nous viendrions de là chercher votre dîner, votre bon feu et des heures de causeries, mêlées, comme le feu, qui fume et qui brille, de tristesse et de bonne humeur.

Si par hasard, le changement d'air vous était assez indiqué pour que vous préfériez cette année ne pas revenir à votre Roche, je vous offre de bien bon cœur la mienne, orné d'un calorifère et plus voisine du sénateur Nélaton. Je serais ravi de vous y voir installé pour vous rapprocher de Paris, sans y rentrer encore à l'arrière-saison.

Et maintenant, à Dieu, cher ami ; je ne mérite pas une prompte réponse, mais je la désire ardemment.

Nouvelle séparation. Denys est souffrant à la fin de son année scolaire ; il faut le mener aux eaux. Le fils s'en trouve bien, mais non le père. Il prend sa distraction à admirer la nature, à critiquer les humains, leurs livres et leurs personnes.

A Madame Augustin Cochin

Luchon, 3 septembre 1868.

... Ce matin une voiture assez leste, attelée de deux petits chevaux à grelots, nous a conduits ici à travers un pays de plus en plus beau, mais par des flots de poussière, où dix diligences et plus de trente calèches nous avertissaient que les baigneurs quittaient Luchon en foule. Cependant, il y a encore beaucoup de monde. Le plus pressé, une fois la chambre choisie, le prix fait, la poussière lavée, le déjeuner pris, a été de voir le médecin.....

Nous sommes montés sur une petite montagne d'où l'on découvre le magnifique cercle de sommets au front gigantesque et aux molles ondulations, qui entourent la vallée de Luchon. C'est imposant et calme, ces deux caractères du divin. Mais les eaux courantes sont déshonorées par des petits cabarets. On entend, mêlés à leur murmure, des cors de chasse éraillés, et des orchestres de bals publics. Les arbres de la vallée sont salis de promeneurs, et cette poussière même semble fatiguée et ahurie par la roue des paniers de louage et le sabot des ânes fourbus. Puis, au lieu de cette grande table d'Azy, où tous les regards s'échangent de frère à frère, nous allons partager le rôti de cinquante rhumatismes prétentieux et de vingt-cinq exémas dissimulés. Ah ! en vieillissant j'ai de plus en plus, l'horreur de ces théâtres où des oisifs agités, jouent sans esprit, une pièce, au milieu d'un faux luxe et d'une nature qu'ils enlaidissent. Mais, dès demain nous irons plus loin, et plus haut ; puis je verrai mon Denys mieux portant, nous arrangerons notre vie méthodiquement, nous aurons de vos nouvelles, et le temps passera....

Adieu, mes amis ; mes yeux sont réjouis par une belle nature mais mon âme est veuve ; il me semble être descendu dans un puits de mine et marcher dans une galerie, la tête baissée, jusqu'à ce que je revoie le jour. Cela n'est pas l'image d'un grand fond de gaîté.

Luchon, 4 septembre 1868.

Vos lettres mettent deux jours à parvenir jusqu'à cette extrémité de la France, où l'on entend parler de l'Aragon et de la Catalogne, comme nous parlons du Morvan ou du Berry à Nevers. Mais si je ne me plains pas, je me sens affamé, et je n'aurai mon premier moment heureux qu'en recevant votre lettre. Je suis assez fier de voir que le soin de mon corps tient bien peu de place dans ma vie habituelle, car, lorsque je m'occupe de lui, je m'ennuie, et le vide, ordinairement rempli par les aliments de l'esprit et du cœur, est immense. Encore puis-je ici travailler, lire, et mettre l'esprit en mouvement, mais le cœur me saigne et je me demande encore comment j'ai pu accepter de m'en aller tout seul à l'auberge pendant un mois. La réponse me revient lorsque j'entends la toux sèche de mon Denys, et alors j'offre à Dieu, pour lui, mon lourd sacrifice.

Ce matin j'étais à la messe pendant qu'il dormait encore. Nous étions à 7 heures au bain... Nous venons de monter à cheval pendant cinq heures par un temps magnifique ; vous voyez que le corps est le maître et je ne vous parle pas des verres d'eau édulcorés de sirops, des gargarismes prédécesseurs des *humages*, et des douches pulvérisées, et autres variétés du culte de la déesse source qui nous gouverne. J'ai beaucoup d'espoir que ce régime profitera à Denys ; au moins nous aurons fait tout ce que nous pouvions, jusqu'à trouer notre bourse, car ici tout se paye et chèrement. Nous sommes à l'hôtel. Nous avons une petite chambre de pauvre, table de riche, vue de roi ; ou plutôt, c'est calomnier Dieu que de croire les belles vues réservées aux rois, pas plus que le beau temps, le seul luxe inépuisable des pauvres gens.

Notre promenade a été aujourd'hui dirigée vers la vallée du Lys, qui se termine par un large glacier d'où tombe une énorme et haute cascade, au milieu des monts entrecroisés, couverts de vieux beaux hêtres ; puis la cascade se fait torrent, et serpente rapidement sur des rochers bizarres, entre de vertes prairies tout animées par le bruit de cette eau qu'à sa couleur on croirait faite de neige et d'azur. Il y a bien peu de plus belle promenades, — belle et riante, grandiose et charmante à la fois.....

5 septembre.

Nous avons reçu ce matin, chère Adeline, votre lettre ; elle a été l'événement de la journée. Bien qu'il fasse beau temps nous ne montons pas à cheval aujourd'hui. Nous ménageons nos forces. Denys se délecte avec Walter Scott ; j'achève avec un intérêt croissant le livre de Prévost Paradol (1). Quand il fera un peu moins chaud, nous irons à pied pendant deux ou trois heures, avant de revenir nous asseoir à cette grande table d'hôte, où tant de variétés laides nous attendent. C'est aux eaux que l'on peut le mieux mesurer, comme d'un poste choisi d'observation, ce bloc énorme d'êtres médiocres qui pèsent sur la terre. Nous sommes largement fournis d'échantillons de toutes les nations, également traitées en ce genre. Le Languedoc, l'Espagne et l'Angleterre ont le dessus ; et il y a disette de Parisiens.

Nous avons dit adieu, hier au soir à l'excellente Mme de C... si amusante dans son bavardage de grand ton ; on dirait que l'esprit est poudré comme les cheveux ; et la langue pique encore si drôlement, entre des dents qui ne mordent plus : « Vous savez que Mᵐᵉ L.... est au C.....? Pauvre femme, elle a une maladie nerveuse..... et c'est bien triste, car sa mère est enfermée ; mais il ne faut pas le dire !... Avez-vous vu Mᵐᵉ de V...? Qui donc a-t-elle perdu ? — Rien que son mari ; elle est inconsolable ; il était charmant. Eh ! bien, c'est singulier, elle a l'air d'en prendre son parti ; vous la verrez vous en serez surpris ; mais elle est si pieuse ! et puis, il y a bien des manières de sentir. Pauvre femme ! — Pouvez-vous me conter ce que c'est que l'abbé de X... ? avec son gros frère et la dame anglaise ? il a une culotte blanche et une chemise de couleur ; cela amuse ; mais c'est un saint prêtre. Et cette dame écrasée de cheveux... etc... etc... » Cela ne cesse pas.

Je vous ramasse bien des petites miettes, mais notre menu intellectuel ne se compose pas de mieux, et la conversation dans laquelle je pousse et j'éperonne le silencieux Denys à se plonger avec ses voisins, se borne à s'entr'offrir du vin et de l'eau ; il est rare qu'on aille jusqu'au sel, et à des réflexions sur la température.

Je pense que vous m'enverrez les journaux. Adressez-moi les numéros du *Français*, depuis le premier, pour que je

---

1. *La France nouvelle.*

puisse suivre de près ces jeunes gens. Mais aucun journal ne
vaudra vos lettres.

10 septembre 1868.

Ce que nous avons de plus beau à regarder est comme
disent les Anglais : « inwards » et non « outwards ». Ne craignez pas que j'oublie ma plume et mes livres commencés.
Outre la source intérieure qui, Dieu merci, ne tarit pas encore,
je reçois chaque matin l'excitation de deux douches; et ce
que M. Sainte-Beuve appelle : *un bain russe intellectuel* —
par la lecture de l'*Univers*, et celle de l'*Opinion Nationale*.....
Entre ces deux excitations, lisant l'Évangile, et contemplant
la nature, je ne taris pas; et si Dieu m'en donne la force,
j'irai au bout de l'hymne qu'il m'a inspiré (1).

Luchon, 17 septembre 1868.

... Je ne puis guère lire, ni travailler à mon grand regret ;
je végète, mais il ne faut pas un grand effort pour ouvrir
l'*Imitation*, et le livre III, chapitres 11, 12, 13, se sont offerts
à moi bien à propos depuis quelques jours. Je me dis que
mes misères de santé, me sont imposées pour rétablir l'équi-
libre et me permettre de vous rattraper sur le chemin du
ciel, ou sans cela, je n'arriverai que trop loin derrière.....

Luchon, 19 septembre.

Vous voici au bout de la série de mes lettres plaintives,
non seulement parce que le terme de notre correspondance
approche, mais parce que de mes trois ennemis, la fièvre, le
mal de gorge et le mal d'entrailles, je crois avoir triomphé du
premier, grâce au valérianate de quinine. Le changement
d'air viendra à bout des autres. Ce n'est pas que l'air et le
régime soient mauvais, et le temps malgré quelques varia-
tions, est admirable; aujourd'hui notamment, il a plu dans
la vallée, neigé dans la montagne pendant la nuit, mais le
soleil a terrassé les nuées, et vos regards d'artistes seraient
inondés par la belle lumière qui descend du ciel bleu le long
des montagnes, des rocs aigus aux prairies, des prairies aux
forêts, des forêts aux jardins, jusqu'à ce que l'ombre s'élevant
de la vallée en grandes nappes régulières, monte doucement,

---

1. Il s'agit toujours des *Espérances chrétiennes*.

s'étende, se partage l'espace avec la lumière, et l'oblige enfin
à se retirer vers le soir, mais non sans avoir éclaté une dernière fois sur les sommets, de lueurs éblouissantes. Ces beaux
spectacles ont été ma consolation très réelle et très suave
pendant mes jours de solitude et de malaise. Nous n'avons
pas eu un seul jour vraiment mauvais. J'ai été pris parce
que les eaux m'ont disposé à subir l'influence des brusques
changements de température. Je suis fait pour des climats
plus uniformes.

A Monseigneur Dupanloup

Saint-Benin d'Azy, 25 septembre 1868.

... J'espérais apprendre que votre mandement sur le
Conseil avait paru. Il sera survenu quelque obstacle que
j'ignore. Si vous aviez besoin d'un travail nouveau, je suis
à vos ordres. Le Prince de Broglie m'a écrit qu'il était ravi
de l'épreuve que vous avez bien voulu lui envoyer. L'acte
me paraît de plus en plus opportun. Les dernières élections
ajoutent à mes impressions sur ce point un détail de plus. Il
est évident que le parti *terroriste*, ultra-démocratique, vient
de montrer à la fois qu'il est peu nombreux et qu'il est toujours le même, incapable, froidement stupide, tyrannique
et nullement libéral. Le gros de l'opinion intelligente dans
notre pays se groupe derrière cette phrase de M. Dufaure :
« la liberté modérée par les lois, et le gouvernement du pays
par lui-même. » A cette note juste répond très bien le ton
général de votre mandement, quoiqu'il ne s'occupe pas un
moment de politique. Il arrivera donc une fois de plus à
votre instrument de rendre un son bien d'accord avec les
meilleures intelligences de notre pays. J'espère que ce parti
terroriste se rendra assez odieux d'ici aux élections et au
Concile, pour que toutes les sévérités de langage du Concile
tombent sur lui et non sur les vrais libéraux. Votre mandement ouvrira la voie à cette ligne désirable et délicate. Il
n'est pas du tout fait pour cela, et j'ai pourtant l'instinct
qu'il fera ce genre de bien indirectement.

Que de choses à vous dire encore ! Mais je les note, pour
notre prochaine rencontre, espérant qu'elle ne sera pas trop
différée. Je vais rentrer à Paris vers le 8 octobre pour la fin
des vacances de mes enfants, et je n'en bougerai plus de
longtemps.

Le *Français* fait peu à peu et bien convenablement sa place. Mais je ne sais pas où en sont les abonnements. Cette œuvre sera l'une de celles dont je m'occuperai le plus à mon retour.

Les événements d'Espagne, s'ils aboutissent au triomphe de l'insurrection peuvent avoir un contre coup dangereux en Italie (1). Le pape va perdre un bien fragile, mais pourtant sérieux appui. Il ne lui reste, mais c'est assez, que Dieu, qui réformera et sauvera à son heure.

Au Comte de Montalembert

Saint-Benin d'Azy, 26 septembre 1868.

...Depuis mon retour je vais mieux, et je veux bien économiser pour être en état, s'il plaît à Dieu, de livrer une lutte électorale acharnée au Saint-Simonien Guéroult, dont je respire tous les jours, dans l'*Opinion*, pour me préparer, les vomissements impies et les sottises ineptes. Mais comment parler de moi et consacrer une page à mes petites épreuves, lorsque je pense aux vôtres, cher ami ! Quoi, vos yeux, votre meilleur instrument, sont aussi endommagés ! Il me tarde d'apprendre que vous êtes délivré au moins de ce mal. Vraiment vos maux ne sont comparables qu'à ceux de notre patrie, qui portant les plaies de 1848 a culbuté dans 1852 ! Vous guérirez, je le crois ; vous retrouverez une *vieillesse* forte et glorieuse, jusqu'au jour de votre naissance à une vie meilleure, sans laquelle celle-ci n'est ni explicable ni acceptable.

Mais notre pauvre pays ! quel moment ! Quel déclin ! Il n'y a que le choix entre le parti de l'échafaud et le parti de l'écurie ! En passant à Toulouse, le 22, j'y lisais dans l'*Emancipation* de la veille : « Demain les ateliers seront fermés pour la fête de l'*abolition* de la royauté », 22 septembre 1792. Suit un article froidement et stupidement sanguinaire en l'honneur de Robespierre et de Couthon, avec une invocation au soleil « qui entrait ce jour-là dans le signe de la Balance, « symbole de l'Egalité, comme si la terre et le ciel s'étaient

---

1. Ces lignes sont écrites aux premières nouvelles de l'insurrection d'Espagne, et avant que la nouvelle fût définitive de la chute et de la fuite de la Reine Isabelle (17 septembre, insurrection à Cadix. Ce n'est que le 30 septembre que le vote de la Junta déclarera les Bourbons déchus du trône).

« concertés ensemble pour fêter ensemble l'abolition de la
« tyrannie ». Puis j'arrive dans la Nièvre où dix-huit cents
créatures composées d'un corps et d'une âme, trouvent bon
d'envoyer, pour composer des lois et contrôler l'Empereur,
un grand garçon qui trotte à la portière chapeau bas quand
l'Empereur promène en voiture ses digestions ou ses rhumatismes.

Il est vrai, il y a aussi une renaissance libérale sérieuse,
exempte de socialisme et de servilisme. J'en ai vu partout
des symptômes heureux ; elle est notre espoir. Mais hélas !
n'est-ce pas cela même que l'on voudrait voir frapper
de foudres solennelles ! Une telle perspective fait frémir et
pleurer. Mais tenons ferme, ayons la foi ! La foi consiste à
croire malgré toutes les apparences contraires, à croire que
Dieu est bon, même quand il secoue notre pauvre corps, ou
nos chères affections, comme l'orage secoue la feuille de
l'arbuste, et à croire aussi que Dieu est sage, même quand
notre intelligence est confondue ; croyons à lui plus qu'à
nous-mêmes.

Il faut donc renoncer à vous voir de bien longtemps ? Vous
me parlez de passer tout l'hiver à la Roche-en-Brény. Je
ramène tout mon monde à Paris le 8 ou 10 octobre. Vous n'y
serez plus alors. Il se peut que M. Daru vous voie ; nous l'attendons dans ce pays le 30, il traversera donc Paris probablement lundi ; refaites dire chez lui que vous êtes rue du
Bac, et il viendra de suite. Vous aurez vu Albert de Broglie
qui devait être à Paris hier et aujourd'hui. J'ai engagé
François Beslay à tâcher de vous visiter au passage, en lui
reprochant de ne pas vous avoir envoyé le *Français*. Il en
sera désolé. C'est quelque bêtise d'employé inférieur. Ce
journal est encore un peu trop abonné aux teintes grises ;
pourtant il est varié, bien au courant, et il fait peu à peu
sa place, déjà très supérieure à celle de son prédécesseur ;
j'ai aux Pyrénées beaucoup de journaux, et je le trouve
déjà supérieur à la plupart, et très digne d'encouragement.

Je ne m'explique pas le retard du Mandement de l'Evêque
sur le Concile ; il était arrivé à un état très satisfaisant ; je
tremble des remaniements de la dernière édition de l'épreuve;
la note juste est bien délicate et bien nécessaire à donner.

En voilà assez pour votre fatigue, pas assez pour ma satisfaction ; je n'ai jamais fini quand je vous écris parce que ma
confiance dans votre jugement, ma sympathie pour vos

épreuves, la douce habitude de votre amitié, le plaisir de vous redire tout ce que mon cœur sent pour vous, ne tarissent pas et me semblent toujours à l'étroit.

AU COMTE DE FALLOUX

Azy, 30 septembre 1868.

...Je puis vous dire que Montalembert est à Paris pour faire soigner un de ses yeux endommagé par son cruel accident (1) ; et que l'Evêque d'Orléans est *incognito* en Belgique pour voir les Evêques de ce pays et causer du Concile, pendant que M. Hétsch est en Allemagne pour les évêques allemands. J'ai des lettres de ces deux illustres et chers amis...

Quant aux élections, j'en ai beaucoup entendu parler dans le Midi, notamment par des gens de Montpellier, de Toulouse, de Béziers ; les personnes que j'ai vues me disent que dans leurs collèges on ira à la bataille avec un candidat de droite et un de gauche, prêts à se réunir au second tour. C'est le jeu de Nîmes, qui ne réussit pas partout ; on trouve bien à assortir deux candidats, mais moins à rapprocher leurs amis, et il en résulte, surtout à droite, des abstentions en masse. Encore ce matin, un des curés les plus considérés de Lyon qui passait à Azy me disait : « Sans les abstentions, nous serions encore les plus nombreux. » Dans le Midi, et on l'a vu à Toulon, le parti *terroriste* le plus stupidement incorrigible sera le fléau des élections, et le complice des Préfets. A Paris, la *liste* est *faite*, à ce que l'on m'écrit, et j'ai toujours devant moi Guéroult, sans candidat officiel jusqu'ici. La lutte sera acharnée, et mon rôle serait délicat, si je n'étais bien résolu à tenir le langage le plus net. S'il y a division à gauche par une candidature ouvrière, ma bataille ne se présentera pas trop mal. Si votre santé vous le permet, passez quelques jours à Paris à la fin de novembre pour bien connaître ce qui se préparera là pour toute la France. Ah ! si vous aviez un collège et un succès, quel événement, et combien je le désire. Mais que d'autres événements nous verrons peut-être d'ici aux élections !

Au retour de son voyage en Belgique qu'il avait finalement poussé jusqu'en Allemagne, Mgr Dupanloup ayant arrêté défi-

---

1. L'état de Montalembert s'était considérablement aggravé par un accident de voiture survenu en Franche-Comté, où l'œil n'avait pas été seul atteint mais l'ancienne lésion des reins définitivement rouverte.

nitivement le texte de sa lettre sur le Concile, l'avait communiqué à Cochin,

A Monseigneur Dupanloup

9 octobre 1868.

J'hésitais entre deux avis à vous soumettre ; votre lettre de ce matin tranche la question.

J'aurais pu vous proposer un assez long remaniement. Mais vouloir trop bien faire aboutit à ne pas faire. Il vaut mieux publier votre lettre, telle qu'elle est, sans retard. Je vous la renvoie avec une dizaine de petites observations peu importantes, sauf peut-être celle sur le titre du paragraphe III. Vous jugerez.

Maintenant, le second avis que je vous conseille, si vous vous en sentez la force, ce serait de faire et de publier successivement deux autres lettres *spéciales*, l'une sur l'Eglise grecque et orientale, l'autre sur les protestants, chacune à l'occasion et *avec le texte* des lettres du Pape, si belles, sur les mêmes sujets. (Ne manquez pas de joindre le texte latin et français de la Bulle d'indiction à celle-ci).

Vos lettres seraient traduites, l'une en grec, en arménien, et en russe, l'autre en anglais et en allemand, et répandues parmi les schismatiques et protestants, en Asie, en Amérique, etc...

Mais il faudrait des lettres *bien spéciales*, allant à leur adresse, et très fortes, très touchantes.

Je vous conseillerais de faire venir le P. Gagarin et vos Mékhitaristes (1), pour préparer la Grecque, et de demander au P. Newman un travail pour la seconde, une longue lettre que vous pourriez soit insérer avec son nom, soit développer.

La série de vos lettres (et l'occasion peut venir de deux ou trois autres) pourrait former un volume à consulter par les membres du Concile, et en tout cas une préparation des esprits, une direction des polémiques.

Je ne puis rien, que revoir le style pour la *grecque*, mais de quel cœur je vous aiderais pour la *protestante*, pouvant consulter tant de belles âmes de ce côté !

Voyez si cette idée vous plaît, et si vous n'êtes pas écrasé. Il y aurait un mois, deux mois, entre ces lettres que ce ne

1. Moines arméniens, résidant alors à Paris, rue de Monsieur.

serait pas trop. Je ne bouge plus de Paris la semaine prochaine entière, et bien peu au delà.

AU COMTE DE MONTALEMBERT (1)

Plessis-Chenet, 19 octobre 1868.

Votre dernière lettre m'a laissé dans l'inquiétude sur l'état
de l'un de vos yeux ; je regrette que vous n'ayez pas consulté
M. L. L'oculiste X... est un bourreau vieilli ; je l'ai vu il y
a trois ans, persuader au comte Jaubert qu'il allait devenir
aveugle, et le pauvre malade d'imagination de s'affubler
d'un bonnet noir sur les oreilles, chassis bleus à doubles
verres sur les yeux, col relevé, cravate sur la bouche, dos
courbé, air tragique, comme s'il portait déjà le deuil du soleil.
Puis, il a vu qu'il voyait, et il voit. Cependant ces menaces
avaient eu le bon effet d'obliger le patient à laisser reposer
l'organe et à prendre quelques précautions. Je crains que
vous ne soyez assez courageux pour braver la prophétie, et
pas assez patient pour laisser reposer l'organe. Si vous vous
étiez foulé le poignet, vous laisseriez à votre main le temps
de reprendre ses mouvements ; vous vous êtes foulé l'œil,
donnez-lui du repos, et, dans les conseils de X..., mélangés
de définitions pédantes et de précautions pratiques, méprisez
la science, mais acceptez l'expérience. Qu'il me tarde de savoir que vous n'êtes plus incommodé de ce côté, car le corps
est une prison qui ne vaut que par les fenêtres. Vos lettres
me prouvent, cher ami, que dans cette prison habite votre
âme tout entière, sans une ombre d'affaiblissement, et j'espère toujours qu'acceptant votre longue épreuve avec cette
humble soumission à la volonté de Dieu qui est la vraie
grandeur morale du savant, du monarque, ou du pâtre, vous
la faites secrètement servir à votre gloire et à la leçon de la
postérité, en dictant vos *mémoires*, vos souvenirs et vos
prophéties. Vous avez pu croire que les grandes causes auxquelles vous vous êtes voué étaient tuées ; des signes commencent à montrer que ce que vous avez pris pour un crépus-
cule prématuré n'était qu'une éclipse, et vous pouvez, en
pleines ténèbres, affirmer le retour de la lumière, ou mourir
au moins, (comme le Chevalier des beaux vers d'Anne Proc-

1. Sur cette lettre Montalembert a écrit de sa main : « Très belle, touchante et utile ; conseille de faire un livre pour résumer ma vie. »

ter) (1), les yeux fixés sur celle que vous avez toujours aimée, la **Vérité** !

A votre place, je me recueillerais et je me résumerais dans un livre suprême ; si Dieu vous rend vos forces, ce livre sera le témoignage que votre rude expérience rendra à vos premières ardeurs ; sinon ce sera votre testament et le legs aux siècles futurs de la conviction la plus noble, la plus neuve, la plus forte, que ce siècle ait vu, la conviction de l'alliance nécessaire entre la religion, malgré Voltaire, et la liberté malgré Marat, entre la religion à la façon de Vincent-de-Paul. et la liberté à la manière de Washington. Qui fera cette œuvre si ce n'est vous? et dans quelles meilleures dispositions pouvez-vous être? Prisonnier de votre corps, maître de votre âme, recevant encore tous les échos du monde, et pourtant si élevé au-dessus du monde, si rapproché de la face de Dieu, par les rigueurs de la maladie?

Est-ce que c'est là un rêve? J'ai voulu vous le dire parce qu'il me poursuit et me revient sans cesse, en voyant par vos lettres qu'il plaît à Dieu de vous charger le corps de chaînes, en illuminant de plus en plus votre âme, qui gagne en hauteur sans perdre en vigueur.

Et moi aussi, vous le savez, j'ai un livre en train ; je voudrais vous le montrer ; il n'aura pas de succès, et pourtant je l'aime, il me fait du bien dans un temps où il est bon de regarder en dedans et en haut plus qu'au dehors. La vie que je mène peut rendre ce livre original, mais le condamne à demeurer imparfait, car il se compose entre l'industrie, la maladie, les soins de famille, les bonnes œuvres, entre le chemin de fer, l'inventeur de nouvelles machines, le marchand de soupe, l'ouvrier des secours mutuels, la vieille mendiante de la rue, le bon jeune homme du *Français*, l'auteur éconduit du *Correspondant*, la lecture à l'académie, la version latine de mes collégiens, et les fioles de l'apothicaire, puis, depuis un mois, les visites électorales et les prémices de l'horrible et humiliant métier de candidat.

Je ne suis pas un chêne, je suis un pommier en plein vent, que tout le monde secoue. Revenu à Paris, je m'aperçois bien que telle est à peu près d'ailleurs la vie de tous ceux que la paresse ou la bêtise n'ont pas engourdis. J'ai trouvé Albert de Broglie, entre son nouvel appartement à meubler, son der-

1. Il doit à Mme Hollond la connaissance de la poétesse anglaise.

nier fils à soigner, le second à conduire à Saint-Cyr, une élection à préparer, ayant cependant trouvé le temps de débiter
à ses Normands, un discours, que vous lirez avec joie dans
le *Correspondant*, et, ce qui est plus important, d'écrire une
note très serrée, très concluante, que je l'ai pressé de préparer
in petto sur les questions du prochain concile, parce qu'il est
le plus sage de nous sur ces questions ; vous la recevrez bientôt en communication. J'ai trouvé M. Daru, ayant eu à promener sa goutte aux bords du Rhin, l'anémie de sa femme
au bord de la mer, les restes hélas ! de sa fille en Nivernais,
la jeunesse de son fils en Orient, puis ses enquêtes électorales
en Normandie, composant de toutes ces épreuves un fond
assez noir à ses pensées, pour affirmer que nous aurons la
guerre au printemps, pendant (et pour dominer) les élections.
J'ai trouvé Léopold de Gaillard, courant de la rue de Tour-
non à Avignon, quittant les petits ennuis du *Correspondant*
et la haine de la Duchesse de Z... (dont elle aura moins de
peine à se défaire que de son manuscrit), pour constater à
Avignon que ses efforts pour l'*Union libérale* sont bien com-
promis par les terreurs des blancs et les fureurs des rouges
en sorte qu'on fait bien venir au pied de l'autel électoral le
marié et la mariée à savoir les candidats, mais impossible
d'amener les deux familles, à savoir les électeurs. J'ai trouvé
enfin François Beslay, enchanté de vous, content de son
journal, mais toujours obstiné par scrupule et tâtonnement,
non par nature, à ne tirer que des coups de fusil à poudre,
sans plomb ni balle, comme si un fusil était fait pour saluer
et non pour viser ; bien accablé d'ailleurs et bien méritant,
se jetant seul au milieu des ours et des couleuvres du journalisme, livrant son nom, son temps, son intelligence, son avenir, sans savoir si l'œuvre durera et grandira !

Que d'autres amis j'ai trouvé encore accablés, celui-ci par
la pauvreté, celui-là par la maladie, cet autre par l'ennui, cet
autre par les inutiles soucis de l'ameublement et de la parade ;
la vie de chacun est donc aussi compliquée que la mienne, et
je n'ai pas à gémir, mais à ramer en chantant. Je ferai cet
hiver tous mes efforts pour ramer de votre côté pour aller
vous voir, et Mme Cochin est de tout cœur dans ce projet ;
mais ma santé ne sera-t-elle pas « très dépourvue, quand
la bise sera venue ? » — Mon corps met bon ordre aux désirs
de mon esprit ; au moins je vous visiterai souvent par mes
bavardages, et mes prières, mon amitié fidèle, feront mieux

que vous visiter ; elles ne se sépareront pas un instant de vous.

P.-S. — L'Evêque n'a pas changé sa lettre. Je ne sais pourquoi, il retarde sa publication ; il devrait en faire trois, une aux français, une aux protestants, une aux grecs (1).

Au Comte de Falloux

Paris, 10 novembre 1868.

...Je ne viens pas en Anjou, comme j'en avais eu l'espoir tant de fois déçu. Mes enfants n'ont qu'un seul jour à la Toussaint, et ils travaillent si bien (Denys vient d'être premier en rhétorique à Louis-le-Grand sur 85), que je ne veux pas leur donner la tentation de tricher le règlement de votre successeur funeste, Duruy. Puis j'entre peu à peu dans la gestation électorale dont vous avez bien raison de me signaler les détails insidieux. A Paris on ne sait par quel côté du rivage faire son débarquement. Pour le moment, tous mes préparatifs matériels de listes, groupes, etc..., sont faits, je vois beaucoup de gens *autrefois* importants, *autrefois* actifs, mais je sonde un peu à l'aveugle tous les terrains tant les couches sont diverses et profondes. La gauche est dans l'anarchie, et les journaux n'auront pas tant d'influence qu'en 1863 ; voilà ce qui est certain. Les réunions débutent par des clubs ignobles, où je me risquerai, mais un peu plus tard ; à ce moment, ce serait m'offrir aux pavés sans nécessité. Le prince de Broglie gagne certainement du terrain, et je lui ai lu votre lettre pour le mettre en garde contre les trébuchets administratifs. M. Grimaud de Nantes, m'assurait ces jours-ci que vous n'auriez qu'à paraître à Luçon pour décider le succès, et telle est l'opinion de mieux informé que lui. M. de L... Ne vous refusez pas à cet appel, je vous en conjure, s'il vous reste quelques forces pour votre pauvre pays. Est-ce que les journaux disent vrai en annonçant un livre de vous ? J'espère que le *Correspondant* du 25 en recevra les premières pages. C'est moi *qui suis ce recueil* en l'absence de Gaillard. Nous dépassons maintenant six mille abonnés.

Trouvez-vous que le *Français* s'améliore et s'accentue ? Beslay est plein de talent ; vous l'aimerez quand vous le

----

1. La lettre pastorale vit enfin le jour et l'effet en fut très grand. Pie IX adressa à ce sujet à Mgr Dupanloup un bref reconnaissant, daté du 25 novembre (LAGRANGE, III, 91).

connaîtrez, mais trop seul, trop jeune, et environné de gens
qui le retiennent et l'effarouchent. Mais il grandira. Déjà le
journal a trois mille deux cents abonnés. C'est une œuvre
encore à soutenir sans se lasser.

Les nouvelles de Montalembert ne sont pas trop mauvaises ;
le mal principal est en période de décroissance depuis deux
semaines. Je ne puis pas vous donner de bonnes nouvelles de
M. Berryer : J'y suis allé ce matin encore, et il n'y a pas
péril ; mais depuis un mois l'état ne s'améliore pas. Il a
demandé à causer avec le P. de Pontlevoy, et n'est pas du
tout abattu.

Au Comte de Falloux

Mercredi 18 novembre 1868.

Avant tout, je veux vous parler de M. Berryer. Je viens de
recevoir ses adieux. Je veux croire, je crois qu'il peut encore
survivre. Hier il a reçu les sacrements, après s'être confessé
au P. de Pontlevoy. Il a mis ordre à ses papiers, et écrit une
partie de la nuit à M. le comte de Chambord. Ce matin il a
voulu, énergiquement voulu, partir pour Augerville, où sont
ses papiers les plus anciens, sa chapelle, la tombe de sa femme.
Il est parti à 3 heures ; il est en chemin de fer au moment où
je vous écris. Quel départ ! Un omnibus chargé de paquets
emmenait devant les vieux serviteurs, Henry Berryer, le
petit-fils, sa mère, Mme de Vaufreland, Mlle Outrey ; puis
un fiacre avec Moreau et Griveau, les secrétaires ; les affections, les affaires passaient d'abord.

Nous étions dans la cour, tête nue, M. Marie, Charles de
Lacombe, le comte Pozzo et moi, réunis par hasard, car ce
départ a été subitement voulu. Nous l'avons vu, cet illustre
ami, bien défait, et pourtant avec l'éclat de sa voix, la sérénité
de son sourire, et tous les beaux débris de sa puissante allure.
Il s'en allait souriant, comme s'il courait après l'air pur et le
soleil pour ranimer sa vie, et courageux, cordial, nous serrant
la main, nous caressant du regard, et nous saluant par nos
noms. Il s'est assis dans sa petite voiture, et près de lui a pris
place une jeune grande Sœur à la joue rose et à l'œil pur,
le soutenant en silence de ses blanches mains, et mêlant aux
plis du manteau du malade, les longues draperies de son voile
noir. Il est ainsi parti, et nous sommes restés en silence, les

larmes aux yeux, reprenant la vie et la trouvant plus lourde, mais rencontrant la foi et la trouvant plus belle, après avoir vu ce que nous venions de voir.

Combien je regrette que la ligne de Tours ne vous mène pas à Angerville ! Vous y seriez demain. Du moins télégraphiez à *Henry Moreau, station de la Bresse, exprès Angerville*, pour avoir des nouvelles, et si M. Berryer veut vous voir, écrivez de ma part à M. Turpin, chef de gare à Etampes, de vous retenir une voiture. Il se peut que l'air, le plaisir de revoir sa maison, la vigueur native et la volonté divine, soutiennent et raniment encore ce grand vieillard. Mais il est bien malade! Il est bien âgé ! Quelle belle vie et quelle fin vaillante !

Nous aurions bien voulu, le prince Albert et moi, aller à Rochecotte lundi, mais nous devions revenir, chacun pour nos devoirs ou affaires, et sans rémission. Nous avons vu l'Evêque, prêt enfin à faire partir sa lettre sur le Concile après plus d'un incident. J'y ai reçu une lettre de Montalembert, mal portant et mal content, parce que nous le prions de ne pas éclater avant le Concile. Je vais lui écrire longuement, pour le distraire plutôt que pour le convaincre.

L'historien de Montalembert a rapporté, avec la sincérité et l'émotion qui convenaient, les démêlés du grand homme et de ses amis. Soumis comme eux d'avance et absolument à l'autorité dogmatique de l'Eglise (1), — « ce qui l'effraie c'est la violence des partis qui semblent alors prédominer à Rome » ; il prévoit les dangers « d'une rupture entre l'Eglise et les sociétés modernes ». Et il veut parler. — « Je tiens, écrit-il à Mgr Dupanloup, qu'il faut servir la vérité, ou ce qu'on tient pour tel, contre vents et marée. » A moitié mourant, mais en possession de sa vibrante verve oratoire, il ne peut supporter la prudence de ses amis (2).

Une occasion lui sembla bonne : la révolution d'Espagne, et la chute de la monarchie absolue. Il veut en dégager les leçons. Il veut montrer que « la décadence de l'Espagne a commencé le jour où l'Eglise est devenue, sous Charles-Quint et Philippe II l'instrument et le complice du despotisme ». — De là son *Article sur l'Espagne* dont il va être sans cesse question entre lui et ses amis.

1. Voir à ce sujet l'admirable témoignage du Cardinal Mercier dans le discours qu'il a prononcé à Bruxelles en 1910, aux fêtes du centenaire de Montalembert (*Le Centenaire de Montalembert*, Paris-Bruxelles, 1913). Voir sur chaque point le livre du Père Le Cannet (III, 430 et suiv.).

2. A Falloux : « Je n'ai jamais rien valu, et ne vaudrai jamais rien que par l'épanchement public de mon âme, le jet vigoureux et spontané de ma pensée... » A Foisset : « Vous ne croyez pas qu'autre chose soit permis que de gémir entre soi et d'inonder ses amis d'un déluge de lettres confidentielles et plaintives ! »

Y eût-il quelque injustice dans les tempêtes du vieux lutteur blessé? Oui, sans doute. Mais comme il revenait vite à reconnaître le prix de l'amitié. Et que dire de l'ami vraiment tendre, qui supportait tous les coups, et même le silence, et écrivait si bravement, et non pas d'un ton « plaintif », mais avec la franchise du cœur, et parfois même, gaiement ! lui aussi il persiste « malgré vents et marée », dans l'amitié fidèle. Sans s'attacher plus qu'il ne faut au sujet brûlant, il reprend les événements de chaque jour, dont quelques-uns sont faits pour détourner la pensée du grand mécontent ; (telles la mort de Berryer, ainsi qu'on va le voir).

Au Comte de Montalembert

18 novembre 1868.

Continuez votre travail sur l'Espagne, achevez votre Autriche, complétez votre Irlande. Il faut faire ces portraits sur le vif, au moment même où les événements donnent tout leur relief aux scènes si ordinairement monotones de la vie terrestre, au moment où le peintre et l'historien reçoivent, en pleine figure et en pleine intelligence, les rayons de la vérité. Ces pages sont indispensables à l'histoire de cette grande révolution politique universelle, qui se poursuit, s'étend, s'achève, déplaçant partout l'axe ancien de l'autorité, et changeant le système politique du monde civilisé, pendant qu'une grande révolution scientifique produit, dans un autre ordre de faits des remaniements non moins considérables. Vous seul, parmi les catholiques, vous seul aussi parmi les libéraux, savez bien et voyez bien ces choses, et vous les devez à l'histoire. Voulez-vous transformer un document historique en une armée de guerre, en une œuvre de circonstance? Soit, mais alors considérez froidement où en est la guerre, ce que sont les circonstances.

Or, si notre patience, dans le cours des dernières années, a été tantôt méritoire, tantôt excessive, notre impatience à l'approche du Concile serait déraisonnable. Ce serait imiter la faute des libéraux extrêmes, qui font le jeu du gouvernement en relevant prématurément la théorie des barricades sous la forme de la souscription Baudin (1), six mois avant les élections.

1. On sait que les grandes manifestations, discussions, procès de la fin de l'Empire, eurent pour point de départ les honneurs rendus à la mémoire obscure du député Baudin, mort sur une barricade en 1852.

Quelle est la besogne utile ? C'est de se liguer contre les candidatures officielles, en ajournant les excitations et dissensions. Quelle est de même la besogne utile d'ici au Concile ? De ne pas donner lieu par aucune excitation aux foudres de là-bas et aux frayeurs d'ici, de rallier, de pousser, d'unir tous les évêques qui pourront servir, avec l'aide de Dieu, ce que nous croyons la vérité. D'ici là, on nous guette, et à la moindre parole on exagère l'incident... Qu'importe ; j'étouffe et je veux éclater ! J'entends ce cri, votre lettre m'en apporte l'écho éloquent, et j'ai besoin de tenir mon cœur bien serré pour ne pas éclater aussi.

Dans ma vie peu féconde en événements, j'ai fort endommagé ma carrière terrestre ; je me suis à jamais revêtu d'impopularité cléricale pour avoir éclaté ! J'avais médité, et j'ai toujours sur les lèvres ce beau mot de Shakespeare :

> Conscience makes cowards of us all.
> The native hew of resolution
> Is sicklied o'er with the pale cast of thought (1).

Je ne regrette pas d'avoir préféré l'action aux scrupules, et je vous comprends du reste, cher ami. Seulement, depuis que j'ai dû me résigner à peu briller dans la vie, j'ai demandé à Dieu la grâce de beaucoup servir, et je me demande à quoi servirait en ce moment un cri de vous. Ce serait un de ces coups de fusils que les meilleurs soldats laissent partir dans la nuit, qui ne tuent personne et préviennent l'ennemi.

Attendons la mêlée. Vous rappelez 1828, mais il a été suivi d'une encyclique, et 1862, mais il a été suivi d'une seconde et de pénibles soumissions, plus pénibles que le silence. Nous ne parlons pas seuls, on nous donne la réplique. Que l'on sache que vous aimez la liberté, c'est un bien, mais qu'on ne puisse le savoir sans que Rome le condamne, c'est un mal qui dépasse de beaucoup le bien. D'où je conclus, qu'il est utile, essentiel, de préparer votre volume et d'y faire comparaître l'Espagne.

Je ne crois pas utile de la pendre à la même potence que l'Autriche, en plein jour de la publicité, sous les fenêtres du Vatican, pendant que les moines de la *Civiltà*, derrière leurs lunettes, forgent les fers qu'ils comptent mettre à nos idées ; fers que le Concile brisera, mais que lesdits moines aime-

1. Shakespeare, *Richard III*.

raient tant à essayer sur vos phrases. Je ne crains rien ! —
dites-vous. — Oh ! vous avez bien raison ; ni moi non plus,
je ne crains rien pour ma personne, tout pour ma cause.
Captif des événements, captif de votre maître, captif de
votre corps souffrant, il est bien dur de porter cette triple
et lourde chaîne, et il le faut pourtant, cher ami, surtout à la
veille du jour où les premières murailles vont être ébranlées,
l'une par les élections, l'autre par le Concile, et toujours
si près de l'heure où la troisième peut tomber en poussière.
Je vous conjure d'être patient par une autre raison, qui me
coûte à vous dire.

Nous nous disons toujours : Je sortirai de la contrainte,
mais je ne sortirai pas de la foi ! Tant mieux, si nous réussis-
sons à faire en nous ce partage difficile, mais sachons bien
que nous pouvons, que nous sommes exposés à faire sortir
de la foi d'autres que nous, par notre exemple. J'ai été
effrayé hier de la douleur sombre de notre éloquent et courageux P. Hyacinthe. Nous parlons bien à notre aise, entre
notre femme et nos enfants, mais ce que nous disons s'ajoute
à ce qu'il pense dans sa cellule, lui qui a rasé sa tête et vêtu
son corps pour Jésus-Christ ; nous l'excitons sans le vouloir,
et le jour pourrait venir où sa robe le brûlerait ! Prenons
garde ! Ah ! le côté politique de notre foi est bien pénible,
mais le côté mystique a-t-il cessé d'être tout céleste? J'ai vu
il y a une heure et j'en suis encore tout ému, monter en voiture Berryer mourant. Hier il a reçu les derniers sacrements ;
ce matin il a voulu, malgré tous ses amis, partir pour Angerville. J'ai vu ce départ. Un vulgaire omnibus emmenant par
devant deux ou trois dames dévouées et des secrétaires, les
vieilles affections et les vieilles affaires, menaient le cortège ;
puis la pauvre belle-fille et le petit-fils dans une seconde voiture avec les fidèles serviteurs. Puis dans la petite voiture
qui le portait si souvent à la gloire de l'audience et de la
tribune, s'est placé le grand vieillard, ferme encore, souriant
au soleil et à nous, protégé, lui qui fut le protecteur de tant
de faibles, par une jeune Sœur qui s'est assise auprès de lui,
soutenant de ses mains pures, le maître chancelant. Je veux
croire que nous le reverrons encore, mais s'il meurt après une
vie si enviable et si longue, je n'oublierai jamais cette vision
de la foi, dans un jeune visage, gardant la gloire et survivant
aux affections, aux opinions, aux affaires. Oui, ce côté divin,
toujours nouveau de la foi, me cache le côté des idées ca-

duques et des colères iniques ; et vous ne serez pas surpris qu'un tel spectacle m'ait inspiré un si long sermon sur la patience adressé à vous, pauvre patient si patient, par un héros que la colique réduit si souvent fort au-dessous de ses encourageantes paroles.

On ne voit cette semaine que cortèges funèbres. Havin pieux dans la Manche, impie dans la Seine, a la chance de mourir dans la Manche avec toutes les bénédictions d'un Evêque qui n'est pas difficile ; enfin puisqu'il est bien mort, félicitons-nous surtout qu'il *soit bien mort* et qu'on n'entende plus parler de ce vieil apothicaire voltairien. Puis Rothschild, qui répondait encore il y a un mois à une demande : « Je ne puis pas souscrire comme mon fils, parce que, lui, il a un père très riche, mais moi, je ne l'ai pas. » Le voilà mort aussi et suivi d'une foule qui atteste la puissance de l'argent. Et Rossini ! mais *Guillaume Tell* vit toujours.

Nous revenons de Montluçon, le prince Albert et moi ; nous avons trouvé votre lettre à Orléans, nous l'avons lue avec l'Evêque. Chacun vous dira son avis semblable par des motifs dissemblables. Le mien vous semblera lâche ! Dites-moi que vous ne m'en voulez pas. Votre lettre m'a tant remué. Mais il faut se faire violence.

Qu'il faisait froid à Montluçon, et qu'il doit faire froid à la Roche ! Ce serait bien le cas d'écrire avec mon chapeau sur la tête ! Je crains que vous ne soyez pas assez frileux et que cela ne vous fasse mal. Rappelez-vous le mot de Tocqueville « La vieillesse est un voyage vers des régions de plus en plus froides. » et il conclut aux croyances, et au poêles, pour se réchauffer le dedans et le dehors. Tenez : je me figure qu'en ce moment je suis chez vous, que je descends pour dîner, que ma bougie s'éteint dans les corridors, que je me carambole dans les fausses portes et les bizarres escaliers ; et je grelotte. On dira ce qu'on voudra de l'Italie, un pays qui a produit les meilleurs ramoneurs, et Rossini, est inestimable !

P.-S. — Je n'ai pu voir encore la duchesse de Galliera. Beslay est bien content de votre petit mot, et il en est bien digne.

Au Comte de Montalembert

Paris, 2 décembre 1868.

Je trouve tout simple, que votre santé, réduisant à si peu d'heures votre action quotidienne, ne vous permette pas de m'écrire ; et pourtant je suis plus privé qu'à l'ordinaire de ne pas recevoir de vos nouvelles, parce que j'ai peur de vous avoir affligé par ma dernière lettre. L'amitié est inquiète quand elle est tendre, et je serais si désolé de vous avoir été désagréable ! Les vérités que je vous dis ne vous déplaisent jamais, car vous avez la passion de la vérité ; mais la forme peut être plus ou moins bonne, et il faut beaucoup pardonner à un homme qui se précipite dans tout ce qu'il fait, et écrit une lettre du train dont un cheval galope.

Dites-moi donc par un mot que je ne vous ai pas mécontenté, et jugez de mon affection par mon scrupule autant que par ma franchise.

Hélas Berryer est mort ! et nul ne remplacera parmi nous ce type élevé de la race humaine ; il s'est défendu contre la mort comme il avait défendu tant de condamnés, il a obtenu des délais, pendant lesquels il a pu apprendre que toute une nation, comme une famille, était attentive à ses derniers instants. Puis il a présidé lui-même à ses suprêmes journées, comme si son âme avait accompagné son corps au tombeau ; elle, vivante et lui déjà mort. Falloux, arrivé hier, nous a raconté tous les détails de ce beau coucher d'un soleil que n'avait obscurci aucune nuée jusqu'au grand moment, dont ce pauvre Falloux, si malade lui-même, a été le secourable témoin. Envions une telle mort, précédée de tant de gloire, saluée de tant de regrets.

Lundi, les funérailles présidées par l'Evêque, avec des discours du duc de Noailles, de M. de la Ferté et de M. Marie.

Le jour où s'éteignit une si grande voix, une autre retentissait sous les voûtes de Notre-Dame qui vous eût bien remué. La pensée du P. Hyacinthe est de plus en plus solide, large et hardie, et l'éclat de sa forme de plus en plus soutenu. Il a été admirable en définissant l'Eglise, puis en y appelant, y comprenant toutes les âmes de bonne foi, toutes celles qui peuvent redire cette parole vraiment sublime du P. Newman *« J'ai commis bien des fautes dans ma vie, mais je n'ai jamais péché contre la lumière ! »*

Je vous en prie, dites-moi que vous ne m'en voulez pas'
et que ni votre cœur, ni votre corps ne vous imposent le silence vis-à-vis de moi. Je vois bien que ni Falloux, ni Albert
de Broglie, ni Mgr Dupanloup ne vous ont écrit ; ils ont laissé
partir la flèche de mon arc innocent, les vieux diplomates !
et c'est sur moi, qui n'étais pas même dans le complot du
bon Foisset, que votre déplaisir tombe. Mais en vérité, je ne
le mérite pas du tout, et je le redoute extrêmement. Deux
conditions qui vaudront une indulgence plénière à votre ami
dévoué.]

A Monseigneur Dupanloup

3 décembre 1868.

Hier, je vous écrivais que vous ne pouviez manquer aux
obsèques de M. Berryer, et je reçois votre lettre qui me dit
qu'on vous presse d'y parler. Voulez-vous me permettre de
vous dire, bien entre nous : que devant une tombe, la prière
est tellement au-dessus de la parole, qu'à mon avis vous avez
à présider aux prières et non à prendre part aux paroles. Il
ne faut pas exagérer. L'honneur, l'éloquence, le barreau, la
royauté, sont en deuil ; la religion a protégé le protecteur de
tant de faibles ; elle est aujourd'hui l'avocate, *advocata nostra,*
de cet incomparable avocat ; elle prie pour lui, et c'est, ce
me semble ce que cet illustre ami vous demande, plutôt qu'une
oraison funèbre. C'est au ciel que vous avez à parler, non à
la terre. Voilà du moins, Monseigneur, mon humble avis,
quel que soit le respect passionné que m'inspire, cette noble
mémoire, dont votre parole, humainement parlant, augmen-
terait tant la gloire. Si, cependant vous êtes d'un autre sentiment, si l'on vous presse trop, je m'incline bien entendu, et
je vous rends grâce de ce nouvel effort. En ce cas, pour les
détails sur la fin chrétienne, c'est à Falloux qu'il faut demander
des faits ; ils sont admirables ; notre ami me les a racontés
hier à Paris ; il est retourné à Angerville, et il est en ce
moment à Rocheplatte.

Que si vous désirez quelques idées à ajouter à celles qui
abondent de votre cœur sur vos lèvres, cela est facile ; l'ins-
piration vient à flots, avec les larmes, devant une si grande
existence terminée comme le coucher d'un soleil paisible.

Veuillez, si vous le désirez, m'écrire samedi, et je vous
enverrais ce que Dieu m'inspirerait. Mais j'ai voulu vous dire
d'abord mon intime impression.

A Monseigneur Dupanloup

Vendredi soir, Paris, 4 décembre 1868.

Comme je vous ai écrit hier mon sentiment confidentiel, je dois avec la même sincérité vous dire que je vois une grande attente, et de bien des côtés le désir ardent que vous mettiez le cachet de votre parole sur cette grande tombe. Que si vous vous décidez, envoyez-moi une dépêche demain matin pour peu que vous ayez besoin de moi ; j'irais par exemple chez Mme de Rocheplatte (1), dimanche matin, si vous y veniez. L'assistance sera *immense*, composée de tous les parleurs de France, et si vous élevez la voix, ce doit être *court*, car tout le monde sera pressé, à jeun, dehors, et vous ne pouvez faire une oraison funèbre ; mais ce doit être *sublime*, tout bonnement ! — Je persiste dans mon impression, bien qu'elle m'expose à être lapidé par bien des amis, si vous me trahissez.

Mais si vous vous décidez, encore une fois, je suis à vos ordres avant tout, pour vous et pour ce grand cœur.

Au Comte de Montalembert

Paris, 18 décembre 1868.

Je ne sais comment je ne vous ai pas écrit depuis votre dernière lettre si bonne, si tendre, si triste. Voyez ! Quand vous ne m'écriviez pas, j'étais inquiet, et après une si excellente lettre, comme je suis ingrat ! Mais mon silence est bien involontaire. Il y a quinze jours je partais pour Orléans, afin de décider et d'aider notre ami à venir à Angerville. J'ai passé une journée bien émouvante, mais bien fatigante dans ce beau lieu triste, où j'avais vu Berryer si puissant encore et si vivant au mois d'août. De loin vous avez assisté à ce convoi historique ; vous en avez appris ou lu tous les détails ; vous ne sauriez vous faire une idée sans l'avoir vu de ces deux grands spectacles : cette bière parée de la seule robe noire de l'avocat ; cette foule unie par le seul et même respect de l'honnêteté. Mais les paroles ne ressusciteront pas ce puissant esprit, sorte de *pont royal* entre des rives que sa mort laisse à jamais divisées.

L'Union libérale n'existe plus même à Marseille, et, depuis l'affaire Baudin, la fraternisation de la gauche et de la droite

1. Au château de Rocheplatte par Puiseux (Loiret).

semble au pays une violence sans réalité. Les circonstances de 1848 se refont dans les esprits. Voici des changements ministériels sans autre signification que la prépondérance croissante de M. Rouher, sorte de grand électeur, qui va, dans la courte session prochaine, élargir tous les fossés, exciter, effaroucher, partager le pays en un vaste troupeau de moutons, et une petite bande de loups.

Je crois pourtant qu'un certain nombre de candidats nouveaux pourra passer, et je commence à espérer que le prince de Broglie sera du nombre. Quant à moi, je me prépare activement à lutter contre le Saint-Simonien Guéroult, sans illusion, car il est propable que les flots de la *mer rouge* se refermeront sur moi ; mais partout, la bataille est possible, originale, sérieuse ; et je m'y livre tête baissée, *jumping in the dark*, parlant, agissant et usant de mon reste de jeunesse.

Ma pensée intime est que la génération à laquelle j'appartiens est sacrifiée ; nous n'avons pas pu goûter aux plaisirs, et aux gloires de votre génération, et déjà la plus jeune s'apprête à nous passer par-dessus les épaules. Si du moins nous pouvions nous consoler en voyant à défaut de nos personnes réussir nos idées ! C'est là je le vois bien, cher ami, l'épine et la croix plus perçante et plus pesante, que tous vos supplices. Ah ! si vous pouviez souffrir, en assistant au triomphe de vos chères idées, vous diriez comme une pauvre enfant malade, dont me parlait hier Adolphe Dechamps : « La foi était une lumière qui éclairait mes pensées, la souffrance est un feu qui brûle mes fautes, et je sens Dieu plus près encore en souffrant qu'en croyant. »

Mais votre âme souffre plus que votre corps. Nous sommes tous comme saint Thomas, nous voudrions bien croire, mais aussi *voir*, et Dieu nous terrasse par ces mots : *Beati qui crediderunt et non viderunt.* Croire sans voir, — c'est comme devenir aveugle, et pourtant il le faut !

Je voudrais, puisque vous ne pouvez être consolé ni soulagé, que vous fussiez au moins distrait. Je voudrais vous voir revenir à Paris. Je suis peu poli pour Mme de Montalembert et vos filles, en insinuant qu'elles ne vous amusent pas assez, et je me hâte d'ajouter que c'est certainement votre faute.

Mais elles-mêmes s'amuseraient peut-être plus dans ce Paris, que l'on maudit et que l'on aime, et nous tous, vos amis, nous remplacerons avec avantage, le vent qui souffle,

les feuilles qui tombent et tout le morne appareil de l'hiver
au milieu des champs.

Revenez donc bientôt, cher ami, nous vous forcerons à ne
pas toujours garder les yeux sur les mêmes horizons, comme
un capitaine qui a perdu son navire et ne peut se détacher de
la plage où il l'a vu sombrer. Nous vous parlerons de mille
autres côtés de la vie qui demeurent supportables ou gais.
et à vos tristes pensées nous mêlerons quelques détails heureux...

Venez ! Ne vous découragez pas de vivre, même d'une vie
si diminuée, et si vous avez été abandonné par la gloire, bien
moins d'ailleurs que vous ne le supposez, confiez-vous à la
tendre affection de tant d'amis, dont je suis le dernier mais
non le moins fidèle.

Il s'attache de plus en plus à l'idée de ce livre les *Espérances
chrétiennes*, dont il veut faire une apologie de sa foi, non pour les
philosophes, mais pour tout homme intelligent et tout esprit
cultivé. Cela le mène pourtant à la lecture des philosophes.

A MADAME AUGUSTIN COCHIN

29 décembre 1868.

...J'ai travaillé encore et toujours le duc d'Argyll (1), et
non pas pour lui, mais pour moi. Je me complais et je m'applique dans cette veine philosophique dont l'état des esprits
ne me permet pas de ne pas tenir compte dans mon livre.
Je trouve que les philosophes se font bien petits garçons
devant les prétendus savants, comme si nous ne connaissions
pas plus à fond notre esprit que nous ne connaissons la viande
du cadavre ou le rayon de planète.

C'est une équivoque d'appeler exclusivement expérience,
des yeux et des mains. Dieu veuille me donner le talent nécessaire au succès de mes efforts pour le faire bien connaître et
servir.

Il finit l'année avec Montalembert.

1. *The Reign of Law*. Ce livre paru en 1867 avait eu en Angleterre
de multiples éditions. A. C. donna à son sujet une lecture à l'Académie
des Sciences morales ; (reproduite dans son volume : *Conférences et Lectures*).

Au Comte de Montalembert

La Roche, 31 décembre 1868.

Votre pensée est bien présente à mon cœur, au moment où commence, au moment où finit une année. Vos épreuves ont fait partie de mon fardeau, vos exemples et vos opinions ont fait partie de mon trésor pendant les mois qui viennent de s'effacer de notre existence, et à cette heure favorable aux regards en arrière, je ne rencontre aucun nom qui ait eu plus d'influence dans ma vie, qui ait pris une plus large part dans mon cœur, que votre nom. Toujours optimiste, avec une obstination que les années et les événements ont peine à user, je regarde l'année 1869 avec une certaine joie. Les défaites seront peut-être nombreuses, mais les combats seront grands. En Angleterre, une opinion triomphante prépare la fin d'une injustice séculaire, la première qui ait enflammée votre âme d'une généreuse indignation. En Amérique un flot non moins puissant, portant au pouvoir un vainqueur pacifique, assure la fin d'un conflit qui a menacé de ruiner une des plus grandes espérances de la terre. Un Concile se prépare à Rome. Il y aura, enfin, en France, une grande bataille électorale et quelqu'en soit le résultat, sans doute peu favorable à nos amis, nous aurons cependant à voir en mouvement, et partout, la force civique et non pas toujours la force dictatoriale. Je ne parle pas de la question d'Orient, qui fera peut-être un pas vers l'enterrement de la Turquie, le dénouement de ce drame qui peut-être intitulé : *Le cadavre récalcitrant* et *les fossoyeurs dans l'embarras.* La résurrection de cette Grèce, que vous venez de saluer d'un vœu si fidèle.

Je m'éveille à 1869, comme on s'éveille au jour, après une nuit mauvaise, en disant : La journée peut être désagréable, ce sera pourtant la vie, le combat, le spectacle, et non le sommeil dans les ténèbres. Relevez donc, cher ami, votre tête fatiguée, et si vous ne pouvez pas vous préparer au combat, préparez-vous au conseil et au spectacle. Revenez, revenez nous inspirer le souffle de votre indomptable ardeur, et nous exhorter à la lutte sans espoir, à la lutte désintéressée du succès. Je place au nombre de mes désirs les plus vifs et de mes espérances les plus fermes l'attente de votre rétablissement ; mais la campagne ne peut plus vous faire de bien, et l'ennui peut vous faire du mal. Que tardez-vous davantage ?

Je prêche pour Paris, et pourtant je suis venu moi-même aux champs pour passer en paix une semaine que le vent et la pluie ont fort contrariée. Nous y aurons sans doute demain la visite de votre neveu Herman, qui ne dédaigne pas mes modestes lapins. Le jour de Noël, dans la soirée, nous avions rue de Grenelle, chez Mme de Mérode, un très gai réveillon, où figurait votre autre neveu Geoffroy ; glaces, gâteaux, beaucoup de gaîté. Nous avons fini la soirée chez Mme Hollond, où nous avons beaucoup ri du *Merry Christmas* qui s'offrait à nos yeux. Robert, en manches retroussées, cuisinait un vin chaud, mêlé d'œufs et de sucre, en poussant des rires formidables. Odilon Barrot, comme un jupiter en gaîté, tenait un verre à la main. Deux petites anglaises, l'une longue et à ressort, l'autre ronde et pelotonnée, (Miss *Latte* et miss *Chatte*, si vous voulez), entouraient le saladier de porcelaine de chine, où fumait le vin chaud, avec un jeune *esquire* correct et insignifiant, et un vieux médecin humoriste ; un roquet défendait le groupe d'une voix enrouée. Mme Hollond errait, comme une pâle étoile, au-dessus de la bergerie, où nous figurions assez mal l'arrivée des Mages.

On riait de même et plus fort dans bien des maisons, en Angleterre et au Canada, à New-York et à Rome, à Moscou et à Pékin pour fêter Celui qu'on s'obstine à déclarer mort, enseveli par la critique, enterré par la science, tandis qu'il est toujours assurément la grande espérance et la plus pure joie de tous les hommes. Rue de la Ville l'Evêque (1) et rue de Grenelle, nous avons parlé de vous, de Mme de Montalembert, de vos filles, et nous avons voyagé en esprit jusqu'à la Roche. Il nous semblait vous voir autour de la grande cheminée, et rire aussi malgré vos misères, rire et pleurer. De quel cœur je vous ai recommandé aux hommes de bonne volonté !

Voici une bien longue lettre, et je m'aperçois qu'elle ne contient rien qui puisse vous intéresser, ni nouvelles de la politique, ni bruits de l'Académie, ni souvenirs du monde. Décidément je compte beaucoup sur votre amitié, puisque j'en suis venu à vous écrire pour le seul plaisir de vous écrire, avec la présomption de croire que vous recevrez, comme si j'étais un neveu ou un filleul, mes souhaits de nouvel an, sans les prendre pour une prose d'almanach et une ritournelle de facteur qui demande ses étrennes.

1. Où habitait Mme Hollond.

XV

C'est une année lourde, l'année des élections législatives, un
effort épuisant, où Augustin Cochin a vraiment usé sa vie. Malgré
l'appui enthousiaste d'une belle foule d'amis, il a vu s'évanouir
le rêve, dès longtemps caressé, d'avoir la parole pour sa foi et
ses convictions ; — de multiples épreuves s'ajoutent encore à
celle-ci.

On ne trouvera pas à cette année-là de début plus approprié
qu'une lettre à un de ses amis de jeunesse dans une circonstance
qui évoque la pensée la plus mélancolique.

A THÉOBALD DE SOLAND

Janvier 1869.

Comme je vous plains ! Je n'ai eu dans ma vie qu'une
envie sans mesure ; c'est le bonheur d'avoir une mère !... et
de toutes les tendres et saintes mères de mes amis, je m'étais
composé comme un idéal de celle que j'ai perdue en naissant.
La vôtre, qu'elle est bonne, simple, tendre, forte ! Une
partie de votre destinée meurt avec elle et vous ne retrou-

verez plus la même vie ici-bas, n'étant plus réchauffé par les
mêmes affections. Au moins vous avez eu la rare faveur de
garder longtemps cette bonne mère et rien ne manque à la
confiance que vous avez dans sa place auprès de Dieu. Les
plaintes sont donc permises, pas les murmures, et en vous
plaignant d'avoir perdu un tel bonheur, je remercie Dieu
avec vous de ce qu'il vous en a laissé jouir si longtemps.

A vous de tout cœur, surtout quand vous êtes affligé.

Au Comte de Falloux

> 22 janvier 1869.

Je vous soupçonne de me soupçonner, — (Quel vilain
sentiment !), de n'avoir pas *voulu* répondre à votre dernière
lettre et en vérité je n'ai pas *pu* ; je vous l'expliquerai tout
à l'heure, mais avant tout, je veux vous dire que Montalembert est arrivé. Je l'ai vu hier ; les yeux sont mieux, le teint
est bon, le visage plutôt engraissé, et je suis surpris autant
qu'heureux de cette vitalité qui triomphe d'un si affreux
mal, toujours invariable. Vous avez eu la preuve de cette
énergie dans les trois cents pages qu'il vient d'écrire sur
l'Espagne.

Nous n'avons pas besoin de nous voir, Albert (1), vous et
moi, pour penser la même chose, au même moment, sur les
partis graves. Donc sachez que cet éloquent et imprudent
article nous a causé la même inquiétude qu'à vous. Le Prince
de Broglie s'est jeté à la tête, moi au cou de notre ami, l'un
l'a raisonné, l'autre a tâché de l'émouvoir.

Nous lui avons tristement mais courageusement remontré
que sa flèche allait directement aux pieds de Pie IX, et serait
ramassée par les écrivains de la *Civiltà*, qui guettent une faute
de notre côté pour user de leur influence, et frapper les personnes, ce qui n'est rien, mais les idées, ce qui est lamentable ; elle va plus loin, cette flèche, elle sera menée par le
vent qui règne jusqu'à Notre-Seigneur lui-même, flagellé
tous les matins avec un redoublement ignoble. Qu'on
ajoute une lanière au fouet, croyant comme Montalembert, quel malheur, et pour quel bien?... Vous pouvez
imaginer ce que nous avons ajouté. Notre ami toujours
si généreux a accepté de s'imposer silence pour ne pas nous

1. Comte de Rességuier.

affliger. Mais nous avons bien vu hier que nous l'avions vaincu, mais profondément contristé ! Toutes ses paroles tendent à reprendre la concession qu'il nous a faite, cela est trop évident, et à publier en dehors du *Correspondant*, ce qui ne remédie à rien. C'est la publication même qu'il faut arrêter, ou remanier profondément.

Je lui ai dit votre avis, je lui ai même lu deux ou trois phrases de votre lettre. Vous ferez bien d'insister hélas ! cela est aussi important que douloureux, lorsqu'on pense à l'effort que ce travail a dû lui coûter. Il est bien vrai que nous avions sonné l'alarme dès que nous l'avions su à l'œuvre, et qu'il a continué malgré nos cris, ce qu'il pourrait bien faire encore pour la publicité. Il est admirable de douceur, de généreuse amitié pour nous, mais il brave les trous qu'il connaît, absolument comme s'il ne les voyait pas et n'y était jamais tombé. Insistez après avoir tout lu.

Je ne vous ai pas écrit, enfin, cher ami, parce que depuis un mois j'ai fait une longue brochure sur les affaires municipales de Paris (1), qui va paraître ; une dissertation contre les matérialistes que je fais lire à l'Institut (2) ; et préparé six discours ou conférences, dont trois sont débitées et trois à venir.....

Voilà ce que fait ma tête au-dessus des flots, pendant que mes bras nagent dessous dans des conseils industriels. Il ne m'est plus vraiment resté de temps pour aller vous voir ou pour vous écrire. Je m'excuse et j'ai l'air de me vanter. Vous prendrez tout cela en bon ami et me pardonnerez.....

M. Guizot est arrivé : c'est dire que l'Académie est en mal d'enfant. M. d'Haussonville paraît sur toutes les listes. Il me semble que M. Guizot préfère Pontmartin à Champagny. Vous êtes sans doute tenu au courant.

En février, il fait un petit voyage d'affaires rapide.

A Madame Augustin Cochin

Février, Chauny, vendredi 1869.

Je ne vais pas mal. Ne soyez pas inquiète. N'oubliez pas la quête de l'hospice Cochin... Comme je vous charge ; mais comme je vous aime.

1. *La Ville de Paris et le Corps législatif*. Il en sera question plus loin
2 Sur le livre du duc d'Argyll (voir plus haut p. 210).

Chauny, Samedi.

Le voyage d'hier a été sans fatigue. J'ai l'esprit clair et le corps alerte. Ne vous inquiétez donc pas. J'arrange mon temps pour ne pas être fatigué. Je ne serai à Saint-Gobain que demain ; je n'arriverai à Paris que lundi. S'il survient quelque incident, télégraphiez-moi. Il fait un temps superbe. J'espère que Denys va bien. Je l'embrasse avec ses frères et vous.

On retrouve cet hiver-là la suite des lettres,

A Madame Augustus Craven

22 février 1869.

Tous les revenants de Rome assurent que vous ne viendrez pas cet hiver à Paris ! Avant-hier nous étions, Mme Cochin et moi, chez Mme de Blacas, dans ce salon, dans cette serre chaude revêtue de soie rouge que vous connaissez bien, où se conserve votre cousin Xavier avec son visage charmant et dévasté, où s'épuise votre courageuse et intelligente cousine Félicie, où se dressent en silence leurs enfants, lys purs et sauvages, où règne enfin votre imposant et inoffensif cousin Stanislas. Dans le salon voisin, le satin qui crie et les voix qui murmurent annoncent, comme par un bruit d'ailes, l'arrivée des quatre âmes qui vous aiment, inégalement douées et parées, à des hauteurs inégales, d'un plumage gris, noir, gorge de pigeon ou feu vif : Mmes de Brézé, de Nadaillac, de la Ferronnays, et de Mun. A peine est-on assis en rond autour du petit autel domestique, où la théière bout en face du sucrier, que toutes les voix parlent de vous, absente, et vous voilà descendue, quoique invisible, au milieu de nos entretiens. Consternation générale ! « Elle ne viendra pas, « elle nous dédaigne, ses persiennes restent sévèrement fer- « mées ; elle tient à Rome une cour internationale qui suffit « à son cœur ; et le soleil de Castagnetto, au printemps, « aura plus d'attrait pour elle que le gaz des Champs- « Élysées éclairant les vieux arbres malades qui ombragent « le théâtre de Guignol. »

Je n'ai pas pris mon parti de cet arrêt impitoyable, et je me suis promis de protester, de vous supplier, et si ma lettre n'a aucune vertu sur vos décisions inconstantes, elle aura du moins le petit mérite de vous dire, quoique vous n'en doutiez pas, que nous pensons à vous et que nous vous désirons.

Il revient déjà de Rome deux classes de voyageurs : les pieux mondains et les pieux politiques. Les mondains racontent que le Pape se porte très bien, que les zouaves sont charmants, que jamais l'hiver n'a été plus gai, que les étrangers, surtout les Français et les Américains, surabondent, que la cuisine est en progrès dans les hôtels, la propreté en espérance, et que l'on mène une vie douce entre les bénédictions, les admirations et les récréations.

Les politiques assurent que la caisse se vide, que le gouvernement ne s'améliore pas, que l'armée coûte trop cher et que la conservation de la royauté du Successeur de Pierre continue à exalter les dévots, à exaspérer les impies et à unifier les Italiens. Ils ajoutent deux mots du Concile, le montrent préparé, à côté du collège des cardinaux, par un collège de journalistes, dans les desseins les plus imprudents et les plus mystérieux. Vous qui voyez et entendez, ditesnous donc tout cela, et, si vous ne venez pas, écrivez.

J'espère que ma belle-sœur, son mari et sa très charmante fille auront le plaisir de vous voir. Si vous voyez M. Longfellow (1), dites-lui que je me suis donné le grand plaisir de faire une conférence publique sur ses poésies. Je vous recommanderai bientôt, si vous le permettez, mon ami M. Sallantin, conseiller à la Cour de Paris, ancien chef de cabinet de M. Barrot, un de vos lecteurs enthousiastes, magistrat sans lourdeur, aimable, instruit, fier, pieux, sensé, un échantillon de ces chrétiens français que le grand monde ignore, et que vous avez charmés par le *Récit d'une sœur*.

Un mot sur Montalembert : le mal est le même, la vigueur la même, l'amère éloquence la même, et Dieu nous le conserve, enchaîné, mais vivant.

La lettre suivante commence par une grande condoléance du groupe ami sur la mort d'une femme d'un rare mérite, dont le salon avait été une des renommées du faubourg Saint-Germain.

Puis il est question de la brochure sur la Ville de Paris, et la transformation que poursuivait alors le préfet Haussmann. Cochin

1. Le célèbre poète américain parcourait l'Europe. On le verra à Paris plus tard en saison.

approuvait en principes les grands percements, la distribution d'air et de lumière. Il concluait ainsi : « La transformation de « Paris était une œuvre nécessaire, inévitable. Elle a été exécutée « avec une habile énergie, qui fait honneur au Gouvernement, au « préfet de la Seine, à la commission municipale ». — Nous qui, cinquante ans plus tard, vivons le Paris aéré d'Haussmann, nous pensons qu'on était bien en droit en 1869 de défendre le grand préfet.

Mais alors c'était de quoi irriter les hommes d'opposition : critiquer Haussmann était le thème de l'opposition (1).

Au Comte de Falloux

26 février 1869.

Vous êtes, ainsi que Bertou et nous, tout à la peine profonde de la mort de Mme de Gontaut (2). Ah ! qu'il fait froid sur cette terre, quand le souffle de la mort éteint un feu si ardent et si rayonnant de bonté intelligente ! Tâchons d'aimer davantage le ciel où nous retrouverons de si chères âmes.

Je ne vous dis rien de votre article (3) que je trouve, je vous le répète, excellent, opportun, et sur un ton fait pour détacher et désarmer les objections, sans cabrer les pointus. Je le trouve trop court, et j'attends la suite. Je regrette de ne vous avoir pas cité ce mot d'un rapport de M. Renouard à la dernière Assemblée générale de l'Institut : — « un citoyen inactif n'est pas un complet honnête homme. »

Vous ne m'avez rien dit de ma brochure sur Paris, d'où je conclus sans peine que vous ne l'avez pas entièrement approuvée. La première phrase est de trop, et si j'avais écrit moins vite, je l'aurais retranchée ; le reste est mon avis, et d'accord avec le reste de *mon* public, (je le vois par toutes les lettres que j'ai reçues) autant qu'avec les convenances de mon ancienne situation (4).

L'important est qu'elle a fait du bruit autour de ma candidature, et l'amendement du tiers parti (Martel, Lambrecht, Talhoüet, Buffet, qui m'ont appelé à leurs réunions) en est

---

1. Les *Comptes fantastiques d'Haussmann,* ce fameux jeux de mots créait alors la renommée d'un jeune inconnu, Jules Ferry, qu'A. C. allait avoir pour adversaire heureux.
2. Née Rohan-Chabot.
3. Il s'agit du premier de deux articles qui allaient paraître dans le *Correspondant* sous ce titre : *Les Élections prochaines.*
4. Maire et conseiller municipal de Paris.

sorti, et il va avoir une grosse minorité ; il ouvre la porte aux justes réclamations des Parisiens, qui me savent gré d'avoir porté leur drapeau, et crié qu'ils n'étaient pas tous des bandits ou des passants. En somme, le coup de cloche a été utile. Je sors d'une réunion populaire, et j'en ai devant moi trois autres. Je m'emploie de mon mieux à cette rude campagne. Dites-moi que vous vous présentez, pour me rendre heureux. C'est vous qui êtes l'homme nécessaire à la chambre prochaine.

L'embarras de la future élection académique pèse sur vous au plus haut degré, et je comprends que vous aimiez mieux écrire que venir vous livrer à l'écartèlement qui vous attend ici. M. de Noailles et Mᵐᵉ de la Ferté trouvent que vous avez à imposer un légitimiste, et à faire acte de chef. Montalembert pense que vous ferez peu de bien aux légitimistes, en offrant un candidat médiocre à un échec certain. L'Evêque affirme que vous ne pouvez manquer à M. de Champagny. M. Thiers a lancé M. Duvergier ; sa lettre a été lue hier, et il déclare que vous êtes sympathique à ce choix pour lequel on comprend que M. Guizot ne s'emploie pas activement (1). Les Broglie restent neutres afin de n'être pas accusés de faire des marchés pour M. d'Haussonville, qui d'ailleurs, n'en a pas besoin... quelques-uns guettent pour voir si vous arborerez la candidature Pontmartin, et d'autres soufflent le nom de M. Sauzet. Pas une de ces lunettes, pas un de ces canons, qui ne soient braqués sur vous, comme sur le nœud décisif de la dernière préférence, et chacun s'étonne que vous ne veniez pas. Je vous en préviens, trop bête pour pouvoir vous conseiller.

P.-S. — Montalembert se résigne peu à peu à ne *rien* publier de son article, mais il déclare aussi qu'il n'écrira plus une ligne dans le *Correspondant* ; ne manquez pas de l'y montrer, s'il se peut, dans vos pages prochaines.

Une discussion vive s'éleva entre le philosophe Vacherot et le P. Gratry, lequel répondit, avec une verve bien personnelle et un bonheur rare, dans la *Revue des Deux Mondes*, d'où l'attaque était partie et dans le *Correspondant* (2).

1: Guizot pouvait-il oublier la part qu'avait prise Duvergier de Hauranne à la campagne des banquets de 1848, et donc à la chute du gouvernement de juillet?

2. *Correspondant* 10 mars. L'ensemble des articles du P. Gratry parut sous ce titre : *Lettres sur la Religion*.

Au Père Gratry.

2 mars 1869.

Je viens de lire avec la note comique de Buloz, vos lettres et la réponse de M. Vacherot.

Très sincèrement, l'avantage vous reste, pour tout homme de bonne foi. Il est visible que M. Vacherot est vexé, embarrassé et désarmé. Il s'en tire à peu près comme ceci : « La « preuve que M. Gratry n'a pas raison, c'est que M. Ginoui- « lhac (1) a tort. La preuve que l'Évangile n'enseigne pas « la justice, c'est qu'il n'est pas clair sur la Trinité. La « preuve que l'Église n'a pas émancipé la femme, c'est qu'elle « n'a pas aboli l'esclavage. Du reste M. Gratry fait de la *polé-* « *mique,* pas de la *critique,* et il n'est pas vaincu, celui qui « est culbuté sans les vraies règles de la critique, inventées « par Laroque et Bouteville. »

A quoi M. Buloz ajoute : les catholiques n'ont pas de talent c'est pourquoi je n'invite à ma table que leur adversaire. La preuve (peut-on continuer), — que Vitet, Broglie, Gratry n'ont pas de talent, c'est que Vacherot, Réville et Burnouf en regorgent, et passionnent mes lecteurs.

J'espère que vous allez, de suite, annexer une dix-neuvième lettre en réponse à cette singulière réplique, et publier sans retard cet important ensemble.

Donnez-en le plus possible au *Correspondant* du 10, et des fragments au *Français* et au *Moniteur.*

La liberté de réunion lui donne quelques joies oratoires. La plus grande est sa Conférence sur Abraham Lincoln (2). Ce fut une sorte de triomphe. J'entends encore les salves d'applaudissements dont mon cœur d'enfant retentissait.

Au Comte de Falloux

15 mars 1869.

Je n'ai pu vous lire que ce matin, parce j'avais hier à risquer une traversée orageuse sur une mer composée de quatre mille auditeurs. Je me suis aventuré au théâtre du Château-

---

1. Evêque de Grenoble et plus tard archevêque de Lyon.
2. Donnée le 14 mars au *Théâtre du Prince Impérial* (château d'Eau), sous la présidence de M. Edouard Laboulaye.

d'Eau, devant le public de Jules Favre et de Pelletan; le cœur m'a battu un peu quand je me suis levé au milieu de cette ménagerie, mais enfin cela n'a pas mal marché, et j'ai fait sans peine applaudir le nom de Dieu, le seul auditeur auquel je fusse déterminé à plaire.

Ceci étant dit pour votre fraternelle amitié, je passe à votre article, que j'ai lu avec une complète et croissante satisfaction. Je vous demande, matériellement, de couper votre texte par de nombreux alinéas, surtout au moment où vous indiquez les conditions du contre-mécanisme, avec beaucoup de précision, — et de terminer par un résumé notant bien vos quatre commandements :

> *En aucun cas ne t'abstiendras ;*
> *Jamais ne te diviseras ;*
> *En tout lieu tu t'organiseras ;*
> *Au pouvoir personnel viseras ;*

Puis, moralement, je vous demande si vous ne pourriez pas nommer M. Thiers — (à côté de Berryer) — qui a fait faire de si grands pas à l'opinion, parce que, arrivé au sommet de la gloire et de la vie, il ne *s'est pas abstenu,* qui, en restant lui-même, se *distinguant* sur des questions capitales, ne s'est pas *divisé ;* et qui, enfin, détournant l'opposition, des déclamations contre l'Église ou la société, l'a menée au point juste où il fallait viser, la destruction du pouvoir personnel arbitraire.

Je suis toujours d'avis que vos trois articles, réunis en brochure, soient très répandus, et vous pourriez, pour une première édition, provoquer l'opinion de quinze ou vingt *leaders* des divers partis, depuis M. de Larcy, jusqu'à M. Favre, M. Barrot, M. Thiers, avec d'autres de la province, et publier un seconde édition avec les réponses qui seraient faites à vos lettres d'envoi.

Je n'ai pas vu Montalembert depuis plusieurs jours. Il était bien souffrant, hélas ! mais bien radouci pour l'affaire qui nous a inquiétés. Quand donc viendrez-vous ? Je suppose que ce sera après Pâques. J'ai encore une semaine bien laborieuse, après quoi j'irai me reposer dix jours à la Roche avant la grande bataille.

La liberté de parole, qui allait jusqu'à l'excès le plus fou dans les réunions électorales, était ailleurs bien relative encore. Ce même hiver 1869, Augustin Cochin s'était vu interdire une Conférence purement littéraire, au Cercle catholique du Luxembourg, sur le poète américain Longfellow. Il avait d'ailleurs passé outre, et le Commissaire, après avoir signifié l'interdiction, n'avait plus reparu : exemple curieux de l'alternance de rigueur et de faiblesse qui caractérise la politique d'alors.

La grande affaire d'Augustin Cochin en ces jours-là, c'est de suivre et soutenir ses jeunes troupes du *Français*, Beslay et les autres, obligés de prendre part à une polémique, que la violence des journaux extrêmes de l'époque portait à un diapason inouï.

Le 6 février avait paru dans la *Civiltà Cattolica* un manifeste aussitôt reproduit par l'*Univers*, où s'affirmait la volonté que le Concile fut une assemblée rapide et sans discussions. Dans toute l'Europe ce document causa grande agitation. — Deux articles parurent à ce sujet dans le *Français*. Dans le récit très sobre de ces circonstances qu'a laissé Mgr Lagrange, il laisse entendre que l'Evêque d'Orléans était, sinon l'auteur, du moins l'inspirateur direct de ces deux articles.

Au Comte de Falloux

20 mars 1869.

A votre sortie un peu sévère contre le *Français* ont répondu deux articles que vous avez appréciés, je l'espère, articles opportuns et fermes contre la *Civiltà* ; je vous les recommande. Il y a des jeunes gens à ce journal, leur nombre augmente, leur courage s'aguerrit ; ils méritent (surtout Beslay, Thureau, Chabrol), que vous les suiviez de plus près que vous ne paraissez le faire. Ils ont réussi à lancer deux journaux, l'un pour le clergé, *les Villes et campagnes* qui vit toujours et à 2.300 abonnés dont 800 curés nouveaux, l'autre pour les laïques, le *Français* qui à 2.000 abonnés, en tout 4.300 abonnés, déjà, en six mois ; jamais l'*Ami de la religion*, ni même le *Monde*, n'en ont eu autant. Il y a donc succès réel. Seulement, au moral, ces jeunes gens tâtonnent, entre peu d'amis qui disent : « Haussez la note politique, et haussez « la note religieuse » — et une foule d'autres timides qui disent : « Mettez aux deux notes la sourdine ! » Au matériel ils ont tout à faire, et surtout à trouver de l'argent. Car il leur faudrait, pour largement vivre, 400.000 francs et 6.000 abonnés, et ils sont partis avec 150.000 francs ; ils sont arrivés à 4.300 abonnés. Nous faisons des efforts pour éviter le déficit, et ces efforts sont en bonne voie. Mais, de grâce, un peu d'indulgence pour des novices chargés d'une telle traversée. Donnez-leur des actions avec des conseils !

Quant au point spécial, Beslay est en relations suivies avec Montalembert qui l'aime beaucoup, et prêt à parler de notre ami quand il voudra, tant qu'il voudra. Il n'a pas livré une discussion sur la lettre du 2 décembre, vraiment parce que cette discussion est impossible. Il n'a pas relevé votre deuxième article, parce que je lui ai dit d'attendre le troisième, par les raisons que vous me donnez vous-même ce matin, et il est bien convenu qu'il fera un ou plusieurs articles sur l'ensemble de la brochure.

Vous vous étonnerez moins, cher ami, de l'ardeur que je mets à défendre ces braves jeunes gens, quand je vous les aurai fait connaître, et que vous verrez qu'ils se tuent gaiement à ce métier, et que votre assentiment est au premier rang de leur constante préoccupation. Réservez une heure pour les *styler* et les orienter, à votre prochaine arrivée.

Je ne jouirai pas de vos premiers jours, car je veux partir jeudi pour aller passer dix jours à la Roche en plein repos avec toute ma bande, afin de prendre des forces avant la bataille, dont tous les premiers coups de feu me sont jusqu'ici favorables.

L'heure de la bataille électorale a sonné. Avril et mai n'ont pas un jour de paix. Le candidat n'écrit plus de lettres, mais des billets hâtifs. — J'en retiens un, parce qu'il garde le souvenir de l'homme qui lui avait appris la charité.

A Madame Ozanam (1)

Je reçois des multitudes de demandes de secours. On pille le candidat, mais quelquefois aussi on touche le chrétien. En voici une qui me paraît lamentable ; — et j'ai pensé que vous auriez la charité d'aller voir cette pauvre personne, de lui rendre son engagement, et de lui remettre ce qu'elle demande, si elle vous paraît vraiment malheureuse.

La lutte fut d'une rare violence, surtout lorsqu'on en vint au second tour de scrutin. Alors était écarté le député sortant, ancien

1. Mme Ozanam a écrit en souvenir au-dessous des lignes de ce petit billet : « Cette lettre a été écrite à la fin de mai, au milieu des plus vives « agitations des élections. Elle fait bien voir l'âme admirable du chrétien, « à qui rien ne fait oublier les malheureux. »

Saint-Simonien, l'ami personnel du Prince Napoléon, le directeur du journal anti-clérical l'*Opinion nationale*. Le vainqueur fut Jules Ferry, — que nous avons connu bien autre sur la fin de ses jours, — et qui fut alors le candidat des révolutionnaires les plus absolus ; son programme n'était pas celui des « libertés nécessaires », comme celui de Thiers, mais des « destructions nécessaires ».

Les documents, professions de foi, lettres publiques, de la période électorale n'ont pas leur place ici. On verra seulement plus loin, reparaître quelque chose de cette lutte inhumaine, ce qui a un caractère personnel.

La lutte finie, le candidat malheureux va se reposer à la campagne, et reprend contact avec ses amis.

A Monseigneur Dupanloup

Plessis-Chenet, 8 juin 1869.

Vous avez su qu'après des efforts énergiques, secondé par d'actives et nombreuses amitiés, j'ai obtenu quatorze mille voix dans Paris, mais sans réussir.

Mon adversaire, M. Ferry, a appelé au secours MM. Michelet, Vacherot, Littré, Broca, Robin ; l'affaire est devenue une guerre de religion, on m'a fusillé du nom de *Clérical* et de *Syllabus* (2), et je n'ai pas pu, avec cette pierre à mon cou, remonter le courant. Peut-être ai-je tenté l'impossible en me présentant à Paris. Mais ailleurs je n'aurais pas eu autant et de si chauds appuis. Je viens d'arriver ici me remettre de quarante jours de discours, d'interpellations, de polémiques et de démarches, très fier de la bataille, très meurtri de la défaite, mais offrant à Dieu peines et revers, en redisant de bon cœur le vieux vers du poète :

Soumis avec respect à sa volonté sainte.

Je voudrais bien aller à Menthon, mais je ne puis. Toutes mes affaires sont négligées depuis un mois, les études de mes enfants très relâchées ; j'ai à payer les détails compliqués de ma bataille ; je ne puis pas m'éloigner de Paris. Ma santé s'est d'ailleurs étonnamment soutenue, pendant

---

1. Parmi ces « destructions » par exemple, était celle des « armées permanentes ».

2. Le mot était vraiment devenu une simple injure. Un ami rapportait, par exemple, ce fragment de conversation, entendu chez un coiffeur : « Ce Cochin ! On dit que c'est un brave homme ? Allons donc ! Au fond ce n'est qu'un *Syllabus*, et il n'y a rien de pis ! »

ces jours de travail acharné ; car vous savez que l'impuissance fatigue plus que l'assaut, en face de l'ennemi. Je suis venu ici, et j'y reste huit jours sans bouger, puis je reprendrai doucement mes affaires jusqu'aux vacances, et alors je voyagerai avec mon monde pour changer d'air, de ciel et d'horizon.

Que de réflexions à vous faire, Monseigneur, sur tout ce qui vient de se passer ! A votre retour, donnez-moi deux jours *ici*, pour cet examen si instructif... Accordez-moi cette faveur je vous en prie.

J'attends avec impatience et espoir, la confirmation de la nomination de M. d'Yvoire : quoiqu'il batte un de mes amis, et qu'il parle à M. Jules Favre un peu trop comme à une Majesté, je suis ravi qu'il ait levé le drapeau de Savoie, fait rougir les habitants de cette noble terre, de leur nonchalante adhésion à un protestant étranger au pays, et je serais enchanté de son triomphe, auquel je soupçonne le château de Menthon, et vous, de n'être pas étranger. Ah ! que ne suis-je né Savoyard !

Mme Cochin, dont je ne puis assez louer la vaillante et secourable énergie, envoie à Mme de Menthon ses tendres amitiés. J'y joins tous mes hommages, mes amitiés pour son mari, et mes vieux et fidèles respects pour vous, cher et vénéré Seigneur.

Au Comte de Falloux

Plessis-Chenet (Seine-et-Oise).
10 juin 1869.

Je suis un peu meurtri de ma défaite, qui me prive d'entrer dans une Chambre dont le rôle sera sans doute historique, et ferme à tous mes longs efforts la vie parlementaire à Paris, au profit d'un nouveau venu qui n'a eu qu'à coiffer le bonnet rouge pour me supplanter. Mais ma vertu n'allant pas jusqu'à ne pas sentir cette forte contusion, elle va certainement jusqu'à m'incliner sans murmure devant la volonté de Dieu, et à me rendre déjà très reconnaissant, très fier, de l'immense témoignage d'estime dont j'ai été honoré, du concours admirable d'amis connus et inconnus qui m'a soutenu. Je me résigne bien plus difficilement à *votre* défaite, à celle d'Albert de Broglie, et je ne sais pas encore le sort d'Andral. Au moins, M. Thiers aura-t-il de bons lieutenants dans M. Daru, M. Barthélemy Saint Hilaire, etc ?... — Je suis venu ici me reposer près des oiseaux qu'on n'achète pas, et des brins d'herbe qui n'interpellent pas, avec ma très courageuse *lieutenante*, et tout en devisant, nous sommes d'accord de faire un peu ce qui nous amuse, et de faire cet été une visite au Bourg d'Iré, pour frictionner nos plaies et relever nos âmes.

Je vous embrasse bien à la hâte.

Le mois qui s'écoule nous apporte encore quelques échos de la lutte électorale. D'abord un remerciement, imprévu et très sincère : l'*Univers* n'avait pas encouragé la candidature, mais l'avait soutenue, une fois posée.

A Louis Veuillot

Plessis-Chenet (Seine-et-Oise).
10 juin 1869.

Cher Monsieur,

J'ai quitté Paris le lendemain de la bataille électorale, pour prendre un peu de repos et fuir les compliments. Cela m'a empêché d'aller vous voir, pour vous porter mes remerciements. Vous avez soutenu, caractérisé, regretté ma candidature, de manière à mériter toute ma reconnaissance. Je n'ai pas la sottise de croire que vous n'avez songé qu'à ma personne et non aux intérêts plus élevés dont je tenais momentanément le drapeau dans la mêlée. Mais comme je ne comprends pas ces intérêts tout à fait comme vous, cette dissidence même m'a fait encore mieux apprécier ce qu'il a pu entrer de sympathie personnelle dans votre concours, et je vous prie de recevoir mes très sincères remerciements avec l'assurance de ma considération dévouée.

Et puis une réclamation, vraiment trop justifiée contre une lettre, plutôt odieuse, de Michelet.

A M. le Rédacteur en chef de la Gazette de France

Plessis-Chenet, 12 juin 1869.

Monsieur,

On me renvoie à la campagne, où j'espérais trouver un peu de repos et de silence, un numéro de la *Gazette de France*, dans lequel je lis une lettre de M. Michelet à M. Ferry, que je ne puis pas laisser sans réponse, puisqu'ils la livrent à la publicité, revenant encore, après la victoire, sur des adversaires désarmés.

M. Michelet prétend que j'avais pour moi dans la bataille électorale :

1° *L'argent...* Je ne comprends pas ce mot? S'il couvre (et vraiment je ne peux pas le croire) une insinuation de corruption, je le repousse avec dédain comme une calomnie dont l'ombre même ne peut atteindre ni moi ni les électeurs parisiens. Je ne cherche pas comment mon adversaire a payé les frais de son élection. J'affirme que j'ai seul payé les miens, et qu'ils peuvent être justifiés jusqu'au dernier centime.

2° *L'Etat, ardent comme au temps de la Ligue...* Il est naturel que l'État préfère un libéral à un radical. Il est faux que j'aie accepté, reçu ou supporté la moindre attache officielle. Et, de fait, l'État, dans la sixième circonscription, est représenté par quatre ministères, dont un seul, celui de l'Instruction publique, a de nombreux agents dans les collèges, les écoles primaires, les facultés et les librairies. Croit-on vraiment que M. Duruy ait, *comme un ligueur*, travaillé pour moi?

3° *L'Église...* De fait, encore, il y a dans la sixième circonscription deux ou trois cents électeurs du séminaire et des Missions sur trente-sept mille électeurs. Mais, si la circonscription est vraiment une *terre sainte*, pourquoi donc lui refuser le droit d'être représentée selon ses sentiments? Si elle est une terre sainte, comment donc a-t-elle nommé successivement M. Vavin, M. Fouché-Lepelletier et M. Guéroult? Si l'élection de 1869 était une guerre de religion, pourquoi n'avoir pas laissé en place M. Guéroult qui était, bien plus que M. Ferry, un bigot d'impiété?

Non, non, le mot *clérical* est une arme de guerre, qu'il serait de bon goût de déposer après la victoire. Robespierre a dit un jour que « la *loi agraire* était un fantôme inventé par les fripons pour épouvanter les imbéciles ». Il connaissait la puissance des mots.

Il y a, selon les moments, des *mots-épitaphes* qui enterrent un homme, et il y a des *mots-réclames*, qui le grandissent. Celui-ci a consacré toutes ses facultés à son pays depuis vingt ans ; tout est oublié : c'est un clérical ! Celui-là n'a pas encore de passé, ni de titres ; tout est réparé : c'est un radical.

Mais je m'arrête. Quatorze mille électeurs ont pensé que *l'humanité* et la *charité* de ma famille n'étaient pas des raisons

de me repousser, et que je n'avais pas mérité, parce que je
crois au Dieu de l'Evangile, d'être exclu de la vie publique,
toujours au nom de la liberté.

Cela me suffit parfaitement. J'entends rester doux et poli,
doux envers le scrutin, poli envers un vieillard, grand historien, que sa haine contre la religion porte à oublier en ce moment les deux premiers devoirs de l'historien, qui sont de dire
des faits exacts et de ne pas insulter les vaincus.

Cette lettre ne laissa pas indifférent M. Guéroult, qui se sentit
atteint par un reproche que l'attitude de son journal ne méritait
que trop.

A Monsieur Augustin Cochin.

Paris 16 juin 1869.

Monsieur,

Dans une lettre de vous, insérée dans l'*Univers*, en réponse
à une lettre de M. Michelet, je lis cette phrase :

« Si l'élection de 1869 était une guerre de religion, pourquoi n'avoir pas laissé en place M. Guéroult qui était, bien
plus que M. Ferry, un bigot d'impiété? »

Je ne me rends pas bien compte de ce que peut être un
« bigot d'impiété » ; mais ce dont je suis parfaitement sûr,
c'est que, ni l'épithète de bigot, ni celle d'impie ne saurait
me convenir. Vous en seriez convaincu vous-même, si vous
aviez lu seulement vingt lignes de moi sur les questions religieuses. C'est le malheur de notre vie trop occupée, qu'on se
combat dans les ténèbres sans bien se connaître, et un peu sur
le bruit public, qui, la plupart du temps ne vaut pas grand'-
chose.

Quant à moi, monsieur, je vous croyais, — je vous l'avoue
franchement, — beaucoup plus clérical que vous ne l'êtes ; et
en vous entendant accepter un peu tard, mais avec une bonne
grâce parfaite, la séparation de l'Eglise et de l'État, et même
la fin du pouvoir temporel sous la réserve de suffisantes garanties pour l'indépendance du Saint-Père, j'ai reconnu avec
plaisir que je m'étais exagéré la portée de vos tendances clé-
ricales, et je suis très heureux de confesser mon erreur et de
vous faire réparation.

De même, monsieur, en me qualifiant de *bigot d'impiété*,
vous vous êtes mépris complètement sur moi ; vous m'avez

fait tort, et vous ne trouverez pas mauvais que je vous en demande réparation. Cette réparation n'entraînera pas mort d'homme ; elle consistera, si vous le voulez bien, à lire une soixantaine de pages d'un livre que je vous envoie, que j'ai publié, il y a six ans, qui, par conséquent, n'est point écrit pour les besoins du moment, et qui est précisément intitulé : *Etudes de Politique et de Philosophie religieuse.*

Cette lecture vous convaincra, je l'espère, que si mes idées diffèrent profondément des vôtres, je ne suis cependant ni un bigot, ni un impie, ni un bigot d'impiété, et que j'ai toujours traité avec sérieux et respect les choses respectables.

Aucune espèce d'idées religieuses n'étant à la mode en ce moment, vous ne verrez dans ma réclamation que ce qui s'y trouve en effet, savoir le désir de ne pas laisser un adversaire honorable dans une erreur aussi complète sur ce qui concerne mes sentiments et mes idées en matière de religion.

A Monsieur Adolphe Guéroult

19 juin 1869.

Monsieur,

Si je n'avais pas été provoqué, je ne me serais pas livré, après la bataille électorale, à de petites guerres de détail, qui n'intéressent pas le public, et auxquelles je désire beaucoup mettre un terme pour son repos et pour le mien.

Mais vous me demandez, par une lettre fort courtoise, et je vous dois des explications sur un mot qui vous a déplu.

Vous me dites que vous n'êtes pas un *bigot d'impiété* et vous m'envoyez, comme preuve à l'appui de cette dénégation, un volume de philosophie religieuse, publié par vous il y a six ans, et dont vous voulez bien me signaler quelques passages.

J'ai lu, avec un plaisir très réel, vos pages vraiment très belles sur la musique religieuse, et j'apprécie beaucoup le ton d'une autre discussion dans laquelle vous dites à merveille qu'il faut traiter les questions religieuses « sans animosité, sans réticence, avec bienveillance et liberté, comme il convient pour des questions qui ne sont pas des accidents éphémères de la polémique » (p. 65).

Mais, après cette lecture, me permettez-vous, monsieur, de vous dire que je m'explique de moins en moins le caractère et le rôle du journal sur lequel je vous ai jugé, et dont vous répondez devant le public?

La religion y est précisément traitée comme un *accident éphémère* et même comme un jouet habituel de la polémique. Votre livre me prouve que vous êtes libéral, et votre journal applaudit à toutes les mesures d'exception contre vos adversaires. Votre lettre me prouve que vous êtes un homme de goût, et votre journal n'a-t-il pas, un jour, comparé les Sœurs de charité à la « vermine »? — Enfin, dans les élections ne vouliez-vous pas transformer le scrutin en une guerre au concile, et votre candidature en une guerre à l'Église?

L'Opinion nationale semble avoir été créée au début de la guerre d'Italie, pour élargir et envenimer la question romaine. Ce journal a été, depuis dix ans, le principal artisan de cette agitation néfaste, qui a détourné les esprits de la politique, divisé profondément les libéraux français, ébranlé le moral au fond de tant de villages, et prodigieusement surpris les hommes politiques de l'Angleterre et des Etats-Unis, habitués à regarder le christianisme comme le premier bien des peuples libres.

Quand un homme fait de sa piété une préoccupation étroite exclusive, haineuse, on l'appelle *bigot*. J'ai cru qu'il m'était permis de retourner ce terme contre la disposition contraire, poussée au même excès. Dans un excellent article, le *Journal de Paris* avait employé la même expression.

Mais votre protestation me fait plaisir. Vous tenez à vous dire religieux, quoique ce mot ne soit pas à la mode. Je vous en félicite, et je renonce volontiers au terme qui vous a déplu. J'ai trouvé dans l'*Opinion nationale* et j'ai dû vous rappeler les preuves qui justifiaient mon expression. J'espère y trouver désormais les preuves qui justifieront votre dénégation.

Il reprend, sans tarder, ses occupations usuelles.

A Madame Augustin Cochin

Aix-la-Chapelle (1), 25 juin 1869.

Me voici à Aix, sans fatigue ; et avec cette distraction forcée du voyage, plus facile que la distraction volontaire, trop entrecoupée de retours involontaires.

1. Après la visite à la Glacerie de Stolberg.

M. de Mortemart et M. Gérard sont bien bons pour moi, et cette petite tournée ne me fera que du bien. Si vous désirez aller chez Mme de Menthon, cela suffira pour que je le désire. Je n'ai que le temps de vous embrasser ainsi que nos chers enfants, pour lesquels je me figure travailler un peu ; disant adieu à la gloire, non au devoir et au bonheur.

26 juin.

En revenant, couvert de poussière, d'une longue et intéressante course dans la région charbonneuse, je trouve votre douce lettre, comme un filet d'une source, pour rafraîchir l'âme. Et moi aussi, je me suis reproché nos tristesses. Au lieu de me comparer aux grands hommes, je me suis frotté aux pauvres gens, aux femmes fatiguées, aux travailleurs noircis, aux enfants sans bas, à tous ces pauvres êtres, nos semblables, qui s'épuisent en efforts obscurs pour un peu de pain noir à manger dans une tanière. Ne nous plaignons pas, et, si nous pouvons, faisons du bien, au lieu de faire de l'effet. Je vous remercie de vos paroles tendres et sensées, qui ont achevé de me soumettre, en m'élevant, et de m'adoucir, en me fortifiant. Veillez sur nos enfants, ouvrez les ailes de votre cœur, et soyez bénie.

Chauny, Dimanche, 29 juin.

La nuit était très belle ; elle n'a pas été trop fatigante, malgré les visites répétées de la douane prussienne, belge et française. Les voitures nous attendaient à Tergnier, et nous avons trouvé nos collègues à Chauny. La Messe est entendue. Nous avons secoué notre poussière et nous allons entrer en affaires et déjeuner d'abord. Mais ma première affaire est de vous écrire pour être bien sûr que vous recevrez le témoignage de ma fidèle souvenance. Nous serons ce soir à Saint-Gobain et j'espère, demain soir à Paris, après une course à Laon, assez délicate et dont on me charge.

Notre soirée à Aix-la-Chapelle a été égayée par une grande réunion des sociétés de gymnastique dans une vaste brasserie. Je vous conterai ces divertissements innocents et bruyants de la jeune Allemagne. Puis, en attendant le départ à minuit, j'ai causé avec Albert de Broglie, plus démonté encore que moi. Ne savoir que faire *c'est dur*, mais ne savoir que penser est plus dur encore, et vraiment nous en sommes là, voyant nos idées préférées tomber, vaincues ou déçues, une à une, et prêts à dire avec l'ivrogne de la chanson : « Tiens, ma maison n'est plus à sa place. » Mais c'est le moment de la soumission silencieuse, jamais paresseuse. — J'embrasse mes chers fils.

Il attend son beau-frère qui revient de Rome.

A Paul Benoist d'Azy

La Roche, 10 juillet 1869.

Tu as dû apprendre quelque chose à Florence sur le retrait projeté de la garnison de Rome, dont on parle beaucoup à Paris. Ce serait l'une des satisfactions données aux démocrates par l'Empereur qui, au fond, les aime mieux que les libéraux. Ceux-ci tentent d'ailleurs une démarche extrêmement curieuse et importante, une sorte de révolution pacifique telle que celle qui s'est si habilement accomplie, il y a cent ans, sous Georges III en Angleterre, pour substituer la Chambre à la Cour dans la direction des affaires politiques. Mais ce qui se fait doucement et sensément à Londres, ne tournera-t-il pas, soit en violence, soit en duperie à Paris? Je le crains; bien que jusqu'ici le succès, l'ensemble et la décision passent mon attente. C'est un peu triste de n'avoir pas sa place au jeu, et de regarder par-dessus l'épaule de ceux qui tiennent les cartes. Je m'en console en me remettant à l'écritoire et aux livres. Je ne sais pas encore si je ne me déciderai pas à aller quelques jours au bord de la mer pour achever de combattre ma fatigue, plus vive maintenant qu'au milieu de la lutte. Mais nous ne quitterons pas Paris ou la Roche avant les vacances de nos écoliers, et je compte te voir un prochain jeudi. Ici, nous achevons comme vous à la Motte, notre habitation, mais avec un temps d'arrêt imposé par une bourse plus que percée par la candidature.

Il retrouve ses loisirs littéraires et s'y remet le cœur et l'intelligence. Au moment où il publie sa conférence de l'hiver précédent, Longfellow est justement à Paris, et le remercie de l'hommage.

A Augustin Cochin

Hôtel du Jardin, July, 16, 1869.

Dear M. Cochin,

Please accept my warmest thanks for the *Correspondant*, and for the kind and generous manner in which you have spoken of me in its pages.

Of all hospitality, perhaps the hospitality to one's thougts is what most concerns and touches us. I shall always remember yours most gratefully.

I have read also with great sympathy and satisfaction your conference on President Lincoln.

Once more, thanks and farewell (1).

Yours very truly.
Henry W. Lonfellow.

En juillet, il reste à Paris avec ses aînés jusqu'à la fin de l'année scolaire.

Au Comte Benoist d'Azy

Paris 21 juillet 1869.

... La politique continue à être un jeu d'ombres chinoises. Un monsieur sort du Louvre ; il disparaît ; puis on le voit rentrer au Luxembourg. Le portier du ministère de l'Instruction publique donne un coup de pied au derrière au ministre qui s'en va, pendant que le factionnaire croise la baïonnette à un inconnu qui montre sa carte et se fait saluer comme nouvelle excellence. Un portefeuille est déchiré, par moitié, entre deux inconnus ; et il sort de l'un des côtés, une locomotive, de l'autre un bœuf. Dans un coin, cent seize zouaves forment un bataillon carré, et dans l'autre, un petit homme en lunettes empêche 40 gaillards de casser les lanter-

1. « Cher Monsieur Cochin, veuillez accepter mes plus chaleureux
« remerciements pour le *Correspondant* et pour la façon affectueuse et
« généreuse en laquelle vous avez parlé de moi dans ses pages. De toutes
« les hospitalités, peut-être l'hospitalité que l'on donne à la pensée d'un
« homme est celle qui l'intéresse et le touche le plus. Je me rappellerai
« toujours la vôtre avec la gratitude la plus grande. J'ai lu aussi avec
« grande sympathie et satisfaction votre conférence sur le Président Lin-
« coln. Une fois de plus, merci et au revoir. »

nes ; au milieu, des moutons, sans pasteur, cherchent leur râtelier (1).

Comme personne ne parle, les journaux sont l'écran où ces ombres se croisent et se livrent à une pantomine inexplicable, dans un théâtre de carton. Tout ce jeu peut être intitulé : « Un gouvernement qui perd la tête. » J'ai vu M. Segris, M. Chevandier, M. Daru. Ils m'ont raconté que l'empereur n'avait voulu ni renvoyer M. de Forcade, ni accorder cinq places sur neuf aux députés, ni réunir la chambre de peur des interpellations de la gauche. Il a composé un ministère qui n'est pas même un cabinet Martignac, ou un cabinet Rockingham (2). Le sénatus-consulte est élaboré par MM. de Chasseloup, Duvergier et Delangle. Le tiers parti a déclaré qu'il ne désarmait pas et on ne peut que le louer de n'avoir pas voulu les places sans les choses. La gauche prépare une protestation sur laquelle elle ne parvient pas à s'entendre. Les vacances vont se passer ainsi, et si quelque étincelle belliqueuse ne les trouble pas, nous verrons au retour, un autre ministère plus vaillant et plus libéral, mais dont le Casimir Périer n'est pas encore trouvé.

Ce ministère aura bien de la peine à se mouvoir entre la gauche qui l'attaquera, la Cour qui le rusera, la majorité qui se défiera, et n'aura plus d'ascendant. Il sera conduit à en demander une autre aux élections, et renouvelées, sans circonscription factice et candidature importée, elles peuvent être tournées très à gauche, si la loi électorale, ne subit pas de sérieuses modifications ; elles peuvent aussi, il est vrai, amener au jour des hommes nouveaux, sortant des entrailles du pays et non de ces fossés du château et de ces marécages du socialisme, dont les eaux réunies forment depuis tant d'années le courant malsain qui nous emporte. Voilà, cher père, les petits drames et les petites prophéties de la politique quotidienne. Je les voudrais plus consolantes et plus amusantes pour occuper les moments un peu longs du séjour de Néris.

Embrassez pour moi ma bonne mère et ma chère sœur et recevez mes tendres respects.

Ne manquez pas de lire, avec soin, la dépêche de M. de Beust à Rome. M. de la Tour d'Auvergne a, dit-on, exigé

1. On reconnaît aisément dans le petit homme à lunettes M. Thiers. Les « cent seize zouaves » sont les cent seize interpellateurs qui réclament une réforme libérale. Qui sont les « quarante gaillards ? »

2. Lord Rockingham, chef du ministère Whig, en 1765. On comprend l'allusion, et celle au ministère libéral de Charles X en 1828.

le *statu quo* pour condition de son entrée, et pris M. Armand pour chef de cabinet.

La tendresse de son cœur le porte de plus en plus à la Roche-en-Brény.

Au Comte de Montalembert

1er août 1869.

Très cher ami,

Mme de Montalembert a eu l'extrême bonté de nous donner des nouvelles de votre voyage. J'ai su depuis que vous aviez pu écrire vous-même, et j'espère que votre séjour à la Roche inaugure un retour de vos forces. J'y compte tellement qu'en écrivant ces jours derniers pour le *Français* deux articles sur l'*Irish Church act* qui vient d'être promulgué, je me suis permis d'exprimer le vœu public de vous voir publier un volume à part, composé de tous vos articles et discours en faveur de l'Irlande depuis 1830 jusqu'à 1868, précédé d'une préface où vous résumeriez la grande discussion du dernier bill, et graveriez à jamais, comme en lettres d'or sur le marbre, les dates et les leçons de cette victoire de la justice gagnée par la liberté. Il me semble que cela vous donnerait peu de peine, et c'est vous, dernier survivant de cette croisade, qui auriez l'honneur comme vous en avez le droit, de venir déposer sur l'autel et pendre aux voûtes du temple, le drapeau glorieux des vainqueurs.

Je m'attends cher ami, à ce que vous me repoussiez tristement, en m'apostrophant une fois de plus par un reproche dont votre amitié ne parvient pas à déguiser l'amertume : — « Que me demandez-vous de parler : vous m'avez sommé de me taire ! Si c'est pour me contraindre à ne dire que la moitié de la vérité, j'aime mieux le silence. »

Ni le moment, ni le sujet ne sont les mêmes, quoique le fond des pensées à mettre au jour soit le même. Il est bien plus facile de raisonner sur l'Église Anglicane, que sur l'Église d'Espagne, bien plus facile de montrer la vérité dans un miroir que de l'appliquer au visage et d'être sévère au moment d'un triomphe que dur envers des battus. La démonstration est aussi bien plus forte, quand on peut montrer par quels défauts on l'a perdue, ce qui est toujours contestable. Puis enfin, je ne me charge pas de me mettre d'accord avec moi-même. Blâmez-moi d'avoir cédé en janvier à des motifs d'ailleurs uniquement tirés de mon affection inquiète, et ne blâmez pas moins quand je vous demande en août de ne plus applaudir à Serrano et à Topete, mais d'acclamer de nouveau O'Connell dans sa tombe (1).

Le peu que j'ai appris à Paris, me fait croire que le sénatus-consulte, dont le projet nous sera connu lundi, sera vraiment assez libéral. Il pourrait bien se faire que ceux qui approchent chaque jour du pouvoir personnel soient plus convaincus que nous encore de la nécessité de le remettre en tutelle, et on m'assure que M. Rouher et votre ancien défenseur Chasseloup s'y emploient résolument.

Le pays est plus poussé qu'épris, à peu près comme à la veille d'un troisième mariage ; mais peut-être sera-t-il moins exigeant que s'il s'attendait à des merveilles.

Le tiers parti tient bon, très honnêtement, très résolument, non pas comme un brillant escadron de cavalerie, mais comme une bonne compagnie de garde nationale, décidée à faire son devoir. M. Daru, M. Buffet et M. de Parieu, me paraissent les vrais chefs ; mais l'empereur aimera mieux Ollivier et M. Segris ou M. de Talhouet, qui, à eux trois ne feront pas un Casimir Périer. Le cabinet futur ira droit, avec plus ou moins d'atermoiements, à la Chambre future, car il sera placé entre une gauche folle et une droite molle, et une Cour déloyale. Du suffrage rendu à lui-même peut sortir la vraie nation ou une écume malsaine. En tous cas, tous ces hasards, tous ces événements, pouvant être prévus, peuvent être prévenus, et j'aime mieux la pleine mer où nous entrons que le marécage dont nous avons tant de peine à sortir.

Je m'étais remis à faire des articles et des livres, comme on prend un fiacre, quand on a manqué le train. Je vais de nouveau prêter l'oreille aux bruits électoraux et me préparer à une nouvelle campagne que mes prévisions placent dans un an ou deux. On m'a fait quelques offres en Bretagne, à Ancenis et à Saint-Brieuc. Sous prétexte de bains de mer, je vais aller faire de ce côté une petite tournée. Pouvez-vous me donner le nom de quelques amis dans cette région des Côtes-du-Nord que vous avez représentée? Je commencerai par là, aussitôt que mes enfants seront en vacances.

1. Le maréchal Serrano et l'amiral Topete sont les auteurs principaux de la révolution espagnole qui vient de renverser la Reine Isabelle. Je rappelle les récentes mesures libérales prises au Parlement anglais en faveur des libertés irlandaises.

Nous rabattrons du côté d'Azy, à la fin d'août, avec le projet d'aller vous voir à la fin de septembre.

J'ai des nouvelles de l'Evêque d'Orléans, mais je ne l'ai pas vu depuis longtemps, et je ne sais maintenant quand j'aurai ce plaisir. Il a vu tomber M. Duruy, et il a fait jouer du grec devant M. Patin, dans la même semaine. Il a dû la marquer d'un caillou blanc !

Adieu, cher ami, nous prions tous ici chaque jour pour vous.

Au Comte de Falloux

Plessis-Chenet, 3 août 1869.

Vous avez la bonté d'attendre mes dates pour fixer les vôtres, et je vous dois des excuses, car j'y mets du temps. Mais je dépends de mes collégiens dont le départ n'a pu être fixé qu'après le jour des prix bien connu, et de mes hôtes bretons, à savoir du Clésieux à Saint-Ilan (1) et Jules Carron à Piré, dont j'attendais les réponses. Quant aux Nantais, ils sont dispersés et me prient de venir plus tard.

Ce serait approximativement le 18 ou le 20 que nous vous demanderions l'hospitalité, pour bien peu de jours, car ma belle-mère gronde à Azy, où nous arrivons d'ordinaire plus tôt, et nous voudrions bien, en revenant par le Mans et Tours, déposer au moins une carte à Rochecotte. Dites-moi si ces dates vous conviennent et si Mme de Caradeuc a la bonté d'accepter une invasion de *cinq personnes* à la fois (2).

Ecrivez-moi un mot à Paris où je passerai jeudi et vendredi ou bien au château de Piré, chez M. Jules Carron. J'espère que rien ne s'opposera au grand plaisir que Mme Cochin et moi nous nous promettons de voir Mme de Falloux dans sa Bretagne, et de vous présenter nos fils.

Voilà donc, pour le centenaire de Napoléon, son neveu qui effeuille sa couronne sous le souffle du pays réveillé ! Je viens de lire le sénatus-consulte. Il est clair que l'Empereur compte se réfugier dans un sénat fortifié, comme dans un Gaëte (3)

1. L'ami qui l'appelait en Bretagne est Achille du Clésieux, cœur chaleureux et bienfaisant, poète à ses heures (jadis fut un des correspondants poétiques de Sainte-Beuve, notamment dans les *Pensées d'Août*), et fondateur d'œuvres charitables près de son château de Saint-Ilan (canton de Saint-Brieuc), — un dévouement généreux et parfait.

2. Falloux est chez sa belle-mère Mme de Caradeuc, à Caradeuc par Lamballe (Côtes-du-Nord).

3. Souvenir de la ville où Pie IX s'était réfugié, quand la Révolution l'avait chassé de Rome en 1848.

contre la chambre émancipée, mais on sait maintenant le chemin des marches du trône, et l'Empire arbitraire a vécu, bien que l'Empire libéral ne soit pas encore bien né, si même il peut naître.

A bientôt, cher ami, que de choses à vous dire, et, quelle joie de vous les dire à Caradeuc !

Au Comte de Montalembert

Azy, 4 septembre 1869.

Je suis revenu à Azy après une série d'intéressantes excursions en Bretagne et une dernière étape à Orléans dont je vous dois compte. Mais avant tout je veux savoir si vous avez pu être soustrait à l'épreuve si pénible qui vous menaçait pour septembre, si vous avez gardé l'intelligente et affectueuse Sœur dont la Providence vous avait accordé le secours, faisant durer sa fidélité assidue autant que votre cruelle maladie ? Je suis inquiet de ce moment de dure séparation. Ditesmoi s'il a pu vous être épargné.

Je veux aussi vous dire que je nourris constamment le projet d'aller vous voir à la Roche avec Mme Cochin. Ce ne serait pas avant le commencement d'octobre. Voulez-vous nous recevoir à cette époque et avez-vous des préférences pour telle ou telle date ?

Mon itinéraire en Bretagne a été plus varié qu'étendu. J'ai commencé par le château de Piré que mon cousin Carron a acheté récemment ; de là, excursions aux Rochers, à Vitré, à la Roche aux fées. J'ai traversé Rennes en y faisant quelques visites pour gagner Saint-Brieuc, Saint-Ilan, d'où je suis allé à Pommorio chez le comte de Tréveneuc, à Robien, chez la marquise de Robien, à Carivan chez la vicomtesse de Belizal, sans oublier l'excellent chanoine Kermoalquin, M. du Clésiou et tous les rédacteurs du *Breton*, puis l'Evêque et tous les Clésieux, Cuverville etc... De là Caradeuc, chez notre ami Falloux, avec excursion à Combourg et à la Chesnaye, à Montmuran, à la tour Saint-Joseph ; puis petit congrès du journal de Rennes. En trois jours, j'ai pu voir au retour Monsell près de Vendôme, un de mes amis que vous ne connaissez pas, près de lui, Mme de Castellane à Rochecotte, puis j'ai trouvé Falloux et Albert de Broglie à Orléans, et nous arrivions lundi en Nivernais où nos écoliers nous avaient précédés de quelques jours.

Je vous conterai à la Roche, les épisodes du voyage, risibles ou vexants, doux ou amers, comme toutes les journées de courses en contiennent. Je me borne à vous signaler mes impressions principales.

L'impression religieuse a été profonde. Quitter Paris pour la Bretagne, après un orage électoral, c'est passer d'une bataille à une noce, d'une ménagerie en fureur à une bergerie paisible. Il y a encore dans toute cette contrée une paix sociale, un amour de Dieu, une pureté visible dans les regards, une patience mêlée d'espoir dans le travail obscur, qui attendrissent et relèvent l'âme.

Je suis vous le savez très sensible aux progrès matériels, et peu indulgent pour la malpropreté et l'ivrognerie bretonnes ; mais les autres français, y compris les parisiens, partagent leurs vices ; ils n'ont pas ces vertus chrétiennes qui donnent au mendiant lui-même un peu de poésie et font d'une nation un peuple sans populace. Le vent a effacé les traces de vos pas dans la vallée de la Chesnaye ; il n'y a plus même de chapelle ; les paysans qui battent le grain dans la cour de Combourg ne savent pas même le nom d'Atala et d'Eudore. Si vous voulez bannir l'*indifférence en matière de religion*, et revoir éternel, vivant, rajeuni, le *génie du Christianisme*, allez à la tour Saint-Joseph, maison des petites sœurs des pauvres (1).

Nous avons assisté là à une prise d'habit. Nous avons vu des françaises de tous les accents, des anglaises, des allemandes, porter à 2.000 le nombre des servantes volontaires de 12.000 vieux pauvres, adoptés depuis vingt ans par la famille nouvelle que trois servantes et un petit vicaire ont fondée dans le coin d'un village. Nous avons vu étendre le drap mortuaire sur quarante jeunes femmes vigoureuses, naïves, souriantes, prononcer le *De Profundis*, puis le *Surgite ; illuminabit vos Deus*, et entonner le *Te Deum*. Nous les avons vu courir comme des enfants sous leur habit nouveau, s'embrasser, rire, chanter, pendant que notre imagination se représentait cet autre troupeau de vieux pochards, stupides, maladifs et crasseux, perdus dans les cabarets des faubourgs, auxquels se consacrent comme des fiancées, ces saintes paysannes, par

---

1. Point n'est besoin de préciser comment Combourg et la Chesnaye réveillent les souvenirs de Chateaubriand et de La Mennais. Il a déjà été question du grand couvent de la Tour, maison mère des Petites Sœurs des Pauvres, lieu cher entre tous au cœur d'A. C.

amour pour Jésus-Christ. On a demandé des faits, des preuves, des arguments ; en voilà. Nous ne sommes pas à l'Académie où s'alignent des mots, au théâtre où se jouent des rôles, mais en pleine rue, devant des créatures vivantes, qui vont agir sans se lasser, pendant quarante ans, dans des conditions que le meilleur d'entre nous ne supporterait pas pendant quarante minutes.

Je me suis laissé aller à parler de ce qui m'a le plus touché. Un mot des impressions politiques. Les Bretons rougissent enfin d'être représentés par des députés qui ne les valent pas, ne les servent pas, ne les honorent pas. Les propriétaires sont encore avec le clergé les maîtres du scrutin, s'ils ne se divisent pas. Il y aura quelque chose à tenter aux prochaines élections, grâce à ces conditions, si toutefois le ministère qui fera les élections est libéral, et si les circonscriptions sont ramenées aux limites des arrondissements.

Il se peut que j'aie dans ces contrées quelques chances, et j'y ai été bien reçu. Toutefois, je ne me fais pas illusion ; cela dépendra du vent qui soufflera de Paris sur les girouettes des palais épiscopaux et des préfectures.

Vous vous attendez bien, cher ami, que nous n'avons pas été à Orléans uniquement pour confier nos scrupules à M. Gaduel et nos idées à M. Lagrange. Vous nous y avez conduits plus que vous ne pensez, préoccupés du désir, du devoir, de nous entendre avec notre infatigable ami sur les moyens de rompre utilement, avant le Concile, le silence que vous nous avez tant reproché d'avoir gardé jusque-là, par une résolution mi-partie de respect et de découragement. Nous avons su ce que notre ami a fait, veut faire, et il est désormais évident pour nous, après tout ce que nous avons appris, que, Dieu aidant, le Concile ne tombera pas dans les pièges tendus par des mains fanatiques ; il y aura combat sérieux et délibération. De plus, nous avons résolu, pour notre petite part d'influence et pour notre honneur, de préparer un article collectif qui vous sera bientôt soumis, et dont nous causerons à fond quand j'irai vous voir à la Roche.

... Votre esprit, quoique vous nous accabliez de reproches, n'est pas éteint en nous ; mille petits feux, à défaut du soleil, éclaireront les ténèbres dans lesquelles on essaie de nous plonger, et le souffle de 1869 reprendra le dessus sur le mauvais vent de 1852. Vous vivrez pour saluer cet aurore, après une si longue nuit.

Dans le cours de l'année, il verra peu l'évêque d'Orléans, et ne reprendra pas l'usuelle collaboration. Les circonstances seront telles dans les années suivantes que ce travail commun reprendra seulement par occasion et non plus avec suite.

En 1869, l'évêque est tout à la préparation du Concile. — A la suite de la polémique de la *Civiltà*, et d'une lettre qu'il avait reçue du cardinal Dechamps, il avait voulu faire une visite personnelle aux évêques de Belgique et d'Allemagne. Au retour, il se reposait, dans le calme et la prière, loin des discussions et des injures, dans la solitude d'Einsielden.

A MONSEIGNEUR DUPANLOUP

Paris, 7 septembre 1869.

J'espère que votre voyage des bords du Rhin s'est accompli sans trop de fatigues, et que vous jouissez maintenant en pleine paix, en plein ciel de la retraite d'Einsielden, retraite si bien faite pour un évêque, qui doit toujours vivre entre Dieu et la foule, joignant ses mains, baissant le front devant Dieu, levant la tête et étendant ses bras sur le peuple.

Demain nommez ma famille à l'autel parmi celles qui vous aiment ; mais surtout, priez *pour vous*, Monseigneur, car une heure solennelle s'approche dans l'histoire de votre vie, de votre Eglise, de votre siècle, et que de forces vous sont nécessaires pour être un digne instrument dans la main de Dieu, prêt à agir pour lui et comme lui ! *Suaviter in modo, fortiter in re !* Tout homme qui a souci de la vérité et de la société doit prier pour vous en ce moment.

Je suis bien désireux de savoir si vous avez été content de votre voyage, sous tous les rapports. Pour nous, nous sommes revenus de notre passage à Orléans, très reconnaissants, et nous donnons suite à nos projets de vacances.

Revenez-vous directement à Orléans après la Suisse ? S'il vous convenait de devancer l'époque de votre visite à la Roche-en-Breny, je vous prierais de m'en avertir, parce que je m'y rendrais. Vous savez que vous pourriez aussi prendre à Chagny, sur la ligne de Lyon, un nouveau chemin de fer qui va directement à Nevers, et que, de là, Orléans n'est qu'à quelques heures. Si vous preniez cette voie j'irais vous prendre à une des stations, pour voyager avec vous sans vous arrêter, et causer en wagon.

Mais avant tout, ce qui vous fatiguera le moins.

Dites-moi à quelle époque, vous désirez le travail dont vous m'avez parlé?...

Rien à vous signaler d'ailleurs dans l'ordre politique, si ce n'est le vote attendu du sénatus-consulte, précédé des vœux si nouveaux des Conseils Généraux. C'est toute une nouvelle phase de l'Empire qui commence, et presque une nouvelle France qui se montre.

Dans l'ordre religieux rien de neuf, si ce n'est la déclaration des évêques d'Irlande, demandant l'*égalité* dans l'enseignement, en s'opposant aux écoles mixtes, mais sans réclamer aucune domination, et parlant au nom des pauvres tenanciers.

En rentrant d'Azy la veille en chemin de fer, il avait vu de loin quelques points du paysage de la Roche.

A Madame Augustin Cochin

Paris, 7 septembre 1869.

Ne vous préoccupez pas de ma santé ; elle n'est pas mauvaise, et je ne cherche pas, je fuis au contraire, les occasions de me tuer. Je n'ai pas beaucoup de nouvelles à vous donner. On dit beaucoup que le prince Napoléon brigue le poste de premier ministre, et nous pourrions bien passer par cette combinaison peu attrayante. On ajoute que l'Empereur est très sérieusement malade, et la bourse a eu, hier, une vraie panique. Nous ne sommes pas au bout des crises, et la vague qui me portera au rivage politique ne se voit pas clairement. En ceci, comme en tout le reste, ayons patience, étant déjà payés au delà de nos mérites par le bonheur de notre union, et de nos enfants.

J'ai vu hier, de loin, le clocher de Saint-Fargeau et la ferme de Malvoisine par-dessus la Seine, riante et tranquille (1). Je ne pourrai pas les voir de plus près à ce voyage, mais je désire ardemment que nous passions quelques semaines d'octobre, dans ce coin du monde où nous ayons planté notre tente. J'embrasse nos trois grands fils de tout cœur avec vous.

En Bretagne, du Clésieux travaille à tenir toujours son ami en contact avec le personnel politique de la région.

1. Saint-Fargeau est un village de Seine-et-Marne dont le joli et vieux clocher domine la Seine, Malvoisine une ferme perchée sur un revers de coteau et qui se voit de partout dans la plaine.

A Achille du Clésieux

Azy, 17 septembre 1869.

Je ne puis pas laisser tomber la fort aimable promesse
du *Breton* (1) à mon sujet, et il m'a semblé que les vœux de
votre Conseil général étaient une occasion opportune. Je les
ai donc commentés dans la lettre ci-jointe. Lisez-la et voyez
si elle peut être publiée sans inconvénient. Elle est peu aimable pour vos Députés actuels, mais ils ne me semblent pas
mériter mieux. Il me manque d'être mieux instruit de ce
qui a eu lieu dans le Conseil ; à qui sont dus les vœux? Ai-je
raison de les célébrer comme venant d'une majorité conserva-
trice et honorable? Je marche un peu à l'aveugle. Je compte
sur vous, pour ne pas me laisser faire un pas de clerc, et me
renvoyer ma lettre si vous croyez qu'il vaut mieux en faire
une autre.

Abonnez-moi au *Breton*, je vous prie. Combien j'ai douce,
profonde, tendre souvenance de ma visite à Saint-Ilan : Je
vous vois entre votre Eglise et vos flots, entre vos orphelins
et vos enfants, entre votre solitude et le monde ; je vois les
nuages de votre front, le feu de vos regards, le sourire de vos
lèvres ; je vous connais chez vous, autour de vous, en vous ;
et, de ces heures intimes, il me reste à jamais une sincère
estime, une affection attendrie, un solide et fraternel dévouement. Mais je vous répète, même en sachant vos croix, qui ne
me cachent ni vos dons, ni vos bonheurs, je vous répète le mot
du P. de Ravignan : « mon ami, il faut être content de Dieu ! »

Au Comte de Falloux

Azy, 19 septembre 1869.

Comment ne vous ai-je déjà pas écrit depuis cette visite
d'Orléans et ce séjour en Bretagne qui m'ont laissé au cœur
de si douces et profondes impressions? J'ai trouvé ici une
série de visites et de réunions ; puis, j'ai dû retourner à Paris,
où je serai de nouveau dans quelques jours, et avec votre
nom tous les jours sur les lèvres, et votre souvenir au fond
du cœur, je n'ai pas trouvé le moment de vous rien exprimer.

1. Journal de Saint-Brieuc.

Heureusement mes impressions ont été partagées, et Mme Cochin a déjà correspondu avec Mme de Caradeuc et Mme de Falloux, très empressée de leur redire la vraie joie que nous avait causée notre trop court séjour auprès de vous, en Bretagne. Vous avez dû parcourir l'autre partie de cette bonne province depuis que nous nous sommes quittés, et j'espère que vous me raconterez un peu votre tournée en Morbihan.

Suite a été donnée à nos entretiens d'Orléans. Notre ami qui doit y être rentré hier m'a écrit de Suisse quelques mots encore assez tristes, ayant recueilli en route des renseignements peu satisfaisants. Mais le manifeste de l'Assemblée de Fulda (1), jette sur ces inquiétudes des rayons bien éclatants de consolation et d'espérance, ce me semble.

Vous aurez vu comme moi dans cet acte un ton d'autorité, un langage de conciliation, une tenue imposante et vivante, qui contraste avec les accents éplorés ou irrités auxquels nous sommes habitués des deux côtés des Alpes. Il faudrait savoir le détail pour savoir ce qu'il y a sous ces paroles. Mais l'effet est solennel et salutaire.

Notre autre compagnon de route en a été charmé. C'est pour le rencontrer que j'irai mercredi soir à Paris, et aussi pour l'écouter, et j'ai l'intention de revenir en Nivernais par la Roche-en-Breny. Si donc vous avez quelque chose à me dire pour ces diverses stations, écrivez-moi à Paris mardi ou mercredi.

J'ai reçu une nouvelle lettre de M. de Rorthays (2), me demandant de lui adresser une lettre qu'il puisse publier dans son nouveau journal. Je ne répondrai que *sur votre avis*. Vous êtes renseigné, et vous me direz si je ne blesserai personne en m'affichant à cette muraille, dont je ne voudrais pas essuyer les plâtres.

Tandis qu'à Orléans, Augustin Cochin passait avec l'évêque quelques jours de travail, une grande douleur le frappa, la révolte du P. Hyacinthe. Il s'était inquiété déjà de son état d'âme ; mais rien ne lui avait fait prévoir le coup d'éclat et le scandale.

1. Manifeste des Evêques allemands réunis à Fulda.
2. M. de Rorthays fut un des plus dévoués et des plus intelligents parmi les jeunes qui se groupèrent autour d'A. C. pour la défense de la foi et de la liberté. J'aime à rappeler sa figure charmante et distinguée.

A Madame Augustin Cochin

23 septembre 1869.

...C'est à Orléans que j'ai su la lettre du P. Hyacinthe. Il faut que je le voie. Je tremble qu'il ne devienne ministre protestant. Ne le dites pas. Quel malheur, mais quel excès ! Sa lettre est un acte de colère et non de courage. Il quitte les Carmes, soit, le clergé c'est beaucoup ! Mais la Religion même et l'Eglise ! — et qu'il ne donne pas six semaines de crédit, à la veille d'un concile, à la mère du genre humain, c'est vraiment impardonnable ! Et pourtant je le plains ; je voudrais le lui dire, et je ne serai pas de ceux qui piétineront sur lui comme le fait déjà l'*Univers*. Serrons-nous contre le grand mât de la Croix pendant ces orages.

24 septembre 1869.

J'ai passé deux heures avec le P. Hyacinthe. Sa tête est bien excitée, mais son cœur est capable d'attendrissement ; nous avons pleuré. Il faut le blâmer, nettement, hautement, car il fait d'un pas une chute en pleine révolte, mais il ne faut pas l'accuser, le pousser, et jeter des cris de joie de cannibale... Je le reverrai, et vous sentez combien je tiens à aller à la Roche-en-Breny. Vous lirez les notes du *Français* et du *Correspondant*. Il faut être ferme et tendre. Quelle grâce pour moi, d'avoir essayé ce livre qui m'a conduit aux pieds du Seigneur, et m'a élevé au-dessus des misères de la route pour voir l'horizon par-dessus les buissons ! Je me sens bien ému, nullement troublé, comme je l'aurais été il y a quelques années.

Son cœur le porta à la Roche-en-Brény, où la douleur était aussi profonde qu'avait été grande la confiance. Là, Augustin Cochin songea à ses enfants, et à l'ébranlement de conscience qu'un événement si cruel pouvait apporter à de jeunes cœurs.

A Denys Cochin

La Roche-en-Brény, 26 septembre 1869.

Mon cher enfant,

Je suis sûr que tu as été troublé au fond du cœur par la lettre du P. Hyacinthe que tu as lue dans les journaux, et j'ai pensé tout de suite à toi, en la lisant moi-même.

Tu sais que j'aime cet homme éloquent, comme un ami, tu sais à quel point je partage ses convictions libérales, à quel point j'admire son grand talent, à quel degré aussi je souffre des peines qu'il signale dans sa lettre. Cependant, je ne puis en aucune façon l'approuver, ni même le comprendre. Il a manqué de courage. Il a fait comme le capitaine d'un navire, au milieu d'une flotte, qui, las de combattre, désespérant de la victoire, ou vexé d'un ordre maladroit, coule son pavillon et fait sauter son équipage. Il a voulu quitter cet habit de moine, pris dans une heure d'entraînement, qui lui pesait, mais qui le portait aussi, l'environnant d'un voile de sainteté, dans cette chaire où il avait trouvé si promptement, si facilement, si abondamment, la gloire et l'autorité. En cédant à la colère, il a été injuste, exagérant les maux dont il souffrait, et les misères de notre Eglise, entachée de bien des infirmités, mais qui n'en est pas moins aujourd'hui, hier, demain, la grande école et la grande source de la vérité et de la vertu d'un bout à l'autre du monde habité, sur les bords du Mississipi ou du Zambèze, comme aux rives de la Tamise et de la Seine, ou dans la petite vallée de l'Ixeure (1) que parcourent en ce moment tes regards.

Il faut s'habituer, cher ami, à juger ceux qu'on admire, et à voir, à suivre la vérité à travers les hommes. Puis cela fait, et après avoir rendu à la vérité toute nue ce qu'on lui doit, il faut être aussi tendre que ferme, dire à ses amis, sans les flatter, leur fait, et pourtant ne jamais juger les intentions, le fonds des consciences, la bonne foi ; ne jamais cesser d'aimer, de pardonner, et de plus en plus, quand celui qu'on aime est malheureux, égaré ou calomnié. Compte donc sur moi pour ne pas repousser du bout du petit doigt ce pauvre P. Hyacinthe, au moment où il se jette par la fenêtre de son couvent pour tomber dans la rue, où l'attendent les railleries des indifférents, les excitations des révoltés, les coups de pied des gens sans cœur. Je l'ai vu, je te conterai tout notre entretien ; je le reverrai et je l'entourerai dans cette crise si grave, de toute l'amitié que je pourrai. Ce serait y manquer également que de le flatter, quand je crois qu'il se trompe, ou de l'accabler parce qu'il s'est trompé. Que ce grand malheur, l'un des premiers, mais non hélas ! le dernier dont tu

1. Petite rivière qui coule à Saint-Benin d'Azy (où Denys Cochin était alors) à travers les prés, en vue du château.

seras témoin dans ta vie, cher enfant, affermisse ta foi en attendrissant ton cœur, et t'apprenne à ne pas t'appuyer sur un autre que Dieu, à ne jamais trahir la justice ni la bonté, à ressembler autant qu'on peut aux arbres dont les feuilles sont sensibles et hospitalières, et dont les racines s'enfoncent dans la terre ferme.

Dans peu de jours, je te reverrai ; toutes ces émotions m'ont bien remué, et aussi ce que je vois ici, où la souffrance physique accable et achèvera bientôt une noble créature que j'aime. Je trouble ta gaîté, mais de plus en plus je veux mettre en commun avec toi ce que je sens.

Je t'embrasse de bon cœur.

A Madame Augustin Cochin

La Roche-en-Brény, 27 septembre 1869.

...Si vous voyiez ces cheveux blancs, cette tête penchée, ces mains amaigries, ce pâle visage !

L'âme est ferme.

... L'Evêque d'Orléans vient d'écrire une lettre un peu molle (1), mais pleine de cœur, et c'est l'essentiel. J'ai par Monsell, une lettre du P. Newman, très nette. Il m'est donné de mettre ainsi la main sur les battements de trois ou quatre grandes âmes, dans ce moment de subite et profonde émotion. Tous aiment le P. Hyacinthe ; tous souffrent les même maux. Nul ne le suit. Pourquoi? Le P. Gratry se sauve par la simplicité, Montalembert par l'honneur et l'expérience, Newman par la hauteur de l'esprit déjà habitant le ciel...

A la Roche-en-Brény, il n'avait pas été seulement question du récent scandale. Toutes les affaires du jour avaient été traitées, et, bien que Montalembert prétendît ne plus se mêler du *Correspondant*, on lui avait soumis la déclaration sur le Concile que l'on avait dessein de publier le 10 octobre, et dont l'auteur était le Prince de Broglie. Des épreuves avaient été envoyées, suivant l'usage dans les cas graves, à tous les principaux inspirateurs de la revue. Et c'était Augustin Cochin qui s'était chargé de centraliser les épreuves.

1. Adressée sans doute à Montalembert.

Au Comte de Falloux

Paris, mercredi 6 octobre 1869.

Je vous ai fait tenir au courant par Rességuier de mon passage à Paris, il y a quinze jours, et de mon entrevue avec le P. Hyacinthe, puis de mon départ pour la Roche-en-Brény. Pendant les trois jours que j'ai passés là, puis pendant la fin un peu bruyante du séjour d'Azy, je n'ai pas pu vous écrire, et je le fais ce matin encore bien à la hâte, pressé entre la *centralisation* de toutes les épreuves de l'article sur le Concile, que vous avez vu, et toutes mes affaires courantes. Je tiens beaucoup cependant à vous dire dans quel état j'ai trouvé notre ami.

Physiquement, ses forces déclinent et les symptômes s'aggravent. Il faudrait vraiment un miracle pour arrêter tout d'un coup ce mal redoutable et opiniâtre. Montalembert ne marche presque plus ; il est maigre, pâle et souvent défaillant. Il passe sa journée sur un balcon et descend à peine au milieu de sa famille. C'est à pleurer de le voir ainsi.

Moralement, l'âme est toujours allumée, énergique, et parvenue à un admirable état de lucidité et de détachement. Il continue à tout lire, à tout annoter, à suivre d'un esprit ardent et confiant la renaissance de la vie libérale en France. Il a jugé fermement et blâmé nettement l'acte du P. Hyacinthe, auquel il a écrit une lettre destinée à la sévère réflexion, nullement à la publicité. Et il est beau de l'entendre répéter : « Il ne sait pas ce que c'est que souffrir, il n'a pas souffert ; il se plaint avant l'épreuve, et se retire avant le combat. »

En ce qui nous concerne, sa tendresse est toujours mêlée d'amertume : il ne nous a pas pardonné d'avoir arrêté l'article sur l'Espagne. Oubliant à quel point nous avons subi la solidarité de tous ses actes, accepté de partager ses compromissions et son impopularité, c'est nous qu'il accuse d'avoir fait peser sur lui notre opinion, nos intérêts électoraux, nos timidités ; et, comme représailles, il se gardera bien de donner le moindre avis sur le travail sur le Concile qui va paraître avec la signature collective, j'ai porté doucement ces injustices, quoique bien pénibles, mais il importe que vous en soyez prévenu. Elles ne sauraient m'empêcher de l'aimer, et quelle meilleure preuve d'amitié que de lui avoir dit la vérité au risque de lui déplaire? Ce malheureux article sur l'Espagne pourrait être aisément modifié, et je m'en chargerais bien ; mais la force lui manque pour le changer et la confiance pour me le remettre. Pauvre cher ami, que d'épreuves ! et faut-il que notre franchise en ait ajouté une de plus !

Je suis bien mêlé ici et de tout mon cœur aux efforts faits pour éclairer et toucher l'éloquent religieux qui nous fait tant de peine et de mal. J'ai besoin de savoir *confidentiellement* ce que vous augurez, vous qui jugez si à fond. Dites-moi votre avis sur l'homme et sur l'acte, et ne me laissez pas patauger dans des démarches stériles, où la charité me cacherait la vérité...

Au Comte de Montalembert

Plessis-Chenet, 9 octobre 1869.

Il y aura quinze jours que je vous aurai quitté quand vous recevrez cette lettre, et je me reproche de ne vous avoir pas exprimé plus tôt toute la joie mêlée de peine que j'ai goûtée près de vous, peine de voir votre santé aux prises avec un mal si rigoureux, joie de retrouver votre âme plus lumineuse que jamais, ouverte à l'espoir au milieu des tortures, et pleine d'une ardeur intextinguible. Pendant toute la journée qui a suivi vos adieux, emporté par de bien mauvaises petites voitures à travers le Morvan, j'avais vos traits amaigris présents à mes yeux ; votre âme parlait à la mienne, et je ne pouvais me détacher de la ferme espérance que vous serez un jour revêtu d'une force et d'une sève nouvelles, comme ces arbres que le vent d'automne dépouillait devant moi sans les anéantir. Le passage à Saulières et le retour à Azy (1) ont été suivis de réunions de famille si nombreuses et si bruyantes que je n'ai pu vous écrire. Depuis mardi, je suis à Paris, mais surchargé d'affaires. Il y a deux heures que j'ai pu m'échapper pour venir passer ici quelques jours ; et mon premier soin est de vous écrire, pour vous dire une fois de plus que je vous suis tendrement attaché ; et ne vous ayant jamais connu dans votre gloire, il me semble que mon amitié, née dans vos premières disgrâces, suit leurs progrès et grandit à mesure qu'elles s'accroissent.

1. A Azy, les fêtes de la Saint-Denys avaient sans doute été avancées de quelques jours, puisque nous avons vu qu'il était le 6 à Paris (le mardi).

J'ai centralisé toutes les épreuves de l'article du prince de Broglie sur le Concile, qui paraît demain, peu changé, mais amélioré. Je n'espérais guère votre épreuve. Vous ne voulez plus, m'avez vous dit, d'une solidarité que nous avons rendu pénible une fois, mais dont nous avons porté quinze ans les avantages et les inconvénients ! Mais au moins, je suis sûr que vous aurez approuvé facilement l'acte et la forme. C'est un flot de plus dans cette marée montante qui commence à se dessiner de plus en plus sur cette plage plate et triste où notre bateau est sur le flanc depuis quelques années. Aurait-il fallu gonfler ces ondes plus tôt et avec plus de fracas ? Cela se peut, et je ne prétends pas que nous ayons agi pour le mieux, mais enfin nous agissons...

Comme le dit si bien le *Spectator*, nul Concile n'a été exempt de manœuvres et de passions, même basses ; la foi consiste à croire que Dieu pétrit cette argile mêlée et en fait sortir l'or de la vérité. Ne manquons pas de cette foi.

Celui auquel le *Spectator* adresse ces paroles, le pauvre P. Hyacinthe, persévère dans la voie aventureuse et singulière. J'étais hier à 7 heures près de lui ; à 8 heures il partait pour New-York. Il cherche, je le crains, le bruit plutôt que le silence. L'avis d'un Villa Marina, — qui accuse l'Eglise de *trafiquer des choses saintes*, — lui fait plus d'effet que l'avis d'un Newman ou d'un Montalembert. *Que vous aura-t-il répondu ?* Il a fait couler son navire au travers de la passe pour nous aider à sortir du port ! Il va secouer son excommunication au grand air démocratique, sans un mot d'explication, sans un souci de nous, laissant dans le sein de sa mère une flèche ; et pourtant il m'écrit avec des croix, en m'assurant qu'il reste fidèle à notre cause ! Je ne cesse pas de l'aimer ; je le crois de très bonne foi, mais je n'y comprends plus rien et je l'ai embrassé hier en sentant mon cœur défaillir et se troubler. Ah ! le sentier est bien étroit et la mêlée bien rude, entre les maux de la vie, les mystères de la foi, et il y a des moments où les yeux se voilent, et où l'on ne voit plus clair. Et pourtant l'étoile est sur l'âme comme sur les débris de la masure de Bethléem, et il ne faut pas cesser d'être un homme de bonne volonté, baisant les traces de Jésus, seul homme digne d'être écouté, suivi, seul qui ne nous trompe point dans la vie et dans la mort. Je lui recommande ce Carme trop *rechaussé*, qui s'en va sur les flots chercher une « terre libre » (comme il le dit), avec l'enfantillage de croire que les marchands de New-York sont des chrétiens sublimes, et qu'il va sauver l'Église avec la seule force de son bras. Mais où est le salut ? *Veni, sancte spiritus !*

La poste me presse, et je ne veux pas tarder à vous envoyer ces accents d'un cœur un peu agité, qui vous aime bien. Que de remerciements à Mme de Montalembert et à vos filles !

De l'article du *Correspondant* sur le Concile voici ce que dit La Gorce, avec toute la sagesse et la finesse de son jugement.

« L'article était éloquent, réservé bien plutôt que téméraire, et « respirait l'entier dévouement, l'entière obéissance au Saint- « Siège... Sur la question de l'infaillibilité, les rédacteurs (car l'ar- « ticle était le fruit d'un travail collectif) (1), observaient une « extrême prudence, et la seule supposition qu'ils écartaient « comme indigne de l'Eglise, et par conséquent impossible, était « celle d'un vote emporté par surprise, ou prématurément formulé « par acclamation.

« Telle était l'humeur belliqueuse, que les plus ardents virent, « affectèrent de voir, en ce programme si modéré, un empiète- « ment sur le Concile futur. C'était au milieu d'un tumulte crois- « sant que les évêques vaquaient aux préparatifs de leur départ. « Au paisible enseignement des écoles ecclésiastiques ou des sémi- « naires, s'était substituée une théologie ignorante et batailleuse « qui s'arrogeait le droit de juger, de condamner ou d'absoudre. « On disputait dans les salons, dans les cercles, dans les associa- « tions pieuses, dans les sacristies, dans les parloirs des couvents. « La presse indifférente ou irréligieuse ne laissait pas que de s'inté- « resser fort à ces querelles ; elle se répandait en toutes sortes de « sophismes ou de joyeusetés impies, et, du conflit des deux doc- « trines, concluait à l'inanité de l'une et de l'autre.

« L'*Univers* avait, sous forme de souscription pour les frais « du concile, organisé un vaste pétitionnement en faveur de l'in- « faillibilité. Chaque jour, dans ses colonnes, se publiaient les « adhésions accompagnées tantôt d'effusions pieuses, tantôt « d'anathèmes ou d'injures. Ainsi se poursuivait un plébiscite « moitié laïque, moitié ecclésiastique, le plus étrange de tous et « non le moins périlleux. Touché de ces dangers, Mgr Dupanloup, « qui jusque-là s'était contenu, signala avec son ordinaire ardeur, « l'inconvenance des manifestations. Veuillot répliqua. Le prélat « reprit la plume. On atteignit de la sorte la fin de l'automne ».

On avait assurément perdu tout sang-froid. Il semblait vrai-ment à certains que l'Eglise et le Concile fussent appelés à décider

1. On sait, par les lettres précédentes que l'article, rédigé par le Prince de Broglie avait été communiqué en épreuves à Falloux, Foisset, Cochin et Montalembert ; il avait reçu quelques retouches des trois premiers. Cochin le trouvait seulement « un peu long, un peu trop savant ».

sur des matières de Gouvernement intérieur des peuples, — entre le pouvoir absolu et le parlementarisme. Et cela, à l'heure justement où l'Empire admettait les réformes libérales, et préparait un ministère constitutionnel. On apprit un jour que le Prince de la Tour d'Auvergne, ministre des Affaires étrangères, venait d'envoyer à Rome une dépêche concernant les travaux du futur Concile.

La démarche était peu heureuse. On ne manqua pas d'en rendre responsable Mgr Dupanloup, surtout quand on apprit que, quelques jours plus tard, il avait eu à Saint-Cloud, une conversation avec Napoléon III.

C'était dans ces circonstances que l'Évêque, à la veille de partir pour Rome, avait publié (le 10 novembre) la lettre pastorale, dont parle La Gorce, et qu'il fit suivre un peu plus tard d'un second document (1).

Ces explications sont nécessaires pour comprendre les lettres de cette époque.

Au Comte de Carné

15 novembre 1869.

Je tiens à vous remercier, pour ma part, de la lettre que vous avez écrite à l'*Univers*. Il y a dans je ne sais quelle légende, le nom d'un saint *Adauctus* ainsi nommé pour avoir demandé a être *ajouté* à un groupe de chrétiens qu'on allait flageller. Vous avez agi ainsi, donnant aux adversaires une leçon, et aux amis un secours, pleins de noblesse et d'à-propos. Nous aurons beau faire, alléguer nos paroles, nos intentions, nos services, notre bonne volonté, notre complète obéissance ; c'est comme si nous ne disions rien : nous voilà convaincus de fomenter la révolte et de propager l'erreur, et pour deux francs, une bonne âme, en souscrivant au Concile peut se passer le pieux plaisir de nous lancer une injure ! Heureusement un journal n'est pas le Concile, et, après avoir, au dernier moment, sur des provocations nombreuses déposé respectueusement nos trop justes inquiétudes dans les mains des évêques, nous n'avons plus qu'à nous taire, et attendre, comme vous le dites si bien, avec une confiance filiale.

Le danger était assez grave pour que l'Évêque d'Orléans ait cru devoir parler, et vous lirez après sa lettre d'adieu, un

___

1. Une note, sous ce titre : « Observations sur la controverse soulevée relativement à la définition de l'Infaillibilité pontificale au futur Concile. »

mémoire qui va faire un grand bruit. Il s'est décidé avec son intrépidité accoutumée, malgré bien des objections. Dieu veuille bénir son courage !

Les élections de Paris sont une descente de la Courtille, avec encouragement de la police. Il y a une réaction du bon sens, mais trop privée des moyens de se faire obéir. Je n'ai pas cru devoir me risquer dans une candidature qui m'était offerte dans ces fausses et violentes conditions. Vous m'approuverez je l'espère.

Au Comte de Falloux

15 novembre 1869.

Je ne vous ai pas écrit depuis deux semaines, faute d'une minute. J'ai passé mon temps à me défendre d'une candidature à Paris, qui ne me paraissait pas engagée sur un champ de bataille, mais dans un piège, — moitié satan, moitié police, — et à courir sur la route d'Orléans, pour essayer de substituer la lyre à la hache, selon votre avis, que je partageais entièrement. Mais notre valeureux ami a pris la lyre sans lâcher la hache, et sans négliger même la cravache, c'est-à-dire qu'il a d'abord publié l'adieu pastoral, que vous avez lu (et j'en suis sûr, approuvé), puis il se décide à publier le mémoire contre l'opportunté de la déclaration d'infaillibilité, puis enfin il tient, s'il est attaqué, à riposter vertement. C'est un grand parti. Va-t-il faire une trouée dans les rangs ennemis ou se creuser sa fosse à lui-même? Dieu le sait. Mais tous les renseignements laissent supposer qu'il empêchera les imprudents, réconfortera les timides, et barrera le danger. Au moins le croit-il ! L'Évêque de Marseille est aussi de ce sentiment. Va donc pour ce grand risque, affronté d'ailleurs, avec une intrépidité sans égale !

Le morceau est, d'ailleurs, très beau, très grand, et de nature à convaincre, si l'on veut être convaincu.

Si je n'avais pensé qu'à nous, j'aurais désiré cet éclat, qui va nous couvrir, non seulement contre la meute de ceux qui nous déchirent, mais même contre les possibilités de désaveu de notre pauvre grand ami de la Roche, qui veut se séparer de vous publiquement, et j'aurai bien de la peine à l'en empêcher ; il m'écrit une lettre maladive, et dure pour Albert et moi, comme si nous avions été hier des lâches,

aujourd'hui des imprudents ! Mais je me charge de la réponse
et le tonnerre de l'Évêque va rouler sur tout cela.

Croyez-vous que nous ayons, dans le numéro du 25, à
résumer la campagne de l'*Univers* contre nous, par deux
pages qui mettent les points sur les I de nos opinions et sur
les I de ses procédés? J'y incline.

P.-S. — M. Thiers arrive jeudi, très abattu. La gauche se
divise de plus en plus. Les négociations pour changer de
ministère avant la chambre, recommencent. Il y a une
réaction contre les folies parisiennes ; mais elle vient tard
et a peu de moyens de prévaloir.

Les concessions brusques de Napoléon III, son indécision dans
l'action, ont laissé éclater une agitation, qui couvait sourdement
pendant les années silencieuses du pouvoir absolu. C'est le moment
des clubs violents, des discours incendiaires, de l'Internationale.
Tout tourne au désordre.

Il y eut à la fin de novembre de tumultueuses élections complé-
mentaires à Paris, amenant à la Chambre de vieux républicains,
ou bien y portant, par folle faveur populaire, un simple homme de
désordre, comme Henri Rochefort.

Cependant, comme dit heureusement La Gorce « un désir domi-
nait le pays, celui d'échapper au régime de transition et de trouver
dans un gouvernement homogène une orientation bien nette et
résolue. Ce gouvernement Napoléon travaillait à le créer, mais il
y travaillait avec des hésitations et des retours, propres à retarder
ou à compliquer la solution ».

AU COMTE DE FALLOUX

27 novembre 1869.

Nous devons certes autant d'admiration que de reconnaissance à ce grand Évêque, qui agite la torche de la vérité dans
ces ténèbres ; et nous lui devons surtout des témoignages
pour une intrépidité qu'aucun de nous n'a osé conseiller,
car il a pris son parti seul, contre tous et malgré tout, dans
l'intime entretien de sa conscience et de son honneur. J'ai
déjà un mot de lui de Montbard ; il continue sa route, calme
et fort ; il a trouvé notre ami mieux et radouci. Cependant,
je n'en ai pas encore une syllabe depuis sa lettre très dure,
et je ne sais si sa colère aura été noyée dans le grand fleuve
qui vient de se dérouler au milieu de nous. Il devrait bien
se dire qu'il est hélas ! pour quelque chose dans l'excès des

exagérations ultramontaines, et que ce n'est pas le moment d'être si sévère pour ses plus fidèles et ses plus patients amis. Je ne sais rien de Rome. On sera furieux mais on ne passera pas sur un tel obstacle. A Paris, les trembleurs tremblent, mais les étouffés respirent, et les indifférents sont frappés et émus.

En politique, les choses continuent à mener les hommes. C'est comme une marée qui fait reculer devant elle, et force les matelots, même endormis, à remonter aux échelles. L'élection de Paris est plus bête qu'inquiétante, et l'Empereur ne peut pas crier au loup, devant de vieux histrions invalides comme Crémieux et Glais Bizoin. Il sera forcé de changer de ministres, puis à réformer la loi électorale, puis à dissoudre. Ce sont bien là les trois degrés inévitables de l'escalier politique, et il a beau se cramponner à la rampe, il faudra les descendre. Tout peut crouler aussi, escalier et maison, et tomber dans la rue. Ne soyons ni prophètes, ni badauds. Préférons seulement les batailles viriles qui se préparent aux longues siestes énervantes qui ont précédé.

Que je suis triste d'apprendre que vous ne pensez ni à Rome, ni à Paris. Écrivez-moi, et restons en intime union pendant les deux crises dont la Providence nous rend les témoins désarmés.

Une des réformes désirables pour l'avenir était la réforme électorale. Le philosophe génevois Naville en faisait dès longtemps sa constante étude.

A M. Ernest Naville

Paris, 8 décembre 1869.

Vous m'avez envoyé un bien beau travail, une réfutation éclatante, par la forme et par les arguments, de nos prétendus philosophes, et, au lieu de vous remercier, je viens vous demander un autre travail que je regarde comme de première importance et de suprême à-propos.

Si vous suivez un peu les lignes ondoyantes de la politique française et les mouvements des partis, il ne vous est pas difficile de prévoir, que le point culminant de nos embarras, et le travail nécessaire de l'année 1870, sera la Réforme de la loi électorale.

Car nous n'avons pas qu'un Souverain, l'Empereur ; nous

en avons un second le Suffrage. Nous ne craignons plus le premier, à peu près mis en tutelle ; nous avons tout à craindre du second, aveugle ou désordonné.

Or, vous connaissez mieux que personne en Europe, et vous avez décrit les systèmes électoraux, leur philosophie, leurs résultats, leurs procédés. Pourquoi n'en publieriez-vous pas une étude comparée que, assurément, *la Revue des deux Mondes* accepterait volontiers ? Un candidat de la gauche, M. Hérold, a rédigé un projet de loi ; la réunion des Députés du même bord travaille à la même question, et elle figure dans les manifestes de ces deux centres : gauche et droit, — dont le rapprochement va former, avant peu de jours, la majorité et enfanter un ministère constitutionnel. L'heure est propice, et vous pouvez porter, dans nos ténèbres, un rayon décisif. Je ne puis assez vivement vous presser d'entreprendre ce travail, dont la France n'a pas seule à profiter.

Aujourd'hui même commence à Rome, le concile de l'Église catholique et je suis certain qu'une âme élevée comme la vôtre, se sent émue à la pensée de ce grand effort vers la réforme et la sanctification, troublé sans doute par bien des passions, mais présentant cependant, en face de ce siècle orgueilleux, violent et superficiel, un grand sujet d'espérance, une belle scène de l'histoire, une preuve étonnante de la vitalité de la foi en Jésus-Christ.

L'année 1869 marquée par cet événement, le retour de la liberté en France, la fin de l'injustice en Irlande, la pacification des États-Unis, les grands travaux de Suez, du Pacifique, du Mont-Cenis est une date dans notre vie.....

P.-S. — Denys est bachelier.

Falloux court encore sans succès la chance d'une candidature, que l'on avait d'abord offerte à Cochin.

L'année finit par des pourparlers pour la formation du ministère Ollivier.

Au Comte de Falloux

Mercredi, 22 décembre 1869.

L'Élection de Vendée fixée au 10 janvier, c'est trop tôt, c'est trop bref, ce me semble, pour entreprendre une campagne ; au moins faudrait-il, pour me mettre en mouvement, des appels du pays bien imposants. Or, les lettres et visites

que j'ai reçues ne me paraissent pas décisives. Puis on me dit
le clergé découragé et divisé, les électeurs de Keller vexés
par sa retraite subite, et peu en train. Keller lui-même et
M. de Civrac sont plutôt négatifs. J'aurais pu partir, mais je
je ne puis pas m'imposer et je n'en ai pas le goût. Un de mes
correspondants m'écrit que le président du Comité, M. des
Noues, ne le convoque que pour le 28, à cause de Noël. C'est
du temps perdu et il ne restera plus qu'une semaine ! Il
ajoute qu'on délibérera *sur nos deux noms*. Avez-vous d'autres renseignements ? Cela me paraît une affaire manquée.
Dites-moi ce que vous en savez?

Une autre affaire manquée, je crois, c'est un cabinet Ollivier ou Daru. La chambre n'a pas le goût de l'imposer, ni
l'Empereur celui de l'appeler, ni ces messieurs celui de
l'organiser. Entre ces trois indécisions rien ne naîtra, et nous
allons assister à une lente agonie de la Chambre, incapable
de produire une tête, mais possédant une queue ; à un siège
souterrain de l'opinion contre un parlement sans cohésion et
sans autorité, siège interrompu peut-être par des aventures
d'en haut ou d'en bas.

J'ai enfin des nouvelles de l'Évêque. Le Pape l'a reçu tendrement, *mais sans lui dire un mot de ses actes*. Il est entouré
de pièges et d'injures, dont il se tire vertement, vous l'avez
vu. Il compte sur deux cents Évêques, des mieux qualifiés.

Aussi tard que le 22 décembre 1869, dix jours avant la constitution du ministère Ollivier, Augustin Cochin ne savait rien et
n'avait été mêlé à aucune négociation. A ce moment-là en effet,
d'après Ollivier lui-même (1), tous les efforts tendaient à la formation d'un ministère tout différent, dont les principaux adhérents
étaient Magne et Chasseloup-Laubat. Le groupe des libéraux de la
Chambre, ce qu'on appelait le Centre gauche, n'y avait aucune place.

Le ministère ainsi composé, dit Ollivier, était *fait* le 30 décembre,
— et il ajoute qu'il reçut *alors* la visite d'Augustin Cochin (2). —
« Cochin, mon ami de l'Ecole de Droit, survint à ce moment. Il
« venait me dire que le Centre gauche était désireux d'entrer dans
« mon Cabinet : « Voulez-vous que je négocie? — C'est inutile,
« répondis-je, tout est fini ! » — Il devint pâle (!) et ne dissimula
« pas son regret... »

Cette « pâleur » semblera plaisante.

1. Dans son curieux récit : *Le Ministère du 2 janvier*, qui, pour la suite,
comme on va voir, diffère quelque peu de la correspondance d'A. C.
2. A. C. ne parle pas d'une visite spontanée à Ollivier, : il dit, comme
on va le voir, avoir été appelé par Ollivier qu'il n'avait pas vu depuis
six mois ».

1870

C'est le 1er janvier au matin, nous dit Ollivier, que la combinaison ministérielle fut rompue, et cela par le fait de M. Magne, qui tenta d'embrouiller les choses, d'abord par une lettre, puis dans une conversation très vive, où il refusa sèchement d'entrer dans le ministère, « si une nouvelle démarche n'était pas faite auprès du Centre gauche ! » (1)

« Et moi, — poursuit Ollivier, — d'un ton encore plus sec : « Vous l'exigez? Je le ferai ! » — « Je me levai, le saluai de la tête, « et sortis... Je dis à Chevandier, sur l'escalier : « Ah ! le bonhomme « veut nous mettre dedans? Nous le mettrons dehors ! »...

« Du même pas je me rendis chez Cochin : « Vous avez paru, « hier au soir, affecté de la rupture de ma négociation avec vos « amis? Ayez la bonté d'aller les trouver, et de leur déclarer de « ma part que je suis disposé à les reprendre, et à tout terminer « avec eux. J'abandonne Magne et Chasseloup; et dès lors, leur « motif de ne pas entrer dans ma combinaison disparaît... » Je

1. Il paraît clair qu'une première démarche avait été faite, et une première combinaison envisagée avec le Centre gauche, — *avant* la visite d'A. C., qu'Ollivier raconte et rapporte au 30 décembre 1869. Le Centre gauche avait refusé d'adhérer à cette première combinaison, qui lui parut peu satisfaisante. — Alors un second ministère avait été combiné, sans le concours du Centre gauche ; ce second projet avait échoué par la réclamation de Magne ; — Ollivier était alors revenu au Centre gauche, par l'intervention d'A. C.

lui racontai sans réticence ce qui venait de se passer entre Magne et moi. Cochin joyeux se rendit chez Daru... La journée s'approchait de la fin... quand Daru et Talhouët m'apportèrent leur réponse... Le 2 janvier, à midi, nous nous réunissions chez Daru » (1).

Au Comte de Falloux (2)

2 janvier 1870.

... Je n'avais pas vu Ollivier depuis six mois. Voilà qu'il m'a fait demander hier, pour rentrer en relations avec le centre gauche.

Cela va peut-être aboutir à un ministère raisonnable, où entreraient, imposés par l'opinion, MM. Daru, Buffet, Talhouët, Parieu, Segris. C'était défait avant-hier : c'est refait maintenant. Mais cela peut être défait demain.

Quelle que soit l'exacte précision des détails, un fait reste certain : c'est le rôle important que joua Augustin Cochin dans la formation du nouveau ministère, que l'on appela « Ministère du 2 janvier », où « Ministère des honnêtes gens ».

Ce dimanche 2 janvier au matin, son fils se souvient bien qu'il était sorti avec lui pour aller à la messe à Saint-Thomas d'Aquin. Des amis l'arrêtaient à chaque pas. On le félicitait ; on l'appelait « Warwick », (le faiseur de rois).

Le dimanche suivant Falloux a échoué contre un obscur candidat officiel. On peut se demander ce qui fût arrivé si l'habile manœuvrier parlementaire était entré à la Chambre pour les débuts du ministère libéral?

Les débuts du ministère sont assez difficiles. Au Sénat, c'est une interpellation, bien délicate à traiter, sur Rome et le Concile. Puis Paris continue à connaître les désordres de la rue.

Au Comte de Falloux

Paris, 13 janvier 1870.

... Je crois entendre votre vieux mot : « Je parais résigné ; au fond je suis satisfait ! » — Manquer le succès, en Vendée,

---

1. La lettre d'Ollivier à l'empereur pour lui soumettre le ministère est datée : dimanche 2 janvier, quatre heures après-midi.

2. Cette lettre encore ne concorde pas exactement avec le récit d'Ollivier. Mais le fond reste le même. Je soumets la chose aux amateurs de précision ! — Je conserve encore de ces jours agités, deux billets d'Emile Ollivier à A. C., deux rendez-vous : « Cher ami, je vous attendrai jusqu'à deux heures », — et : « Cher ami, venez à deux heures et demie. » — Ils sont du 1er et du 2 janvier.

de 500 voix, contre un homme méprisable, dans un pareil moment ! C'est dur. Je vous en conjure, recueillez les faits qui peuvent faire encore casser cette élection, et ne vous contentez pas trop aisément d'être battu ! — Hier, Albert, Lambel, Melun dînaient chez moi pour fêter votre triomphe, sur lequel je comptais, et nous avons tous fait triste figure.

Je n'ai pas su que M. Daru allait écrire à M. de Rorthays, et je le regrette (1). J'avais reçu du dit Rorthays, deux lettres illisibles, puis deux dépêches, annonçant son intention de publier, mais je n'avais pas pu joindre M. Daru ; je ne me fiais pas du tout à Chevandier, et force avait été de laisser, (c'était samedi) ses dépêches sans réponse. Je me croyais sûr qu'il ne publierait pas sans autorisation. Du reste le malheur est petit, et M. Daru ne vous en veut pas. Ecrivez-lui un petit mot. Il sait bien que dans le moment de l'assaut, on bourre son fusil avec tout ce qui vous tombe sous la main.

... Il y a grande foule et agitation dans Paris, en ce moment, promenade d'étudiants avec des immortelles à la boutonnière (2). Mais cela n'ira pas plus loin, selon toute apparence. C'est un vilain incident au début du nouveau régime, qui se tient ferme, mais un peu en l'air et en *porte-à-faux*, sur la droite et sur la gauche.

J'étais hier au Sénat et je connaissais, d'ailleurs, la dépêche et la réponse (3). Vous en aurez été satisfait. Cela veut dire : « Nous vous voulons du bien, mais aidez-vous, et ne mitraillez pas l'opinion qui nous porte. » — L'effet du discours, sur cette assemblée invalide, a été unanimement bon. J'espère que cela évitera l'interpellation à la chambre.

Si vous voyiez le sénat ! Ils dorment là depuis dix-huit ans ; et quand on élève la voix, on a peur de les voir tomber en poussière. Ils sont si décorés et si perclus, que leurs méfaits privés, on le voit trop, ont égalé leurs méfaits publics. Rouher obèse et triste, semble un lion de ménagerie, le roi des animaux, muselé, grondant, au milieu des pauvres caniches savants. En tout, l'Empire, en ce moment de retour de la

1. M. de Rorthays s'occupait de la direction du journal qui soutenait la candidature de Falloux. On devine par quel malentendu il avait publié une lettre de M. Daru, ministre des Affaires étrangères. — A. C. et ses amis ne considéraient nullement comme un des leurs M. Chevandier de Valdrôme, ministre de l'Intérieur. — On reconnaît les noms des vieux amis qui dînaient la veille chez A. C. : Albert de Rességuier, le comte de Lambel et Armand de Melun.

2. Suites de l'affaire Victor Noir-Pierre Bonaparte.

3. Au sujet des affaires romaines et du Concile. Discours de M. Daru.

liberté, ressemble à un bal masqué au lever de l'aurore, quand e rouge tombe des joues et quand les costumes d'emprunt sont fripés sur le dos des danseurs et des sauteuses. Mais est-ce bien l'aurore? Je m'obstine à le croire.

A Dieu et mille regrets malgré vous, contre vous.

Je vous écris au cercle où MM. Ancel, Séguier, de Montessuy, de Divonne parlent de leurs regrets pour vous. Vous êtes l'entretien, — avec Rochefort (1) !

Au Comté de Falloux

30 janvier 1870.

Ce que vous m'écrivez coïncide avec ce que j'avais appris moi-même, et heureusement à temps pour prévenir le ministre, qui avait prévenu le souverain. J'ai donc tout lieu de croire que les paroles apportées auront été mises en quarantaine. J'espère aussi que Lyon sera pourvu d'un choix qui fera son effet du bon côté. Pour ma petite part, je veillerai sur ces graves intérêts auprès de mes deux amis (2).

Le ministère traverse l'un après l'autre les écueils que lui ménage, à chaque pas, ce qu'il y a de faible dans sa composition et de plus faible dans sa situation, entre une Chambre, une Cour et une opinion, qui sont loin de chanter à l'unisson. M. Decaze avait au moins le roi; M. de Martignac avait la Chambre (3). Ici, ces deux appuis sont bien tremblants. L'empereur est trop heureux d'avoir à régner sur un pays effrayé par une gauche incapable.

Je vois souvent M. de Rorthays et il pousse sa pointe avec bien de l'intelligence et de l'ardeur ; je l'aide de mon mieux, sans beaucoup d'espoir, — et cela vous est égal, ô le moins impatient des patients !

Hier, ont eu lieu les funérailles de M. de duc de Broglie (4), vraiment admirables. Depuis les obsèques de Berryer, au-

1. Henry Rochefort venait d'être élu député de Paris, et attaquait l'empire jour par jour dans sa *Lanterne*.
2. On ne sait trop de quoi il s'agit dans les premières lignes ; mais on y constate l'intervention quotidienne d'A. C., dans les premiers temps du ministère du 2 janvier. L'archevêque nommé à Lyon (le 2 mars) fut Mgr Ginouilhac évêque de Grenoble.
3. Rien de plus juste que cette comparaison avec les ministères de la Restauration.
4. Le duc Victor de Broglie (1785-1870), l'ancien et célèbre diplomate et homme d'état, père du prince Albert, qui par sa mort, devint duc de Broglie.

cune explosion de respect profond et d'émotion étendue
n'avait accompagné un banni de la vie publique. Albert
vient de partir pour Broglie, où l'inhumation a lieu demain.
C'est un vide nouveau bien profond dans ses conseils et ses
affections. Vous n'aurez pas manqué de lui écrire.

Il commence à prendre part aux affaires publiques, celles surtout de la Ville de Paris. Il entre dans un des grands comités de
réforme décrétés par le nouveau gouvernement. Il s'y trouve avec
Léon Say, Batbie, Laboulaye

Au Comte Benoist d'Azy

Paris, 11 février 1870.

Je voudrais vous écrire plus souvent, mais vous savez à
quelle variété d'occupations mes heures et mes forces sont
assujetties. Ma plus grosse affaire, celle de la réorganisation
de Paris, est bien difficile ; il faut ramener le contrôle, sans
introduire le désordre. Je travaille de mon mieux entre des
collègues bien divers. Les uns, bien justement inquiets des
dispositions de la population de Paris, soulevée par tant de
gredins, les autres bien plus préoccupés de leur popularité que
de leur responsabilité. Les journaux me fusillent comme si
j'étais puissant. Je secoue les oreilles et je fais mon devoir...

M. Jaubert déjeunait ce matin avec nous, frais comme ses
fleurs, que ma mère a eu la bonté de nous réexpédier (1).
Dites-lui à cette bonne mère que nous serions ravis de la voir,
et que, pourtant, je l'engage à rester aux champs. Paris, sera
pour elle, un concert d'instruments de cuivre, bruyant et
fatigant ; on n'y parle qu'émeute politique, concile, panique,
et vraiment elle sera fatiguée de ce tapage. Les peupliers
remuent leurs grands bras, sans bruit, ils remercient, ils
chantent des hymnes, et leur compagnie vaut mieux à la
santé !...

Paul Benoist d'Azy est à Rome

____

1. Un des goûts dominants du charmant comte Jaubert était la bota-
nique. Il avait chez lui en Berry, des serres admirables ; et il donnait
volontiers des plants de fleurs à ses amis.

A Monsieur Paul Benoist d'Azy

17 mars 1870.

J'ai reçu toutes tes lettres ; et tous les renseignements si nets, si utiles, si concluants qu'elles contiennent n'ont pas été perdus, tu peux le croire.

Voici quelle est exactement la situation politique, ici à Paris, en ce qui concerne les affaires de Rome. Tout ce que l'on dit sur la menace de retirer les troupes de Rome est inventé, est faux ! Le ministre des Affaires Étrangères a dit dès le premier jour : « ne nous rendez pas votre défense trop difficile, et prévoyez les conséquences de vos actes. » — Mais il a toujours ajouté, dit et redit : — « je défendrai énergiquement l'indépendance du Saint-Siège, et je tomberai du pouvoir sur cette question, s'il le faut... »

Tout ce que les journaux disent aussi en même temps que des lettres particulières, sur la division des ministres est faux. Ils conservent leurs opinions personnelles au pouvoir, mais ils sont unanimement engagés, sur la conduite à tenir, et la dépêche du 21 février a été délibérée et approuvée en conseil.

La Cour de Rome diffère sa réponse, M. de Banneville arrive, des interpellations se préparent. De là un retard fâcheux mais inévitable de la part d'un gouvernement qui ne peut aller au devant d'une porte fermée, qui a besoin de renseignements, et qui doit compter avec l'opinion et s'expliquer avec elle ; car elle ne comprend pas jusqu'ici une conduite, pourtant irréprochable, sur le terrain de l'union de l'Église et de l'État, qui est celui du Concordat.

Mais l'opinion est plutôt entraînée vers la politique de séparation, vers laquelle l'Église marche à son insu à grands pas, et on dit : —«de quoi vous mêlez-vous ; laissez-les donc se noyer. »

Il est loyal, raisonnable et prévoyant d'avertir avec fermeté, et à temps, des conflits qui se préparent. Je ne doute donc pas que le gouvernement persévère, et que l'opinion mise au courant et éclairée par une discussion sur les faits mal connus, ne l'approuve.

Mais, à Rome, attendra-t-on? Le marquis de Banneville en partant, a-t-il pris ses sûretés contre une surprise? Ne va-t-on pas, au contraire, tout précipiter? Je ne suis pas seul à le craindre, et c'est pourquoi je n'attends d'aide véritable que de la bonté de Dieu.

... Je n'ai pas pu te répondre plus vite, cher ami, non seulement à cause de mes affaires multipliées par tant de nouveaux travaux, mais surtout à cause des cruelles journées que je viens de traverser depuis la mort de Montalembert. Tu sais quelle place il tenait dans ma vie, et sa mort est pour moi comme la chute d'une étoile dans un ciel déjà bien noir.

Le dimanche 13 mars au matin, Montalembert mourut. Il était mourant depuis si longtemps que sa fin parut inopinée, saisit et frappa grandement les esprits. Ce fut une émotion profonde (1).

Au Comte de Falloux

Lundi 28 mars.

Je veux vous dire, cher ami, que pour obéir au désir de Mme de Montalembert, et malgré ma fatigue et ma répugnance, je vais faire vendredi soir un discours sur Montalembert devant un vaste auditoire. Je n'ai pas besoin de vous dire combien il me serait doux de vous y voir, et il se peut que l'Académie vous amène entre la réception du 31 et l'élection du 6. — Mais cependant, avant tout, ménagez vos jours...

Ecrivez-moi quelques bonnes idées pour mon discours. Je serai doux, mais pas lâche...

Le discours qu'il prononça (2) fut entièrement improvisé. Je ne sais même pas s'il eut le temps de relire la sténographie reproduite sur-le-champ par le *Correspondant*. Rien de plus spontané et de plus vibrant ne nous reste de lui. Pour célébrer le grand ami, auquel il a voué toute une partie de sa vie, il a laissé sa pensée courir sur tous ses souvenirs personnels, joies et peines, espoirs, déceptions, qu'il a partagés avec Montalembert. C'est comme un tableau de sa propre vie, à lui, témoin passionné de la vie du grand mort et de la vie du siècle.

Vers la fin de son discours, l'orateur s'arrêta et donna lecture d'une lettre qu'il venait de recevoir de Rome, lettre fraternelle, douloureuse de l'évêque d'Orléans.

1. Doudan, témoin toujours vrai, en a résumé vivement l'expression dans une lettre du 15 mars : « Il a rempli quarante ans le monde de ses invectives contradictoires et de son éloquente inquiétude, et aujourd'hui qu'il meurt, il est bien peu de ses ennemis mêmes qui ne se prennent à regretter un esprit si vivant, si riche et si courageux » (T. II, 523).
2. A la Société d'Education et d'Enseignement, le 1er avril 1869. Ce discours est de ceux qui trouveront place dans l'édition des œuvres d'A. C. Des fragments en ont déjà été cités pour illustrer diverses circonstances (la première rencontre avec Montalembert ; la première visite à La Roche-en-Brény). On en donne ici seulement la conclusion.

A AUGUSTIN COCHIN

Mon cher ami,

J'apprends à l'instant la fatale nouvelle. Je la redoutais, sans pourtant la croire si proche. J'en suis atterré. Je ne puis vous jeter qu'un cri : quelle âme vient de nous quitter ! Quel noble cœur ! On ne saura jamais tout ce qu'il y avait dans ce cœur-là de flamme généreuse, ni combien il a aimé l'Église ! Dans les tortures du long martyre qu'il subissait depuis quatre ans, et qui n'était pas le plus douloureux, combien il en était préoccupé ! Je ne sais aucun détail. — Étiez-vous là près de lui ? Avez-vous recueilli, avec son dernier souffle, ses dernières paroles ? Comment est-il mort ? Je le pleure, je prie pour lui, j'espère que Dieu l'aura reçu dans sa bonté, et qu'il le récompense de tant de bons combats qu'il a livrés pour lui. Dieu n'est pas injuste ; Dieu n'est pas ingrat ; Dieu est riche en miséricordes.

« N'oublions jamais ce grand ami !

Tout à vous.
FÉLIX, évêque d'Orléans.

Après cette lecture, l'orateur garda quelques instants le silence. Et puis, pour conclure, il se laissa aller à une méditation où il mit son cœur et sa pensée, sur le grand mort, sur le deuil public, et puis sur l'avenir de la France et les peuples, sur nous les descendants.

Il faut en citer quelques lignes, plus vivantes que jamais aux jours que nous vivons.

Tout le monde le sait, la grande bataille de demain, le problème de l'avenir, ce sera le choix entre la bonne et la mauvaise démocratie, au sein des sociétés modernes. L'avènement de l'une serait le progrès magnifique de l'égalité, de la justice, du bonheur, de la conciliation ; le règne de la seconde serait l'horrible triomphe de la brutalité. La première accomplirait la justice, et rétablirait la paix parmi les hommes ; la seconde transformerait les nations les plus civilisées en je ne sais quelles tribus de sauvages non pas occupés à chasser les bêtes fauves, mais composées cependant de chasseurs, chasseurs d'écus, chasseurs de places, chasseurs de plaisirs. L'avenir nous dira laquelle de ces deux démocraties l'emportera sur l'autre. Le triomphe de la bonne démocratie, que j'espère, et auquel nous devons tous travailler, messieurs, de quoi dépend-il? Il ne faut pas être grand prophète pour affirmer qu'il dépend toujours des conditions éternelles de la civilisation humaine dans l'histoire, à savoir de la quantité de lumière et de vertu, d'instruction et de morale, d'esprit de famille et d'esprit de liberté, qui entrera dans le cœur des hommes destinés à nous succéder sur la terre. Or, il n'y a pas de morale, de famille, de patrie sans Dieu, et le vrai Dieu est le Dieu des chrétiens ; telle est la leçon de la raison, de l'histoire et de la conscience. Donc, ceux qui croient en avoir fini avec l'Évangile se trompent. L'Évangile est certainement aussi inséparable des destinées de l'avenir que de l'histoire du passé.

Après ce temps d'arrêt, ces grands regards en arrière et en avant, reprenons la correspondance de chaque jour.

Augustin Cochin n'est pas sans inquiétude. Dès l'abord il avait prévu les dangers qui attendaient ses amis arrivés au pouvoir. L'opposition bonapartiste de droite rejoignait l'opposition républicaine de gauche pour combattre le ministère qu'on qualifiait de monarchiste et clérical.

Du Sénat, réceptacle des vieux fonctionnaires impériaux, partit le coup qui devait marquer le premier désarroi. Le Sénat, chargé de confirmer une nouvelle législation, qui avait pour premier effet de le transformer lui-même, trouva moyen d'y introduire le principe même de l'autocratie napoléonienne, le plébiscite.

Les lettres sont pleines de ces événements, et des nouvelles du Concile.

A Paul Benoist d'Azy

11 avril 1870.

Je pense que tu lis toutes les lettres que j'écris à Rome, et que tu me pardonneras ainsi de te répondre si peu. Mais crois bien que tout ce qui vient de toi, (et encore ce matin), est suivi immédiatement, avec autant de zèle que de ponctualité. Je voudrais ajouter : et que d'effet. Mais nous traversons une crise des plus graves en politique, et cela distrait de Rome, au point de faire évanouir tout espoir d'action efficace. Tu sauras par ailleurs ce qui se fait et ne se fait pas. Quant à la crise politique, en voilà le développement et l'état, que mon intimité avec quatre des ministres me permet de suivre pas à pas.

Impossible d'accorder la liberté sans réformer la Constitution, de réformer la Constitution sans persuader l'Empereur, convaincre le sénat, apaiser le corps législatif non consulté, enfin soumettre le nouveau code à la ratification du peuple par un plébiscite. Autant de pas, autant de crises ; acculés à la dernière, les ministres ont accepté, non sans peine, cette fantasmagorie plébiscitaire, mais les uns sans précaution contre son retour à l'avenir, les autres avec un amendement, pour qu'il n'y ait plus d'appel au peuple, sans le *concours des Chambres*. De là, une crise tumultueuse, intrigues, polémiques, etc... Buffet, bâton que tu connais, avec des nœuds naturels et des pointes qu'aiguise la rue de Rivoli (1), a brisé le premier. M. Daru a donné hier sa démission, mais l'empereur hésite à l'accepter, et je viens de le laisser, allant aux Tuileries. Je veux espérer qu'il sera ferme et qu'il n'attachera pas son nom à une Constitution composée de plusieurs articles dont le dernier annule tous les autres. Mais, en même temps, j'espère qu'il pourra repêcher Buffet, car, il ne faut pas que le ministère craque à la veille d'une grande agitation publique dont les meneurs démagogues vont abuser. Tu sais que la grève du Creusot (2) n'est pas finie et qu'une grève a menacé Fourchambault. Je regrette de fermer ma lettre sans te donner l'issue de tout cela. Tu sens combien hélas ! ce roulis orageux empêche toute action sérieuse à Rome, où Dieu et nos Evêques peuvent seuls nous sauver...

A Monsieur Dechamps

Plessis-Chenet, (Seine-et-Oise).
19 avril 1870.

Pouvez-vous me donner les noms des souscripteurs belges au buste de Montalembert? la liste est à peu près complète et telle que nous pouvions la souhaiter. Avec dix Belges, ce sera un hommage international complet.

Vous avez vu notre désarroi politique et le prompt déclin de belles espérances. Il ne faut pas cependant trop se désespérer. Après cette vaste cérémonie niaise du plébiscite, nous

1. Que signifie la « rue de Rivoli » ? Sans doute le ministère des Finances, dont l'esprit de rigueur accentuait les dispositions naturelles de l'honnête ministre Buffet.
2. Le chef du mouvement au Creusot est un ouvrier Assi, qui sera membre de la Commune.

aurons une Constitution meilleure et une situation semblable
à celle de la veille. La réaction césarienne semble impossible, et le centre gauche reprendra sa part dans la direction
des affaires. Ceux qui, à Rome, se féliciteraient de la chute
de Daru et de Buffet seraient bien fous ; les silences d'Ollivier
sont cent fois plus menaçants que n'étaient leurs paroles, et
ils voulaient sincèrement prévenir des fautes dont on pourrait
être, après eux, fort aise de se prévaloir. Dites bien cela à
votre frère (1), à qui je crains d'avoir déplu par ma lettre,
que vous me dites lui avoir communiquée. Mais je serais bien
surpris, si un autre langage ne lui déplaisait pas davantage,
celui des Revues Romaines, qui traitent de grands hommes
certains esprits étroits et opiniâtres, trop connus dans leurs
diocèses et qualifient de francs-maçons et de demi-païens,
vous et nous, mon cher ami, et ceux qui ont voulu de tout leur
cœur, servir la cause de Dieu par les moyens usités par les
hommes et permis par les lois.

Comme l'illustre Newman a dit vrai ! Prions avec lui
Ambroise et Augustin, Basile et Jérôme, les Pères et les Docteurs qui prient pour nous l'Esprit-Saint (2) !

Il reçoit de Rome des nouvelles rassurantes et envoie un courrier de Paris.

A Paul Benoist d'Azy

... Nous sommes dans une grande anxiété depuis que nous
avons appris la mise à l'ordre du jour des *Schema*. Cependant
l'*Univers* ne triomphe pas, et ce qu'il dit nous laisse supposer
que la formule préparée est sans doute quelque transaction
peu intelligible et peu colorée. Le courage de la minorité
reste le même, et j'y vois bien la main de Dieu. Elle
est déjà visible dans la transformation du *Schema de fide*,
devenu très calme, très beau, et dont on peut dire seulement qu'il était un peu superflu. On arrivera sans doute à
redire à peu près ce qui était déjà dit *de Summo pontifice*,
et quant au *de Ecclesia* je suppose que les dépêches si critiquées, et pourtant aussi judicieuses que loyales de la France,

1. Le cardinal Dechamps.
2. Dans la véhémente polémique des journaux catholiques au sujet
du Concile, paraît une belle et importante lettre du P. Newman à
l'Evêque de Birmingham (reproduite dans le *Français* du 10 avril). Aux
critiques que cette lettre souleva, Newman répondit par une nouvelle
lettre (*Français* du 15 avril).

l'auront écarté. Nous attendons les décisions, ou la nouvelle des ajournements avec une grande impatience. Dieu permettra que tous les actes décisifs soient respectables et respectés ; et, même dans les ténèbres, il faudra se soumettre à ce qui portera l'évidente autorité de l'Église. Mais ce à quoi nous ne devrons jamais consentir, c'est à pardonner aux hommes qui, par un pur fanatisme demi-religieux et demi-politique, auront exposé nos âmes et notre foi à une tempête si dangereuse, sans la moindre charité pour l'immense multitude des créatures rachetées par J.-C., et encore éloignées de son Église. Ceux-là sont bien coupables et quelques-uns surtout.

Nous sommes ici dans une fièvre de plébiscite, et tu auras vu par les journaux que les divisions sont terribles. Au lieu de poser la question comme cela eût été naturel, seulement sur la transformation libérale, le Gouvernement se fait en quelque sorte sacrer une seconde fois. Beaucoup de ceux qui veulent bien dire : *oui* à la liberté, n'aiment pas à dire *oui* à l'Empire. L'usage futur des plébiscites ajoute à l'inquiétude. La retraite de MM. Daru et Buffet laisse supposer qu'ils ont été dupés. Bien des gens, que tu connais, se reprochent d'avoir adhéré si vite, et, ayant avancé de deux pas, ils reculent brusquement de cent ; hier, ils étaient au fond mécontents d'être bien aises, aujourd'hui ils redeviennent bien aises d'être mécontents.

La presse porte l'empreinte de toutes ces agitations, très vives du moins dans les villes, car dans les campagnes les *oui* moutonniers seront abondants. Pour moi, je pense que ce plébiscite passera comme une nuée d'eau désagréable, mais que le terrain sera le même que la veille, un peu détrempé, mais peu changé, et je voterai *oui*, parce que les *non* nous mèneraient aux abîmes, et que, si la réaction se fait, la nouvelle Constitution nous donne toutes les armes nécessaires pour la combattre. C'est un moment désagréable et noir à traverser, après de si courtes et de si belles espérances. Et ce grand trouble permet à l'extérieur, à Berlin aussi bien qu'à Rome, toutes les imprudences.

Notre père est parti hier avec René pour aller inaugurer la ligne de Brioude à Alais, où a éclaté une grève (assez anodine heureusement).

Augustin est à Cherbourg avec M. Daru. Toute la famille va bien et vous attend. Que de récits à nous faire et quelle année !

Au Comte de Falloux

6 mai 1870.

Je n'ai pas pu vous répondre de la Roche, parce que j'achevais un travail le matin, que je prenais l'air avec mes écoliers tout le jour ; et l'encre a un peu séché ! Vous aviez parfaitement raison pour les mentions *rires, bravos,* etc., dans le discours sur Montalembert ; j'aurais dû toutes les effacer dans la sténographie ; j'ai écrit après votre avertissement mais il était trop tard ; on avait tiré les feuilles. Ce qui m'est écrit prouve que j'ai gravé le nom de notre ami un peu plus avant dans bien des cœurs, et j'en remercie Dieu.

Le projet d'offrir un buste à Mme de Montalembert dont, je vous ai parlé, est maintenant complet, sauf cinq ou six noms. Chacun des souscripteurs aura une réduction.

Je vous remercie de m'avoir fait dire par Mme de Castellane, et par Albert votre avis sur le vote de dimanche. J'ai prié Mme de Castellane de vous dire mes motifs pour ne pas le partager entièrement. Je tiens comme vous les plébiscites pour un moyen théâtral, illusoire et périlleux, tout à fait anti-libéral. Je ne les crains plus beaucoup après celui-ci, et entre les mains de l'Empereur actuel. Ses successeurs en useront, qu'ils soient ou non dans la Constitution. C'est le couronnement et l'excès du suffrage universel. Mais s'il reste, en face de la marée populaire, un radeau de sauvetage aux libéraux, il est dans le régime parlementaire en action ; or, la constitution nouvelle fait faire à ce régime un pas très important, très décisif ; elle donne aux minorités pour se défendre, un matériel d'artillerie formidable, et place dans le domaine de la loi la réforme électorale et la réforme municipale, que nous devons tant souhaiter, et que nous ne pouvions pas opérer. Ce sont ces progrès que je ratifie.

Il n'est pas vrai, d'ailleurs que l'Empereur trompe ici. Depuis 1860, il a marché à tâtons, en trébuchant avec regret, mais toujours, dans la voie libérale, où l'opinion l'entraîne, et tous les roulis n'ont pas empêché le navire d'aller en avant, si en avant qu'il peut échouer sur des îlots où il serait peu agréable d'habiter au milieu des peaux-rouges, bientôt dispersés par quelque autre sauveur, assez facile à prédire. J'accepte la halte de 1870.

Je ne réponds pas du tout de ce que nous verrons lundi,

et de la façon dont le ministère disloqué d'Ollivier ahuri va se compléter ; je m'attends à des fautes ; mais je crois que cette constitution, telle quelle, rendra au parti libéral, divisé, fondu pendant la tourmente, un terrain solide, plus détrempé, plus glissant qu'au 2 janvier, pourtant encore tenable, et sur lequel on devra se rallier pour demander la loi électorale et la dissolution.

A mes raisons générales s'ajoute le motif tiré de ma situation personnelle au milieu des électeurs de mon quartier. Je n'ai voulu être de mon nom ou de ma personne dans aucun Comité, manifeste. etc. Mais placé en face des *non* les plus accentués, du *Pré-aux-Clercs*(1) et autres mauvais lieux, je ne pouvais pas me séparer du gros de mon troupeau. Voici, en abrégé, mes raisons, cher ami, et les ténèbres sont si épaisses, qu'on est excusable même de se tromper de chemin, si l'erreur est de bonne foi.....

P.-S. — Je voudrais bien des nouvelles de Mme de Falloux. — M. Villemain s'en va. L'abbé M. de Broglie a obtenu qu'il vit un prêtre, et l'entrevue a eu lieu.

Au Comte de Falloux

Paris, 19 mai 1870.

J'espérais un peu vous voir à Paris aujourd'hui et vous ne songiez guère à me voir au Bourg d'Iré la semaine prochaine. Il en sera pourtant ainsi, s'il plaît à Dieu. Les Nantais qui, à deux reprises, ont été si empressés pour moi, m'ont demandé de faire une conférence, pour une de leurs œuvres de bienfaisance. J'ai cru ne pouvoir leur refuser ce remerciement. — J'irai à Nantes jeudi matin pour y parler vendredi et je compte bien revenir dîner ou au moins coucher au Bourg d'Iré samedi, y passer le dimanche 29, etre partir le matin. Y serez-vous ? Voulez-vous de moi ?

Mme de Montalembert est ou sera bientôt près de vous. Dites-lui qu'elle a bien fait de fuir pour sa fille la contagion de petite vérole. J'étais ce matin au Conseil des hôpitaux. Les médecins estiment 10.000 le nombre des personnes atteintes de la contagion dans Paris, et la mortalité est de 20 °/o. Il n'eût pas été prudent de rester près d'un malade.

1. La salle dite du *Pré-aux-Clercs*, rue du Bac, fameuse alors par les violentes réunions publiques qui s'y tenaient; les folies qui s'y disaient, et ses tumultes.

Je voudrais tâcher de décider Rességuier à faire cette petite course avec moi, car il est tout esseulé depuis le mariage de sa fille (1). Je ne sais si je réussirai.

Si vous avez quelque avis à me donner pour que je ne fasse ou ne dise pas quelque bêtise à Nantes, je me recommande à vous.

Arrivé au Bourg d'Iré, il y est rejoint par un mot de l'Evêque d'Orléans, qui lui dit : — « Je n'hésite pas à penser que si l'on vous offre un siège de sénateur, il faut l'accepter. » (2)

A Madame Augustin Cochin

28 mai 1870.

... Je reçois ce petit mot ; je ne sais pas par où l'Évêque aura été informé. On dit que la liste ne paraîtra pas encore de quelques jours. Si vous voulez m'y voir, je vous *laisse libre d'écrire à Ollivier*. Mais vous êtes comme moi, ambitieuse des hauteurs, dédaigneuse des sentiers en forme de serpent qui y conduisent. C'est pourquoi nous n'y arriverons sans doute pas.....

Écrivez-moi longuement et reprenons courage.

Nous aurons peu brillé, mais connu les deux amours qui valent la peine de vivre : l'Amour pur, et l'Amour Divin. Donnons-en le goût à nos enfants.

Nulle démarche ne fut faite, et l'affaire en resta là.

En ces jours-là parut le livre de Foisset sur Lacordaire. Il n'eut pas tout le succès que ce lucide et solide esprit avait espéré.

A Monsieur Foisset

Plessis-Chenet, 14 juin 1870.

Il est parfaitement convenu avec M. de Latour qu'il écrira un travail sur votre livre dans le *Français*, et avec M. Beslay, qu'il le publiera très volontiers. Ce travail est-il remis ? Si oui, faites presser Beslay ; si non, faites presser M. de Latour, et tenez-moi au courant pour que je les pousse l'un et l'autre.

1. Augustin Benoist d'Azy venait d'épouser en secondes noces Mlle Berthe de Rességuier.
2. Les journaux de l'époque annoncent en effet une prochaine fournée de sénateurs, et citent parmi les noms que l'on prononçait : Mgr Dupanloup, Laboulaye, Saint-Marc Girardin, le duc de Gramont, Piétri (*Le Français*, 22 mai 1870).

Vous avez bien raison de vous montrer surpris que les journaux catholiques n'aient pas encore fait à vos volumes l'accueil qu'ils méritent. Mais je crois que le retard vient de M. de Latour.

Du reste votre œuvre fera son chemin avec ou sans lui. Je viens d'en achever, précisément depuis que je suis ici, la lecture, et je comptais bien vous adresser l'opinion que vous me demandez. En deux mots et en résumé, vos deux volumes m'ont, prodigieusement instruit et édifié. Je n'imagine rien de plus net, de plus solide, de plus lumineux, de plus définitif. Sur tous les temps que je n'ai pas connus, je n'ai rien lu qui m'ait rendu compte avec cette clarté et dans ce détail de la suite des événements et de l'état des esprits. Quant à l'époque et aux faits dont j'ai été témoin, les informations sont aussi d'une exactitude, d'une sûreté qui ne laissent rien à désirer.

J'ai naturellement quelques réserves à faire sur les *appréciations*, ou plutôt : une seule réserve. Vous défendez trop le P. Lacordaire contre des torts qui, à mes yeux, ont été des grandeurs ; vous l'excusez presque d'opinions, d'actes, de hardiesses, qui ont eu la plus grande part dans l'influence qu'il a exercé sur les hommes de mon âge, et qui s'étend à de plus jeunes. Vous le voulez trop sage et trop conservateur en politique, et ce souffle de l'avenir, à l'aide duquel il a fait si souvent passer un frisson dans mes veines, semble vous laisser trop insensible. Cette critique ne vous surprendra pas ; vous vous y attendiez ; je serais même peu étonné si vous la receviez comme un approbation, parce que vous avez évidemment voulu rendre Lacordaire inattaquable aux yeux des scrupuleux. Malgré tout, il sort admirable, grandissant, immortel, de votre livre et de celui de Montalembert et du P. Chocarne. Réunis, ces trois portraits font la ressemblance parfaite ; le saint, l'apôtre, le prêtre, la vertu, la flamme, le caractère, et, en quelque sorte, toutes les dimensions de ce géant de notre âge, sont à jamais fixées, dessinées, sculptées de main de maître.

Autour de lui gravite, grâce à vous, toute l'histoire de la religion chrétienne à notre époque, et c'est justice ; car le siècle futur, s'il plaît à Dieu, nous jugera sur lui, nous aimera par lui, se modèlera d'après lui, et on aura oublié les vainqueurs, et les violents et funestes, qui l'ont persécuté, désolé, calomnié. Ceux dont je parle se tairont sur votre livre, et ce sera hautement avouer qu'il ne donne aucune prise à la contradiction. Ce que vous vouliez, prononcer un arrêt sur un homme incomparable, sans autre art que la pure et simple vérité, est fait. Je vous en remercie, et je vous en félicite pour ma part (malgré ma seule critique), de grand cœur.

L'Espagne vient de prendre des mesures pour l'abolition de l'esclavage aux Antilles.

A M. JOSEPH COOPER (1)

13 juillet 1870.

Cher Monsieur,

Vous recevrez avec cette lettre un exemplaire de la discussion à L'Institut sur l'esclavage au Brésil ; et, dans peu de jours, un article de moi dans *le Français* sur la loi Espagnole. J'avais destiné cet article aux *Débats* ; mais ce journal approuve maintenant tout ce que fait l'Espagne, avec laquelle ses relations, dit-on, sont étroites. Un de mes amis, étant à Madrid, a vu le ministre M. Moret et m'a engagé à lui écrire ; ce que j'ai fait.

Je vous trouve un peu sévère pour sa loi. Elle est assurément très incomplète ; mais c'est beaucoup d'avoir mis la cognée à la racine de l'arbre infâme de la servitude et de l'avoir publiquement déshonorée et fortement ébranlée. Le ministre a pris la peine de m'écrire une lettre très longue et très intéressante (dont je vous enverrai la copie, si vous le désirez) pour m'expliquer qu'il n'a pas pu faire davantage à cause des intérêts et des préjugés coalisés ; mais que l'émancipation se fera maintenant par les colonies, il n'en doute pas, sans attendre longtemps, surtout à Porto-Rico. Nous verrons les colons préférer une liquidation immédiate, comme à la Jamaïque, à un régime boiteux et contesté. Le gouvernement espagnol n'aura pas eu l'honneur de faire une justice complète ; mais elle se fera, Dieu aidant, sans tarder. Il importe que l'Angleterre ait à Cuba un conseil bien décidé à surveiller l'exécution de la loi nouvelle, et à prévenir votre gouvernement de toutes les infractions. Je vais écrire à ce sujet à mon ami M. Monsell, au *Colonial Office*, et vous ne manquerez pas d'y veiller.

1. De la secte des *Quakers*, directeur de la revue anglaise : *Anti-Slavery Reporter*.

Un abolitioniste décidé du Brésil M. Abilio Borges, est en ce moment à Paris; et nous allons préparer ensemble une adresse à l'Empereur de ce pays ; je vous demande la permission d'y mettre vos noms ou de l'envoyer à votre signature.

1870 SECONDE PARTIE

La Guerre.

On a peu de lettres de la première partie de ce terrible mois de juillet, qu'Augustin Cochin passa entre Paris, où ses fils terminaient leur année scolaire, et La Roche.

A MADAME AUGUSTIN COCHIN.

17 juillet 1870.

On dit que les Prussiens sont entrés en France. La guerre va être horrible ; ne laissons pas étouffer cependant les généreux sentiments de nos enfants, et qu'ils soient tout à l'ardeur de son âge. Henry s'est exténué hier à courir les boulevards en criant : « A bas la Prusse ! » Soignez-le bien pour son Concours en vers, lundi.

Est-il besoin de dire que le Concours de vers latins fut manqué !

AU COMTE DE FALLOUX

Plessis-Chenet, 18 juillet 1870.

...Vous avez bien raison de vous plaindre de moi. Mais les âmes sont tellement tendues depuis quelques semaines vers les affaires publiques, que l'on ne songe pas à causer avec ses amis, à moins de leur donner des nouvelles...

Il est trop évident que l'Empereur, retrempé par le plébiscite, n'ayant à la bouche qu'un fil au lieu d'un mors que la nation avait voulu lui donner, et toujours prêt à sacrifier la nation à la dynastie, a tramé la guerre derrière l'écran parlementaire. Une chiquenaude a fait partir la bombe. Ni les origines, ni les chances, ni les résultats de cette guerre formidable n'apparaissent clairement à l'esprit. Les origines importent beaucoup pour les alliances et pour l'histoire. Il faut cependant être tout entier maintenant aux chances et demain aux résultats. L'entrain de l'armée est énorme, le pays blessé depuis 1866 (sans oublier 1813 et 1815), soutient l'armée ; elle est bien équipée, bien commandée. Je crois, avec chauvinisme, au succès, mais après? On se sent humilié en pensant que si l'on nous offrait pour prix de la victoire ces traités de 1815, que nous avons tous abominés, nous serions fort heureux ; cela mesure le degré d'où nous avons à nous relever.

...Toute l'Europe eût été avec nous pour empêcher la Prusse de s'agrandir !

Il n'y a que des brouillards sanglants devant nos yeux, et, le certain, c'est le choc, d'ici à quinze jours, d'un million de jeunes gens héroïques, et le deuil de cent mille familles...

Nous sommes entourés de mères qui pleurent et d'enfants qui partent. Dans notre famille nul n'est enlevé, mais la jeunesse est en feu, et Henry m'est revenu avant-hier exténué, ayant passé moitié de la nuit à crier : à Berlin ! sur les boulevards.

Je me garde de jeter de l'eau froide sur ces mouvements généreux : l'expérience s'en chargera vite. A cet âge, on aime mieux le danger que le devoir, et c'est déjà quelque chose.

A Rome, le Concile allait interrompre ses travaux, après la définition de l'Infaillibilité pontificale. Mgr Dupanloup prenait le chemin du retour.

« Je pense qu'on n'a jamais vu dans l'Eglise, une opposition
« plus décidée, et ensuite un triomphe plus complet de l'unité. Ces
« mêmes hommes, la plupart si considérables, qui s'étaient pro-
« noncés avec éclat, tant que dura la liberté des controverses
« conciliaires, ont ensuite étonné le monde par la simplicité de
« leur soumission. »

Ces paroles du Cardinal Lavigerie (1), décrivent bien l'attitude de l'Evêque d'Orléans à son retour dans son diocèse ; il affirmait sa soumission dans une lettre pastorale où l'on lisait ceci : —
« Ces graves discussions ne ressemblent guère aux luttes de la
« terre, parce qu'elles ne se terminent point par des triomphes
« personnels, mais par la victoire de la foi et de Dieu seul dans sa
« volonté sainte. »

A MONSEIGNEUR DUPANLOUP

La Roche, mardi 26 juillet 1870.

Je n'ai appris qu'hier lundi à onze heures par votre lettre que vous passiez le même jour à Melun à cinq heures et à

____

1. Citées en cette circonstance par Mgr Lagrange.

Paris à neuf heures ; sans quoi je serais certainement allé vous voir, car j'en ai faim et soif.

Dites-moi si je pourrais aller passer avec vous quelques heures *samedi* à la Chapelle. Je serai libre de partir vendredi soir ou samedi matin. Répondez-moi à Paris où je passerai jeudi ou vendredi.

Je vous envoie quelques pages de prières et paroles pour l'armée. Si vous êtes d'avis de ce cri patriotique, il faut le pousser tout de suite, car il y aura sans doute une bataille *avant la fin de la semaine*. Il me semble que c'est être Français, comme vous l'avez été toujours, et apparaître sur un bon terrain...

Je vous prie, dites-moi que vous n'êtes pas mort, et que je puis aller vous voir samedi ; ou choisissez un autre jour, si vous le préférez, sauf les jeudis et les vendredis.

A vous du cœur le plus fidèle et le plus respectueux.

Le 30, suivant sa promesse, il est à la Chapelle Saint-Mesmin

A Madame Augustin Cochin

La Chapelle, 30 juillet.

...Je viens de causer plusieurs heures avec notre cher et grand ami. Je vous conterai tout cet entretien, qui m'a laissé beaucoup de tristesse, beaucoup de force. Je compte partir demain matin pour être à Rochecotte vers midi...

Au retour, il reste quelques jours entre la Roche et Paris, prêt définitivement à rentrer dans Paris si le devoir l'exige.

Au Comte Benoist d'Azy

7 août 1870.

...Tout l'esprit est à la frontière, avec ceux qui versent leur sang. Vous ne pouvez imaginer la panique succédant à la joie dans les rues de Paris, hier. Un homme est venu annoncer, à la Bourse, une grande victoire, et on l'a porté sur les épaules, pour qu'il pût lire sa dépêche à tout le monde. Aussitôt hausse, coup de bourse, délire ! On s'embrasse, on pavoise les rues, on court aux ministères. Là, on apprend que la dépêche est fausse ! Retour de folie. On casse les vitres d'Ollivier ; il faut fermer les portes ; on va briser la boutique d'un changeur prussien...

...Au Palais (où j'étais allé), les avocats étaient bourdonnants dans la salle des Pas-Perdus, criant, déclamant, les audiences suspendues, une fièvre incroyable.

Il faut une victoire, l'ordre ne peut durer longtemps dans cet état des esprits ; et on passerait vite de la musique de la *Marseillaise* aux paroles. Il paraît bien qu'à l'armée nous sommes loin d'être prêts comme on devait le supposer. Trochu est encore à Paris, ayant un commandement de débarquement, et pas de troupes.

A Wissembourg, on dit que Mac-Mahon a compté sur Failly qui comptait sur lui, que l'Empereur ne commande pas, et, comme dit Reybaud, promène le petit ! Cependant le bruit a couru, ce matin, de la reprise de Wissembourg, et j'espère que nos soldats et nos armes vont encore montrer leur supériorité.

La guerre à si petite distance, et avec toute la nation engagée par la mobile ou l'armée, est au-dessus des forces du cœur humain. On criera : paix et famine ! des deux côtés avant peu de temps. Hier, j'ai ramené Beslay et Thureau dîner avec M. et Mme Hochet, et les Saint-Marc Girardin, et nous nous souviendrons longtemps de cette soirée agitée.

J'espère que vos élections municipales se passent doucement comme ici. Ce sera plus dur à Corbeil.

...Ma mère pensera à nous, le 11, jeudi : 21 ans d'heureux ménage !

Léopold de Gaillard a raconté (1) comment il avait porté à la Roche le texte de la première dépêche annonçant la défaite de Reichshoffen. Cochin ne put pas la lire tout haut jusqu'au bout. Les sanglots l'étouffaient.

Le lendemain, il part aux nouvelles.

AU COMTE BENOIST D'AZY

Corbeil, lundi 8 août 3 h 1/2.

Je viens de Paris, où je suis allé aux nouvelles dans trois ministères, et où je vais ramener ma famille, parce que là est le devoir pour moi, si je puis quelque chose. Il est certain que nous sommes envahis de deux côtés, et que nous avons perdu *deux* batailles. Cependant on croit encore possible de rétablir la fortune par une revanche qui aura lieu demain,

---

1. Dans le *Correspondant*, 25 avril 1872.

— dit-on. — Tous les corps d'armée se groupent aux environs de Nancy et de Metz, sauf ceux de Frossard et de Mac-Mahon *abîmés*. Canrobert couvre Châlons. Trochu était encore à Paris, ce matin, sans troupes. L'infanterie de marine arrivait. La levée en masse était décrétée.

L'état de siège tient Paris en respect ; mais on demande des armes. La gauche, va, dit-on demain, demander la déchéance de l'empereur. Le ministère tombera au moins, et je souhaite un ministère Thiers, Trochu, Daru, Grévy ; mais est-il encore possible ?

Nos destinées vont d'ailleurs sortir de la gueule des canons plus que des paroles. Espérons que notre pauvre cher pays n'est pas réduit aux dernières humiliations.

Auriez-vous cru voir deux fois les étrangers ? et un seul peuple, — sans l'Europe ! — entrer en France ? C'est à pleurer !

Denys veut s'engager, je le comprends trop pour l'empêcher, et je vais voir comment. Viendrez-vous mercredi ? Peut-être vaut-il mieux rester où sont les siens et les devoirs immédiats ? Je vous écrirai tous les jours.

A Monseigneur Dupanloup

Plessis-Chenet, 10 août 1870.

Monseigneur,

Je n'ai reçu votre lettre qu'hier soir à minuit en revenant de Paris, où j'étais allé assister à la séance de la Chambre, et où je vais rentrer pour faire mon devoir de citoyen. Encore une bataille, et nous pouvons avoir à défendre Paris ; or cette défaite, malgré l'héroïsme de nos soldats, est bien à redouter, car ils se battent à un contre cinq, grâce à la criminelle imprévoyance de l'empereur et des chefs de l'armée. Espérons encore pourtant une victoire. Mais déjà notre pauvre cher pays est bien humilié, et il est probable que l'empire va finir entre la guerre étrangère et la guerre civile. Le spectacle de Paris hier en laissait peu douter. Commencer par Saint-Arnaud, finir par Palikao !

Dans cette heure cruelle, que dire ! Il faut se raidir, combattre, ajourner la liquidation des responsabilités. Il ne s'agit pas d'avoir tel ou tel gouvernement, il s'agit d'avoir, ou non, une patrie. Vous Monseigneur, vous ne pouviez pas, ne pas revenir au milieu de votre troupeau. Vous n'avez à parler je crois que pour l'oraison funèbre des morts, pour lesquels vous ferez assurément célébrer un grand service. Mais attendez la prochaine bataille, qui se livre peut-être en ce moment.

Rome me paraît plus menacée que jamais. L'Italie n'a plus peur de nous voir revenir, et je m'attends d'un jour à l'autre à voir sa main s'abattre sur sa proie.

Et voyez, après vingt ans de pouvoir personnel immoral, pas un homme de talent à la cour, à la Chambre, à l'armée, et toutes les causes successivement gâchées, délaissées, ruinées. Pauvre France ! C'est à pleurer, et pourtant ce n'est pas le moment. Si vous parlez, que ce soit pour remonter le cœur et rallumer l'espoir !

Si vous vouliez vous reposer ici, à peu de distance de votre diocèse, ma maison est à vos ordres, et quelle joie de vous y établir !

Il est probable que l'évêque ne reçut pas la lettre, car peu de jours après, en voici une autre, répétant, appuyant les mêmes points.

A Monseigneur Dupanloup

14 août 1870.

Dans votre dernière lettre reçue trop tard pour qu'il me fût possible d'aller vous voir à Paris au moment de votre passage, vous me demandiez si vous aviez quelque chose à dire. Je crois que vous aurez bientôt à célébrer un service solennel pour les morts de nos batailles, et ce sera l'occasion de relever les cœurs et de faire faire aux survivants un profond et utile examen de conscience. Un beau thème, ce serait : *le respect dû à la vérité*. Nous périssons par la faute du mensonge en toutes choses ; on se paie de mots, de phrases, de promesses, de vantardises, et la société périt malade, pendant qu'on lui répète qu'elle ne s'est jamais mieux portée ! Dix généraux avides du bâton de maréchal, dix politiques avides de ministères, auront perdu l'armée, l'État, l'Église, en flattant, trompant et oubliant la pure et sainte vérité, ne voulant ni la voir, ni la reconnaître, ni la dire, ni la servir, et la préférer à tout. Voilà pourquoi tant d'existences et tant de causes sont couchées par terre, blessées et saignantes.

Une bataille sans doute engagée en ce moment, relèvera

peut-être l'honneur du drapeau ; aucune victoire ne peut maintenant effacer l'humiliation ni la leçon que nous avons reçue, leçon que notre triste chef est le dernier à sentir, puisqu'il nous place dans les mains d'un ministère dont le choix est une nouvelle offense à la conscience publique. Vous n'aurez pas de politique à faire, mais, en face de la mort, vous pourrez, de bien haut, rappeler à la réalité.

Je voudrais certes, causer avec vous de ces tristes événements, mais comment se joindre? J'ai passé la semaine à Paris, et j'y retourne demain, prêt à enrôler mon fils aîné, si la guerre se prolonge, et à prendre une petite part obscure au service du pays, puisque je suis privé de tout autre moyen. Si je puis aller vous voir, ou vous recevoir quelques jours ici, à deux pas de votre diocèse, comme je serai heureux ! J'aimerais à vous parler encore aussi de Rome, évidemment menacée plus qu'à aucune époque en ce moment,

Vous devez être content du *Français*, qui, depuis la guerre, est excellent, patriote, bien informé, fier, judicieux. Il grandit·

Denys s'est engagé pour le temps de la Guerre. Un jour, à la Roche, en voyant passer sur la grand'route, des régiments qui gagnaient la frontière, il s'était senti le cœur pris. Il allait avoir dix-neuf ans le 1er septembre.

Le régiment choisi fut le 8e lanciers, dont le colonel M. de Dampierre était un camarade d'enfance de son père. Son père et son frère le menèrent au dépôt.

A Madame Augustin Cochin

Vienne (Isère), 22 août 1870.

Nos conscrits devaient être habillés ce matin ; déjà Denys a sa barbe rasée, ses cheveux courts ; il y a tant de recrues qu'ils ne pourront être déguisés en soldats qu'à midi. A cinq heures ils apprendront le pansement des chevaux. C'est beaucoup d'être dispensé de l'écurie à garder et à nettoyer, de la gamelle et de la chambrée. Le capitaine instructeur pense qu'ils pourront se mettre en route dès lundi prochain. En ce cas, ils passeraient par Paris pour aller à Châlons, et nous verrions Denys au passage. J'écris à M. de Montbel (1) de venir à la fin de la semaine. Je crains que son fils ne soit

1. Beau-frère de M. du Pré de Saint-Maur. Son fils Antoine s'engagea en effet au 8e Lanciers.

vraiment trop faible pour porter les grosses bottes et la lance,
et je serai bien aise que son père prenne la responsabilité.
La mienne est déjà assez lourde, et je ne m'en sentirai dégagé
que lorsque la paix faite, nous serrerons notre brave enfant,
sain et sauf, dans nos bras ; jusque-là, je traîne un boulet.

Pourtant tout ce que vous m'écrivez, et les journaux,
prouvent que le pays est en péril, en feu, entre une invasion
et une révolution ; et je sens bien qu'il faut y mettre sa tête,
ses enfants, sa vie et son sang, et que ce n'est plus le moment
des larmes. Si vous voyiez, si vous entendiez la petite ville de
province où nous sommes, vous seriez encore plus persuadée
que vous ne l'êtes à Paris, du désordre social. Les élections
ont été ici du rouge foncé le plus unanime. Il n'y a pas de
maire. On insulte les prêtres, bourgeois et soldats, et vraiment j'aime mieux voir Denys à Châlons, devant l'ennemi,
que faisant la police dans les rues de Vienne. Figurez-vous,
au milieu et au-dessus de cette fourmilière venimeuse, une
imposante cathédrale, des sommets gracieux et hardis, un
fleuve majestueux et toute l'impassibilité de la nature, indifférente à nos agitations.

Mais Denys arrivera-t-il avant la bataille? et cette bataille
ne va-t-elle pas se transformer en un siège de Paris? J'ai beau
lire les proclamations de Trochu, faites pour habituer la
population à cette idée sinistre, je ne puis croire que les
Prussiens en viennent là, sans avoir encore affaibli, s'ils le
peuvent, nos armées qu'ils tiennent divisées. C'est à Châlons,
qu'on se battra, et j'espère que Denys y sera. Si brisé que
soit mon cœur, je souhaite cet honneur dû à son dévouement.
Une heure. — On vient de les habiller. Notre Denys a l'air
si bon sous sa tenue martiale, pantalon rouge, garni de cuir,
tunique bleue à liseré et col jaune, grosses bottes à éperons,
si bon et si peu fait pour tout cet attirail, à la fois grotesque
et sublime ! On va leur donner à 5 heures, lance, sabre et
pistolet, et les faire marcher. Je ne les verrai, à cheval, que
demain matin. Je compte partir demain soir par le train de
neuf heures. Si pourtant Denys me le demandait je resterais
jeudi, et je vous l'écrirais. Si de votre côté, vous apprenez
quelque chose de grave, et si vous savez la ligne de Lyon
interceptée, télégraphiez-moi à l'hôtel Chapuis, à Vienne
(Isère). La ligne coupée me ferait passer par Orléans. Il me
tarde d'être auprès de vous, plus que jamais, et pourtant je
ne puis m'éloigner sans peine de notre cher fils, plus digne que

jamais de notre estime. Il va très bien, Henry aussi, et moi pas trop mal, mais marchant sur mes nerfs.

Vienne, 23 août 1870.

Votre télégramme s'est croisé avec le mien, et a achevé de me décider à rester. J'ai une extrême envie de revenir à Paris, où vous êtes seule, où je puis avoir des devoirs, et de quitter cette ville où je n'ai pas besoin de vous dire que je passe, quand je suis seul, quelques-unes des heures les plus tristes de ma vie. Mais Denys est content que je reste, et je veux tout faire pour ce noble enfant, dont je ne puis assez admirer l'énergie souriante. Ce matin, il se levait sans peine à 4 heures du matin pour aider un brigadier. Henry est là, bien gentil pour son frère et pour moi, et il écrit à Pierre ; je compte partir demain soir. Télégraphiez-moi s'il y a quelque chose à m'apprendre, et ne vous inquiétez pas si quelque incident m'oblige à revenir moins directement. Ne manquez pas d'écrire demain une lettre, gaie et longue, à Denys, qui sera seul jeudi.

Au Comte de Falloux

Vienne (Isère), 23 août 1870.

Je reçois votre bonne parole de sympathie à Vienne, où j'accomplis en silence un acte peut-être inutile, mais à coup sûr le plus pénible de ma vie. Mes lèvres sourient, mais mon cœur se tord quand je vois mon fils aîné déguisé en lancier... et s'exerçant six heures par jour depuis 4 h 1/2 du matin, pour être prêt à aller au feu la semaine prochaine, Dieu sait où ! Ce brave enfant l'a si simplement et si opiniâtrement demandé, il s'y soumet avec une énergie si confiante, et notre pauvre cher pays est si malade, que j'ai cédé, ne pouvant lui conseiller, pour la première fois de ma vie, de sacrifier le devoir à l'égoïsme, et pris ainsi au piège de ma propre conscience dans ce que j'ai de plus cher. Je vais le quitter demain avec Antoine de Montbel qui l'accompagne, et j'espère qu'ils rejoindront à temps mon ami le colonel de Dampierre, qui les attend, après ces premiers jours d'exercice indispensable et précipité. Une fois le parti pris, j'aime mieux les savoir au danger, à l'honneur qu'à l'abri.

Plaignez-nous, cher ami, mais vous avez cent mille fois raison de dire que les malheurs privés se noient dans les malheurs publics. C'est le moment de renfoncer ses larmes et de donner tout.

Vous, mon ami, pourquoi ne venez-vous pas à Paris ? Après l'œuvre militaire, l'œuvre politique et l'œuvre diplomatique, réclameront le concours des meilleurs citoyens. Votre rôle peut encore être grand, votre conseil indispensable.

Ici, dans cette petite ville industrielle et républicaine, les ouvriers et les mobiles sont dans les rues, dans les cabarets, arrachés au travail, aux affections, aux champs, pour aller au canon par la bouteille, enivrés puis exposés, pleurant ou braillant dans un tumulte tour à tour sublime ou dégoûtant.

J'ai hâte de rentrer à Paris pour y prendre ma petite part obscure des périls et des devoirs communs. J'ai appelé Rességuier près de sa fille bien courageuse, et aussi de ma femme, bien seule, mais si énergique. Mon pauvre brave enfant me demande doucement de lui donner un jour de plus, et je ne puis le lui marchander. Mais il faut le quitter, et aller faire autre chose que lever en gémissant les bras au ciel.

A Madame Augustin Cochin

Vienne, 24 août 1870.

J'avais fait mes paquets pour partir ce soir. Après votre lettre reçue, Denys m'a si instamment demandé de rester jusqu'à demain que j'ai cédé. Il me tarde pourtant de revenir près de vous, prendre ma part obscure des devoirs communs. Mais comment refuser quelques heures à ce cher enfant que j'embrasserai sans savoir si je le reverrai ! Il a continué à s'exercer sans relâche, pour être plus tôt prêt à partir. Antoine y met aussi du courage, mais il est mou et fatigué, tandis que Denys résiste. Il va monter à cheval, et en ce moment il manie la lance, multipliant les exercices pour hâter le départ. Il se permet à peine de dire qu'il espère que ce ne sera pas long. Il va d'ailleurs très bien, et ce mouvement physique ne le fatigue pas, au moins jusqu'ici.

Ce matin est arrivé de Lyon, M. Mayoussier (1) avec un dévouement vraiment touchant, et il reviendra. Nous avons trouvé aussi un brave M. Rondet qui me connaît par saint Vincent de Paul, et dont le père est médecin ici. Ce sera une

1. Le principal agent des usines Perret et Ollivier (voir t. II, p. 113), homme d'une grande valeur morale, devenu promptement pour A. C. un ami dévoué.

distraction et un compagnon pour Denys qui attend aussi, d'Avignon, son ami Chauffard (1). La Providence sème donc quelque bonté sur une route si dure. Je crois fermement qu'elle étendra la main sur notre enfant, et sur notre pays. Mais que l'heure est sinistre ! Il me semble évident que nos deux armées sont engagées au Nord, et que si elles n'écrasent pas, elles seront écrasées, et ne laisseront d'autre espoir au pays qu'un siège de Paris. Si Paris tient bon, il a une nation derrière lui. Ce qui se lève dans ce seul coin du monde, de gardes mobiles est incroyable. Il y en a, ce matin, plus de deux mille, criant, buvant, s'étourdissant, et le refrain de la *Marseillaise* est ouvertement remplacé par :

> Marchons, ça ira,
> Marchons, la République
> En France, règnera !

C'est toute une Nation déracinée, enivrée, séparée de son « sillon » et de son foyer ; spectacle grandiose mais horrible, et qu'on ne peut contempler, surtout quand on y a un enjeu sanglant, sans étendre les bras pour maudire l'homme et la race néfastes qui ont fait descendre sur les Français le feu du ciel. Il aura beau se relever par un miracle militaire, ce qui me paraît impossible, cet homme n'aura plus de moi que le mépris et l'exécration, et j'espère bien être de ceux qui travailleront à son renversement. Je répands mon âme, et voici qu'il faut la contenir pour préparer bon visage au retour de nos enrôlés et aller moi-même au champ de manœuvre pour les voir obéir.

Croiriez-vous que sœur Mathieu vient d'arriver, lui apportant des pêches et du raisin, dans un panier que j'ai bourré, en échange de petis bas et de petits bonnets pour ses orphelins ? Quelle belle nature et comme elle vous aime (2) !

Les nouvelles me font croire que l'axe des opérations militaires se déplace, et que notre sort se joue à Metz. Mais le prince royal ne va-t-il pas occuper le camp de Châlons et s'y installer ? Quelles épouvantables blessures se font réciproquement ses masses d'hommes armés ! Quelle pluie de sang !

1. Hyacinthe, fils du professeur Chauffard, camarade de collège de Denys.
2. Il a déjà été question de cette sainte religieuse de Saint-Vincent de Paul, amie d'enfance de Mme A. C.

A Monseigneur Dupanloup

Vienne, 24 août 1870.

...Les nouvelles semblent un peu meilleures. Nous avons repris l'offensive et l'avantage ; la France possède encore des réserves énormes d'hommes et d'argent. Nous saurons nous débarrasser de la guerre, de ses suites et de ses causes. Mais soyons sans pitié pour les auteurs de cette humiliation épouvantable, contre lesquels pour ma faible part, je prononce et je tiendrai la malédiction du père écrasé et du citoyen indigné, honteux, dégoûté, après vingt ans de sécurité et de fausse conscience.

Je vous écrirai de Paris dans peu de jours.

Pensez toujours à une oraison funèbre.

A peine de retour, il écrit à Denys le plus souvent qu'il peut, pour lui faire prendre patience, et le mettre au courant de toutes les nouvelles vraies ou fausses qui courent Paris (1).

A Denys Cochin

Paris le 26 août 1870.

Mon bon enfant,

Je ne puis pas encore t'envoyer beaucoup de nouvelles, et de notre pays et de notre famille, car je suis arrivé si fatigué ce matin que je n'ai pu voir encore presque personne.

La jonction des deux maréchaux qui conduisent nos armées ne paraît pas encore un fait accompli, comme nous le pensions à Vienne. Regarde la carte de l'indicateur qui rend bien compte des principales directions. On dit que Mac-Mahon a pu gagner de Reims, par Rethel et Sedan jusqu'à Montmédy, avec l'empereur, mais qu'il est séparé de Bazaine lequel est à Metz, par le corps du prince Frédéric Charles, qui serait à Briey, avec le corps Steinmetz. On dit que le corps du Prince Royal remonte de Châlons à Verdun. On estime que nos deux armées sont deux contre quatre, deux cent mille contre quatre cent mille hommes. C'est dans le triangle qui a Metz pour sommet, Châlons et Montmédy pour angles, que le canon tonne ou va tonner. Il est difficile d'espérer une vic-

1. Les lettres que Denys écrivait de Vienne à son père ont été publiées dans la *Revue des Deux Mondes* en 1922.

toire décisive, il est plus probable qu'il y aura comme la semaine dernière, nombre de combats glorieux et indécis, pour
donner le temps de rassembler autour de Paris toutes les
forces éparses dans tout le pays.

Le corps Douay est avec Mac-Mahon. Il est tout naturel
que ton colonel ait autre chose à faire qu'à donner de ses
nouvelles, car il a dû développer une activité incroyable pour
mener son monde de Belfort aux Ardennes, en huit jours (1).
Il est tout simple aussi que votre major aime mieux vous exercer davantage, que de vous envoyer au hasard, sans savoir
où vous trouverez votre drapeau. Si mes prévisions sont justes, cette guerre va traîner en longueur, les Prussiens ne
lâcheront pas pied sans se faire assommer, et la France ne
peut pas s'arrêter avant qu'ils ne soient tous dehors. Tu
auras donc bien le temps de prendre ta part à la défense nationale. Pour le moment ne songe qu'à devenir très bon ca-
valier, et à bien manier les armes, puis, dors et mange, pour
avoir le corps vigoureux quand viendra la grande fatigue.
Mais compte bien sur moi pour m'enquérir et savoir jour
par jour les probabilités de notre destinée générale et de ton
sort particulier. Il y a à Paris dans les rues, un calme profond et triste. Mais la Chambre commence à s'agiter beaucoup, et plus tu verras de succès militaires rendre quelque
force à l'Empire, plus tu verras s'accentuer la question politique et révolutionnaire. J'en saurai davantage de ce côté
dans quelques jours. On rencontre d'énormes troupeaux de
moutons et de bœufs qui viennent nous approvisionner.

La petite pièce se mêle à la grande et il y a du comique. Je
viens de rencontrer sur la place Vendôme le danseur Desrat,
courant et sautant presque par-dessus la colonne ! Il m'a crié :
« J'arrive d'Epernay où j'étais à la campagne ; j'emporte mes
valeurs, les Prussiens sont tout près, on voit s'avancer des
masses noires ; ils mangent tout ! brr, brr, brr... » — et il
court encore ! (2)

Ta mère est courageuse et calme comme tu la connais ; ton
oncle Augustin actif et en belle humeur ; ton grand-père
atterré de l'avenir de sa famille ; tous ceux que je rencontre
(les Mérode notamment, cette nuit à Dijon se rendant à

1. Le colonel de Dampierre et le 8e Lanciers appartenaient au
corps du général Douay. Il fut fait prisonnier avec son régiment, avant que
les recrues qui s'exerçaient à Vienne au dépôt aient pu rejoindre le régiment.

2. Le maître de danse Desrat, alors fort connu, était de taille minuscule.

Trélon où est Hermann), te félicitent et honorent ton dévouement simple et énergique ; — pas plus que ton père, qui
t'embrasse de tout son cœur.

Rappelle-moi au souvenir de tes chefs et de tes amis.

P.-S. — M. de Germiny qui arrive du Sénat, me dit que
M. Busson-Billault vient d'annoncer que les Prussiens mar-
chaient sur Paris ; mais Paris est une grosse masse bien approvisionnée, bien défendue et ce sera leur tombeau !

A DENYS COCHIN

> Paris, 27 août 1870.

Nous n'avons pas de tes nouvelles ce matin. Ta lettre aura
été empêchée ou mise trop tard à la poste. Je t'engage à nous
écrire sans faute tous les jours, et tu peux compter sur un mot
quotidien de l'un de nous. Je numérote mes lettres, pour que
tu puisses les garder et voir s'il s'en perd. Ne t'étonne pas
d'ailleurs si dans quelques jours la correspondance s'inter-
rompt, car la ligne de Lyon peut être coupée d'un moment à
l'autre, soit à Nuits, soit à Montereau. Tu le sauras exactement par M. Roux, le chef de gare.

Ce que je t'écrivais hier a été confirmé. Les Prussiens sont
à cinq ou six jours de Paris. Est-ce une marche régulière?
N'est-ce qu'une feinte pour tâcher de ramener en arrière le
maréchal Mac-Mahon? — nul ne le sait ; mais on se prépare
au siège, comme s'il était certain. La ville est approvisionnée
en farine pour deux mois ; il entre des troupeaux de bœufs
et de moutons. On renvoie les repris de justice et les vaga-
bonds. Chacun s'arrange et se précautionne. Je persiste à
croire qu'un succès à Metz éviterait le siège, et que, s'il a lieu
ce siège, Paris tiendra bon et la France se lèvera pour délivrer
Paris. Les Prussiens sont plus nombreux que nos soldats,
mais ils sont moins nombreux que notre nation, et trente-
cinq millions de Français sauront bien purger le sol de cinq
cent mille hommes du Nord.

Je suis allé voir le général Trochu, mais il est invisible et
dans une activité de jour et de nuit.

J'ai vu le prince Bibesco, son aide de camp, et je le reverrai
souvent pour des questions où je puis être utile. Voilà M. Daru
du comité de défense ; je l'ai vu longuement. Ils sont tous
deux pleins de confiance dans la défense de Paris.

Il se peut que ton camarade Bonnières aille te rejoindre, mais ce n'est pas encore tout à fait décidé. J'en serais bien heureux pour toi (1).

Dis à Hyacinthe que son père et sa mère vont bien. Henry est allé leur porter de ses nouvelles. Ce matin, ton frère est parti dès l'aube, pour le fort de Meudon où Henry de l'Espée l'emploie (2).

Ta mère va bien. Tu nous manques beaucoup mais tu es bien, puisque tu es au devoir volontairement accepté. Compte que nous ferons le nôtre, et sans broncher, et ayons tous la confiance que Dieu débarrassera bientôt notre pays, et l'Europe, du fléau qui la désole et l'ensanglante. Prions. Agissons. Aimons-nous.

A DENYS COCHIN

29 août 1870.

Ton ami Bonnières part ce soir pour Vienne. Je le conduirai à la gare. Si les trains sont exacts, et ce n'est pas sûr, il compte coucher à Lyon et arriver, comme nous, à Vienne à 3 h. 11. Tâche de l'attendre à la gare ; si non, envoie-lui M. Rondet et préviens Mme Chapuis pour qu'elle le traite comme vous.

Je lui ai donné un mot pour M. de Rouot (3), et je le prie de l'autoriser à loger en ville comme vous. Tu seras enchanté de ce camarade qui t'aime beaucoup et qui est plein de bon vouloir. Vraiment la Providence t'entoure de beaucoup de petites faveurs, et j'ai la confiance qu'elle te gardera jusqu'au bout.

Nous avons reçu ta lettre ce matin à midi. Nous commencions à être inquiets. Tâche de nous écrire tous les jours, quand même ce ne serait que deux lignes, pendant que tu es encore au dépôt, et préviens-nous de tes mouvements.

Tu ne nous dis rien de Chauffard, je pense qu'il t'a quitté, et qu'il t'a tenu bonne compagnie.

Ta mère qui t'écrit sans doute de son côté t'aura raconté

---

1. Robert de Bonnières s'engagea en effet et vint rejoindre son camarade, ainsi qu'on le verra.

2. Henry de l'Espée, ancien ingénieur des mines, avait été chargé de construire une redoute au lieu dit la *Capsulerie* au-dessus de Sèvres. Il avait pris auprès de lui plusieurs jeunes gens de bonne volonté, François de Broglie, François Daru, Henry Cochin.

3. Le major commandant le dépôt.

mon voyage d'hier. On nous avait dit que Victor (1) avait quitté la Roche par peur des Prussiens. J'ai voulu aller y voir. Jean était parti la veille pour empaqueter et rapporter nos principaux objets, argenterie, etc... A la gare plus que deux trains pour Corbeil. Je pars pour Melun. Je trouve heureusement un mauvais cabriolet, qui me rançonne, et j'arrive enfin à la Roche, ayant rencontré sur ma route, les champs déserts, les routes pleines de villageois emportant leurs meubles comme devant une inondation. A la Roche, Honorine a filé, Victor tremble, roulé des yeux, parle des *atrotrotrotrocités* auxquelles il ne veut pas rester exposé, et il est clair qu'il va s'enfuir. J'ai trouvé le pauvre Chaussin, fidèle et doux, jurant qu'il ne quitterait pas la maison, et je l'ai installé avec sa famille dans deux bonnes chambres, lui recommandant aussi Pataud, qui sautait après moi avec des protestations muettes. Biez est parti, Higot parti, Mathurin, Varlet, Briançon, partis ; les Lambert femmes pleurent dans leur tablier pendant que le mari rumine : « Faudra bien que ça finisse, » — et — « j'allons enterrer le peu qu'j'ons ».

A Corbeil, bien autre histoire ! La gare pleine de matelas, de meubles, de cages, de casseroles, de malles, le train en retard de deux heures, et dans une foule énorme la Duchesse de Reggio, fille, petite-fille, cousines, petites-cousines, se jetant dans mes bras pour que je protège leur retraite. De Corbeil à Paris trois heures de route, même spectacle à toutes les stations, les compartiments pleins de gens, assis, debout, entassés, et la gare de Paris comparable à une ville incendiée et envahie.

C'est à dix lieues à la ronde une panique indescriptible, les uns fuyant vers Paris, les autres de Paris. Pendant ce temps, la ville est tranquille, et vraiment très ferme ; on se sait derrière de bonnes murailles. Les Prussiens s'arrêtent et semblent remonter au Nord. C'est aujourd'hui, demain et après-demain, selon toute vraisemblance qu'auront lieu nos grandes batailles de nos armées du Nord.

Mais tout ne sera pas dit, et il y aura encore, je crois, du fer et de la poudre dans le mois de septembre. Tu en auras donc ta part aux environs de Paris.

---

1. Le jardinier de la Roche. Jean Picard est le fidèle serviteur qui va passer tout le siège auprès de M. et Mme Cochin, et s'engager au 17e bataillon de la Garde nationale avec A. C. et Henry. Honorine est la jardinière ; et Chaussin un ouvrier du jardin. Suivent les noms de plusieurs habitants du village, et de Lambert le fermier.

Adieu, cher bon fils ; je m'étais bien aperçu de tes premiers
déboires, mais tu les as surmontés ; tu es heureux et ardent,
bien portant, confiant en Dieu. Cela me soulage moi-même et
je te souhaite patience ferme et bonne santé. Ta mère n'est pas
mal. Henry rebondit sous son képi (1) et travaille gaiement
à son fort. Pierre met les serins à la ration, vu les rigueurs du
siège ! — Demande à M. Riondet le *Français* ; tu y verras de
ma prose. Je tâche d'encourager les Parisiens de mon mieux
et d'aider ce brave journal.

A Denys Cochin.

31 août 1870.

Nous sommes encore dans l'attente des graves événements
militaires qui décident en ce moment même du sort de la
France. Avant-hier on était très inquiet supposant Bazaine
cerné dans Metz et Mac-Mahon à seize lieues, à Montmédy,
obligé de gagner au moins deux batailles pour le dégager. On
dit aujourd'hui, que l'on va annoncer à la Chambre de mel-
leures nouvelles, que Mac-Mahon a passé la Meuse, que Bazaine a pu sortir et se rapprocher de lui, qu'ils pourront se
battre ensemble, dans de bonnes positions, contre les Prussiens. On a fait partir ce qui restait à Paris, trente-cinq mille
hommes, avec le général Vinoy, pour les rejoindre par derrière. Il est probable que le sang coule aujourd'hui, et que
nous ne saurons rien de décisif avant vendredi ou samedi.
Rien non plus du siège de Strasbourg, que l'on dit terrible.
Prions Dieu de tout cœur pour notre cher pays ; c'est une
des heures solennelles de son histoire.

Le départ de l'armée de Paris ne me laisse pas douter que
tout ce qui peut être appelé des dépôts va être rapproché et
que tu partiras bientôt.

Ton régiment va être des premiers exposé, avec le corps du
général Douay, troupe fraîche que l'on mettra sans doute en
tête. Je tiens extrêmement que tu ne quittes pas ce régiment
à cause du colonel. Tu auras assez à faire si Paris est assiégé,
ou si la Lorraine et l'Alsace sont à reprendre, et il en sera
ainsi, à moins de prodiges militaires, sur lesquels je n'ose pas
compter. Laisse-toi donc aller aux ordres qui viendront, sans
rien précipiter. Mais pourtant, que l'arrivée de Bonnières ne

<hr>

1. Engagé au 17e bataillon de la Garde nationale, et provisoirement
détaché aux travaux du fort de la Capsulerie au-dessus de Sèvres.

t'accroche pas au delà du temps nécessaire. Je serai bien heureux d'apprendre qu'on l'a traité comme vous, et que les commencements ne le rebutent pas trop, car tu es responsable du parti qu'il a pris ; c'est ton exemple qui l'a décidé !

... Je n'ai pas grand'chose à faire auprès de mes amis Trochu et Daru ; leur rôle et le besoin sont exclusivement militaires. Je me borne à visiter les familles à secourir, à écrire des articles pour rassurer et encourager les Parisiens. L'esprit général est calme, et jusqu'ici pas trop révolutionnaire ; mais l'explosion viendra avec les revers et la misère.

Je salue tes dix-neuf ans, qui sonneront demain, et je t'embrasse de tout mon cœur.

Ta mère t'écrivait de son côté sans que je le susse ; tu vois que nous n'avons pas à nous concerter pour penser à toi.

A Denys Cochin

2 septembre 1870.

Je n'ai qu'un moment parce que je vais voir Henry à son fort, et de là à Versailles.

Rien de nouveau. Cette bataille de quatre jours est affreuse et paraît indécise. Elle continue, l'armée de Vinoy y revient n'ayant pu joindre à temps, dit-on.

J'espère que tu es remonté, et je prie Dieu de t'envoyer la gaîté aux lèvres ; pour le cœur, comment ne serait-il pas triste !

A Denys Cochin

Paris, 3 septembre 1870. 9 heures, soir.

C'est le moment de s'armer de tous les genres de courage, de patience et de soumission rigoureuse aux décrets de Dieu, qui est le Maître.

Il est probable que d'ici à peu de jours, nous ne pourrons plus communiquer ; mais il est probable aussi que ton dépôt va être appelé à Paris, dont le siège est maintenant plus que probable.

Les nouvelles de ce soir sont en effet déplorables. Mac-Mahon battu et blessé, Bazaine battu, l'Empereur prisonnier.

Il y aura sans doute demain une révolution de la Chambre constituant un gouvernement provisoire, dont Trochu sera le membre principal.

Le comité de défense va faire couper les ponts, lignes, routes, autour de Paris, avant peu de jours.

J'espère t'écrire encore demain et peut-être plus longtemps. Je veux même encore croire, espérons contre l'espérance, que nous ne sommes pas si bas qu'on le dit. Cependant, si nous ne pouvons plus correspondre, fais ton devoir froidement, ne te laisse pas monter l'imagination, soumets-toi à tout comme à la volonté de Dieu. Nous ferons ici notre devoir ; mais nous nous en tirerons, avec plus ou moins de misère ; ne crains pas pour nous outre mesure. Mettons nos consciences en paix par une bonne confession, puis allons-y gaiement.

Nous sortirons de tout cela, et nous reverrons d'heureux jours.

J'écrirai demain à ton major pour demander qu'on t'envoie à Paris ; mais cela ne dépendra pas de lui ; il recevra des ordres et il faudra qu'il s'y conforme et que tu t'y plies.

Ta mère va bien et est énergique. Henry, Pierre et François (1), qui est avec nous, ne le sont pas moins. Nos domestiques sont fidèles. Nous ne sommes ni exposés, ni inquiets, mais la pauvre France ! — Laissons passer, et adorons les yeux fermés la justice de Dieu.

Que je voudrais t'écrire demain sous une émotion moins vive !

Au Comte Benoist d'Azy

Dimanche 3 septembre 1870.

Il est vraiment inutile que vous veniez à Paris ; vous ne pourriez pas retourner sans peine. Les communications seront sans doute coupées. Nous sommes entre une invasion, une révolution et un siège. J'ai vu, ce matin, Trochu, en pleine division avec Palikao. C'est Trochu qui l'emportera, et je serais bien trompé s'il n'était pas ce soir ou demain, le Cavaignac d'un gouvernement provisoire. J'ai vu aussi M. Thiers ce matin, et je viens de la Chambre ou il a proposé la nomination d'une commission provisoire de cinq membres, la réunion d'une constituante, dès que les circonstances le permettront.

1. François de Broglie fils du duc de Broglie. Il venait d'être admis à Saint-Cyr et resta dans Paris, chez A. C., pour chercher occasion de faire son devoir militaire. D'abord engagé volontaire dans la Garde nationale, il fut appelé ensuite à suivre les cours de Saint-Cyr organisés provisoirement à l'Ecole polytechnique. Nommé sous-lieutenant à la fin du Siège, il fut grièvement blessé pendant les combats de la Commune.

Le gouvernement propose de nommer Palikao lieutenant
général de l'Empire ; mais on ne veut ni de l'Empire ni de lui ;
il ne mérite aucune confiance. La gauche propose la déchéance ;
les tribunes ont été envahies, la séance a été suspendue.
Gambetta a parlé aux foules. J'y retourne, pour voir la fin.
Puis il faudra songer à se défendre, pour sauver au moins
l'honneur. Ne venez pas dans cette bagarre, qui peut avoir
ses contre-coups en province, où vous avez des devoirs.
Comptez que nous ferons le nôtre ici.

Écrivez à Denys, car je ne sais s'il aura mes lettres. Il
brûle de quitter le dépôt. Tous les dépôts seront appelés, car
il n'y a plus de troupes, et celles dont parlent les ministres
dans leur proclamation, n'existent pas.

Que Dieu garde la France soumise, en ce moment, à Waterloo et 1848 réunis !

Il met en dépôt, dans des mains amies, quelques papiers précieux et son testament qu'il vient d'écrire.

A Théobald de Soland.

4 septembre 1870.

Entre une invasion et une révolution, je compte bien ne
prendre aucune précaution pour nos personnes, et rester où
est le devoir. Mais il y a quelques précautions à prendre pour
nos testaments et mes lettres, et j'ai compté sur votre fidèle
amitié pour garder le petit paquet ci-joint contenant nos deux
testaments, et une note des numéros de mes lettres.

S'il arrivait quelque malheur (que Dieu évitera), vous sauriez bien remettre le paquet à mes enfants ou à ma femme.

Vous me le remettrez probablement à moi-même après
cette vilaine bourrasque passée.

J'espère que votre ville sera épargnée et exempte des épreuves qui attendent la nôtre.

M. Aubert, qui part ce soir, veut bien se charger de vous
remettre ce dépôt ; et il me rapportera de vos chères nouvelles. Voyez combien je compte sur vous (1).

(1) M. Aubert était professeur au Lycée Louis-le-Grand. Sa correspondance pendant la guerre et la commune a été publiée dans mon volume
Les deux guerres (Plon, 1917) où j'ai recueilli des souvenirs principaux de
notre vie de famille pendant le siège de Paris. Finalement M. Aubert
ne partit pas, et les papiers dont il est question furent remis à M. Lavedan,
(Voir plus loin).

Au Comte Benoist d'Azy

Mardi 6 septembre 1870.

Vous avez vu la nomination du gouvernement provisoire et de ses agents à Paris et en province et vous en aurez conclu que nous ne sommes pas au bout de nos épreuves. C'est Waterloo doublé de 1848.

Je ne crois pas que jamais nation ait connu pareil jour dans son histoire, et qu'aucune ville ait traversé les heures que nous traversons entre une invasion qui s'avance et une insurrection qui s'installe. Il faut cependant faire crédit à mon ami Trochu pendant une semaine, pour savoir si c'est un héros, acceptant de se battre, même avec des bandits, pour sauver la Patrie, et comptant plus sur les enragés que sur les endormis pour cette besogne héroïque ; — ou bien s'il a cédé aux faiblesses de l'âme ambitieuse.... J'en attends mieux ; mais voilà un jour de passé à faire des préfets et non pas des cartouches. La garde nationale vote, c'est son exercice de ce matin. Les soldats étaient, hier, débandés dans les rues, se grisant et fraternisant avec les blouses. Les députés n'ont pas eu le courage que vous avez eu en 1851 ; pas un ne s'est fait mettre la main au collet pour l'Empire ; — ils ont été se coucher. — Le Sénat s'est dispersé lui-même. De tous les côtés humiliation. On n'est pas plus fier « d'être Français quand on regarde la Colonne (1) que quand on regarde l'Hôtel de Ville ». Pourtant, les remparts, les forts, les redoutes, les magasins sont bien remplis.

Augustin (2), que je viens de voir, dit que son fort de Bicêtre et les voisins sont bien gardés, bien munis. Henri de l'Espée (que nous sommes allés voir, avant-hier, avec la duchesse de Galliera) sur ces belles hauteurs de Bellevue, qui rappellent tant de souvenirs à vous et à moi, achève la construction d'une énorme redoute, avec cinq cents ouvriers, que mon Henry, François de Broglie et François Daru surveillent, et dont ils mesurent et comptent le travail de six heures du matin à huit heures du soir.

Quatre redoutes semblables gardent le passage de Sèvres que l'on dit le premier exposé. De tous les côtés, la défense

1. Refrain d'une chanson populaire.
2. Augustin Benoist d'Azy venait de reprendre du service comme lieutenant de vaisseau, il était attaché à l'amiral Pothuau, au fort de Bicêtre.

est prête. Si donc le général Vinoy ramène vingt-cinq mille hommes, si les cent mille mobiles annoncés entrent dans Paris, si nos quatre-vingt mille gardes nationaux se conduisent bien, la défense est possible ; et c'est le seul salut de l'honneur français, anéanti deux fois au contraire, si les têtes tournent, et si M. de Bismarck paraît moins à craindre que M. Rochefort.

Je crois encore à cette défense ; je m'y prépare pour ma pauvre petite part ; et je supplie Trochu de passer des revues, de nous tenir en haleine, au lieu de discourir à la Maison de Ville. Il sera déshonoré s'il signe la paix, après avoir risqué déjà son nom, dans une compagnie inacceptable, en dehors du champ de bataille.

Rien à faire, pour vous ou pour Paul, à Paris cette semaine. Veillez sur votre province, et que les gardes nationales se tiennent prêtes à venir ici, peut-être pour nous délivrer de deux maux à la fois. Je me dis que Dieu arrange peut-être les choses pour que 1848 et 1852 aient le même tombeau. Mais impossible de déchiffrer les volontés de Dieu. La Prusse nous bat, sans valoir moralement mieux que nous. M. de Vendôme, battu disait : « Est-ce que M. de Malborough va à la messe (1) ? » — Il faut s'humilier et se soumettre sans comprendre. Je tâcherai de vous écrire encore demain, et tant que nous pourrons communiquer. Adeline se soutient et ne va pas mal ; l'âme commande au corps.

A DENYS COCHIN

Paris, 6 septembre 1870.

Nous avons ta lettre et je vois que tu es remonté. Je voudrais bien t'envoyer de l'argent de suite, mais impossible. Je ne reçois plus rien, et il en sera ainsi pendant bien des mois.

Comme j'ai donné ordre à M. Mayoussier de payer ton compte chez Chapuis (2), il me semble que tu as assez pour ton argent de poche. Ménage un peu les cigares aux amis et les dépenses inutiles, car je commence à être bien serré. Je suis loin de me plaindre, quand je vois tant de gens très bien mis, littéralement affamés ; et cela ne fera qu'augmenter. La rente est descendue à 50 francs ; cela dit assez que toutes les fortunes sont diminuées de moitié, et les chemins de fer, où

1. Après la bataille d'Oudenarde, en 1708.
2. L'aubergiste de Vienne.

nous avons une partie de la nôtre, ne paieront pas en octobre leurs actionnaires. Il me faut bien des raisons pour que je ne vide pas de tout suite mes poches dans les tiennes, tu le sais, cher ami, et ces raisons s'aggraveront chaque jour ! Ce côté très sérieux des choses, n'est pas le plus grave. L'humiliation patriotique est la principale de mes peines. La République nouvelle (née comme l'Empire d'un coup de force), au lieu d'être la fusion conciliante et martiale de tous les partis devant l'ennemi, commence à s'étaler dans tous les emplois et à placer partout les frères et amis, quelques-uns grotesques, d'autres ignobles, pour la minorité, passables. On vient de destituer tous les maires de Paris, très inoffensifs, comme tu sais, pour les remplacer par les agents électoraux de ces messieurs ; et on distribue des fusils à toute la population, pendant qu'il n'y a plus d'armée. Les soldats sont grisés dans les cabarets, ou démoralisés par la vue des fuyards qui commencent à arriver de l'armée dans un état pitoyable.

Malgré ces tristes choses, je me cramponne à l'idée d'une défense. Je veux croire que Trochu sera un héros, qu'il passionnera les masses à la vue des Prussiens, que nous nous battrons tous comme des enragés ; mais il perd bien du temps en paroles... Sa proclamation de ce matin est fort belle. La curée des places, la réouverture des prisons, la mise en branle de tous les braillards et de tous les malins n'est pas belle. Il faut faire crédit à ce gouvernement, et l'aider tant que l'ennemi est devant nous. S'il délivre le sol, qu'il soit glorifié ; mais s'il signe une paix honteuse, il croulera à son tour. Nous sommes encore dans le provisoire et les aventures. Ce n'est pas la grande République ; c'est une parodie effacée. Regarde encore passer, en riant de la comédie, en pleurant du sang qui coule, mais, sans donner ton cœur ; garde-le à l'honneur, au respect des lois et de Dieu ; ce ne sont pas là des choses provisoires...

Les Prussiens sont à Dammartin. On compte les voir à Paris vendredi ou samedi.

Adieu ; confiance dans l'avenir et énergie jusqu'au bout.

A Denys Cochin

9 septembre 1870.

Je viens de recevoir une lettre de Mme de Dampierre, qui m'annonce que le colonel est prisonnier, mais bien portant, avec le colonel Oudinot, et une grande partie de leurs deux régiments...

Il faut lire dans les *Débats* et le *Français*, le récit des affreuses catastrophes de Sedan, et surtout les extraits du *Times*. Pierre Daru est revenu, et il raconte ces carnages où nous avons été accablés... Le maréchal Mac-Mahon n'est pas mort; il est à deux lieues de Sedan dans un château où Mme de Mac-Mahon et Mme de Castries l'ont rejoint. Il paraît mieux. Failly n'est pas mort...

Les Prussiens semblent marquer le pas, se refaire, se consulter. Nous sommes vraiment prêts à les recevoir. Les forts sont pleins, les remparts armés, les redoutes s'achèvent. Nous avons cent dix mille hommes; il en faut quarante mille pour les forts, soixante mille restent pour les sorties. Mais il faut du monde aux remparts; la garde nationale et la mobile tiendront-ils? Je l'espère, malgré bien des lâches. Je suis inscrit dans la garde nationale avec Henry et François de Broglie, et dans notre quartier, les bataillons me paraissent bons. Le commandant en chef nouveau, M. Tamisier, est un de nos anciens ingénieurs de la compagnie d'Orléans, très bon officier. En somme je veux toujours croire à une résistance. La panique serait un nouvel abîme de honte.

Voilà les élections annoncées pour le 16 octobre. C'est une manière de dire : « Nous ne sommes pas des usurpateurs. » Mais il est peu probable qu'on puisse voter alors.

Les puissances étrangères essaient d'obtenir un armistice et de négocier. On y met beaucoup de bonne volonté. Cela ne paraît pas réussir, et selon moi, cela ne réussira qu'après le siège, à moins qu'on ne cède du territoire, ce qui serait affreux, et une cause permanente de représailles.

Fourichon n'est pas encore arrivé. Je doute qu'il accepte. Je l'y pousse afin que l'armée et la marine soient en bonnes mains; mais il n'aime pas la mauvaise compagnie.

Nous avons eu ta lettre hier soir seulement, et nous sommes bien contents de voir que ta bonne humeur se soutient. Garde-la bien ! Elle est le cordial de toute la vie, avec la bonne conscience. Est-il vrai que la révolution se passe mal à Lyon? et que les Prussiens arrivent par Belfort? — Au Chemin de fer de Lyon on ne sait encore rien de leur arrivée sur la ligne, et cela doit être un faux bruit.

Je fais tous mes efforts pour qu'on vous appelle à Paris mais je ne puis pas grand'chose. Tu verras au *Français* que

je souffle dans mon petit clairon tant que je peux, et sans
perdre le sang-froid, Dieu merci, comme tant d'effarés qui
nous entourent. François ne peut pas t'écrire ; il part à
6 h. 1/2, revient à 8 heures dîner et se coucher ; il se rend,
avec Henry, très utile.

Victor a quitté la Roche, que Chaussin garde avec Pataud.
Nous avons recueilli les poules, placées dans la cour sous la
surintendance de Pierre, très courageux et qui voudrait bien
une lettre de toi. Tu as bien encore un ou deux jours devant
toi.

Dieu te garde cher bon enfant.

Au Comte de Falloux

Paris, 11 septembre 1870.

J'ai bien chargé Albert de Rességuier de vous dire que je
ne vous écrivais pas, parce qu'il le fait chaque jour ; et
pourtant cela ne suffit pas et je veux vous tendre de loin
mon cœur et ma main.

A entendre le petit clairon du *Français* dans lequel je
fais de mon mieux *turlututu* tous les jours, vous devez croire
que je m'attends à une défense héroïque. J'y pousse de toute
mes forces, parce qu'une capitulation et une panique seraient
un nouvel abîme de honte. J'y crois sur certains points. Les
forts sont en bonnes mains et bien munis. Plusieurs des
légions de garde nationale et de mobile sont encore très bien
menées, et défendront leur rempart. Mais, dans bien des
quartiers, il y a bien des peureux, déguisés en héros, et
l'armée, ce qui est plus grave, est bien démoralisée par les
défaites. Je viens de voir Mme Trochu ; je n'ai pas pu voir le
général. Je le crains bien noyé dans les discours, et il me
semble qu'il pourrait se montrer et s'imposer davantage
aux fabricants de désordre qui l'entourent !

Il va enfin passer une revue mardi, et j'espère qu'il ani-
mera les troupes et les bourgeois, qu'il fera passer sur les
agents de change, les épiciers et les maçons un peu du souffle
de Strasbourg, de Toul, de Laon. Le danger présent nous
donnera la rage et non la peur, je veux le croire, et j'en
réponds pour ceux qui m'entourent dans ce quartier. Cette
résistance est nécessaire à une paix honorable. Les démarches
diplomatiques sont nulles, sauf du côté de la Russie, et le roi

de Prusse s'entête à entrer à Paris. Quelle amère douleur, si nous avions la lâcheté de ne pas résister.

Pendant ce temps, préparez les élections en province. C'est la province qui sauvera la France. Les amis du *Journal de Paris* ne s'endorment pas, je vous en réponds. Voyez si vous pouvez me trouver quelque place sur une liste de l'Ouest, car à Paris, je serai sur la bonne, et la mauvaise aura le nombre, à moins d'une défaite honteuse, contre laquelle je travaillerai obscurément et obstinément, sans songer à mon avenir, bien entendu. Veillez un peu pour moi, si vous me croyez bon à quelque chose.

Mais qui et quoi a de l'avenir? c'est bien misérable de prononcer son nom. Agissons et prions pour notre malheureux pays.....

Les mobiles bretons frappent tout le monde par leur bonne tenue ; pourvu que nous ne les gâtions pas !.....

Tout le rêve de la famille est naturellement de voir le dépôt de Vienne transféré à Paris. Un détachement y avait déjà été envoyé, sous les ordres d'un sous-lieutenant que j'avais par hasard reconnu dans la rue.

A Denys Cochin

11 septembre 1870.

Je viens de recevoir la visite de M. Grimardias qui m'a remis ta lettre. J'espère que tu pourras recevoir encore celle-ci. Je viens de voir Mme Trochu. On ne suppose pas que les Prussiens soient arrivés, sauf par des bandes d'éclaireurs, avant mercredi ou jeudi. Mais les préparatifs s'achèvent à la hâte. Ordre est donné à Paris d'incendier tous les beaux bois qui servaient à la capitale de couronne charmante. Les remparts sont gardés nuit et jour. Il y a quarante-deux mille bœufs, dont les longues files remplissent les boulevards ; et les Tuileries sont pleines de chevaux et d'artillerie. Les mobiles arrivent vraiment en très bon ordre. Je cherche en vain la Nièvre. Nous allons recevoir des billets de logements ce soir.

Acceptons avant tout la consigne d'en haut ; et puisque Dieu te veut à Vienne et nous à Paris, obéissons, et comme tu le dis, sans gémir et sans hésiter.

Remets cette réponse à M. des Roys. J'ai demandé vivement qu'on vous appelle à Paris, comme il l'indique, même en vous versant dans l'infanterie provisoirement. Mais je ne sais si cela est pratique. Je suis allé à la place savoir où était le détachement ; — (Henry avait aperçu la silhouette de M. de Chalendar) — et on m'a dit qu'il était à Versailles avec tous les restes de régiments, pour être dirigé vers la Bretagne. Il vaut mieux être à Vienne. Je crains fort que vous ne soyez utiles à Lyon, où cela paraît aller mal. Comme nos directeurs d'Orléans vont à Tours, ils trouveront toujours moyen de correspondre avec Paris. Je t'engagerai donc, si le chemin de Lyon était coupé, à m'écrire en mettant ta lettre dans une seconde enveloppe, à l'adresse de M. Ratel ingénieur du chemin de fer à Tours, que je préviens. Je t'avais dit que j'enverrais des papiers à Angers, je ne l'ai pas pu. Ils sont ici sous clef. Si tu as besoin d'argent demande à Mayoussier, mais tâche de n'en avoir pas besoin. Nous allons être bien gênés. Prenons tout cela gaiement ; nos pères en ont vu de plus rudes. Pourvu seulement que Paris résiste un peu. Je ne lui demande que deux semaines ! nous verrons une paix honorable, et peut-être dînerons-nous à Azy à la Saint-Denys. Mais quelles vacances ! Écris toujours et je t'écrirai jusqu'à la dernière possibilité.

A Denys Cochin

Paris, 12 septembre 1870.

Au chemin de Lyon, d'où je viens, on m'assure que les lettres peuvent encore passer ; et je me hâte de te remercier de ta lettre de ce matin. On m'a dit là aussi que la ligne avait transporté trois trains de troupes cette nuit pour remettre l'ordre à Lyon. Je tremblais que cette dure mission ne vous fût confiée, et j'espère que tu n'auras pas à chevaucher dans les barricades.

Sur nos murs, un placard annonce qu'on ne pourra plus sortir de Paris ni y entrer sans permission des autorités, à partir du 15 jeudi. Nous voilà donc bloqués.....

Je t'avais écrit que je n'avais pas pu envoyer des papiers de famille à Angers chez M. de Soland. Ils sont envoyés par M. Lavedan, qui partait ce matin. Tu pourrais avoir des nouvelles aussi par mon ami Gérard, à la Fosse par Montoire (Loir-et-Cher), qui sera en relations avec Saint-Gobain, et qui est un solide ami auquel tu peux aussi demander service

au besoin. Toutes ces recommandations seront pour le cas où
nous serions tout à fait bloqués ; mais il se passera du temps.
Les Prussiens vont nous harceler, nous intimider avant de
nous entourer. Puis il faut prendre des forts, avant d'ouvrir
une brèche, et avant de nous attaquer au rempart. Cela prendra des jours et des jours, à moins qu'ils ne s'emparent violemment d'un point, en y accumulant tous leurs feux, ce qui
n'est pas impossible. Mais n'exagère pas tes inquiétudes pour
nous ; tirer un coup de fusil derrière une muraille n'est pas un
grand danger. Rassure-toi bien aussi pour ta mère, Dieu lui
fait, et nous fait la grâce d'une santé plus forte. Elle est forte
d'âme et les forces physiques ne diminuent pas, au contraire.
Elle ne veut pas me quitter, pas plus que Pierre, ferme et
gentil tant qu'il peut. Henry et François font aussi de leur
mieux ; mais leur ouvrage avance peu ; les ouvriers refusant
le service depuis la révolution. Ils vont venir avec moi dans
la garde Nationale. Comme nous parlons tous de toi !

J'ai vu hier soir M. Thiers, et il m'a annoncé son départ
pour Londres et Saint-Pétersbourg. C'est une noble mission
pacifique, que lui seul peut remplir, mais il part sans beaucoup d'espoir d'un succès immédiat. Il croit que le siège
commencera d'abord, et cette mission prouve qu'il n'est pas
bien convaincu au fond du succès de la résistance. Croirais-tu
que les Rouher et Lavalette, ces fléaux de notre pays,
intriguent à Londres pour une régence, et pour qu'on ne
traite pas avec la République. M. Thiers m'a dit qu'ils seraient
une de ses difficultés. Espérons qu'il aura la gloire de sauver
les destinés et le repos de notre malheureux pays.....

Je ferai tous mes efforts pour que tu reviennes ; je te le
promets. Il n'y a pas de lanciers ici, mais je trouverai peut-
être un autre moyen. Ne crois pas ton temps perdu, ni ce
souvenir, ces efforts, inutiles dans ta vie. Tu reviendras
avec un corps de fer, rompu au cheval et à la fatigue, une
expérience acquise en un mois plus que dans toute ta vie,
et par-dessus la fumée de tabac, la poussière et la vulgaire
espèce qui t'environnent, tu gardes un cœur pur et fier,
aimant, et honoré par un dévouement désintéressé. C'est
un mois bien rempli. Ton ennemi à vaincre c'est l'ennemi de
l'impatience d'être cantonné à Vienne, seul, loin de nous,
qui sommes exposés, sans toi. Tâche de vaincre cet ennemi-
là, puisque Dieu ne t'en donne pas d'autre. La vie est remplie de désirs refoulés. — « Comme vous voudrez, tant que

vous voudrez. » — Il faut dire cela à Dieu matin et soir.
J'ai la ferme confiance qu'il nous réunira bientôt. Ta lettre
m'a ravi et touché.

Garde bien ton cœur et mets dedans ton père, ta mère et
Dieu.

Je t'embrasse.

P.S. — Et ta photographie en lancier?
Je suis bien aise que mes articles t'aient plu.
J'en ferai d'autres ; mais bientôt, ce ne sera plus possible
de te les envoyer.
Bonnes nouvelles d'Azy.
Les Italiens sont à Rome.

A Monseigneur Dupanloup.

13 septembre 1870.

Vous ne m'avez pas répondu sur la question que je vous
ai fait poser par M. Lavedan?

La mission donnée à M. Thiers a pour but une médiation,
la formation d'un congrès, la rupture des intrigues de restauration impérialiste, ourdies à Londres par MM. Rouher et
Lavalette.

J'ai vu M. Thiers dimanche soir, il est parti hier. Il m'a
parlé de *trois* semaines d'absence, pendant lesquelles le
siège commencera. Sa mission est bien glorieuse ; mais elle
ne prouve pas une grande foi dans les fortifications et leurs
gardiens. Elle atteste au moins l'honnête intention du
gouvernement. Il approuve fort l'idée que je vous ai envoyée
par Lavedan (1).

Je ne sais trop qu'ajouter selon votre désir. Il ne faut
qu'un cri contre la guerre et les conquêtes, qu'un cri pour
la France et les morts. Allonger, c'est s'exposer à n'être pas
lu. Cependant je vous envoie une citation curieuse, prise
dans un livre très rare que je viens de lire. Ne pouvez-vous
pas faire parvenir votre lettre de *deux* côtés, là où il faut?

Merci de la lettre de mon fils ; il est gardé vraiment par

1. (Voir p. 277). En même temps que ses papiers personnels, A. C. avait
confié à M. Lavedan un message pour l'évêque d'Orléans, avec un projet
de lettre pastorale sur la Guerre ; M. Thiers, sur le point de partir pour
sa mission européenne, avait approuvé ce projet, dans la pensée que la
lettre pastorale de l'Évêque pourrait causer quelqu'impression en Europe,
et même sur l'épiscopat allemand.

son bon ange, auquel sa mère le recommande. Que vous êtes
bon de lui avoir écrit !

Priez pour nous, pour Paris, pour la France.

P.-S. — Si vous ne vous servez pas de mes citations, j'en
ferai un article ; je vous les donne.

Les citations purent encore avoir leur emploi. On les trouve
dans une lettre de Mgr Dupanloup à un homme politique (1).

A DENYS COCHIN

14 septembre 1870.

Je me suis laissé attarder et je veux pourtant t'écrire un
mot, bien que je ne sache plus si tu reçois mes lettres, n'en
ayant pas de toi depuis deux jours.

L'Amiral Fourichon est arrivé ce matin, et est venu me
consulter. Je crois avoir contribué à lui faire accepter le
ministère, et dans le danger actuel, un militaire doit passer
par-dessus ses répugnances personnelles. S'il est ministre,
j'aurai plus de crédit pour faire revenir vos dépôts, et t'amener ici. Crois bien que je m'y emploierai de mon mieux.
Cependant pas de fausses espérances excessives, car dans
un déluge, tous les désirs personnels se noient, et il faut se
soumettre à son sort. On dit — (c'est peut-être faux), — on
dit que les escadrons de cavalerie envoyés en reconnaissance
se sont repliés sans tirer leur sabre. Ce serait un triste et grave
motif pour en faire venir d'autres.

Nous allons tous bien et nous pensons sans cesse à toi.

P.-S. — Je crains bien que notre pauvre la Roche ne soit
bousculé en ce moment !

A DENYS COCHIN

15 septembre 1870.

Je n'ai plus de tes chères lettres. Écris toujours, quoique
le chemin de Lyon soit coupé ; cela arrivera en retard, mais

1. Ces citations étaient extraites d'une lettre de la reine Louise de
Prusse, écrite en 1810, et où l'on lit ces belles paroles : « Je crois en
« Dieu ; je ne crois pas à la force. Et c'est pourquoi j'espère fermement
« que de meilleurs temps sont proches. Vivre de pain et de sel, mais dans
« le droit chemin, ne m'effraie aucunement. »
La lettre où Mgr Dupanloup en fit usage parvint encore à Paris avant
la clôture du blocus. (On la lit dans le *Français* du 17 septembre).

cela finira par venir. Je t'écris, ou ta mère, tous les jours.

Voici notre ami à la Marine. Nous allons faire tous nos efforts pour te revoir ; mais que pourrons-nous ? — Courage et patience ; soyons dans le patriotisme, et l'inébranlable confiance en Dieu.

Je t'embrasse de tout mon cœur...

Lis le *Français* d'aujourd'hui. Il va se publier à Tours ; je te le fais adresser.

Ce même 15 septembre, Augustin écrit à son beau-frère Paul, et ce sont les dernières lettres qui passent avant le blocus complet de Paris.

A PAUL BENOIST D'AZY

Paris, 15 septembre 1870.

Cher Paul, je me suis occupé encore de chercher les pauvres familles lorraines ou alsaciennes que désirait l'intelligente charité de Claire (1). M. Husson en connaît beaucoup déjà, mais elles ne veulent pas aller plus loin que Paris, où on les a recueillies avec grand empressement, avec leurs enfants et même leurs bestiaux. (Un de mes amis a deux vaches, un autre une). L'hiver va venir, et elles souffriront, ces pauvres familles, cruellement. Elles ne veulent pas le croire et repartir.

L'ennemi approche, et les médiations continuent faiblement. Cependant lord Lyons a encore envoyé hier au quartier général pour connaître les conditions du roi de Prusse, qui n'a jamais voulu encore les dire, jurant de traiter seulement dans Paris. Je crois qu'il va faire la même réponse à cette démarche nouvelle, faite avec le consentement du gouvernement et l'appui de la Russie. On se prépare à Paris très sérieusement, et la revue a été excellente. Les mobiles sont très nombreux, et ont bonne contenance. Mais l'armée tiendra-t-elle ? Tout est là.

Le gouvernement, renforcé de Fourichon, depuis hier, n'est pas divisé et a bonne intention, tant que les Prussiens le dominent, *Hostis custodit custodem*. Mais il est miné par une faction odieuse, qu'il a le tort de laisser sans répression. Ce sont des Girondins serrés de bien près par des Montagnards. Paris est entre la guerre et la terreur, au début d'un hiver

---

1. L'idée était d'hospitaliser des familles fugitives dans la Nièvre et le Cher. M. Husson était Directeur de l'Assistance publique.

dur ; jamais pays n'a vu cela, — si ce n'est la Prusse elle-
même, en 1806.

Nous avons 17 mobiles à la maison, 2 Bretons, 6 Seine-
et-Oise, 9 de l'Hérault ; nous avons pu les loger dans les
petites chambres, on leur fait la soupe dans la cuisine, ils
sont contents et bien doux.

Adieu, cher ami, bon courage dans la tempête. Je n'ai
plus de nouvelles de Denys. Henry, François de Broglie, et
moi, avec Jean, nous sommes des gardes nationaux peu
brillants. Augustin relève la cocarde de la famille, Adeline
et Berthe sont pleines de courage et vont bien.

P.-S. — Dis à Claire que la prière : *Dieu des moissons*,
qu'elle m'envoie m'a causé quelque vanité ; j'ai des raisons
de la connaître et beaucoup de plaisir à la voir adopter par
elle (1). Notre grand ami prépare autre chose dont vous serez
contents, j'espère.

Télles sont les lettres de septembre 1870, pressées, tendues, dont
chacune pouvait être la dernière à passer. Et puis vont venir quelques lettres par ballon, celles qui ont pu parvenir à leur adresse.

Dans Paris s'organise une vie active. Les hommes sont au rempart, les dames aux ambulances. Augustin fait son service au
17e bataillon de la Garde Nationale. Il est membre du Conseil de
la Croix-Rouge, et s'occupe des blessés, des malades, des pauvres.
Dans la maison de la rue de Grenelle 86, vivent avec eux Mme Augustin Benoist d'Azy et le comte de Rességuier son père. On voit
chaque jour réunis un fidèle groupe d'amis, qui demeurent
alentour. Et l'on guette le départ des ballons.

Plusieurs fois la semaine, Cochin donne dans le *Français* un
article de vaillance, de patriotisme, de paix sociale. C'est ce qu'il
appelle ses « coups de clairon ».

A DENYS COCHIN

30 septembre 1870.

J'ai l'espoir que M. Revillod, qui part en ballon, pourra
te faire sûrement parvenir ce petit mot, et je doute que tu
aies reçu tous les autres écrits depuis le blocus.

1. Il s'agit d'écrits de Mgr Dupanloup, avec lequel A. C. correspond
jusqu'à la dernière minute. Quant à la prière : *Dieu des moissons*, elle doit
se retrouver dans le discours prononcé au Comice agricole d'Orléans
(voir t. I, p. 248).

Nous sommes sans aucune nouvelle de toi, et c'est notre principale croix. Sois rassuré sur nos santés et nos courages. Dieu nous soutient. Nous montons la garde ; faisons l'exercice Henry, François et moi. Ta mère s'occupe des pauvres gens et de Pierre. Nous voudrions entendre le canon ; car le siège mettrait fin à la discorde provoquée par des enragés politiques, vrais alliés des Prussiens.

Les vivres sont très chers, mais ne manquent pas. Nous pensons que la province s'organise et qu'avec son aide, nous délivrerons la patrie. L'esprit général se soutient avec énergie. Où es-tu? Je me figure que tu es à Tours. Ne manque pas d'écrire à Mme Fourichon, et demande lui d'être attaché à son mari. Ne te laisse pas manquer d'argent auprès de M. Mayoussier.

Ecris à Azy, à Broglie, à Tours. Ecris-nous tous les jours, cela finira par arriver ; puis ne te plains pas du sort qui nous sépare. Les maux privés se noient dans les maux publics. Soumis à Dieu, ne pensons qu'à la France, et souffrons, agissons, méritons pour elle. J'ai l'intime confiance que nous nous verrons bientôt. Patience et vigueur d'âme. Il faut se raidir devant les événements, et s'incliner devant Dieu. Ne sois pas abattu, soigne bien ta santé, fais ton devoir de ton mieux, et pense à ton père qui te bénit.

Augustin et Berthe sont bien. Ton oncle est au fort et canonne de son mieux. Aucune nouvelle de la Roche.

Amitiés autour de toi. La mobile devient une très bonne armée, et les remparts, les forts sont bien gardés.

Le ballon n'étant pas parti au jour dit, on fut autorisé à ajouter quelques lignes, et un message pour Azy.

A Denys Cochin

8 octobre 1870.

Ballon retardé, je puis encore te dire que nous allons bien, ta mère et nous tous. Devoirs augmentent, mais courage aussi.

Bon esprit général, malgré souffrances et extrême-gauche. Où es-tu? Quel supplice d'être sans nouvelles de toi. Garde bien ton âme et ton corps, et à bientôt, si Dieu veut. Demande argent à ton grand-père, si besoin.

Je t'embrasse. — Souhaitons ta fête.

Au Comte Benoist d'Azy

8 octobre 1870.

Ballon retardé permet un mot encore. Sommes tous bien portants, Augustin, Berthe et mon ménage. Adeline, seule chargée de 28 blessés, ne peut vous écrire. Paris calme, malgré excitation. Vivres encore. Souhaitons de loin Saint-Denys. Espérons que tous bien.

Où est mon Denys? Je vous le recommande ; envoyez lui un peu d'argent.

Une odieuse presse révolutionnaire, et une continuelle menace d'émeute étaient le danger de chaque jour.

Au Comte de Falloux

Mercredi soir, 12 octobre 1870.

Je crois être sûr que ce mot vous parviendra, et je veux vous dire au vrai, quoiqu'en peu de mots, la situation de Paris. A vous de tirer les conséquences pour ce que vous avez à faire en province, étant donné la situation des Prussiens, que vous savez et que nous ignorons.

L'état militaire est très amélioré et très fort. Avec un secours extérieur, la ville est imprenable. Canons très nombreux, bien munis, poudre en quantité, ouvrages formidables, garnisons des forts suffisante et excellente, et près de 100.000 mobiles bien aguerris ; 200 bataillons de garde nationale (sur 248), armés, et capables de résister sur les remparts, et de former, tirés de leurs rangs, bientôt 40 bataillons de sortie. Confiance dans Trochu, impatience d'aller en avant.

Etat moral étonnant, malgré la misère qui monte. Colère patriotique, avant tout. *Pas une bouche* parlant de capituler.

Etat politique périlleux. Le gouvernement balloté ; la mairie centrale, et les mairies locales, en mauvaises mains.

Question militaire et morale bonne. On ne prendra pas Paris par peur, ni discorde. On ne le peut que par famine et misère, après longtemps, assez pour que la France ait le temps d'envoyer des hommes, de l'artillerie et des vivres, ce que vous préparez certainement.

Pensez au lendemain *sur ce point* : que la France agisse et se prépare à son tour à envoyer ses ordres à Paris, et prépare l'avenir sans lui, pour lui, et pour la France. Certes, si l'on peut garder et fonder la république, ce sera le mieux. Si on ne le peut pas, ce sera la faute de ceux qui usurpent ce nom et coiffent du bonnet de la liberté l'athéisme et le pillage. Mais ils sont peu nombreux quoique enragés. Blanqui, Delescluze, sont des vieux usés, Flourens un fou ; le reste une bande, aidée en haut par la connivence de quelques lâches que vous savez. Plusieurs membres du gouvernement, excellents d'intentions patriotiques, mais pas étrangers au désir de passer le paquet à d'autres. En somme, craignons pas ennemi, ni discorde, quant à présent : craignons misère, hiver. A vous de ne pas laisser trop durer ; et à vous de préparer l'avenir.

Nous allons tous bien, avec Albert de Rességuier, François de Broglie, colonie complète. Passons vie au rempart et à l'ambulance. Pensez à nous ; écrivez à mon Denys. Que Dieu vous garde, et sauve notre pays.

Au Comte Benoist d'Azy

28 octobre 1870.

Nous avons aux ateliers d'Orléans un départ de ballon, et j'espère que cette lettre partira sûrement et vous arrivera. Quant à vos réponses, pas une, pas un mot ne nous est parvenu. Seulement, il y a huit jours, je revenais de monter la garde au rempart, avec Henry, François de Broglie et Jean, lorsque Adeline m'a dit que M\u1d50ᵉ Trochu avait envoyé ce mot d'une dépêche de Tours apportée par un pigeon : « Dites à Cochin que son fils va bien. » Quelle joie ! Cette manne du désert est la seule reçue ; rien de vous, dont nous voudrions tant avoir des nouvelles. Sauf ce jeûne, nous ne sommes pas abattus. Il y a des vivres pour longtemps, sauf la viande et le beurre. Les courages sont sans défaillance ; les forces matérielles doublées, et chaque sortie élargit le cercle. Une attaque des Prussiens est impossible, et notre offensive sera bientôt possible, si nous sommes aidés du dehors.

L'honneur est déjà sauvé. Nous supposons une armée à Bourges, une à Lille, une à Besançon. Mais nous ne savons rien, sauf Orléans pris, et Châteaudun incendié. On attend aujourd'hui M. Thiers, comme la colombe de l'arche ; mais s'il vient parler de paix, il ne trouvera pas un écho.

« Nous voyons Augustin toutes les semaines ; il va très bien et sa vie lui plaît. Berthe et Rességuier, à merveille. Adeline, qui a vingt-huit blessés à panser, ne va pas mal. Je m'en occupe aussi et je suis en train de faire un traité avec le Grand Hôtel pour y transporter les cinq cents blessés qui ont froid à l'Industrie. La croix rouge plane sur tout Paris

O Crux ave spes unica !

« Je parlerai demain, au théâtre de la Porte Saint-Martin, car il faut tenir tête aux exagérés des clubs. Mais ils sont cyniques, bêtes et peu écoutés. Notre vie est active, vous le voyez, et chacun tâche de tenir l'âme haute et le corps bas.

« On ne voit pas encore bien l'issue, ni le lendemain, qui vaudra toujours mieux pour l'honneur que la veille.

« Que Dieu vous garde tous, ainsi que mon cher enfant, avec lequel, je suis sûr, vous correspondez souvent.

« Larrey, Commandeur, Vitet, Dufaure, duchesse de Galliera, Corcelle, Saint-Aignan, Ch. de Brosse, Kergorlay, du Broc, les Saint-Maur, (Jules, Henry), tous bien.

« Donnez nouvelles à l'occasion. Bénissez-nous et prions Dieu pour notre pauvre pays. »

Sans nouvelles de personne ! C'était le pire. — On avait imaginé des systèmes pour avoir des réponses par pigeon, des grimoires microscopiques où l'on devait répondre *oui* ou *non* à des questions comme celle-ci : « Allez-vous bien ? — X... est-il vivant ? » — questions auxquelles on ne recevait presque jamais de réponse : — par bonheur peut-être, — car les réponses auraient été sans doute pires que le silence, — le *oui* bien vague, et qui pouvait mesurer l'horreur laconique du *non* ?

Thiers, de retour de sa mission européenne passa à la fin d'octobre. Il apporta à quelques amis des nouvelles. Augustin Cochin espérait sur son fils un mot, un rien. Il fut déçu. On avait oublié : on avait bien autre chose à penser !

Dans Paris, ce jour-là aussi, on eut autre chose à penser ! On sait comment, sur les pas de Thiers, retourné à Versailles pour négocier avec Bismarck, courut le bruit fatal de l'émeute du 31 octobre. Ce soir-là, Cochin était hors de chez lui, quand son bataillon fut appelé aux armes par le tambour de la *Générale*. Toute la nuit il roda autour de l'Hôtel de Ville où il savait que son fils Henry était avec son bataillon, sans pouvoir y entrer, entendant seulement le bruit des bousculades et des cris. L'émeute vaincue et le gouvernement de la Défense Nationale délivré, les bataillons de l'ordre ressortirent et regagnèrent leurs quartiers respectifs vers quatre heures du matin.

À la suite de l'émeute le gouvernement appela les électeurs de Paris à confirmer ses pouvoirs par une sorte de plébiscite.

A DENYS COCHIN

Vendredi, 4 novembre 1870.

Toujours pas de nouvelles de toi. M. Thiers m'a apporté une lettre de l'évêque d'Orléans qui ne me donnait pas d'indication sur ton sort. Où es-tu, Comment vas-tu? N'as-tu pas trop de fatigue et surtout d'ennui? Soutiens bien ton courage et surveille ta santé. On nous assure que toutes nos lettres arrivent. Je t'écris donc de nouveau, et je le ferai par tous les ballons qui partent de la gare d'Orléans. Demande de l'argent à Azy. Aucune inquiétude sur nos santés ; elles se gardent bonnes, et nous ne manquons pas de vivres, bien qu'à un prix croissant.

Nous venons de traverser une nouvelle phase intérieure critique. Les ennemis publics, qui profitent de tous nos malheurs pour conquérir le pouvoir et l'argent, ont voulu abuser de la nouvelle de la capitulation de Metz, de l'accident du Bourget, et de la faiblesse du pouvoir, pour s'installer à l'Hôtel de Ville, le 31 octobre. La garde nationale a délivré le gouvernement fait prisonnier. C'est le 106e et le 17e bataillon surtout, qui ont eu cette énergie. Le 17e bataillon est le nôtre. Je te réponds qu'Henry a été ardent, tenant Blanqui par le col de sa chemise. Le gouvernement va se retremper dans le suffrage, et nous lui avons donné hier 300,000 *oui* contre 30.000 *non*.

Il est fort maintenant, pour réprimer les bandits, et aussi pour signer l'armistice apportée par M. Thiers. Cette signature est très probable, et elle serait sans doute la préface de la paix. Mais pas de paix, s'il faut céder une province !

Demain, nous votons pour les maires. J'ai refusé d'être maire. Le succès était douteux, le fardeau lourd, le revers eût été mortel pour l'avenir électoral de ma candidature à l'Assemblée, mais j'ai organisé la mairie, qui va, je crois, passer, et remplacer une mairie ignoble qu'on nous avait infligée. Tout ce mouvement ressemble fort à l'agitation de deux millions d'écureuils dans une cage, remuant des noisettes. C'est la province, par l'Assemblée future, qui fera notre sort. Envoie, en le copiant, ce mot à Falloux, dont je n'ai pas de nouvelles. Dis-lui de ne pas m'oublier en province,

car le terrain de Paris est bien douteux pour moi ; j'y pense
bien peu d'ailleurs ; je ne pense qu'à notre pauvre pays,
amoindri et déchu pour si longtemps.

Les lourds devoirs qu'Augustin Cochin et sa femme avaient
assumés, les séparaient par moments l'un de l'autre, au point qu'ils
en venaient à s'écrire.

A Madame Augustin Cochin

Du rempart, novembre 1870.

...Je suis rentré à deux heures, espérant vous voir jusqu'à
quatre heures. Vaine illusion. Vos promesses n'aboutiront
qu'à vous tenir dehors trois heures de fatigue de plus. Cela
m'inquiète pour vos forces, et je vous supplie de ne pas per-
sister ainsi. De neuf heures à deux heures, c'est tout ce que
je permets. Je suis de service à l'abattoir, de quatre heures
à minuit. C'est ennuyeux, mais je pourrai me coucher. Henry
est à la mairie et reviendra dîner avec François de Broglie.
J'ai refusé à Henry le régiment de marche et j'y tiens (1).

Au Comte Benoist d'Azy

Paris, 17 novembre 1870.

Beaucoup de lettres et dépêches sont arrivées depuis quelques jours ; mais pas un mot de vous, pas un mot de Denys.
Une lettre de la duchesse de Reggio à son mari affirme qu'il
est porte-fanion de Bourbaki? Est-ce vrai? (2) Etes-vous en
relation avec ce cher enfant? On essaie d'un système de
dépêches-réponses. J'ai vu samedi partir de la gare d'Orléans,
les appareils dans un beau ballon, suivi d'un second, monté
par le frère d'une amie d'Adeline, qui a été pris. Mais le premier a été sauvé, dit-on. Veuillez donc répondre à ces quatre
questions dans leur ordre, de peur de confusion :

1º Etes-vous tous bien?

2º Avez-vous de bonnes nouvelles de Denys?

3º Avez-vous de bonnes nouvelles de Camille et de Daru?

4º Avez-vous de bonnes nouvelles des Pérignon? (3)

Puis ne cessez pas de nous écrire, par tous les moyens. Je

1. Des régiments de marche, formés de volontaires avaient été organisés dans les bataillons sédentaires de la Garde Nationale.

2. La nouvelle était vraie. Denys suivit jusqu'au bout la fortune de
Bourbaki.

3. Camille est la fille aînée d'Augustin Benoist d'Azy, restée chez son
grand-père Daru. La marquise de Pérignon est la sœur de Mme Augustin
Benoist d'Azy.

ne comprends pas que Fourichon ou Didion ne nous envoie pas *un seul mot* de Tours. Là est aussi Ratel que j'avais chargé de recevoir les lettres pour Denys, puis Libon administrateur des Postes, auquel j'ai écrit. Rien ! Rien ! Sauf ce supplice, nous allons bien : nous menons une vie active et ferme. Paris tiendra encore longtemps et la nouvelle de la bataille d'Orléans a relevé les cœurs abattus par Metz. René y était-il (1). et l'Evêque ? et tant d'amis que nous ne voyons plus qu'en Dieu.

Nous désirons vivement une Assemblée dans l'intérêt de l'ordre et de l'unité de la nation. J'espère que vous y travaillez.

Demain, ou après-demain, nous attendrons des événements. Courage sur notre croix. Comme nous vous aimons tous !

Les lettres que nous possédons deviennent rares. Tous les ballons n'arrivaient pas. Arrivés ils manquaient de moyens pour faire parvenir les lettres.

Denys les recevait surtout très mal. De Vienne, il avait été appelé à Tours par l'Amiral Fourichon, puis il avait suivi Bourbaki, d'abord à Lille, puis dans l'Est. A la fin de la guerre, quand il s'évada de Besançon, pour passer par la Suisse et rejoindre l'armée qu'il croyait toujours combattante, il fut fait prisonnier et perdit tous ses papiers.

De cette fin d'année on ne retrouve qu'une lettre.

Au Comte Benoist d'Azy

23 décembre 1870.

Quelle consolation, si ce mot pouvait vous arriver dans la semaine de Noël pour vous prouver que nous sommes unis en Dieu, dans la sommission et l'espérance. Pas un mot de vous, pas un seul, depuis le début du siège ne nous est parvenu, et votre nom n'est pas même prononcé dans les deux télégrammes de Fourichon (le dernier de Bordeaux, le 14), qui disent que Denys est bien. Ce cher enfant est-il venu à Nevers avec son Général? Et où est René? Mais où êtes vous tous? Il semble que nous soyons aveugles, sourds, ne voyant plus les visages, n'entendant plus les voix que nous aimons. Et notre pays ! Ah ! quelle épreuve !

Ici, nous tenons ferme. Paris est admirable. Les fous sont

---

1. René de Saint-Maur fit la campagne de l'Est, comme capitaine aux mobiles de la Nièvre.

réduits au silence ; chacun fait son devoir, et si nous avions des vivres pour six semaines, ce que nous ignorons, nous serions sûrs de la revanche.

Ce peu que nous savons de vos efforts de la province, nous remplit de reconnaissance et d'espoir. La France tombée bien bas, se relève et se redresse. Ayons courage !

Nous étions Henry et moi, avant-hier, au Bourget et à Drancy avec les ambulances, derrière notre artillerie qui est excellente. Trochu a failli être tué. Il a bon espoir. On compte beaucoup sur Chanzy, Faidherbe et Bourbaki.

Si vous pouvez, achetez des vivres à Marseille, et faites des provisions pour la famille, car 1871 sera bien rude à passer. Plantez des légumes autant que du blé, s'il est possible. Dix, vingt lieux autour de Paris sont dévastées et vous n'avez pas idée de la banlieue. Je ne sais rien de Corbeil, et de la Roche, rien de l'évêque d'Orléans, dont je suis bien inquiet.

Adieu, mon père chéri, embrassez pour nous, mère, frères, sœurs, enfants. Ne vous tourmentez pas de nous. Nous souffrons, mais nous faisons notre devoir. Bénissez-nous pour Noël et le 1er janvier.

P.-S. — Tous nos domestiques vont très bien. Dites-le à leurs familles. La maison n'est pas abîmée malgré les logements. Nous y veillons et la mairie est de ma main.

Augustin est officier de la légion d'honneur, je le répète si vous ne le savez pas. Il va à merveille et se conduit de même. Sa femme approche du terme très vaillamment ; pas de craintes. Priez pour elle, dans un mois, et tous les jours.

Ernestine, Claire, Marguerite, Paul, Charles, Edouard, René, Denyse, où êtes-vous ? Que Dieu vous garde (1). Ayez soin de mon pauvre Denys !

Ecrivez à Carron (Piré, Ille-et-Vilaine) que son cousin le colonel des mobiles d'Ille-et-Vilaine a été préservé par miracle ; neuf officiers blessés près de lui.

Il ne reste de lui en cette cruelle fin d'année que ses discours, ses articles, les paroles de vaillance et de confiance qu'il répand chaque jour autour de lui pour soutenir les courages. Ce sera une des plus belles et vivantes parties de la publication de son œuvre dispersée qui se prépare pour l'avenir.

Qui pourra lire, sans avoir le cœur serré, son discours de Noël ?

1. A. C. interpelle par leurs prénoms tous les membres de la famille jeunes et vieux. Le colonel Carron dont il est ensuite question, commandait à Paris les Mobiles de l'Ille-et-Vilaine. Il fut ensuite membre de l'Assemblée nationale.

1871-1872

Encore deux lettres du Siège, — deux lettres de Jour de l'an. Ce jour a été plein de la pensée de l'absent. Au bas de la photographie d'un tableau de Protais, qui représente (assez heureusement) la silhouette d'un jeune officier, je lis ces mots : — *A mon fils Henry : — En souvenir de son frère, absent, à l'armée. — 1er janvier 1871.*

Voici les deux lettres.

A DENYS COCHIN

Paris, 1er Janvier 1871.

Mon cher enfant,

Mes bras se tendent vers toi, mon cœur te cherche, et ce jour est bien cruel sans toi. J'étouffe mes larmes, car nous devons être soumis et forts. Dieu le veut, et le pays en a besoin. Je veux croire fermement que tu es préservé et que ton courage ne faiblit pas.

Votre vie entière, tout l'avenir est changé par le cataclysme, auquel nous assistons. Il faut regarder en face ce chemin sanglant qui s'ouvre devant nos pas, et marcher. Si Dieu te garde, tu reviendras mûri de dix ans, glorieux et prêt au combat de la vie.

J'ai encore mon énergie, et nous travaillerons à relever notre fortune qui va être bien ébréchée, notre famille, mais avant tout notre pays, bien châtié, mais pas humilié grâce à la bonne conduite de tous.

Ici, après cent dix jours de siège, si les vivres ne nous manquent pas, nous tiendrons ferme et longtemps. Ne nous crois pas tout à fait à jeun. La duchesse de Galliera et M. de Saint-Aignan viennent ce soir partager notre filet de cheval avec les Augustin et les Broglie (1). Le pain est gris mais bon, et nous ne dînerions pas ainsi si nous n'étions d'abord sûrs que les pauvres gens ont de larges distributions et ne souffrent pas encore trop. Le bombardement est commencé sans trop d'alarmes. L'armée, la mobile, la garde nationale bien éprouvées par le feu et le froid, ne demandent qu'à lutter de nouveau. Nous avons vu Henry et moi, au service des ambulances, l'affaire du Bourget, et nous avons ramené de nombreux blessés. Ta mère en soigne trente, nuit et jour. Pierre va au collège, François à l'École polytechnique. Notre maison réunit le soir quelques amis. J'écris, je parle, j'agis tant que je puis, pour soutenir dans mon petit cercle le courage et l'espoir. Si nous t'avions là, si nous savions où tu es, ah ! nous ne nous plaindrions pas. Foulons aux pieds cette horrible année 1870 et prions Dieu qu'il nous réunisse enfin bientôt. Cher, cher enfant bien aimé, soigne ta santé, montre et maintiens ta belle âme ; ne te laisse pas abattre et pense à nous qui t'aimons tant.

Au Comte et à la Comtesse Benoist d'Azy

Paris, 1er janvier 1871.

Cher bon père et ma bonne mère,

Je confie ce mot à Dieu, car je ne sais où il vous trouvera. Si les Prussiens sont à Chagny et à Vierzon, comme on l'as-

1. « Les Broglie ». Il ne peut s'agir que de l'abbé de Broglie, qui, de Charonne où l'attachaient ses œuvres de charité, venait parfois se reposer chez nous, — et de son neveu François. — La duchesse de Galliera, grande

sure, les Français sont-ils à Nevers? Est-ce Bourbaki? Denys est-il avec lui? et René? Nous ignorons tout, nous n'avons pas un mot de vous, ni sur vous. Etes-vous à Azy? Cette angoisse fait tomber bien des fois nos larmes, mais ne nous croyez pas à bout d'énergie.

Paris est toujours étonnant de calme intérieur malgré les excitations, et de bonne tenue, malgré les échecs et les bombes. Si nous avons des vivres nous tiendrons longtemps. Sauf la viande, il y en a encore beaucoup. Cependant nous nous préparons a une prompte action décisive, et avec espoir, surtout si nous sommes aidés du dehors. Augustin vient dîner avec nous ce soir, pour le 1er janvier, si triste sans vous, sans notre enfant. Adeline et Berthe vont bien, se soutenant l'une l'autre. Je travaille ferme, sans trop souffrir, même des nuits passées aux remparts. Commendeur sort d'ici, et M. Paravey (1), assistait mardi soir, à une conférence que j'ai faite dans la salle du Conservatoire, pour les victimes de la guerre, blessés, indigents orphelins, foule lamentable et croissante. Ne craignez rien pour nous. Si nous ne souffrions de manque de nouvelles et des maux du pays, nous ne nous plaindrions pas, car nous sommes au devoir du matin au soir. Les efforts de la France, nous remplissent aussi de reconnaissance et de fierté. Notre nation n'est pas morte.

Bénissez-nous pour cette nouvelle année, nous penserons bien au 3 janvier.

Comme nous vous aimons !

J'écris par les Fourichon.

Des provisions, du blé, du bois, du charbon, cela va être sans prix dès le lendemain du siège. Réunissez tout ce que vous pourrez.

Des dernières semaines du siège, il ne reste plus de lettres, seulement des articles du *Français*, dont un est un récit du dernier combat, la bataille de Buzenval (2). Après les froids cruels de Noël et du nouvel an, janvier avait une sorte de petit printemps. C'est par un beau jour clair que nous avions suivi les ambulances jusqu'auprès de la ferme de la Fouilleuse. Le lendemain, parais-

dame italienne dont le nom est resté attaché à d'inépuisables générosités avait voulu, par amour pour la France, passer le temps du siège à Paris.— Le comte de Saint-Aignan était un grand ami, un homme à l'esprit charmant.

1. Amis personnels du comte Benoist d'Azy.
2. *Français* du 21 janvier.

sait ce récit : « Un petit coin du champ de bataille. » Ce récit finit
par ces mots :

« Pas un murmure, pas une plainte. Ils tombent, fiers,
pleins de foi la plus énergique dans le salut de la patrie
acheté par leur sang. Ils savent que Paris a déjà vengé la
France humiliée ; ils croient que si Paris succombe, la France
vengera Paris. »

Nous passons brusquement aux temps qui suivent la fin du
Siège, — à la seconde semaine de février.

Dans ce court délai, quel changement brusque et profond !
En janvier, dans cette ville mourante de faim et d'épuisement,
c'était pour toutes les âmes, même les plus sages, une exaltation
rayonnante, une foi sans limite. Vers le 20 janvier, un homme
n'aurait pas dit tout haut dans la rue qu'il faudrait un jour capituler : on l'aurait jeté à la Seine !

Puis ce fut une transformation. La bouffée qui venait du dehors
apportait une autre atmosphère. Mais la violence fermentait à
Paris, mélange de la noble ivresse du siège, et de l'abominable
empoisonnement révolutionnaire qui s'y était développé dans
les faubourgs.

C'est ce qu'Augustin Cochin sentit plus qu'une autre. Mais son
cœur avait d'autres soucis. La douleur de la capitulation devait
avoir au moins cette compensation : des nouvelles. Tout le monde
en avait, et lui n'en avait pas, du moins de précises. Il suivait son
fils à la piste à travers tous les mois de la Guerre, et bien des personnes l'avaient vu, même encore récemment. Mais depuis un
mois les nouvelles se contredisaient. Après diverses aventures, au
sortir de Besançon il avait été arrêté par la gendarmerie suisse
dans la gare de Genève. De là les raisons de son long silence.

Au Comte Benoist d'Azy

vendredi 10 février 1871.

J'ai votre lettre du 9, et je me hâte d'y répondre par le
chemin de Lyon. Je suis mortellement inquiet de Denys.
Pendant que Henry de Montemart me télégraphie qu'il est
à Posen, une lettre de Villeneuve Bargemont le 3, assure
qu'il est à Pontarlier. Le fils de d'Eichtal, qui était avec lui,
est à Genève. D'autres personnes m'assurent que le corps
de Bourbaki a horriblement souffert. Je ne sais que penser
et si je n'ai pas de nouvelles, je me mettrai en route pour
aller à la recherche de mon cher enfant. Je suis surpris que

René (1) ne sache rien de son sort, s'il était du même corps d'armée.

Après cette préoccupation dominante, passent les élections. C'est une grande joie patriotique et de famille de vous savoir nommé, et nommé deux fois, je l'espère (2). A Paris aussi, vos amis ne vous ont pas laissé oublier et vous aurez beaucoup de voix. J'aurai moi-même une des plus belles minorités, mais, hélas ! nous serons deshonorés par le triomphe d'une liste honteuse, panachée de quelques amiraux, du moins c'est ce qu'on suppose ! Le dépouillement n'est pas fini après deux jours et deux nuits de pointage et de tripotage plus ou moins frauduleux. Si ce triomphe est consommé, c'est pour demain, un péril et une honte.

Nous avons le plus ardent désir d'aller vous voir à Azy. Adeline en a aussi soif que moi. Je n'ai pu quitter, à cause des élections, et aussi parce que je fais le service d'Orléans, et de Saint-Gobain à peu près seul. Mais encore quelques jours et nous réaliserons ce cher projet. Que de choses à nous dire ! quelle consolation de nous retrouver après ce déluge épouvantable !

Vos provisions nous ont appris qu'il y avait encore des pommes de terres et du bœuf sur cette planète. Il y avait quatre mois que nous ne mangions plus que du cheval. Du charbon et du bois nous seraient bien utiles. Mais peu à peu Paris se ravitaille, et nous aussi, bien que fort à court d'argent. J'ai touché vos jetons d'Orléans, payé vos impôts, le concierge, quelques charges, et je vous porterai ce compte avec tout ce que vous me diriez de toucher encore ici. Nous viendrons bientôt mêler nos douleurs et nos efforts près de notre bonne mère. Dans peu de jours, je lui écrirai nos mouvements. Si vous avez la trace de Denys prévenez-nous sans retard. Où est-il ?

A LA COMTESSE BENOIST D'AZY

Lundi, 13 février 1870.

Le flot de la démagogie violente et bête l'emporte à Paris, et je serai battu avec les honnêtes gens. Il m'est un peu amer

---

1. Du Pré de Saint-Maur, capitaine aux mobiles de la Nièvre.
2. Le comte Benoist d'Azy avait été élu dans la Nièvre et dans le Gard. On l'avait inscrit sur une liste légitimiste à Paris.

de n'être pas avec mon père, du nombre des sauveteurs de notre pauvre patrie ravagée. Mais je la servirai autrement, s'il plaît à Dieu dont je dois adorer la volonté. Libre ainsi, je ne songe avec Adeline, qu'à aller vous voir à Azy, et si nous suivons notre projet, nous partirions jeudi *avec toute notre bande*, par le premier train dont je ne sais pas exactement l'heure. Envoyez, si cela ne vous gêne pas, une voiture chez Paingris (1).

Je vous quitterai seul, pour courir après mon Denys ; nous n'avons plus sa trace, depuis près d'un mois, et c'est une mortelle inquiétude. Mais Adeline, qui est bien fatiguée, se reposerait dans vos bras avec Pierre et Henry, au moins quelques semaines. Nous sortons moulus et ruinés de ce long siège. Jules (2) a la petite vérole, nous le laisserions ici, en bonnes mains. Jean et sa femme ont la fièvre, mais peuvent voyager. Nous serions donc quatre maîtres et deux domestiques. Hier, nous sommes allés à la Roche, et j'ai trouvé trois Prussiens buvant dans la chambre d'Adeline, trente couchés dans mon salon et la salle à manger, des milliers dans toute la contrée. C'est à pleurer et à mourir d'humiliation (3) !

Mais il faut se raidir avec énergie, travailler, se relever, refaire ses affaires et accomplir ses devoirs. Si j'étais rasuré sur le sort de mon fils, je ne me plaindrais de rien.

A Bordeaux, son beau-père avait présidé comme doyen d'âge (né en 1796), les premières séances de l'Assemblée nationale.

Au Comte Benoist d'Azy

Lundi 13 février 1871.

M. l'Abbé Gardey (4) part demain matin, et je n'ai que le temps de lui remettre ce mot de tendresse pour vous.

Votre rôle va être grand, dans une assemblée où vous n'avez plus Berryer, et où votre patriotisme désintéressé va dominer bien des petites menées, de si haut. Comme je voudrais

1. Nom du patron de l'*Hôtel de la Nièvre*, dans le faubourg de Nevers bien connu alors de tous les châtelains nivernais.
2. Un jeune domestique, neveu de Jean Picard.
3. La maison avait servi d'ambulance pendant la guerre, sous la direction d'un certain médecin-major Loffler. La saleté était épouvantable. Les litières de paille sur lesquelles gisaient les malades, n'avaient pas dû être changées depuis des mois. Je note à titre de curiosité que La Roche avait subi le genre de déprédation spéciale, dont le souvenir s'est bien conservé : l'enlèvement des mouvements de pendules.
4. Alors vicaire et depuis curé de Sainte-Clotilde à Paris.

être près de vous, et vous aider à sauver notre pauvre pays !

Les élections de Paris sont grossières et ridicules, mais elles se noieront dans le mouvement de la Province, revenue en 1849, moins le danger de Bonaparte ! Espérons, et agissez !

Je vous demande bien instamment de ne pas me laisser perdre dans les groupes politiques, si je puis servir le pays, soit que les réélections m'offrent une chance, soit que l'administration centrale de Paris me requière. Vous veillerez, j'en suis sûr d'avance, sur ces possibilités. Je vais mener Adeline et mes enfants à Azy, car ils en ont bien envie, et puis courir après mon pauvre Denys, car je suis tourmenté de ne pas savoir exactement où il est. Mme Fourichon m'a écrit qu'il était question de lui pour la Croix. Je vous prie d'en parler au général Le Flo (1).

Il eut quelque mélancolie à voir passer à Paris des amis, qui s'en allaient à Bordeaux prendre leur siège de député.

A Monsieur de Corcelle

Février 1871.

Je ne serai pas à Paris demain et je ne sais si je pourrai vous voir avant votre départ. Je tiens à vous dire quelle joie patriotique me fait éprouver votre succès. Il m'est dur d'être rejeté par le flot de la mer rouge parisienne et de ne pouvoir servir mon pays dans sa détresse. Pensez à moi là-bas, si je puis être bon à quelque chose ; mais je me sens bien consolé par la pensée que tant d'hommes de talent et d'honneur vont mettre la main au rude sauvetage de la patrie naufragée et nul ne m'inspire plus de confiance que vous.

Qu'allait-il faire, et comment servir sa patrie? Son nom mis sur les murs à Paris avait échoué, comme tous les noms modérés contre la poussée révolutionnaire. Il songeait à occuper pour le bien public ses forces, à mesure que d'autre part, ses inquiétudes diminuaient sur le sort de son fils.

1. Le général Bourbaki avait déjà proposé Denys Cochin pour la médaille militaire, qui lui fut donnée. C'est la seule décoration qu'il ait jamais portée.

Au Comte Benoist d'Azy

Paris, 17 février 1871.

Votre double élection, votre présidence énergique, qui semble continuer à vingt ans de distance, la séance du 2 décembre 1851 (1), mêlent pour nous, un peu d'orgueil à toutes les tristesses du moment. Que Dieu vous garde, dans ces nouveaux combats, pour lesquels, il a si visiblement ménagé vos forces toujours jeunes.

Un mot de ma mère nous affirme que Denys allait bien le 8 février, mais elle nous dit qu'elle nous envoie sa lettre sans nous l'envoyer, sans nous dire où il est. J'ai toujours l'idée fixe d'aller auprès de ce brave enfant, et aussi de voir ma mère à Azy, et de mettre en commun tous nos souvenirs des tristes jours de la séparation. Nous sommes allés hier, à Versailles, demander au prince Radzivill (2) les moyens de sortir et de voyager avec sécurité, et j'espère être à Azy demain soir, et y trouver des nouvelles. De là j'irais à Genève ou à Besançon. Ensuite je reviendrai ici, où mille soins me tiennent, à moins que vous n'ayez à m'appeler à Bordeaux. Je vous signale quelques faits qui pourraient me faire rentrer dans la vie politique, d'où il m'est dur d'être exclu, au moment des grandes infortunes de notre pays. Le général Trochu me presse de me présenter à Rennes à sa place. Mais combattre seul n'est plus combattre avec une liste ; c'est beaucoup plus difficile. J'ai besoin de savoir ce qu'en pensent les députés bretons, Kerdrel refuse, dit-on : voulez-vous en parler à Fresneau, ou à quelque autre.

2° On me parle ici, d'être chargé de réorganiser la municipalité de Paris. Qui est ministre de l'Intérieur ? Si c'est M. Dufaure, ce serait à lui qu'il en faudrait parler de préférence, ou à Picard. Mais cela vaudrait la peine de venir à Bordeaux pour savoir les conditions, et faire les siennes.

3° Va-t-on pour les réélections par suite d'option, appliquer l'article 92 de la loi de 1849 qui oblige à des réélections dans quarante jours ? ou bien fera-t-on un décret pour décider que les candidats, qui, après les élus ont eu le plus de voix arriveront, sans déranger de nouveau les électeurs, surtout à Paris ? cela me ferait tout de suite arriver dans l'Aisne,

1. Voir t. I, p. 90.
2. Gendre de Mᵐᵉ de Castellane, attaché à l'Etat-Major de l'armée allemande.

où ma candidature posée à Saint-Gobain à mon insu, m'a valu 25.000 voix.

Vous saurez veiller sur ces chances, cher Père, si vous jugez qu'elles soient sérieuses. Vous en causerez avec mes amis. Mais vous comprendrez aussi que je n'aille pas à Bordeaux, au milieu des malheurs publics, occuper de moi personne, et que j'accepte d'avance ce que Dieu voudra, qu'il me trouve bon ou non, à l'œuvre de salut à laquelle vous consacrez de nouveau vos forces. Dites à M. Jaubert combien son chagrin nous a émus, depuis que nous en connaissons les détails affreux (1).

Pour quel département optez-vous? Donnez-moi quelques détails sur ce qui se prépare à Bordeaux. Que Versailles est triste à voir ! Mais tenez pour certain que nos ennemis désirent la paix autant que nous, et n'ont plus ni argent ni ardeur.

Ma mère ne nous dit pas si vous avez un de vos fils avec vous. Si oui, embrassez-le pour nous et qu'il vous le rende.

Tandis qu'Augustin Cochin est à Azy, son beau-père revient à Paris, comme membre de la commission qui doit négocier les conditions de la paix.

Au Comte Benoist d'Azy

Azy, 20 février 1871.

Je suis bien tenté d'aller vous voir à Paris ; j'aurais été si heureux de vous aider un peu dans vos grands travaux. Je partirai demain très probablement, à moins de lettre de Denys m'appelant à Besançon, ou d'autres que j'attends ici.

J'ajoute, à tout événement, à la lettre de ma mère, un mot pour vous dire que le marin Coste vous conduira (2), et que ma cuisinière vous nourrira. Servez-vous des deux. Vous trouverez la maison encore pleine de mobiles, envoyés par billet de logement.

... Les affaires publiques vont vous absorber. Vous verrez le Versailles de Louis XIV et la statue de Condé au milieu des canons prussiens. Vous débattrez les lambeaux de la Patrie. Que d'émotions et quelle grande tâche ! La mémoire

1. M. Hippolyte Jaubert, fils du comte Jaubert et frère de la vicomtesse Paul Benoist d'Azy, mourut à la suite des brutalités que les Allemands lui firent souffrir comme maire de son village.
2. L'ordonnance d'Augustin Benoist d'Azy.

du duc de Richelieu vous soutiendra. Je crains que la vie de l'Assemblée ne soit pas longue, en y voyant des violences au début. Et pourtant on n'en trouvera pas une meilleure !

Peut-être à demain. Je ne puis me rassasier non plus qu'Adeline de respirer l'air, d'entendre ma mère, de revoir le *home* d'Azy.

Denys avait trouvé par bonheur à Genève la bienfaisante hospitalité de M. et Mme Naville.

A M. Ernest Naville

Azy, 21 février 1871.

Un mot de Mme Bartholony reçu ce matin nous apprend que mon fils est chez vous. Soyez béni ! Je ne pouvais lui souhaiter une plus hospitalière prison, et nous vous remercions sa mère et moi du fond du cœur. Nous venons de passer par une mortelle inquiétude, ayant perdu la trace de ce cher enfant depuis le commencement de janvier et c'est seulement en arrivant ici samedi, que nous avons su qu'il était certainement à Besançon. Je lui ai écrit là, trois lettres par le directeur de la poste des Brenets. Dans l'une était un mot pour Mme Bourbaki de son beau-frère (1). Il ferait bien de les réclamer. J'avais pris un sauf-conduit prussien et j'allais partir pour Genève, Neufchâtel et Besançon ; quand nous avons enfin eu l'assurance que Denys était votre hôte ; et au même moment, je suis rappelé à Paris pour de nouvelles chances d'élections ou de fonctions politiques (sur lesquelles je ne compte guère, ayant été battu dans Paris par le parti le plus ignoble, avec cinquante mille voix et n'ayant que peu de racines en province). Dites à mon fils que je retourne à Paris laissant sa mère et ses frères ici. Est-il absolument interné et retenu par la consigne ? Qu'il reste à Genève, et si cela dure au delà de la fin du mois, nous irons certainement l'y voir. S'il peut, au contraire, sans manquer à aucun devoir ou courir un risque, venir à Lyon et de là à Nevers qu'il nous télégraphie et nous écrive ; nous serons si contents de le voir... Dites-lui aussi d'aller voir Mme de Blacas et Mme de Staël, les Bartholony, Dufresne, Mgr Mermillod, et Mme Favre

---

1. Après la tentative de suicide du général Bourbaki, Mme Bourbaki avait pu pénétrer dans Besançon pour lui donner ses soins.

dont j'ai vu le mari à Paris vendredi très bien portant (1).
Que la Providence est bonne de m'avoir conservé mon enfant
et de l'avoir mené sous votre toit !

La paix ne paraît pas douteuse, on la désire des deux côtés.
Mais notre pays, si malheureux déjà, est exposé à une cala-
mité de plus ; la majorité, un peu vieille, mais très honnête
de l'assemblée, va porter le stigmate d'une paix inévitable,
et la Montagne va prendre le ton et la pose de l'honneur
inflexible. Puis, les divisions sont bien vives, et seront funestes. Pour moi, je souhaite le maintien d'une République
libérale et je crois que c'est le vœu de M. Thiers, bien vieux
Washington pour une telle fondation. Nous ne sommes pas
au bout de nos maux.

Veuillez offrir à Mme Naville l'expression de notre profonde reconnaissance ; une mère comprend ce que sent le
cœur d'une mère ; et recevez, cher et secourable ami, l'assurance de mes très dévoués sentiments...

Le colonel Leperche écrit ici à Denys, que le blessé va
de mieux en mieux. Les bagages du colonel sont chez moi
à Paris (2).

D'Azy, il va passer quelques jours à Paris, pour tirer au clair
quelques projets, d'ailleurs vagues, dont divers amis l'entrete-
naient.

A MADAME AUGUSTIN COCHIN

Nevers, 23 février 1871.

... Le train est en retard, et je tue l'ennui en vous écrivant.
Où vais-je? Moitié en France, moitié en Prusse. Que serais-je?
député, maire central, ambassadeur ou rien du tout. Je suis
né, moitié actif, moitié rêveur. Le rêveur a bien de la peine
à tuer l'actif qui voudrait agir, agir enfin ! Et pourtant, le
plus probable est que je reviendrai à mon livre, mon intérieur, ma liberté, trop fier pour insister si on me rebute, et
soumis à Dieu ; apaisé, s'il me refuse, je vous le promets bien!
Nous irons voir Denys, et respirer.

1. Mme de Blacas était à Lausanne avec ses enfants. Mme de Staël,
nièce de la célèbre femme de lettres et tante des Broglie était à Coppet.
On a déjà rencontré le nom de la famille Bartholony, anciens amis des
Benoist d'Azy. Le Dr Dufresne était le gendre de Foisset. Mgr Mermillod
était alors évêque de Genève.
2. Le colonel Leperche, chef d'Etat-Major de Bourbaki, type accompli
du dévouement, de la bonté et du courage, donnait des nouvelles de Besançon où il était resté près de son malheureux chef.

Au Comte Benoist d'Azy

Azy, 2 mars 1871.

Sans nouvelles de Paris et de Bordeaux, nous sommes bien inquiets des scènes sanglantes et bruyantes que les journées d'hier ou d'avant-hier auront, peut-être, ajouté à nos malheurs (1) ; un grand poids nous sera enlevé, quand nous saurons que la paix a été votée à Bordeaux, et le passage des Prussiens supporté à Paris. Je suppose que vous aurez eu à entendre une protestation touchante des provinces perdues, et une déclamation coupable du parti qui exploite nos infortunes, mais qu'une immense majorité, après avoir reconnu publiquement vos efforts, en aura consacré le douloureux résultat. Ecrivez-nous des détails. Ici, nous en voulons presque à la nature de couvrir de ses splendeurs, les triomphes du vainqueur et les jours sombres de notre histoire. Le temps est magnifique...

La paix est accueillie partout comme une délivrance. Mais on ne la porte pas encore sous forme d'impôt...

Je suis sûr que vous aurez parlé à M. de Kerdrel, dont je m'étonne de n'avoir pas de réponse. Je ne sais rien de Rennes directement, et, il serait pourtant urgent d'être fixé, car je suppose que la date des réélections sera prochaine. Est-elle déjà choisie?

Savez-vous que M. de Surville et Charles ont pensé à moi, et se remuent très activement à Marseille, où il y aura sept réélections. Je ne les arrête pas, tout en les prévenant de ce qui est possible à Rennes. Vous pourriez en prévenir M. Casimir Périer un des élus, ou le général Trochu. Mais ce n'est encore qu'à l'état de bonne volonté amicale. Vous saurez faire sortir de ces germes mon arbre électoral, qui a tant de peine à lever.

Mme Benoist qui va à merveille, désire savoir bientôt, si vous supposez que la session sera longue, car elle serait bien tentée en ce cas d'aller vous rejoindre. Vous aurez sans doute une interruption pour Pâques, et c'est bientôt. J'ai dit à notre bonne mère toute ma joie d'avoir vu de près, vos forces, votre courage, l'estime qui vous entoure, la main de Dieu qui vous protège et vous rajeunit, pour l'honneur de notre famille et le salut du pays. J'espère que le voyage et les émo-

1. Le jour où l'armée prussienne défila dans Paris.

tions ne vous auront pas fatigué, et que vous êtes en pleine
vigueur physique ; je réponds de la santé morale.

Si Augustin est avec vous, dites-lui mes tendresses frater-
nelles, et qu'il vous supplée en m'écrivant à Paris, où je
retourne dimanche.

Ernestine et son mari vont bien, et nous sommes bien heureux de nous revoir. Nous attendons Denys.

Tout son cœur est à Genève, et il aime à écrire à son vieil ami
Naville, profitant de la circonstance pour le questionner sur les
méthodes électorales.

A M. Ernest Naville

Azy, 3 mars 1871.

Je suis revenu à Paris pendant les négociations que j'ai
suivies de près, voyant tous les jours mon beau-père, ses collègues et aussi M. Thiers, et incapable de voir les Prussiens
dans cette ville dont je suis comme une pierre sensible ; je
suis retourné à Azy où j'ai trouvé vos aimables lettres. Je
ne vous remercie plus, mais je remercie Dieu qui a placé mon
brave enfant sous votre toit et sous votre regard. Ce sera
un grand souvenir dans son cœur et dans le mien. Je vais
retourner dimanche à Paris, parce que mes amis me poussent
à une candidature en province ou à une part dans la réorganisation de Paris. Je me laisse faire, ne voulant pas me refuser
à ces nouvelles possibilités, mais y comptant peu. Je me dis
d'ailleurs que la Providence me destine soit au repos, soit
bien plutôt à la servir autrement que dans la vie politique,
et je me souviens que vous m'y avez encouragé. La grande
question dont vous me parlez est une de celles qui me préoc-
cupent le plus ; et je ne demande pas mieux que d'y contri-
buer énergiquement. Mais, je voudrais mieux comprendre,
avoir vu, en pratique, le système que vous préférez. J'ai lu
et relu le mémoire que vous m'avez envoyé l'an dernier. Le
système du quotient électoral avec désignation des voix
reportées me paraît toujours extrêmement compliqué. Le vote
à la commune pour un seul candidat, dans une circonscription peu étendue, par des électeurs de trente ans, ne vous
paraît-il pas le premier progrès à opérer dans notre suffrage
universel illimité ? Il faut voir ce qui s'est passé à Paris pour
comprendre l'absurdité d'un scrutin de liste de quarante-trois
noms dans un collège unique de cent cinquante-cinq mille élec-

teurs ! Le minimum du huitième des voix a poussé à la multiplicité des candidatures ; pendant que l'impossibilité de se concerter, décidait des électeurs nombreux à l'abstention ; l'essai de transactions causait scandale par le rapprochement de noms qui hurlaient. Pas de transactions conduisait à s'éparpiller en petits paquets. La liste rouge a passé comme un cortège de masques, au milieu d'une foule dix fois plus nombreuse ; nos élus ne représentent ni le talent, ni le travail, ni le commerce, ni la fortune, ni les services, ni les arts. pas même le nombre. Le dépouillement a été une opération suspecte de quatre jours et quatre nuits.

En Province, chaque liste a exclu d'immenses minorités ; Faite en comité, la liste a été bonne quand le comité était bon, horrible quand le comité était un bandit, toujours illusoire et sans aucun rapport exact avec les intentions des électeurs ; et c'est ainsi que les électeurs de l'Empire, en proie aux mêmes craintes qui ont produit l'Empire, vont sans s'en douter, enfanter son contraire, qu'ils combattront dès qu'il sera né. L'expérience française, si elle était appliquée à d'autres nations, produirait les mêmes résultats. Le marais de Londres enferme autant de crocodiles que le marais de Paris. Nous paraissons plus malades que les autres parce que nous portons toutes nos maladies à la peau, grâce à la fièvre éruptive électorale.

Allons, mettez-vous à traiter de nouveau toutes ces questions de main de maîtres. Un étranger seul, nous dira la vérité, osera tout dire et ne sera pas suspect. Si vous voulez accès dans la *Revue des deux Mondes*, je suis bien avec Buloz pour le moment, et je vous propose d'aller le trouver en rentrant à Paris. Un mémoire à l'Institut serait aussi très bien reçu et plus scientifique. J'y serai lundi matin ; dites-le à Denys, pour qu'il m'y avertisse de ses mouvements. Mais je laisse à Azy sa mère et ses frères. Comme nous avons soif de le revoir ! Si je me laisse aller à tenter une nouvelle campagne électorale, je l'emmènerai comme mon *Porte-fanion !* Je viens d'écrire à son général, dont M. Thiers m'a beaucoup parlé.

Pauvre pays de France, amputé, humilié ! Aimez-le encore et comptez-y sur un ami (entre mille) bien profondément dévoué.

Il reprend sa correspondance interrompue avec son vieil ami d'Angleterre, qui est alors ministre dans le Cabinet Gladstone.

A Sir William Monsell

Azy, 4 mars 1871.

Je suis vraiment honteux de n'avoir pas encore répondu à votre dernière lettre, de ne vous avoir pas assez remercié de votre sympathie pendant nos affreux malheurs. J'ai beaucoup couru depuis deux semaines, soit pour venir revoir ma famille et avoir des nouvelles de mon fils, dont j'étais bien inquiet, soit pour retourner à Paris où mon beau-père avait besoin de moi pendant la négociation, et où le Gouvernement nouveau m'offrait des fonctions auxquelles je préférerais de beaucoup une élection. Il est probable que je vais risquer encore une, ou même deux candidatures, en province; car Paris est impitoyable pour un catholique. Je ne compte guère sur le succès, n'étant pas établi en province. Si je ne croyais pas en Dieu, je me sentirais un peu découragé par l'immensité des maux de mon pays et par l'inutilité de mes efforts personnels. Mais il faut toujours agir, dans l'ombre ou dans la lumière, et je continuerai à travailler toujours, vous n'en doutez pas, aux causes désintéressées qui seules valent la peine de vivre. Hélas ! elles sont bien bas maintenant en Europe, et si notre pays a été l'auteur de bien des décadences, le vôtre, cher ami, en a été le complice et en sera peut-être après nous la victime. Nous avons à nous juger ensemble : Angleterre et France.

Je suis sûr que vous voyez sans cesse le Duc de Broglie, nommé si à propos à Londres, déjà si grandement utile et élevé enfin au rang que son mérite, autant que sa naissance aurait dû lui assurer depuis longtemps. Vous l'aiderez beaucoup à servir notre pays, et j'espère que l'Angleterre nous enverra un peu d'argent à défaut d'un secours politique. Je ne suis pas à Bordeaux et je ne sais pas ce qui s'y prépare ; vous êtes tous les deux plus instruits que moi. Je retourne à Paris demain pour y suivre les candidatures qui me sont offertes et il est possible que je sois obligé d'aller en province les soutenir. Mais écrivez-moi à Paris.

Je ne puis assez vous dire notre joie de vous avoir vu élever à un ministère très important et j'espère que vous y demeurerez longtemps. Ne serez-vous pas libre de venir à Pâques visiter Drouilly (1)? Madame Monsell doit en être bien

1. Par Montoire (Loir-et-Cher), Aieux château de famille de Mme Monsell (née de Montigny).

inquiète ; et je ne sais pas, n'ayant pas encore revu mon ami Gérard, si la contrée a été très ravagée.....

— Grâce à Dieu, tous les Benoist d'Azy, Saint-Maur et les miens, non encore réunis, sont du moins épargnés ; mais ma maison de campagne a été très abîmée. Qu'est-ce que ces maux comparés à tant d'autres, et noyés dans l'Océan des calamités versées sur l'Europe par un decret de la divine rigueur ?

Au Comte Benoist d'Azy

Paris, 9 mars 1871

Toutes vos excellentes lettres qui me sont renvoyées d'Azy font ma joie dans ma solitude et elles me montrent avec quelle persistance vous voulez bien penser à moi. Voilà en deux mots l'état des choses pour Rennes et Marseille (l'Aisne, il n'y faut pas penser cette fois).

J'ai une longue lettre de l'Archevêque, analogue à la vôtre, indiquant cependant encore beaucoup d'indécision. Il dit : A moins qu'on impose un candidat étranger, le pays préfère un *local*. J'ai écrit à Mgr. d'Orléans et aussi à Barthélémy Saint-Hilaire pour leur demander si un mot de M. Thiers, exprimant le désir qu'il vous a témoigné, pouvait être obtenu sans indication de collège ; cela me servirait à Rennes ou à Marseille, car c'est là aussi ce que demande Charles. Voyez si vous pouvez avoir ce talisman (1).

Le président du Comité libéral de Rennes, Bodin m'écrit qu'il me fera présenter certainement par son Comité, mais il demande : Que fait l'Archevêque ?...

Il me semble que, à force de vouloir être représenté par le vin du crû, on tombe dans la petite bière ! Mais il n'y a guère à lutter contre ce courant des provinces.

L'Assemblée revenant à Versailles, dès la semaine prochaine, à ce que m'a dit Picard, je suppose que nous nous reverrons bientôt, à temps pour agir encore, s'il y a lieu, et très heureux de vous voir établi, chez vous, et non dans ce lointain pays.

On a exagéré les craintes de troubles à Paris ; elles sont à peu près apaisées, et la garnison augmente ; le travail va reprendre un peu, dès que les Prussiens ne chicaneront pas

I. M. Thiers lui exprimait surtout ses vœux pour Marseille, mais A. C. ne tarda pas à y renoncer.

les transports des matières, chicanes dont vous ferez bien
de parler à Lambrecht, et la paix sociale se fera peu à peu,
malgré les abominables excitateurs.

Adeline est bien heureuse, à Azy, de se prolonger près de
sa mère, si bonne pour nous, et elles y attendent Denys.
Je leur demande cependant de revenir lundi, parce que je
suis bien seul et bien désireux de revoir mon brave enfant.....

Adieu, bien cher père. Je reçois des lettres de vous, d'octobre et de novembre, trace de votre âme sur un papier
transparent, et elles m'émeuvent profondément ! Mais sans
empêcher les lettres de mars.

AU PÈRE GRATRY

Paris, 11 mars 1871.

Comment ne vous ai-je pas encore écrit depuis que j'ai
reçu votre bon petit mot, message d'un cœur fidèle aux
assiégés? C'est que j'ai couru à la recherche de mon brave
enfant, perdu pour nous pendant vingt jours, puis retrouvé,
prisonnier en Suisse, et recueilli par Ernest Naville ; puis,
j'ai voulu revoir ma belle-mère, revenir ici, aider mon beau-
père pendant les travaux douloureux de la négociation de
paix, et le temps s'est passé en courses et affaires. N'allez-
vous pas revenir à Paris, bien que la santé et la paix n'y
soient pas plus sûres l'une que l'autre? Avez-vous pu traverser la région des larmes, et monter au sommet de l'inspi-
ration pour écrire et *prophétiser* comme disent les Épîtres,
pendant cette longue tourmente? Et votre corps, a-t-il
moins souffert que votre âme? Avec quelle impatience je
désire avoir réponses à toutes ces questions.

Vous avez su notre petite histoire, peines, rigueurs, sacri-
fices, échecs politiques ; mais Dieu soit loué ! nul de la famille
n'a manqué à l'appel après la guerre, pas plus qu'au devoir
pendant sa durée. Il ne faut donc pas se plaindre ; mais
comment se consoler de l'état du pays, de l'Église, de
l'Europe, du Monde !.....

P.-S. — Lundi 13, anniversaire de Montalembert.

Le retour de Denys tardait de jour en jour. On avait pensé le
revoir dès le lendemain des préliminaires de paix. On l'attendait
avec impatience.

A M. Ernest Naville.

Samedi, 11 mars 1871.

Votre lettre m'a bien désappointé, car j'espérais embrasser mon fils ce soir. Ma pauvre femme aura été plus contrariée encore ; après six mois, une semaine de plus d'attente et de désir exaspère, bien qu'elle ajoute aussi à notre reconnaissance envers Mme Naville et vous ; vous nous avez rendu un service qui vous donne le droit de nous demander, si nous en sommes capables, tous les services que vous voudrez.

Suivant les indications de votre lettre, je suis allé chez M. Kern d'abord. Il m'a reçu à merveille, mais il m'a dit n'être pour rien dans les arrangements pris entre le ministre de la Guerre français et M. Welti, qui n'aurait rien voulu refuser à *un homme aussi éminent que M. Naville* sans une règle absolue (1).

Je suis donc allé chez le général Suzanne, notre ministre de la Guerre, par intérim, que je connais, et il n'a pas voulu faire d'exception sans le ministre, qui est à Bordeaux, bien que mon fils ne soit plus militaire ; mais il m'a annoncé que le rapatriement annoncé pour le 8, commencerait le 13 lundi, et par Genève, au moins à ce qu'il croit.

De là, j'ai vu le Directeur de la Compagnie des chemins de fer, qui m'a confirmé cette date, et remis ce mot de recommandation, que je vous prie de remettre à Denys, s'il est encore près de vous, afin qu'il se débrouille, une fois en France, et arrive plus vite. Dites-lui de revenir à Paris directement. Sa mère et ses frères m'y rejoignent lundi soir.

Combien je regrette maintenant de n'avoir pas été tout de suite à Genève vous voir et voir mon brave enfant ; je croyais toujours qu'il allait revenir, et je ne comptais pas assez sur l'incurable lenteur des règlements militaires. Il ne m'a écrit depuis quelques jours, croyant aussi que la cage allait s'ouvrir. Cette cage, que vous êtes heureux de l'habiter ! Cette pauvre France est sous le pressoir et ses mauvais jours ne sont pas finis. Ce que l'on vous dit des désordres de Paris est exagéré ; cependant l'état intérieur de la ville est toujours grave et honteux ; et notre Assemblée, moisson d'honnêtes

1. Il s'agit du ministre de Suisse à Paris et du Président de la République helvétique.

gens levée sur notre sol, semble encore atteinte de je ne sais quel mal inconnu, qui la porte à s'agiter, à tourner sur elle-même sans avancer, sans s'orienter. Pendant ce temps, nous discutions ce matin à notre Académie sur la matière, la force et l'étendue, comme si la paix de l'esprit régnait sur nos climats !

A travers tous ces malheurs, les vieilles querelles et rancunes, ne s'étaient aucunement apaisées. C'est de quoi Augustin eut la preuve en ce point même que nous touchons de l'affreuse année, entre l'Armistice et la Commune, à l'heure où il attendait son fils, et cherchait quelque voie pour servir son pays. Il en eut une grande tristesse.

C'est la trop fameuse histoire de *l'inscription de La Roche-en-Brény*, — histoire étonnante quand on y pense, pittoresque d'ailleurs et bien descriptive de certains états d'âme de cette époque, — mais affligeante.

Qu'on se rappelle les circonstances. — On se souvient du goût qu'avait Montalembert pour les inscriptions commémoratives, et comme il en couvrait les murs de sa demeure (1). C'était certes son droit et ne regardait personne. Mais cela avait ses inconvénients : il pouvait y avoir des visiteurs indiscrets. C'est ce qui arriva. Or en 1862 (2), après la visite annuelle de ses amis, la messe de Mgr Dupanloup, et de pieuses paroles de l'Evêque à ses amis pour les encourager à servir l'Eglise et la liberté, — Montalembert avait voulu commémorer ce jour, cette messe, ce discours : de là l'inscription, — d'une latinité un peu faible — où paraissaient ces mots : *Ecclesia libera in liberâ patriâ*. On se souvient de l'importance qu'avait prise cette formule, devenue célèbre par la polémique soutenue entre Montalembert et Cavour.

Tout cela, après neuf ans, allait sortir de l'ombre, et voici comment.

M. Louis Veuillot, ayant quitté Paris après l'armistice, recevait l'hospitalité en Bourgogne, au château d'Epoisse, chez le marquis de Guitaut. De là, en promenade, son hôte l'avait mené visiter la Roche-en-Brény, vide depuis la récente mort de Montalembert. Dans la chapelle, l'inscription frappa les yeux du terrible pamphlétaire. Le lendemain, elle paraissait dans l'*Univers* avec un commentaire approprié.

Quelle arme opportune ! Dans la suite, il la reprit en main chaque fois que l'occasion se présenta de fustiger quelqu'un des amis dont il avait lu les noms dans la chapelle (3). Augustin Cochin

1. Voir t. I, p. 121.
2. Voir t. I, p. 298.
3. Elle servit notamment un peu plus tard contre le duc de Broglie.

reçut les premiers coups, au sujet du bruit qui avait couru de sa nomination comme ambassadeur au Vatican (1).

On peut lire l'article tout au long dans Falloux (2). Je cite quelques mots seulement.... « Il ne fera rien de brillant ! Les romains s'amuseront de son nom, qu'ils prononceront d'une façon plaisante, et de la manière dont il porte son chapeau... »

Le lecteur a-t-il compris ? — *Cochin*, en italien, se prononce : *coquin.*

Ce n'est pas très fort, mais cela peut faire rire. Il y a pire. Dans la récente élection parisienne, Cochin a laissé mettre son nom sur une de ces listes d'alliance que comporte le scrutin de liste :

« Un homme assez *entrant* pour recevoir le pain de vie dans la « chapelle de Montalembert, et rompre le pain politique avec « M. Quinet, doit finir par se placer quelque part. Le savon « libéral n'est pas le meilleur pour la grande lessive, mais il enlève « parfaitement la maculature catholique, en ce sens qu'il fait « glisser. Avec son aide on glisse sans difficulté d'un principe à un « poste, et il sert de robe blanche pour les habitués de l'église qui « veulent passer aux tavernes académiques et politiques. »

A distance on voit mal ce qui pouvait maintenir la persistance d'une pareille animosité. Mais voilà comme vont les choses ! En tous temps, les grands maîtres du journalisme mesurent mal la souffrance qu'ils causent. Ils ne se mettent pas à la place de celui qu'ils frappent, et sont tout au plaisir de claquer leur fouet. Et ils sont gâtés par le lecteur, qui n'aime rien tant que de voir frapper de bons coups.

Et voilà certes un admirable journaliste : en quelques mots et sans oublier un *iota*, il ramasse tout ce qui peut nuire à l'adversaire : car il faut l'assommer. Ce n'est plus l'homme de bien, de foi de charité (3). C'est un : *demi-sectaire* (!) — Puis il faut faire rire ; on a lu son nom en latin ; on l'appelle : « le superbicule *Augustinus*. »

Mais cela tombait vraiment sur une âme trop tendre !

Et ce qui reste singulier c'est qu'une pareille polémique ait pu naître à une pareille heure.

A MONSIEUR L'ABBÉ LAGRANGE

Paris, 16 mars 1871.

Je ne veux pas tarder à vous dire combien votre excellente lettre me touche et me réconforte. J'y reconnais votre cœur

---

1. Il n'en fut d'ailleurs jamais question et le bruit ne reposait sur rien. On avait en fait parlé de lui pour l'Ambassade à Bruxelles.

2. *Augustin Cochin.*

3. Même dans cet « éreintement », Veuillot marque comme un petit remords, un fugitif souvenir de la bienfaisance de sa victime. Il fait cette

tout entier, et la preuve d'une amitié à laquelle je corresponds de toute le mienne. Oui il est bien dur d'être ainsi traité et défiguré dans ses actes les plus intimes et les plus religieux ; mais combien je souffre surtout des obstacles qu'une telle polémique, devenue l'oracle du clergé français, accumule entre l'Évangile et les âmes ! C'est à pleurer : mais nous sommes au delà des larmes, comme dit Shakespeare. Il faut prendre Dieu pour appui, et agir, toujours et malgré tout.

Au Comte Benoist d'Azy

Samedi, 17 mars 1871.

Je suis désolé de vous savoir souffrant. Avant tout remettez-vous complètement, et ne venez que guéri. Je m'occupe de vous trouver un appartement à Versailles. J'en ai un en vue, et je saurai demain matin s'il est libre, pour aller le voir et le retenir conditionellement. La réunion aura lieu dans votre salon bien préparé (1).

Nous sommes en possession de notre cher Denys depuis hier soir ; mais je l'ai à peine vu, car le rappel a battu de bonne heure ce matin et nous sommes sous les armes. On a repris les canons de Belleville et occupé le quartier des Buttes-Chaumont, mais par malheur, une brigade envoyée à Charonne, où sont beaucoup d'émeutiers, a tourné la crosse en l'air ; on a arrêté un général, et on en est là.

Je viens du gouvernement où l'on cherche les moyens de réprimer cette émeute, qui attend, sans tirer, sans désarmer. Mais on n'est pas sûr des troupes, et la Garde Nationale ne comprend pas le danger, et elle ne vient pas.

Nous sommes 150 sur 1.200 de mon bataillon. Demain on comprendra, et on viendra peut-être. Mais que se passera-t-il cette nuit ?

Il faut que l'Assemblée sa hâte de reprendre ses séances à Versailles, et que des représentants viennent animer la Garde Nationale de Paris. Les bandits qui nous déshonorent tuent de leurs mains, l'Armée, la Capitale, la République, la France, et nous exposent aux Prussiens. L'argent ne

réserve : « Les œuvres privées mises à part. » — Après tout ils avaient eu, sur ce terrain, de bonnes relations. J'ai encore sous les yeux des lettres de recommandation de Veuillot pour des protégés indigents.

1. Une réunion de la droite modérée.

manque pas, dans tout cela ; on en a la preuve d'où je
viens. Le gouvernement sans force est en face de l'émeute ;
sans attaque, on se regarde ; mais vous le voyez, c'est bien
grave. Demain, nous serons mieux, si la Garde Nationale
vient et marche. J'en serai pour ma petite part. Pauvre pays !

Je vous écrirai, demain. Ne venez que guéri. Notre pays
ne l'est pas. On se consolerait de tant de maux, s'ils devaient
engendrer un bon gouvernement, mais que pourrait-il tirer
d'une situation si compliquée ?

Je retourne à mon poste.

Les affreux événements se précipitaient.

Pendant le siège les bataillons de la Garde Nationale, que l'on
appelait « bataillons de l'ordre », accouraient à la moindre annonce
d'émeute. Mais, le siège fini, on était las. Et bien des gens d'ailleurs avaient quitté Paris. Le 17e bataillon n'était pas en nombre.
Les gardes présents occupaient le Palais Bourbon ; on y passa
trente-six heures. On voyait défiler sur le pont de la Concorde des
bataillons qui rejoignaient l'émeute, et des troupes débraillées
de l'armée de la Loire, qui mettaient la crosse en l'air.

Toute la journée du 18 s'écoula ainsi. Dans l'après-midi sur
le pont, la foule, sous un prétexte futile, prétendait jeter dans la
Seine un malheureux homme mort de peur. Augustin Cochin
arriva, à force de volonté et d'éloquence à négocier avec la foule, et
obtint que la victime fût confiée, pour être « jugée », au poste du
Palais-Bourbon. Nous l'avons fait fuir par le derrière du palais ; —
et la foule n'y a plus pensé (1).

Le 18 au soir, sans ordres, réduits à un très petit nombre, les
gardes du 17e quittèrent le Palais-Bourbon et rentrèrent chez
eux. Le lendemain matin Augustin écrivait.

Au Comte Benoist d'Azy

19 mars 1871.

Le gouvernement est retourné à Versailles, laissant Paris
sans défense aux mains des émeutiers. Il va y avoir à Versailles une crise décisive, à Paris des jours de honte.

Si votre santé vous permet de venir, ne passez pas par
Paris. Si vous êtes souffrant regardez cela comme une volonté
de Dieu, et restez à Azy.

Je vais tâcher de gagner la Roche avec ma famille ; et

1. C'était un employé du ministère de la Guerre, que j'ai revu dans la
suite.

de là nous irons sans doute auprès de vous, car il n'y a rien
que du mal à voir et à subir ici.

Parce Domine.

Il écrivait ces lignes le 19 au matin, de bonne heure. Il dut hâter
son départ. Vers dix heures une enveloppe sordide fut glissée chez
le concierge ; elle contenait une bande de journal, avec trois mots
au crayon (1). Augustin Cochin était averti qu'on devait l'arrêter
à onze heures comme otage.

On partit, ramassant en hâte ce qu'on avait de plus précieux et
qui pouvait tenir dans les poches, et un ou deux petits sacs. Le
soir, après bien des aventures avec les communards à la gare,
avec les prussiens en banlieue, on arriva un peu avant minuit à
la Roche, dans une maison à peine évacuée par l'ennemi, et encore
infecte et dégoûtante.

A Augustin Benoist d'Azy

Plessis-Chenet, 25 mars 1871.

Je te dois plusieurs lettres, et toutes mes réponses ont été
retardées ou déchirées par les événements. Je veux t'écrire
et je ne me sens pas le courage de te parler de nos malheurs,
ni la possibilité de parler d'autre chose. Paris est devenu
fou ; le siège lui a monté à la tête, fou stupide qu'on ne
peut raisonner, fou furieux qu'on ne peut réduire. L'Assemblée est sans force matérielle pour se défendre, et il faut
attendre, comme les Turcs devant un incendie, qu'il s'éteigne
de lui-même. C'est honteux et c'est horrible.

Après avoir fait mon devoir de garde national samedi et
dimanche, prévenu que j'étais particulièrement dénoncé, et
n'ayant que du mal à voir et à subir, rien à faire, je suis venu
ici mettre ta sœur, mes enfants à l'abri. Mais je m'agite,
craignant de n'être pas au devoir, puisque je ne suis pas au
danger ; et je vais retourner seul à Paris dans deux jours.
Demain, je suis pris par une réunion de notre commune pour
les dégâts prussiens. J'estime à 25.000 francs au moins ma
perte personnelle, et j'ai de plus une dette à payer dans Paris,
en sorte que ces embarras n'ajoutent pas peu à la tristesse
dont l'âme est noircie. Mais j'aurai courage et j'en viendrai

1. L'avis venait d'un certain Chardon, qui fut depuis membre de la
Commune. C'était un ouvrier lampiste de la gare d'Orléans ; il faisait
partie de la Société de Secours mutuels qu'A. C. avait fondée et qu'il
présida jusqu'à sa mort.

à bout. Dieu sait que je donnerais bien tout ce qui me reste pour sortir du bourbier notre France.

A tous nos chagrins s'ajoute la maladie de notre père, dont nous n'avons pas de nouvelles depuis trois jours. J'espère que le beau temps à Azy l'aura remis et je ne puis regretter son absence de Versailles dans ce moment d'agitation douloureuse et impuissante.

Denys est revenu vendredi soir, bien portant, bon enfant, croyant n'avoir rien fait, et il repique une tête dans Démosthènes, comme s'il était encore écolier. Dieu l'a préservé, et grandi de toutes façons. Il a été bien fier de ce que tu dis de lui, et il t'aime bien. Les autres *gros* sont ravis de courir dans la plaine avec lui, et cela du moins est bien bon à voir.....

Ne te hâte pas de revenir. Quand on ne peut servir, il faut tâcher d'oublier. — Mais je sais bien que je te conseille ce que tu ne feras pas, et ce que je ne fais pas moi-même.

P.-S. — Beugnot (1) a failli être fusillé avec Clément Thomas. Je l'ai vu, échappé par miracle.

Au Comte Benoist d'Azy

La Roche, 27 mars 1871.

Je suis désolé de vous savoir toujours si souffrant ; cependant, je ne puis m'empêcher de voir aussi la main de Dieu qui vous préserve d'assister aux plus douloureuses et aux plus fatigantes épreuves. *Venit nox in quâ nemo potest operari* (2), disait l'Evangile il y a quelques jours. Nous traversons une de ces heures ténébreuses pendant lesquelles personne ne peut rien. Paris est devenu une maison de fous. Je ne sais pas encore ce qui s'est passé hier, et je tremble que le sang n'ait coulé. Je rougis de n'être pas à ma petite place dans les rangs des honnêtes gens, mais tous mes amis les plus courageux, m'écrivent de ne pas venir, et m'avertissent qu'on est venu avec un fiacre et douze gardes-nationaux pour m'arrêter et me mettre sans doute au nombre des otages. Je crois que cette mascarade grotesque et sanguinaire s'usera

1. Le comte Beugnot gendre du comte Daru et beau-frère d'Augustin Benoist d'Azy. Il se trouvait dans les troupes entourées par les émeutiers à Montmartre, lors de l'assassinat des généraux Lecomte et Clément Thomas.
2. Evangile du mercredi de la quatrième semaine de Carême. *Joan*, IX, 4.

et ne tiendra pas longtemps ; mais que de ruines ! et comment installer un gouvernement régulier entre une invasion et un soulèvement ! Il faudra pourtant que l'Assemblée se décide à affirmer la Monarchie ou la République nettement, si l'on ne veut, pas voir reparaître l'odieux Empire, ou s'installer l'odieuse anarchie. Ma lettre est interrompue par un passage de troupes d'artillerie, désarmées, qui quittent Paris pour préserver les soldats du contact de la garde nationale. Les chefs ne savent pas encore le résultat du scrutin d'hier. Quelle crise horrible !

Adeline a le plus vif désir d'aller auprès de vous, mais je suppose que vous reviendrez à Versailles, dès que vos forces le permettront, et que ma mère vous accompagnera. Nous nous croiserions peut-être en route...

Mes enfants travaillent avec un professeur. Nous sommes campés dans un coin de ma maison, empoisonnée et pillée, bien heureux d'être ensemble, mais inconsolables, en pensant au pays. Dieu nous prendra enfin en pitié, j'espère, dans l'excès même de nos maux. Qu'ils touchent à leur terme !

Dans sa solitude de La Roche, il songe, après les maux de la patrie, au lendemain, aux réformes possibles, à la politique désirable. Et il continue sa correspondance avec son ami le philosophe genevois, que les circonstances de la guerre avaient singulièrement rapproché de lui.

A Monsieur Ernest Naville

Plessis-Chenet (Seine-et-Oise) 28 mars 1871.

Après avoir essayé de faire mon devoir de garde national à Paris, j'ai dû venir mettre ici à l'abri ma famille et moi-même ; parce que j'ai été menacé d'arrestation comme suspect, et trop convaincu de la stérilité de ma petite part d'efforts. Ce qui se passe est inouï ! Paris est devenu fou pendant le siège, comme un détenu dans une cellule ; il se croit souverain et soldat. M. Jules Favre ayant commis l'énorme faute de laisser des armes à la Garde nationale, et de les enlever à la force régulière, l'une s'est exaltée, l'autre affaissée, et le gouvernement est comme une tête sans bras. Puis, il y a un fond de logique dans les choses humaines. On n'imposait un régime municipal exceptionnel à Paris qu'à titre de capitale ; on le destitue, il reprend la libre commune. Il a l'instinct que l'Assemblée veut la monarchie ; il garde la république. Au bout de cette folie colorée de logique, il y a la guerre civile, et il y a peut-être bien pis à mes yeux : le retour de l'empire, la seule monarchie toute prête ; l'empire qu'on croit un remède et qui est la maladie, puisque nous lui devons la perte, la ruine de la force morale, et de la force matérielle.

Dans ce désordre, mélange de délire et d'anémie, je crois que le remède serait *du nouveau*, et votre projet de décentralisation *politique*. Par une coïncidence dont je me flatte, je l'écrivais à un député, avant de l'avoir lu dans le travail que vous m'avez adressé par mon fils. Le président, ou le roi qui osera donner ce nouveau cours aux esprits, ces nouveaux barrages et réservoirs au suffrage, peut rendre à la France, — fatiguée de voir sortir du goblet électoral, toujours les mêmes dés tombant différemment, — une vigueur nouvelle ; si nous devons, comme je le crois fermement nous relever encore. Je ne puis donc vous engager trop vivement à publier votre écrit ; mais les deux questions sont de telle importance qu'il faudrait, ce me semble, ou bien un *volume complet*, ou bien deux *brochures distinctes*.

L'obstacle au succès de l'idée de décentralisation sera M. Thiers, aussi enraciné que jamais dans l'idéal politique du Consulat de 1802. L'objection, c'est que si un parlement se sépare ou se révolte comme le sud aux Etats-Unis, la guerre de *Sécession* sera bien difficile à mener à terme ; mais je suppose que votre système comporte unité d'armée et d'impôts, unité de législation *générale*, en un mot des conditions sans lesquelles le lien ne tiendrait pas et les parties se disjoindraient. En face de l'unité allemande, italienne, russe, le morcellement français exposerait chacun de nos morceaux à devenir autant de *proies*.

En résumé, je vous presse vivement de publier votre travail en un volume ou en deux brochures, en *deux lettres sur le salut de la France* que vous pourriez adresser à M. Thiers, — ou bien, pour leur conserver un caractère scientifique, à M. Stuart Mill. Je ne suis pas d'avis que vous cherchiez un *introducteur* français, parce que je ne saurais qui vous désigner, et qu'un nom, quel qu'il soit, *classera* votre travail dans un de nos étroits partis.

Il y a un excellent imprimeur à Corbeil, et, je puis faire composer dès que vous le voudrez. Trouver un éditeur à Paris en ce triste moment sera difficile, mais je chercherai dès que je pourrai rentrer.

L'heure de la poste me presse de terminer, non sans vous
dire que la *théorie* de la réforme, me paraît arrivée au degré
de l'*évidence lumineuse ;* que la *pratique* me laisse toujours un
peu dans le doute, surtout pour des collèges ruraux. Mais tout
vaut mieux que notre système actuel. — Ecrivez-moi ce que
vous voulez que je fasse?

Au Comte Benoist d'Azy

Plessis-Chenet (Seine-et-Oise)
ne pas ajouter : Corbeil (1)

30 mars 1871.

Un mot de ma mère, reçu ce matin nous dit que vous êtes
mieux, mais sans nous rassurer encore par des détails cir-
constanciés. Nous avons une extrême envie Adeline et moi,
d'aller vous voir pendant cette réclusion, que le regret de
n'être point à Versailles doit rendre un véritable acte de
vertu. Je suppose que vous ne quitterez pas Azy pendant la
semaine Sainte. Veuillez nous l'écrire afin que nous ne nous
croisions pas en route, et, si vous êtes retenu, nous irons certainement vous voir l'un ou l'autre, sinon l'un et l'autre,
lundi ou mardi; en vous menant aussi Denys, qui a le plus
grand désir de revoir sa grand'mère et vous.

J'aurai, d'ici là, été à Versailles, d'où je vous rapporterai
les nouvelles. Augustin m'écrit qu'il y est arrivé hier, et je
l'y trouverai. Il ne me dit pas s'il apprend plus que les journaux ne nous disent. Ce que je comprends, c'est qu'on laisse
le temps à l'ignoble Commune de Paris de s'user, de se déchirer,
et à la force matérielle de se reformer et de se rassembler.
Peut-être prépare-t-on en même temps dans le silence, une
série de mesures organiques, et une consultation définitive du
pays. Je m'obstine à croire que nous verrons la convalescence
de notre Patrie, et que les convulsions, les abcès qui éclatent
sur son corps malade, sont la fin de la crise aiguë qu'elle vient
de traverser, plutôt qu'une affection incurable.

Je ne puis pas rentrer dans Paris. Mes amis m'ont prévenu
d'un second mandat d'amener lancé contre moi, et je ne dois
pas, sans un devoir indiqué, aller au-devant de cette menace

1. La poste avait été quelque temps transportée à Corbeil. On fit le
geste de la rétablir au Plessis-Chenet. Mais, comme on va voir, elle ne
fonctionna pas.

de fous, incapables de rien faire, devant une caisse vide, et des complices ardents, que des violences ou des bêtises. Je regrette vivement de ne pas prendre, cependant, ma part de la résistance des honnêtes gens.

Un mot de vous, cher père, qui nous rassure enfin sur votre santé, et nous dise si nous vous trouverons à Azy, toute la semaine prochaine. Nous irions avec vous redire : *O crux, spes unica !*

P. S. — Pauvre cher Henry de l'Espée ! Quelle perte ! (1)

Au Comte Benoist d'Azy

> Gare de Mennecy (2), mercredi 2 heures
> 5 avril 1871.

Nous n'avons ni lettres, ni journaux, ni télégraphe, et je vous fais dire, par la ligne, que nous avons toujours le vif désir, Adeline et moi, d'aller vous voir et l'intention de partir samedi, de manière à vous arriver dans la soirée, par le train 585 qui quitte Montargis à 3 h. 30, et est à Nevers à 7 h. 50. Si vous pouvez, faites-nous prendre ou retenez une voiture. L'imprévu dans ce triste temps, peut nous empêcher d'accomplir ce projet, mais nous espérons bien être libres de suivre notre désir. Nous avons besoin de vous voir.

Je viens de passer à Versailles, les trois jours de batailles. La troupe a eu partout bonne attitude, partout succès. L'ordre a le dessus très certainement, très complètement jusqu'ici. Les insurgés ont provoqué, les soldats ont été excellents. Il n'y a ni zouaves, ni sergents. Ce sont des gendarmes, artilleurs, ligne, marins, et chaque jour renforcés par l'arrivée des prisonniers d'Allemagne. Tous les autres récits sont mensongers...

Je vous conterai tout cela et le reste. On vous désire, mais sans que votre présence soit indispensable pendant ces jours sanglants, qui seront décisifs du bon côté. — *Lord have mercy.* — Quelle semaine sainte !

A samedi soir. Il nous tarde d'être sûrs que vous êtes rétabli.

1. Voir plus haut, p. 289. Henry de l'Espée, envoyé par M. Thiers dans la Loire comme préfet, pour y rétablir l'ordre, et que son dévouement et sa rare intelligence préparaient à cette haute mission, fut assassiné par les émeutiers.

2. Seine-et-Oise, station de la ligne de Corbeil à Montargis, à quelques kilomètres de La Roche.

Il ne se décida pas à partir et fit porter par les siens la lettre qui suit à Azy.

Au Comte Benoist d'Azy

Samedi 8 avril 1871.

J'ai cru de mon devoir de ne pas emmener toute ma famille, parce que cela causerait une véritable panique dans notre village, et de rester près de Paris et de Versailles parce que le moment approche, je l'espère, où les honnêtes gens pourront et devront y rentrer et agir pour achever l'apaisement. Tiraillé entre ces devoirs, j'ai avec bien du regret, laissé Adeline et Denys prendre, sans moi, le chemin d'Azy, d'où ils me rapporteront la bonne nouvelle de votre rétablissement. Votre présence à Versailles sera bien nécessaire, dès la fin de l'odieuse insurrection qui s'ajoute à tous nos maux. Voici quelques mots sur la situation, telle que je la vois à Versailles.

On laisse à M. Thiers la reconstitution de l'armée, dont il s'acquitte fort bien, et à mesure que l'armée d'Allemagne va rentrer, l'ensemble des forces sera divisé entre les généraux Ladmirault, de Cissey, Vinoy, Deligny, sous le commandement en chef du maréchal Mac-Mahon. Il sera alors possible d'entrer dans Paris, s'il n'est pas déjà réduit par la suite des premiers échecs et la division intérieure de ses ignobles chefs. La famine ne les menace pas, et ils ne manquent pas d'argent, ayant l'octroi, le tabac, quelques impôts, des vols, du papier, et comptant sur les versements annuels que les chemins de fer font en avril, pour l'impôt des mutations, timbres, grande vitesse (grave difficulté pour nos compagnies). Une fois l'ordre rétabli, la Prusse pressera pour l'emprunt et son paiement. Le duc de Broglie m'a dit que les capitalistes anglais étaient pleins de bon vouloir avant les mouvements de Paris ; mais depuis, ils tournent le dos !

C'est là que se place la question de la forme définitive du gouvernement, et je vois deux courants se dessiner. Les uns voudraient faire tout de suite la Monarchie, et on n'a plus de doutes, après de nouvelles démarches, sur la fusion des familles. Les autres craignent de nouvelles agitations dans le pays, des tentatives républicaines et napoléoniennes, et préfèrent prolonger les pouvoirs de M. Thiers d'un an, ou même de trois ans, afin d'avoir un espace de sécurité probable qui permette d'emprunter, de travailler, de laisser, pour ainsi dire, faire au pays malade ses premières sorties.

Mais, à cette question capitale se lie la question des réformes du budget et des institutions, loi militaire, décentralisation, loi électorale. Ce n'est guère de légiférer qu'on a besoin en ce moment ; mais l'Assemblée est une machine légiférante, et on la presse ; elle s'impatiente de ne rien faire, en apparence. De là des projets hâtifs, mal étudiés, et quand on en viendra aux vraies réformes, on pressent aisément que, entre M. Thiers et l'Assemblée, éclatera l'antagonisme qui couve, et qui se traduit par une opposition en paroles des plus ardentes, et, chose bizarre, menée par les amis du chef du pouvoir, M. Daru surtout, M. de Lasteyrie, M. Buffet. L'Assemblée fait ce qu'elle ne veut pas, et veut ce qu'elle ne fait pas ; situation gauche et qui finira par une séparation dans le ménage politique. Tout le monde parle et personne ne dirige. Votre rôle est donc bien grand, bien que, à l'heure actuelle et pour quelques jours, l'émeute de Paris exclue et ajourne toute autre préoccupation.

Si vous allez à Versailles, comme je l'espère par la Roche, nous causerons de toute cette grave situation.

Tandis que Mme Cochin et Denys étaient à Azy, il resta avec ses derniers fils à la Roche, dans une solitude complète. Il était coupé de Paris, et allait de temps en temps prendre des nouvelles à Versailles, en contournant Paris par Longjumeau. On avait pour compagnon, du matin au soir et du soir au matin, le canon, et l'on retrouvait les sensations du Siège, que l'on avait espéré ne retrouver jamais.

L'ennemi était toujours là, sous nos yeux (1).

Augustin écrit à sa femme et examine avec elle les occasions qui s'offrent de servir le pays. — Il remet la main à ses affaires industrielles, et cherche à leur rendre la vie.

A MADAME AUGUSTIN COCHIN

21 avril 1871.

... La situation est loin de s'éclaircir et l'on ne voit que des gens découragés ; entre nous la fusion n'est pas faite solidement. Le comte de Chambord a dû renoncer au voyage de Londres sur l'avis qu'il n'y trouverait personne. Mais la République modérée n'est pas faite non plus. On se traîne, au

---

1. De la hauteur de La Roche, dans la plaine qui est de l'autre côté de la Seine, nous voyions manœuvrer les casques à pointe.

jour le jour, au gré du vent, et chaque jour on peut faire craquer le radeau. Je ne doute pas qu'après le siège de Paris les événements ne se précipitent, et je crains beaucoup ce revenant qui s'appelle l'Empire...

J'ai trouvé le *Français* reparu, et en assez bon train, grâce à Chabrol et à Thureau. Je me résignais à le voir tomber ; mais c'était encore une déception pénible. Je tâche de lui donner des appuis ; et d'en faire l'organe, l'écho, le défenseur de l'Assemblée.

Mon impression croissante est que nous sommes encore dans un édifice bâti sur le sable, et que notre pauvre pays n'a pas fini de souffrir. Tout mon intérêt social serait de me jeter dans les bras de la Monarchie. Est-ce celui de la France ? J'en doute toujours, et je la vois encore au moment de tomber dans la monarchie corrompue. Il y a bien des chances que mon rôle se borne, désormais, à écrire des vérités sur des petits papiers que personne ne lira. Mais s'ils nous suffisent et puisque les places qui seraient faciles à obtenir (les préfectures) vous répugnent, décidément je finirai par me soumettre et me contenter. Notre maison, avec notre jardin, nos fils et notre tendresse, c'est déjà un bien riant horizon.

À Monsieur Meurinne (1)

Plessis-Chenet (Seine-et-Oise) 2 mai 1871.

Cher ami,

Je n'ai pas voulu croire d'abord, mais j'ai bien été forcé d'accepter la réalité du grand malheur qui vous accable. Pauvre cher ami, je ne sais comment vous exprimer la peine profonde et déchirante que j'ai éprouvée en pensant à vous, déjà si accablé, et destiné à voir encore remonter au ciel un des anges qui en étaient descendus pour vous. Je prie de tout mon cœur le maître sévère de la terre, qui sera le maître clément du ciel, de vous soutenir par sa grâce, seule force capable de vous aider à porter une pareille douleur, que vous pressentiez tristement quand j'ai eu le bonheur de vous embrasser à Paris.

Depuis lors, menacé d'arrestation à deux reprises, j'ai

1. Un de ses collègues au Conseil d'administration de Saint-Gobain, homme de rare valeur, auquel le liait une amitié intime, et qui venait d'être frappé d'un deuil de famille.

dû quitter cette ville ingrate et en démence, venir dans ma
maison pillée, aller près de mon beau-père malade, puis l'installer convalescent à Versailles, où j'ai été consterné par ce
que j'ai appris de vous. On m'a dit que vous étiez chez vous,
et je vous adresse de loin mes tendres et tristes amitiés.

Je me suis beaucoup occupé à Versailles de remettre à flot
Le Français, sans laisser dévier sa ligne, que l'on voulait tirer
à la droite précipitée. Il est maintenant patroné par une réunion de vingt à vingt-cinq députés, présidé par le marquis
de Talhoüet, Buffet, Vitet, etc..., et on a réuni à peu près
vingt mille francs. Il en faut cinquante mille pour tout assurer. On les trouvera, je l'espère.

Je ne néglige pas Saint-Gobain. Par Gault j'ai su que tout
était en sûreté à Paris et Aubervilliers. Par Gérard (1), que la
caisse était hors France. Par Mercier, que tous les établissements étaient en assez bonne marche. Je me suis beaucoup
occupé de la délimitation des frontières de Cirey, soumise
aux plénipotentiaires de Bruxelles.

Espérons que la fin de l'horrible guerre civile nous rendra
bientôt à nos affaires et à nos devoirs. Mais il suffit de passer
quatre jours à Versailles, d'y voir et d'y entendre nos hommes politiques, pour comprendre que les crises ne sont pas à
leur terme.

A Dieu, bien cher ami, je vous aime davantage à mesure
que vous souffrez plus, et je voudrais vous le témoigner
comme je le sens !

Pendant ses mélancoliques solitudes, il se tourne vers le viei
ami, confident de sa jeunesse.

A L'ABBÉ SÉNAC (2)

La Roche, 6 mai 1871.

Mon bien cher ami,

Je suis sans nouvelles de vous. Il est probable que vous
n'avez pas reçu mes lettres. Je lance celle-ci avec l'espoir
qu'elle vous trouvera bien portant et m'attirera une prompte

---

1. Le père du Président actuel de la Compagnie, ami très cher à A. C.,
et dont on a plusieurs fois déjà rencontré le nom.
2. L'ancien aumônier de Rollin, retiré depuis plusieurs années au pays
natal de Gascogne.

réponse. Menacé deux fois d'arrestation dans ce Paris auquel je me suis tant dévoué, j'ai dû venir ici, où mon fils prisonnier en Suisse, est venu nous rejoindre, après le siège dont nous avons subi les rigueurs, moins dures que l'état actuel. Nous sommes donc tous vivants et réunis, grâce à Dieu, dans notre maison pillée par les Prussiens. Mais je souffre cruellement du douloureux martyre de l'inutilité. Trop catholique pour jamais réussir à Paris, trop libéral pour être adopté dans les circonscriptions catholiques, je me vois probablement condamné à continuer ma vie dans des travaux obscurs et des luttes pénibles. Mais que la volonté de Dieu soit faite ! — *Non es christianus ut floreres in hoc mundo,* — dit saint Augustin. Puis le pays est si profondément bouleversé, que ses maux, faites-moi l'honneur de le croire, m'occupent avant les miens. Je m'efforce d'écrire, d'étudier, de travailler, de bien élever mes enfants, dans la joie d'un intérieur dont rien n'est du moins venu encore altérer la félicité, trop souvent triste, plus souvent soumis.

J'ai passé huit jours à Versailles. Il n'est pas douteux pour moi que la crise politique va éclater aussitôt après la capitulation de Paris. De très bonne foi, deux ou trois cents députés sont persuadés que la Monarchie est un talisman qui guérira tous nos maux, et embarrassés par le choix du Monarque, ils veulent cependant précipiter la solution. Un nombre à peu près égal est frappé par l'impopularité et l'impuissance des Monarchies tombées, par la vivacité et l'étendue du mouvement républicain des villes et de la jeunesse, et voudrait essayer de continuer et d'organiser la République.

L'Assemblée ainsi profondément divisée va entrer bientôt en guerre intérieure. Plaise au ciel que... la guerre civile, s'en mêlant aussi, ne nous ramène l'odieux Empire. Nous ne sommes pas au bout de nos maux. Pendant ce temps, l'impiété effrontée fait d'effrayants progrès, et la nation tourne le dos aux secours que le christianisme seul tient en réserve pour rendre aux hommes la vigueur morale et l'esprit de devoir. Je suis persuadé que vos regards s'abaissent tristement sur ce pauvre pays et sur ces radieuses espérances de votre jeunesse, que vous ne verrez point réalisées.

Dites-moi vos pensées, toujours fortes, et dites-moi surtout que, dans vos montagnes, nos agitations et nos tristesses expirent, et que votre santé n'en est pas altérée.

Pour avoir le cœur net de propositions de candidatures que des amis fidèles continuent à lui envoyer, il part lui-même, faire son enquête en Bretagne, en passant par l'Anjou.

A Madame Augustin Cochin.

Angers, 11 mai 1871.

... Je suis à Angers après un voyage un peu long. Je ne pourrai voir mon ami Soland que ce soir, et je serai au Bourg d'Iré demain matin. Vous m'avez pardonné aisément d'avoir emmené Henry, mais vous me pardonneriez tout à fait si vous voyiez comme il est content, comme il jouit de tout, s'intéresse à tout. Le voilà courant avec Maurice de Soland pour voir les monuments, musées, jardins, vues, de cette belle ville, notre berceau maternel, sachant les époques de l'architecture, plein de souvenirs d'histoire, mêlant des saillies politiques ou joviales à tout, et toujours doux et bon enfant. Tout lui est spectacle, et il est le mien. J'oublie, en l'écoutant, les ennuis de ce voyage entrepris, vous le savez, avec peu de goût et d'espoir.

Je ne connais pas encore les résultats de l'élection municipale de Rennes. Ici, dans le pays, qui nomme Cumont et Joseph de la Bouillerie, la liste républicaine vient de passer tout entière. Vous aurez vu, par la lettre de Mme de Forbin, et aussi par tous nos amis de Versailles qu'au premier étage, et dans les salons de toutes les maisons, la monarchie est en faveur, et cela devient l'opinion exclusive de la bonne compagnie, et de toutes nos relations. Mais dans la rue, et dans les rues, de toutes les villes, un mouvement entièrement contraire s'accentue, s'avance, et il faut bien le voir, et ne pas fermer les yeux. Comment la monarchie pourrait-elle le contenir, et y résister? Je serai à Rennes ce que vous me connaissez, chaudement conservateur, ardent contre l'Empire et les Jacobins, mais je ne puis pas ne pas déclarer que la Monarchie est à mes yeux plus respectable, la République plus praticable, et cela ne me fera pas nommer. Je concéderai encore, et certainement contre mes opinions passées, que l'Assemblée fera bien, de ne pas résider à Paris, où la populace est disposée à l'éventrer au premier désaccord ; ce sera trop peu pour Rennes, presque trop pour Versailles et Corbeil.

J'en prends d'avance mon parti ; car je ne crois pas que cette élection partielle me mène dans une assemblée destinée à vivre longtemps. Et, à la prochaine élection générale, la question de la forme aura été tranchée. Ma situation sera peut-être alors plus aisée, ou bien je recevrai d'En-Haut, la grâce que je vous demande de solliciter pour moi de Dieu : la soumission, même le contentement dans mon rôle, tel quel, pas bien brillant, mais pas inutile, et plus fier que la continuelle obligation de transiger sur ce que l'on pense, et d'atténuer sur ce que l'on croit.

Je ne suppose pas que mon ami Alfred (1) me remue et me déplace de cette disposition d'esprit, et je me sens d'ailleurs trop vieux pour aller à confesse en politique et me frapper la poitrine, très disposé d'ailleurs à recevoir la lumière avec une pleine bonne foi. J'espère recevoir au Bourg d'Iré vos impressions de Versailles. Les nouvelles d'hier annoncent je crois, la fin certaine et prochaine de l'horrible siège de Paris. J'ai hâte de rentrer dans cette pauvre ville ; mais pourtant puisque j'ai tant fait d'aller à Rennes, je ne brusquerai rien, et j'irai jusqu'au bout. Ecrivez-moi longuement de la Roche, et dites-moi avant tout, que vous m'approuvez d'avoir pris avec moi comme un cordial et un secret de *high spirit*, mon cher fils Henry, que M. Jullien a bien défendu contre mon égoïsme (2).

Bourg d'Iré, 12 mai 1871.

Nous venons d'arriver au Bourg d'Iré, où je trouve Jules Carron et Paul, venus au-devant de moi fort aimablement, heureux de cette occasion de voir ce beau lieu. Je vais donc être emmené ce soir à Piré, et vous pourrez compter sur ces bons amis pour m'escorter en Bretagne.

Je trouve mon ami Falloux résolu à ne pas accepter de candidature, partie à cause de sa santé, partie par découragement secret de la situation. Il a l'esprit si vaste, et voit si bien le fort et le faible de son parti qu'il est facile de s'entendre avec lui ; il ne me confesse, ni ne me blâme, et il me pousse cordialement. Je n'ai pas encore achevé de causer, et je vous quitte pour continuer. Les santés sont bien chétives autour de lui, et Mme de Caradeuc même, commence à être atteinte. Comme les dons sont inégalement répartis ici-bas ! Tant

1. Alfred de Falloux.
2. M. Emile Jullien était l'excellent maître auquel A. C. avait confié la terminaison des études de ses fils interrompues par la guerre. Il devint plus tard professeur à l'Université de Lyon.

d'âme, de talent, enfermés ici, dans si peu de forces physiques ; — ailleurs dans si peu de ressources ; — Toujours la pauvreté par quelque côté.

Piré, 14 mai 1871.

Nous sommes partis hier matin du Bourg d'Iré, Jules et moi, dans une voiture, Paul et Henry dans une autre, et toute la journée a été employée à rouler par de belles routes, entre des haies fleuries, des bois nouvellement reverdis, des prés et des eaux fraîches ; — n'était la poussière et le vent, la promenade était un peu longue, mais charmante. Impossible de ne pas oublier la canonade et les discordes, dans ces contrées tranquilles, au retour du printemps, à la vue des calmes troupeaux, des travaux silencieux du laboureur, ou dans les rues des petits villages groupés à l'ombre des grands calvaires respectés. Les chemins de fer ne permettent pas de pénétrer à ce degré dans les plis de la nature, et dans l'étroit théâtre des existences humaines.

Nous avons fait deux stations, l'une à Pouancé, gros bourg qui donne son nom au Château du marquis de Preaux, l'autre à la Guerche, chef-lieu de canton, et croisement de routes. Les deux immenses fortunes des Preaux et d'Aligre, sont venues se réunir, et se verser dans un château immense et lourd, vraie pâtisserie en pierre, faite sur commande dans le genre riche, si loin du genre noble et du genre gracieux, escalier de marbre, salle à manger de chêne, plafonds surchargés, bibliothèques sans lecteurs, salons immenses entourés des portraits d'ancêtres, qui ne semblent pas s'amuser beaucoup en contemplant des descendants qui s'ennuient, chambres à coucher ornées de peintures, qui voudraient inspirer l'amour du crucifix, du Dieu des pauvres gens. Tout ce surtout de pierre, d'or, de soie, de fonte, a été posé par un architecte sans goût au centre d'un très beau parc ; et l'artiste qui a penché les chênes dans le miroir d'un immense étang, se connaît mieux en vraie beauté.

De Pouancé nous avons gagné, comme je vous le disais, la Guerche, où un séjour d'une heure à l'auberge nous a montré une autre face de la vie rurale ; le petit centre de la politique impie, jalouse, corrosive, arrosée de cidre et de blasphème. Il n'est plus un seul hameau perdu où la semence du mal ne soit distribuée secrètement, ou ardemment.

J'ai traversé cette série de paysages en tachant d'oublier où je vais, et pourquoi. J'ai voulu me reposer un jour ici, avant de faire le siège de Rennes. C'est vous dire assez avec combien peu d'attraits je tenterai l'assaut. Falloux s'est vraiment multiplié pour me donner des conseils et des indications. Jules et aussi Gabriel, qui est venu ici au-devant moi, achèvent de me prouver que je vais naviguer entre ces trois écueils : exagération, division, méfiance. Je ne puis que passer à la faveur des haines que les partis se portent, en parlant de fusion, sans même se rapprocher, et avec l'appui d'un prélat qui a peur et envie à la fois de commander à son clergé. Je n'ai aucun instinct de succès. Du moins je suis décidé à être fier, et nullement suppliant, ne voulant ni m'imposer ; ni surtout m'exposer. Demain matin, j'irai loger chez M. de Foucaut, rue du Bel Air, n° 12, où l'on me presse aimablement de descendre, et dès ce soir, j'espère pouvoir vous en dire un peu plus. J'aurai, par vous, des lettres et des nouvelles : je vis depuis jeudi en voiture et en plein air, comme dans la lune. Mais vous m'approuvez de n'avoir pas voulu me précipiter, nerveux et fatigué, dans les démarches délicates qui m'attendent. J'écris à mon Pierre que j'aime bien, ainsi que Denys. Henry est enchanté et bien gentil.

Ses projets de candidature avaient mis quelqu'alarme au cœur légitimiste de son aimable et charmante belle-mère. Il la rassure, et lui explique, sans arrière-pensée, ses vues politiques. Il lui dit d'ailleurs l'échec, bien prévu, de sa tournée.

A LA COMTESSE BENOIST D'AZY

La Roche, 20 mai 1871.

Ma bonne mère,

Je suis arrivé hier soir à la Roche, après un long et rapide voyage, que je suis bien pressé de vous raconter, et j'y ai trouvé une excellente lettre de vous, à laquelle je tiens d'abord à répondre.

Ne soyez pas inquiète des divisions qui pourraient exister entre les opinions de mon cher père et les miennes, si j'entrais à l'Assemblée (ce qui ne me paraît guère probable). Nous vivons depuis trente ans dans une telle et bien douce intimité, que mon père sait le fort et le faible de tout ce que je pense, quelquefois à tort, quelquefois avec raison, toujours avec sincérité, et son large esprit a toujours compris les dissidences sincères. Il est parfaitement vrai qu'orphelin à dix-sept ans, et jeté dans le tourbillon de Paris toute ma vie, je n'ai pas été élevé dans la foi au principe de la légitimité. Votre fille est demeurée fidèle à tous les sentiments de sa famille. Pour moi, plein de respect, mais un peu indifférent aux formes de gouvernement, je me suis avant tout préoccupé de rendre morales, religieuses et éclairées les populations françaises, et j'ai donné à cette tâche mes forces, mes études, ma bourse, ma parole, ma plume, tout ce que le bon Dieu m'a accordé de ressort et d'activité.

Pendant le siège de Paris, enfermés et passionnés comme nous l'étions tous, j'ai cru que nous ne pouvions nous débarrasser de l'ignoble Empire et de l'abominable anarchie, qui remuait déjà sous nos pieds, que par une République ferme et honnête. Les événements m'ont depuis terriblement éclairé croyez-le bien, et bien loin d'être l'adversaire de la monarchie constitutionnelle *complète*, je souffre toutes les fois que je vois échouer les généreux efforts engagés pour son rétablissement. Il me reste seulement une vive crainte de les voir échouer en effet, soit par l'égoïsme d'une des branches royales, soit par les dispositions de la plus grande partie de la Chambre et du pays. Je crois que ces échecs peuvent nous ramener l'Empire, et je préfère la République à cet odieux gouvernement. Voilà, en deux mots, *et pour vous*, ma bonne mère, ma profession de foi.

Je n'ai pas, sur la vertu même du principe, et sur la résistance qu'il opposerait aux épouvantables fardeaux qui pèseraient sur la monarchie rétablie, ni sur la facilité de ce rétablissement, le même degré de confiance que mon cher et bien aimé père, et c'est pourquoi j'aurais voulu que l'Assemblée pût d'abord réformer les *finances*, l'*armée*, et le *suffrage universel*, avant de changer le gouvernement provisoire. De plus, j'ai pris en aversion l'Empire, dont je redoute le retour. Mais il n'y a entre nous que des nuances, des questions de détails, et sur les grandes questions, nous serions, nous sommes dans la plus étroite, la plus intime union, et la plus grande intelligence. Le cœur, l'honneur, l'expérience de mon père, ont sur moi une autorité dont vous ne doutez pas, autorité d'autant plus grande, qu'il a toujours admis dans la famille une pleine liberté et cette variété dans les manières de penser. avec une parfaite unanimité dans les manières d'agir et de sentir, qui fait le charme solide de notre union.

Je vous disais tout à l'heure que je ne croyais pas probable mon entrée à la Chambre. Telle est l'impression qui résulte de mon voyage de Bretagne. Les deux comités, et le journal auxquels je pouvais m'adresser à Rennes, ont été pour moi d'une extrême sympathie. Ils pensent que je pourrais à la tribune, ou par mon ardeur au travail, rendre des services, et que leurs députés actuels, très honorables, mais peu habitués à la parole publique, me verraient avec plaisir dans leurs rangs. Mais ils ne peuvent rien sans l'Archevêque. Le prélat m'a reçu avec toute espèce d'égards et d'amitié ; — mais (il y a toujours un *mais*), il veut des bretons, il est engagé envers des candidats dont on ne veut pas, et qu'il entend imposer pour prouver sa puissance ; puis, Falloux et moi, nous l'inquiétons. Bref, excellent accueil, mais aucune espérance sérieuse. Cela étant, je n'ai pas cru devoir aller à Saint-Malo, où un comité me demandait une conférence publique, qui m'a parue prématurée, et j'ai laissé les comités agir sur le prélat, qu'ils assurent très mobile, mais qui m'a paru tenir à son idée, et dont il ne me convenait pas de solliciter plus ardemment les bonnes grâces. Vous voyez que je suis trop catholique à Paris, pas assez à Rennes, Dieu veuille que je le sois à la mesure de la porte du Paradis, sinon de l'Assemblée !

Toutes mes instances pour déterminer Falloux à accepter une candidature ont été vaines ; plus on insiste, plus on lui démontre que le rôle serait au-dessus de ses forces. Quel malheur !

Voici une trop longue lettre, chère bonne mère ; dites-moi qu'elle vous a ôté ou atténué au moins un souci.

Quand je vous fais de la peine, c'est bien contre mon gré, et je vous supplie de me le dire toujours ouvertement, bien sûr que je vous répondrai toujours de même, et que rien ne peut effleurer les sentiments de fils tendre et respectueux que je porte à mon père et à vous.

Le même jour, il expliquait sa pensée à l'homme en qui il voyait dès longtemps son maître de doctrine sociale.

A Frédéric Le Play (1)

Plessis-Chenet, 20 mai 1871.

Mon cher Ami,

Séparé de la vie publique pour m'être trop exclusivement dévoué à Paris ; puis banni de Paris par deux décrets d'arrestation, je ne puis détacher ma pensée des fautes et des malheurs de cette grande Cité. La voilà souillée, incendiée, humiliée, punie ! mais qui la guérira ? Qui guérira la France ?

La France et Paris ont été assassinées par le mensonge : fausses promesses, fausses doctrines, faux compliments, fausse politique. Les Français doivent se consacrer désormais à étudier et à dire la vérité, toute la vérité, rien que la vérité ; chacun dans le cercle de ce qu'il sait et de ce qu'il connaît bien ; sans phrases, sans blague, sans vaine recherche de popularité. Or, vous connaissez bien la question du travail, vous avez publié sur les *Ouvriers Européens*, la *Réforme sociale*, *l'Organisation* du *travail*, trois livres solides et consciencieux. C'est pourquoi, je m'adresse à vous, mon cher ami, vous proposant d'appeler sur cette question difficile, par deux ou trois lettres publiques, la discussion et la lumière. Mais, afin de ne pas nous perdre dans d'inutiles généralités, je préciserai davantage, et je me bornerai à vous adresser d'abord quelques questions, sur la *Condition spéciale des ouvriers dans les grandes villes et notamment à Paris.*

Quelques personnes trouveront peut-être qu'il est inopportun ou imprudent d'agiter ce que l'on appelle les questions sociales ; et, qu'en ce moment, les questions politiques seules doivent être étudiées ; et sont assez difficiles, assez compliquées, sans qu'on vienne y mêler d'autres problèmes ardus. Cette objection mérite une réponse immédiate.

Sans doute, les questions politiques doivent être résolues les premières. La France a besoin, avant peu de mois, d'un budget réduit et remanié, pour faire face aux nécessités d'un emprunt énorme, d'une armée nouvelle, d'une loi électorale revisée, d'une administration décentralisée, et d'une forme définitive de Gouvernement. Ces cinq questions immenses sont tout le programme des travaux de l'Assemblée Nationale.

---

1. Il attachait une grande importance à cette lettre, la seule dont il ait gardé copie.

Deux raisons m'engagent à ne pas les proposer à votre examen.

La première raison, c'est que l'Assemblée nationale m'inspire pleine confiance. N'est-ce pas l'honneur de la France, la preuve de son inépuisable fécondité, que d'avoir fait sortir de son sein meurtri, après vingt ans de décadence suivis de huit mois de catastrophes, une armée d'honnêtes gens, capables, dont les violents se sont exclus eux-mêmes, et qui est la fidèle image et le salut du pays? Bien loin de refuser à cette grande représentation de la nation, si librement élue, le pouvoir constituant, je pense qu'elle n'est *que* Constituante ; d'autant *qu'organiser* et *constituer* me semblent une seule et même chose, et je ne comprends pas la distinction admise entre ces deux mots. Or, l'Assemblée, une assemblée de huit cents membres, est à la fois la plus large représentation de la Souveraineté nationale que l'on puisse désirer, et le plus mauvais instrument de législation ordinaire que l'on puisse créer. L'Assemblée n'a en quelque sorte, qu'à se regarder elle-même, pour voir que la France n'est pas *constituée ;* nul ne peut supposer que la forme actuelle de l'État, composée d'un corps électoral qui délègue huit cents membres, lesquels délèguent un président et des ministres, soit une forme définitive. Ni les royalistes ne prennent cet État provisoire pour l'équivalent d'une monarchie ; ni les républicains ne le regardent comme la forme régulière d'une République ; ni les parlementaires ne l'estiment un système durable de délibération. C'est un pouvoir souverain provisoire ; représentant direct et complet de la Nation, destiné à enfanter un pouvoir définitif, pour le choix et la forme duquel le pays lui a donné mandat.

Ne voulant pas répéter la faute du Gouvernement de la Défense nationale qui a brusqué, sans droit, la proclamation de la République, et l'a ainsi chargée de toutes les fautes commises et de toutes les malédictions méritées par l'Empire, l'Assemblée n'a voulu être que le *Gouvernement de la Régénération nationale.* Je ne sais pas combien de temps cette conduite si sage, mal appréciée par l'opinion publique impatiente, pourra être tenue. Mais nous pouvons nous-en rapporter pleinement à l'Assemblée. Malgré ses divisions, elle est presque entièrement exempte des deux fléaux que la France doit maudire et redouter avant tout : le Bonapartisme et le Jacobinisme. Quelles que soient les lois et les Institutions que nous ayons à recevoir des mains de cette assemblée souveraine, consciencieuse, patriote, ce seront certainement des lois et des institutions libérales. Laissons-lui donc avec confiance, l'examen et la décision des questions politiques.

Ma seconde raison pour me préoccuper par-dessus tout des questions sociales, c'est que les réformes politiques, les systèmes, les règlements, ne sont pas des talismans qui guérissent tous les maux. Quand l'Assemblée aura refait un budget, une armée, une administration, puis un gouvernement, ce sera beaucoup, mais la paix sociale sera-t-elle assurée? — Nous sommes des vaincus, mais nous sommes surtout des malades. Notre brave armée, engagée dans une guerre imprudente par la folie criminelle du gouvernement déchu, a été écrasée par une armée plus nombreuse. Plût au Ciel que nos malheurs se fussent bornés à cette défaite! ils seraient réparables. On se console d'être malheureux, on ne se console pas d'être méprisables. Or l'Europe a le droit de prendre en mépris notre décadence trop évidente, reconnaissable à ces trois symptômes : impiété scandaleuse, oubli du devoir à tous les degrés, haine et division entre toutes les classes.

Nous avons succombé et nous succombons encore à un affaiblissement moral lamentable, et à un antagonisme social profond. Il est impossible de ne voir dans ces maux, qu'un résultat de nos malheurs et comme un dernier accès de fièvre et de convulsions après une maladie mortelle, l'Invasion ! — Vainement encore, nous nous répétons que toutes les nations soumises aux mêmes calamités, auraient passé par les mêmes désordres. Nous sommes bien forcés, d'avouer humblement que la France est travaillée par une maladie à part, par un mal français ancien, profond, accru par les fautes de l'Empire, les désastres de la guerre, les crimes de la commune. Quelques-uns le croient incurable. Je proteste contre ce découragement ; je crois à la convalescence de notre pays. Si vous ne partagiez pas cette conviction ce ne serait pas la peine de discuter, et, nous n'aurions, comme des naufragés, qu'à attendre en silence, la dernière vague. Mais vous avez écrit dans votre beau livre sur la *Réforme sociale* que la fatalité n'existait pas dans l'histoire, et que les peuples comme les hommes, sont toujours libres de se perdre, libres de se relever, maîtres et responsables de leurs chutes ou de leurs progrès.

Commencez donc, mon cher ami, par me dire ce que vous pensez d'une manière générale des moyens de faire sortir notre bien-aimé pays de la crise sociale qu'il traverse ; puis, sans autre préambule, j'aborderai avec vous cette question brûlante dont je ne puis détacher ma pensée : *La condition des ouvriers dans les grandes villes.*

Recevez, mon cher Le Play, mes sincères amitiés.

Voici encore une lettre sur la situation politique. Elle est adressée à un ami de jeunesse.

Au Comte Wilfrid d'Indy

Plessis-Chenet (Seine-et-Oise), 23 mai 1871.

Mon cher ami,

Au retour d'un voyage de deux semaines, j'ai trouvé votre excellente lettre, et je l'ai jugée si sensée et si spirituelle, en même temps que si amicale, que je l'ai envoyée au *Français,* afin que Thureau et Chabrol (qui le conduisent de près, tandis que je le surveille à peine de loin) puissent en faire leur profit.

Vous êtes à votre aise pour raisonner et choisir, cher ami, entre une Monarchie excellente et une République détestable, l'une que vous ornez de tous vos désirs, l'autre que vous accablez de vos malédictions. Et moi aussi, je crois qu'il n'y a que deux gouvernements désirables dans notre malheureux pays : la Monarchie complète ou la République honnête ; et si nous n'avions qu'à prendre l'une ou l'autre, nous ne serions pas à plaindre.

Mais les choses ne sont pas si simples.

Il n'est pas douteux que les deux tiers de la France ne veulent pas entendre parler de M. le Comte de Chambord, qui seul a des droits au trône, et représente une Institution. Une fraction des monarchistes travaille pour la famille d'Orléans seule, laquelle paraît bien laisser faire. Une autre fraction rêve et prépare le retour de l'odieux empire. Que fera l'Assemblée pleinement Constituante et souveraine ? — suivant moi, si elle proclame la Monarchie, elle est divisée en deux, et pour peu que M. Thiers s'y oppose, la mesure échoue. Si elle tente un plébiscite, l'Empire peut se glisser ; si elle se dissout et fait place à une autre chambre, celle-ci, nommée sous un autre vent, fera la République ou l'Empire. Que faire donc? Cette Assemblée est bonne, honnête, libérale, patriotique : la garder tant que nous pourrons, comme souverain. et en tirer des lois difficiles et nécessaires, qu'un gouvernement nouveau n'oserait pas enfanter. Voilà la politique du *Français*. J'en conviens, elle est au jour le jour, et terre à terre : le moindre incident peut brusquer les choses et tout changer, rallumer la guerre civile, ou culbuter l'Assemblée.

Mais croyez-vous que, parce qu'on aura *intitulé* notre chaos, il sera aussitôt l'ordre, la durée et la paix publique? — avec un suffrage universel illimité, une presse odieuse et dix milliards de dettes à faire passer du meilleur de nos efforts pendant vingt ans dans la sacoche de cet usurier juif, aux paroles chrétiennes et aux procédés païens, qui s'appelle la Prusse ! Hélas ! Hélas ! nous ne pouvons avoir cet espoir. Je suis donc d'accord avec vous, quand vous me dites : Une bonne Monarchie légitime vaudrait mieux qu'une mauvaise République boiteuse ; — comme vous êtes d'accord avec moi, quand je vous dis : une République appuyée par les bons citoyens, vaut mieux qu'une Monarchie incomplète ou que l'Empire. Mais, en fait, croyez-vous que l'Assemblée soit assez forte pour voter la monarchie fusionnée et la faire accepter par le pays, sans un coup de fusil? Là est la question ; si vous doutez (et je doute !) — il vaut mieux garder l'Assemblée, essayer la République et prolonger le *statu quo*.

Puis, tout cela dit, j'ajoute que j'ai la plus grande défiance de moi-même, de mon jugement, après avoir subi les six mois de siège de Paris, de ce Paris que j'ai toujours aimé comme mon village, siège qui nous avait tous rendus plus ou moins fous ! Répliquez-moi donc, et prouvez-moi que je n'y vois pas clair, cela ne me surprendra pas.

Je vois clair au moins dans mon cœur, en vous assurant de ma vieille et cordiale amitié.

P.-S. — Si vous avez des nouvelles de l'œuvre de Gounod. écrivez une note pour le journal sur cet événement musical et français (1).

« Quand Paris fut rouvert, nous le trouvâmes plus chétif de santé que jamais, le visage étiré, les cheveux grisonnants, et le

---

1. Il s'agit sans doute de *Gallia*, la cantate que Gounod composa pendant la Guerre et qui reste une de ses plus belles œuvres. Wilfrid d'Indy était un excellent musicien.

regard vaguement voilé de tristesse. Le repos et la campagne étaient clairement indiqués après de pareilles secousses... » (1)

Telle est l'impression qu'a noté Léopold de Gaillard dans des pages bien sensibles, sur la fatigue de son ami au sortir du Siège. Son sentiment était bien semblable. Il examinait sans confiance toutes propositions qu'on lui faisait. Mais il rentrait dans ses pensées, et il revenait à son livre interrompu.

Le repos ne dura pas. A Versailles, on le regrettait, on le voulait, on l'appelait. Pourquoi faire? Les projets se multipliaient et se contredisaient. Le ministre de l'Intérieur Lambrecht le proposait avec instance à M. Thiers pour la Préfecture de la Seine. M. Thiers, incontestablement — « fondait de très grandes espérances sur son *jeune ami*, comme il disait. Mais il put craindre de blesser les susceptibilités du parti radical, qu'il redoutait plus alors que les murmures du parti conservateur » (Falloux).

Nous n'avons plus à faire au Thiers de 1849 ou de 1864 !

Pourtant il savait bien que son « jeune ami » pouvait lui rendre encore de bons services en une œuvre de pur dévouement. Il avait besoin d'un préfet sûr et d'un homme jouissant de haute estime publique, pour être le préfet de Versailles, le préfet de l'Assemblée nationale et du gouvernement, pouvant à l'occasion servir d'arbitre aux partis. Cet homme-là, il l'avait. Il sut le faire céder à ses instances.... « Il céda bien malgré lui, dit Falloux, considérant le bien à faire, les ruines à relever, dans le département foulé par deux sièges... Il céda modestement, simplement, tout en sentant lui-même, et entendant dire à ses amis, qu'il n'était pas à sa véritable place. »

Et il se mit vaillamment à l'ouvrage, cet ouvrage dont il devait mourir.

A Monseigneur Dupanloup

Versailles, 15 juin 1871.

J'ai accepté d'être préfet de Versailles, en attendant peut-être Paris, où j'ai pu croire un jour que le bon Dieu réunirait nos destinées et nos efforts. J'espère que vous m'approuvez, et je vous demande de prier pour moi. J'aurais bien mieux aimé la tribune, et mes nouveaux devoirs vont me sembler bien étroits, si je les compare aux grandes choses que j'avais rêvées et poursuivies. Mais j'agirai pourtant, et je ferai du bien, au lieu de courir après des collèges électoraux qui ne s'ouvrent pas.

Ici, le calme est revenu pour quelques semaines au moins, et la France n'est plus au dépourvu. Mais quel sol fragile,

1. Dans le *Correspondant* (avril 1872).

labouré, gâché, sanglant ! Et Paris ! Jugez si votre cri a retenti dans mon cœur !

J'espère vous revoir bientôt et souvent ; jamais assez....

Tout le clergé de Paris vous désire sur le siège de M. de Quélen. Je ne puis démêler ici les intentions qui semblent dirigées vers Tours (1).

Avec M. Thiers en tous temps, mais surtout en cette dernière phase de sa vie politique, il fallait se méfier des caprices. Après avoir si fort pressé Cochin d'accepter la lourde charge, il semble qu'il ait hésité au moment de la signature.

A Madame Augustin Cochin

Versailles, 15 juin 1871.

J'ai passé hier une journée si déplaisante que je n'ai pas voulu écrire. Le matin M. Lambrecht m'avait dit que M. Thiers ajournait de quelques jours la signature de mon décret. Pourquoi? mystère et caprice. Je me suis fâché et j'ai dit à mon ministre que si le décret n'était pas signé ce matin, je refusais. Il est signé. Ce sera demain au *Moniteur*; et je viens de déjeuner chez M. Lambrecht, aimable et reconnaissant autant que possible. Me voici donc lancé, un peu tard, dans une voie nouvelle. Je me sens bien un peu à l'étroit quand je compare mes nouveaux devoirs avec les plus grandes choses que j'ai poursuivies et rêvées. Mais puisque les événements ont obstrué mon chemin, je me sens pourtant soulagé de l'incertitude et du guignon qui pesait toujours sur ma vie ; soulagé aussi de n'avoir pas à me décider et à me remuer entre les intrigues qui divisent la chambre actuelle. Je ne suis pas un homme d'intrigue, et agir, même en petit, me semblera bon, et ne m'empêchera pas, s'il plaît à Dieu, de penser et d'écrire. Puis, ce qui est fait doit être vu du bon côté.

A Madame Augustin Cochin

Versailles, 16 juin 1871.

Me voici au *Moniteur* et toutes les affaires m'arrivent. Je plie un peu sous ce nouveau fardeau, et je me tâte encore

---

1. L'archevêque de Paris fut en effet Mgr Guibert archevêque de Tours.

pour savoir si c'est bien vrai ; mais je me secoue et je me raidis, et je marche. J'ai bien besoin de vous avoir pour m'aider... Il me faut bien vite un secrétaire. Je vais prendre dans les bureaux, en attendant Denys. Tout est provisoire et à refaire. Quand je serai aidé et au courant, je m'en tirerai; mais le premier moment est raide.

J'ai à recevoir tout le personnel et les autorités lundi; mais rien ne m'empêchera d'aller respirer dimanche, rien ! Que sais-je? Je ne suis plus libre.

A M. Ernest Naville

Versailles, 23 juin 1871.

Que devez-vous penser de moi? Vous aurez appris un gros changement dans ma vie, et je suis sûr que vous ne l'aurez pas approuvé, parce que vous m'avez toujours conseillé et souhaité la vie méditative, plus que la vie active. Mais si vous contempliez de près l'état de notre pauvre pays, vous m'auriez compris. La vie politique, avec notre mode de votation, est à peu près fermée à Paris à un homme qui croit en Dieu ; et en province à un homme qui déclare tenir infiniment plus au fond libéral et moral qu'à la forme républicaine et monarchique.

La vie administrative met directement en rapport avec les maux du pays, et chaque fraction du sol ; je les touche et manie ; chaque jour est comme une plaie saignante ! Je me suis donné sans choisir, dès que M. Thiers me l'a demandé, ne disant pas adieu à la méditation, et me chargeant d'expérience au profit de la méditation future, et du devoir présent.

Mais que devient votre précieux manuscrit? Soyez rassuré. Il paraîtra au bon moment. Le libraire de l'Institut Didier en a accepté l'impression, et vous en recevrez incessamment l'épreuve. J'ai gardé ce cher manuscrit toujours avec moi, je l'ai emporté en fuyant les arrêts de mort de la Commune, et il va passer de mes mains chez l'imprimeur pour paraître au moment, à la veille du jour où la réforme électorale préoccupera les esprits. Jusque-là, pendant la Commune, l'emprunt, les démarches dynastiques, qui vous aurait écouté?

J'ai reçu la nouvelle édition de votre *Réforme* et la semaine prochaine je la porterai à l'Académie avec un court rapport.

Mme de Staël (qui est venue ici voir son petit neveu Fran

çois de Broglie, à peu près sauvé et par miracle !) m'a encore
redit hier combien vous avez été bon et parfait pour mon Denys. Si vous saviez à quel point nous vous en sommes reconnaissants ; nous trouvons souvent en lui votre trace, votre
empreinte : il veut passer deux examens, licence ès Lettres et
Droit, dans deux mois avec courage. Puis, je le prendrai près
de moi.

A Dieu, mon cher ami, priez pour la France ; elle souffre
sans avoir plus péché que les autres nations, à bien des points
de vue, et par conséquent, chacun doit voir en elle son image
et dire : *Attritus propter scelera nostra.* La mort de la France
rapetisserait toute l'Europe et la chrétienté.

Falloux a dit, en des pages frappantes ce que fut la Préfecture
de Versailles (1) pendant le temps qu'y passa son ami. Voici les
lignes les plus descriptives.

« Augustin Cochin aurait su grandir toute fonction ; il grandit
promptement celle-là, par son influence personnelle. En peu de
jours son salon, plus hanté que celui des ministres, devint le
rendez-vous des hommes politiques. Les représentants des opinions à la fois conservatrices et libérales se trouvaient là comme
chez eux. En outre des entretiens, dans lesquels le nouveau préfet
brillait trop pour ne pas s'y plaire, il avait pris au sérieux ou
plutôt à cœur tous les travaux de sa préfecture. Prodiguer, d'accord avec Mme Cochin, des soins aux prisonniers et aux prison-
nières entassés, après la défaite de la commune, dans l'Orangerie
et dans quelques-unes des casernes de Versailles ; essayer de leur
rendre des habitudes de travail et de moralité ; réparer les ruines
d'un bout à l'autre du département de Seine-et-Oise dévasté
par les Prussiens, et sur plusieurs points, victime de deux artille-
ries : celle de l'étranger, et celle de l'insurrection parisienne ; tout
cela fut à la préfecture de Versailles l'objet d'une incessante solli-
citude, qui ne compta jamais avec la fatigue. Une douleur poignante se renouvelait au contact de chaque plaie, au spectacle de
chaque ruine » (2).

Les lettres qui restent de cette période d'incessante occupation,
ne sont naturellement pas nombreuses. La vie administrative est
accablante, et la vie politique incessante, car l'Assemblée nationale siège en permanence.

Quelques lettres cependant ont pu être recueillies. On y trouvera
des images de la vie de Versailles vraiment palpitante dans cet
été où se réglaient les destinées de la France, où le 5 juillet, le

1. Les appartements de la Préfecture étant occupés par M. Thiers, le
préfet et sa famille habitaient, rue Saint-Louis, n° 18.
2. Mémoires d'un Royaliste, t. II, p. 527.

manifeste du comte de Chambord écartait l'espérance d'une restauration monarchique. On y voit le travail de réparation du département dévasté ; et, dans quelques lettres plus intimes, la reprise de la vie industrielle, puis de la vie de famille et d'amitié.

A Augustin Benoist d'Azy

Versailles, 23 juillet 1871.

Je ne me pardonne pas de ne t'avoir pas écrit depuis ton départ, mais je suis sûr que toi, tu me pardonnes, sachant que le bonheur des gens de Gonesse et de Rambouillet me coûte quelque travail ; et que j'ai ma part inédite à ce qui se passe dans des régions plus hautes, notamment dans les débats d'hier. Ma vie est ainsi, comme elle l'a toujours été, plus remplie qu'éclatante, mais comme tu es bon frère, t'intéressant au fond et non au dehors, tu seras bien aise de savoir que le Bon Dieu me fait la grâce d'être apaisé et content de ce qu'il fait, résigné à ne pas être ce que j'aurais tant aimé ; orateur politique. Je prends ma situation du bon côté, poussant ma noisette comme un écureuil, dans la cage où le maître d'en haut m'a logé. Adeline y met aussi courage et bonne humeur. Les enfants sont près de nous, marchant de leur pas un peu lourd, mais si droit. Ton père et ta mère sont amusés par l'activité qui nous entoure, et le temps passe. Voilà la peinture de l'intérieur...

La journée d'hier, à l'Assemblée, a été très orageuse (1). L'Evêque a parlé éloquemment, et très bien protesté contre les calomnies du dehors.

M. Thiers a continué à dire à la droite : « Je vous aime », — et à la gauche : « Je vous suis. » — Les deux résultats de la séance sont pour moi, malgré l'ordre du jour : 1º Le Pape abandonné à l'Italie ; 2º Gambetta chef de la République... La responsabilité de la majorité devient de plus en plus directe ; elle n'a plus de fusion à négocier, après le suicide épistolaire du Comte de Chambord ; elle a la société à sauver, sans attendre la permission de personne. Si tu avais vu la passion du public, et des extrêmes hier ! C'est la guerre civile, sociale et religieuse, tout près de terre. Notre pauvre pays n'est pas encore sauvé ; il s'en faut. Je te quitte pour y tra-

1. Il s'agissait de pétitions tendant un rétablissement du pouvoir temporel du Pape. L'accord établi, après des discours de Thiers et de Mgr Dupanloup faillit être rompu par l'intervention de Gambetta.

vailler dans mon petit coin. Mais j'avais juré de profiter de mon dimanche pour t'écrire.

Denys commence demain ses examens de licence. René vient d'arriver ; son corps va être dissous probablement (1). Tu as vu que Rességuier en veut aux jours de M. Dufaure ; c'est bien ton beau-père qui était ministre de la *Justice* dans cette exécution un peu raide. Nous dînerons tous ensemble mardi et nous parlerons bien de vous.

Voici une trace, que le hasard met dans mes mains, des efforts, — quêtes, souscriptions, entreprises jusqu'en Angleterre pour la renaissance des villes et villages ravagés de Seine-et-Oise.

A Monsieur l'abbé Boudier (2)

Versailles, 25 août 1871.

Monsieur l'Abbé,

Je ne veux pas perdre un moment pour vous exprimer tout mon regret de n'avoir pas eu l'honneur de vous recevoir à Versailles, et tous mes remerciements pour le beau, triste et saisissant souvenir que vous m'avez envoyé. Je vous adresse sans retard un mot pour le duc de Broglie, qui sera charmé de vous voir et de seconder vos efforts. Dites à M. Gounod que je n'ai pas eu seulement les yeux mouillés de larmes en voyant les ruines de sa maison brûlée, crevée, dévastée, au milieu des giroflées et des lilas, j'ai eu envie de coller mon oreille au mur noirci, pour saisir des sons et des échos dont ils doivent être remplis encore, sons plaintifs, échos tragiques, qui retentiront dans la grande lamentation qu'il prépare. Jusqu'ici ni la peinture, ni l'éloquence, ni la poésie, ni la musique ne sont venues ajouter à la grandeur de nos infortunes. Gounod comprend, entend, et va faire retentir, les cris de la Jérusalem vivante et désolée, que nous avons contemplée hier avec vous des hauteurs de Montretout en ruines.

1. Le corps des zouaves pontificaux qu'il avait rejoint à la fin de la guerre.
2. Vicaire à Saint-Cloud de 1862 à 1880, l'abbé Boudier quêtait à travers l'Europe pour sa malheureuse ville incendiée. Après soixante ans passés, devenu chanoine à la cathédrale de Versailles, il m'a offert cette lettre à l'occasion des noces de diamant de son jubilé sacerdotal. On remarquera que Gounod, pour réparer les grands incendies de Saint-Cloud, s'unissait au vicaire charitable pour solliciter les cœurs en faveur de la malheureuse ville.

Ne manquez pas d'aller en Irlande et en Belgique. C'est là qu'on aime la France.

Recevez, monsieur l'Abbé, mes très dévoués respects.

P.-S. — J'avais à écrire une longue lettre au duc de Broglie, et elle n'a pu être prête sans retard. Veuillez la lui remettre, et dire à M. Gounod qu'il devrait aller le voir avec vous.

Au cours de l'été une délégation de la Croix rouge française était partie pour l'Irlande, pour remercier les Irlandais de leurs secours généreux à nos blessés pendant la guerre. Denys Cochin faisait partie de la délégation.

A Denys Cochin

Versailles, 5 septembre 1871.

Ta lettre du 1ᵉʳ septembre m'apprend que tu étais encore à cette date à Limerick d'où je te croyais parti le 30, d'après la précédente. J'ai télégraphié hier à Monsell de te mettre en route, et j'espère que tu es à Londres, où tu auras trouvé toutes nos lettres, et où je t'engage à rester un peu, à regarder, étudier et courir, sous le toit hospitalier de l'Ambassade.

Ta lettre m'a fort touché. Tu as bien raison de croire que je ne doute pas de toi, et de me prendre pour ami.

J'ai traversé tes accès de vague et de mélancolie indécise ; il n'y a que les nobles âmes qui passent par là, mais elles ne restent nobles, qu'à condition d'en sortir. Oui, à vingt ans, on brûle de se répandre par la parole, la science, l'éloquence, et aussi par l'amour. Mais moitié de ce désir vient d'en haut, moitié d'en bas ; nous avons des ailes et des pattes, un front haut et un bas-ventre, des pensées sublimes et des sens grossiers. Il faut de plus en plus mettre l'âme en liberté et le corps en servitude ; donc servitude : celle du travail et de la pureté. A cette condition l'amour vient en son heure, plus tendre et sans limites, parce qu'il est une victoire. La science est plus utile et dépourvue d'orgueil ; elle ne cache pas Dieu. L'âge de vingt ans est le plus beau, parce qu'il est celui des fraîches impressions, de la pleine santé et de l'absence de responsabilité. Mais il faut partir de ce beau moment, un peu nébuleux comme le réveil du matin, pour agir et vouloir. Tes rêves à toi, sont souvent l'indice d'une nature exquise, faite pour les arts et la piété, qui est un don de famille, une forme de l'admiration ; ils sont aussi quelquefois un sommeil un peu paresseux, et ton défaut est de te laisser aller au fil de l'eau, et au hasard des détours du fleuve, sans ramer. Fortifie ta volonté, prends le parti du *décidé*, du combat contre les sens, du triomphe obscur en la présence de Dieu ; puis cette ceinture mise autour de tes reins, jouis de tout, mais en prenant des notes qui aideront ta réflexion.

Tu es privilégié : fortune suffisante, relations élevées, succès faciles, santé prospère, esprit actif, plaisirs nombreux, et avec cela bonne conscience et foi simple. Le vague plaintif serait coupable avec tout cela, mais quand tu l'éprouveras, mets ta tête sur l'épaule de ta mère, ou sur la mienne ; jamais tu ne nous trouveras, tu le sais, indifférents ou sévères. Nous t'aimons tant !

Le temps me manque pour te répondre plus longuement et m'épancher avec toi. Nous vivrons beaucoup ensemble au retour, et j'en jouis bien d'avance.

Je remercie Gavard (1) encore une fois et attends avec impatience de tes nouvelles de Londres.

Au mois de septembre, l'Assemblée nationale prit des vacances.

A Monseigneur Dupanloup

Versailles, 17 septembre 1871.

J'ai bien respecté votre repos, mais je n'y tiens plus, et je voudrais avoir de vos nouvelles. Je reproche un peu à M. Lagrange et à M. Couvreux (2) de ne m'en avoir pas donné. Etes-vous mieux ? Avez-vous trouvé la force dans le repos et le calme dans la force ? Allez-vous revenir à Orléans, et ne repasserez-vous pas ici, où j'ai une chambre à votre disposition ? — Il me paraîtrait utile que vous eussiez une conversation avec M. Thiers sur les choix d'Evêques qui vont se faire avant la fin de la semaine, je le crois. Si je suis bien informé, on commencerait par un mouvement d'évêques *déjà nommés*. Limoges irait à Tours, le Puy à Quimper (3). Ce ne serait

1. Diplomate, ami personnel du duc de Broglie qui l'avait emmené avec lui à l'ambassade de Londres.

2. M. l'abbé Couvreux, adjoint à M. Lagrange comme secrétaire de 'Evêque.

3. L'évêque de Limoges était Mgr Fruchaud (transféré à Tours, le 27 septembre 1871), l'évêque du Puy Mgr Le Breton, qui fut maintenu sur son siège.

qu'après cette nomination que des prêtres seraient choisis, et c'est sur ces choix que votre avis serait utile.

Je suppose que M. Thiers ne va passer que trois ou quatre jours de cette semaine à Versailles, avant d'aller prendre du repos à Trouville.

Si l'on compare en arrière, ces huit mois d'efforts ont certainement abouti à faire reculer les deux fléaux qui écrasaient la patrie, l'affreuse invasion et l'odieuse anarchie. Si l'on regarde en avant, l'horizon est bien court et bien noir. M. Thiers devant arriver vite au bout de sa vie et de sa popularité, l'Assemblée ne pouvant vivre, sous la forme actuelle, et le pays ne pouvant vivre davantage avec le suffrage universel illimité. Pouvoir, assemblée, société, portent en eux, chacun une cause de mort prochaine. On se sépare mécontent de soi et des autres, fatigué d'impuissance. Cela est en partie injuste ; mais peu importe le passé, c'est à l'avenir qu'il faut songer ; et si quinze ou vingt d'entre nous ne se réunissent pas pour y aviser pendant les vacances (selon moi, avec M. Thiers), pour parer au lendemain, le hasard et la violence disposeront de notre pauvre pays, une fois de plus, avant peu.

Je reste ici, préparant le Conseil général, réduit à me dépenser et à m'user en petites nombreuses affaires, au lieu de parler et d'agir, mais soumis à ce que Dieu veut, et tâchant de lui obéir de mon mieux.

Il ne m'a pas condamné à être sans nouvelles de vous, et j'en attends !

Le voici une dernière fois à Saint-Gobain, s'occupant des usines et des questions ouvrières, dans lesquelles il a le bonheur de se trouver en parfait accord avec son ami. Il travaille à la conclusion de la grande affaire pendante, la fusion avec les établissements Perret (1).

A MONSIEUR MEURINNE

Saint-Gobain, 29 septembre 1871.

Pendant que les candidats se battent (2), en préfet vraiment neutre, je suis venu à Saint-Gobain me reposer trois

1. Voir plus haut, p. 113.
2. Les Élections aux Conseils généraux et d'Arrondissement.

jours tout en causant avec Biver et Fain (1) de la future organisation et en terminant le traité phosphate. Je vous en
veux un peu de n'être pas venu pour la grosse affaire ;
tâchez de venir *mardi* pour la séance décisive. Je trouve toujours cette affaire, quoique compliquée, à la fois prudente et
profitable, mais je voudrais bien n'être pas trop responsable.
Je veux espérer que Chevandier (2), qui complique tout,
n'embrouillera pas les fils de façon à les rompre. Faites effort
et venez.

Je vous pardonne un peu pourtant en vous remerciant
d'être candidat (3). Un homme de votre valeur ne peut, ne
doit se réduire au rôle des spectateurs inactifs et attristé. Je
serai bien content si vous réussissez ; ami et citoyen se ré-
jouiront en moi.

Puis combien je vous remercie de ce que vous m'écrivez
sur les ouvriers ! Votre cœur rencontre le mien. Il y a une
grosse injustice à réparer, en la mesurant bien, pour ne pas
outrepasser le vrai.

L'économie n'est qu'égoïsme, le socialisme n'est qu'envie,
et entre la glace de l'une, le feu rouge de l'autre, on laisse se
creuser un affreux sillon. Votre moyen est-il le bon? Votre
quantum est-il pratique? Je ne sais, mais il faut en causer, et
souvent, et sans cesse. Je souffre comme vous de ce lourd
problème qu'on tourne et qu'on grossit sans le regarder en
face. Votre cri m'a fait du bien. Il est d'un vrai honnête
homme.

Au Comte Benoist d'Azy

3 octobre 1871.

... Je suis revenu ce matin avec mes fils aînés de notre petite
excursion à Saint-Gobain et à Laon. J'attends Adeline et
Pierre dans l'après-midi, et j'ai trouvé ici une lettre de ma
mère à ce cher petit, qui l'afflige en m'apprenant qu'elle
part pour Bonhôtel (4), où vous voulez revoir la chère Ernestine et où elle vous précède. Ne voudriez-vous pas profiter
du voisinage de Paris pour faire venir en consultation, avec

1. Le Directeur de la glacerie de Saint-Gobain et le Secrétaire général
de la Compagnie.
2. Chevandier de Valdrome, administrateur (ancien ministre de l'Intérieur du ministère Ollivier).
3. Dans l'Oise.
4. Château de M. Ernest du Pré de Saint-Maur (Loiret). Mme Edouard
du Pré de Saint-Maur venait de tomber gravement malade.

Gouraud, un médecin habile comme le Dr Barth ou le
Dr Moissenet, pour avoir un avis complet sur ce triste mal,
que la nature ne domine pas? Si vous le désiriez, je les ver-
rais tout de suite. Nulle pensée ne m'obsède autant que la
situation de notre sœur bien-aimée. Tenez-nous bien au
courant des progrès du mal, ou du bien.

Je vais être plongé dans les affaires du conseil général qui
sera facile à élire, difficile à mener. Je m'en tirerai par du
travail. Ma mère me dit que vous n'avez pas obtenu l'union
autour de vous (1). Il y a vraiment quelque chose à faire pour
discipliner les honnêtes gens. Ils sont partout endormis ou
divisés. Vous feriez bien de réunir, je crois, les maires de chefs-
lieux de canton pour leur rendre compte de vos actes à l'Assemblée, et leur demander d'avoir des réunions périodiques
qui deviendraient la ligue de l'ordre. Y aurait-il trop de
dissonances d'opinions? Sauf ce désaccord, cela est essentiel.
Le gouvernement est où doit être l'organisation naturelle des
honnêtes gens. Comme cela n'est pas, et ne peut pas être
certain dans l'avenir, il faut y suppléer par une organisation
nouvelle, et, dans chaque département, elle consiste dans
une réunion, disposant d'un journal et de correspondants
locaux. Une telle réunion préparerait et désignerait les candidatures.

Je voulais vous parler de Versailles et je ne le puis, n'y
étant pas. J'ai trouvé dans l'Aisne, un bien beau département en grand travail et prospérité renaissante, agriculture
mariée à l'industrie. J'aurai là peut-être plus tard un terrain
électoral ; mais pour le moment, nos affaires industrielles,
un instant entamées, se relèvent, et j'ai beaucoup travaillé
pour assurer le développement de la fabrication des engrais,
qui me paraît avoir un grand avenir. Or on ne peut les faire
sans acide sulfurique, et, si la terre se met à manger ce produit, nous verrons hausser les pyrites ; aussi, je m'acharne
à l'affaire Perret, qui va se faire, je l'espère, enfin, — et cons-
tituera une très grande combinaison, où je voudrais bien faire
entrer Augustin (2) !

Je parle, de ce qui m'occupe, suivant notre bonne habitude de causer avec vous de tout, sans jamais trouver la limite
de votre patience, et il me reste à peine le temps de vous dire
qu'Adeline et les enfants vont bien, et que nous sommes bien

1. Il s'agit d'une élection au Conseil général dans la Nièvre.
2. Le désir exprimé ici se réalisa dans la suite.

heureux de vous savoir rétabli. Nous voyons venir la Saint-Denys avec le regret de la séparation, mais en Dieu nous serons étroitement unis.

Au Comte Benoist d'Azy

Versailles, 8 octobre 1871.

Nous venons de fêter tous ensemble Saint-Denys, de peur d'être pris demain par nos divers devoirs. Le P. de Damas nous a dit la messe. Adeline et moi, avec nos trois enfants nous avons eu le bonheur de communier avec vous et pour vous, pour notre famille, pour les vivants et pour les morts auxquels nous tenons par la grâce de Dieu et le lien du sang, pensant surtout à vous, cher père, chef, modèle, honneur et force de toute cette tribu chrétienne. Que Dieu vous garde encore longtemps avant de vous appeler dans ce ciel radieux qu'il faut de plus en plus regarder en face et attendre en paix, et où vous entrerez chargé des mérites de votre vie et des bénédictions reconnaissantes de vos enfants. Merci une fois de plus, et toujours et encore pour tout ce que nous vous devons.

Voilà deux Saint-Denys passées loin de vous, l'une dans les horreurs de la guerre, l'autre dans les rigueurs des devoirs, mais nous nous sentons plus unis que jamais par le fond du cœur, et nous voulons que ce petit papier qui arrivera dans la sacristie de la Chapelle d'Azy, au moment de la messe demain, vous porte notre part de tendresse et de respect.

A. Cochin a. B. d'A. Cochin, Denys Cochin. Henry Cochin, Pierre Cochin.

Nous n'oublions pas la fête de Denyse, dites-le lui bien, et j'ai écrit hier à Marguerite (1). Je vais passer cette journée et demain au bout du télégraphe, attendant les résultats électoraux qui seront généralement bons dans ce département ; — et ayant pour agrément, à 2 heures tantôt, d'avoir à conduire M. Victor Hugo dans la cellule de M. Rochefort. Ceci entre nous (2).

1. Denyse est la fille aînée de Paul Benoist d'Azy (Mme de Rocher), et Marguerite la fille de M. et Mme du Pré de Saint-Maur (devenue plus tard la marquise de Houdetot).

2. Parmi les charges de la Préfecture de Seine-et-Oise se trouvait la direction des Prisons, alors remplies des insurgés de la Commune.

Au Comte Benoist d'Azy

Versailles, 21 octobre 1871.

Il y a bien longtemps que je ne vous ai écrit, ayant eu à tenir tête à la fois aux préparatifs du Conseil Général et à la conclusion de la grosse affaire de la compagnie Saint-Gobain. Tout cela est en bonne voie. Nous avons voté hier la fusion industrielle, et mon rapport est fini pour la session politique. Dans l'intervalle, je veux vous adresser un mot au moins, entre deux dossiers. La politique est au calme. M. Thiers travaille énormément aux finances, à l'armée, à la libération du territoire. Il ne faut pas attendre de lui une défense plus énergique des lois et des principes sociaux. Cela ne le frappe pas. M. Périer a la sincère intention d'être plus vigoureux. mais j'aurais voulu le voir entrer au ministère avec un ou deux collègues nouveaux. Il a été question de prendre Say et de m'envoyer à Paris, mais je crois qu'on en restera là.

C'est à l'Assemblée à préparer une loi électorale, trop clairement indispensable, et une Constitution qui, partageant le pouvoir législatif en deux, crée un instrument de transmission du pouvoir, qui ne soit ni une Convention ni un plébiscite. Les menées bonapartistes sont ardentes, mais les chefs de cette famille ne sont heureusement plus présentables. Ils tenteront quelque chose problablement ; je ne crois pas, je ne veux pas croire à leur succès. J'ai de fréquentes conversations avec le duc de Broglie, Vitet, Saint-Marc Girardin, etc... J'aurais vivement souhaité une réunion d'une quinzaine de députés en Novembre. Mais on est las, et ce ne sera qu'au retour qu'on causera. Espérons qu'aucune chiquenaude ne viendra d'ici là briser le frêle édifice de notre sécurité.

On aime à retrouver, à la fin de cette vie, les compagnons des jeunes ans. Voici les derniers mots d'un court billet.

A Théobald de Soland

Versailles, le 5 décembre 1871.

.... J'ai prévenu Falloux, que vous allez bientôt posséder à Angers. Il m'a dit votre rôle courageux au Conseil Général.

Comme la lutte est dure, et où sont les grandes espérances de nos jeunes années?

Mais sachons persévérer. *Moriamur in simplicitate nostra* (1) !

1872

Et le jour de l'An ramène encore les souvenirs de bonnes et fidèles amitiés.

A LA MARQUISE DE CASTELLANE

Versailles, 1er et 2 janvier 1872.

Madame la Marquise.

Nous étions hier tout un petit cercle d'amis. Alfred, Albert, les Lacombe, Berthe (2), Mme de Meaux finissant ensemble l'année et tous d'accord pour vous envoyer les vœux de nos cœurs fidèles. Vous jugez si ma femme s'y unissait, ainsi que mes fils, et je suis tout heureux d'être choisi pour vous adresser de vraies paroles au milieu de tant de substantifs officiels.

Nous avons su qu'un de vos petits-enfants avait été malade ; que Dieu le rétablisse et vous les garde tous, c'est notre première prière !

Nous avons bien discuté hier sur l'interminable sujet des maux du pays. Les partis sont tellement en désarroi qu'ils ne peuvent plus se défendre sans attaquer. Tous sont donc d'accord pour se ruer sur M. Thiers, qui d'ailleurs y prête trop, mais sans avoir aucun moyen de le remplacer; et les faiblesses mêlées aux violences composent un spectacle des plus pénibles. Versailles est une île de naufragés, qui se querellent sans savoir comment reprendre la mer.

Interrompu par les formalités officielles, moitié graves, moitié plaisantes, je finis cette lettre après un nouveau dîner intime d'Alfred, avec M. de Larcy et Kerdrel, où vous auriez été bien utile encore. Nous décidons Falloux à rester quelques jours, pour voir, entendre, et être entendu un peu davantage. Il verra que tout n'est pas mal, honteux, perdu, comme on le répète ; mais il dira ce qui est mal, avec son coup d'œil si clair, à commencer hélas ! par cette élection de

1. *Macchabées*, II, 37.
2. Est-il besoin de rappeler que ces prénoms sont ceux de Falloux, Rességuier, Mme Augustin Benoist d'Azy?

l'Académie, qui vient de décider l'Évêque à donner une leçon un peu vive, mais méritée (1). Il verra que le matériel du gouvernement : Finances, Armée, Administration, va vraiment mieux ; mais que le moral n'occupe guère, et l'avenir pas du tout, pas plus dans l'Assemblée qu'au pouvoir.

Je suis obligé de couper, et de finir cette lettre, pour vous envoyer les tendres vœux de Mme Cochin et de mes fils, les souvenirs de leur grand-père et le souhait de tous de vous voir venir occuper ici, quelques jours au moins, votre chambre.

Le mois suivant Augustin Cochin voit mourir un des plus chers amis de sa vie. Le 12 février il va à Paris pour les funérailles du Père Gratry. Ce jour-là ses amis le trouvèrent pâle et accablé de fatigue. Il était atteint par la mort. Et l'on va lire ici la dernière lettre que je connaisse, écrite de sa main. Car on n'en lira plus ensuite que deux, dictées sur son lit de mort.

A Ernest Naville (2)

Versailles, mercredi 14 février 1872.

Je vous remercie d'avoir entouré de votre affection les derniers jours du P. Gratry, et de m'en avoir raconté les derniers combats, supportés avec une si calme énergie. Lundi, nous l'avons conduit à la porte de l'éternité. La messe s'est dite dans la chapelle des Missions, à deux pas de la sainte maison d'où partent chaque année trois cents jeunes français qui vont évangéliser l'Afrique et l'Asie en affrontant la mort, à vingt ans, au milieu des calomnies, des tortures et de la misère, pour l'amour de Jésus-Christ. Cet asile convenait aux obsèques du P. Gratry, car il était missionnaire : il s'était dévoué, à vingt ans, à l'instruction des savants, des écrivains, des prêtres et des gens du monde, et, comme les missionnaires commencent par apprendre la langue des tribus qu'ils vont évangéliser, le P. Gratry, pour convertir les savants, avait passé par l'École polytechnique, où il était de la même promotion que La Moricière. Pour parler de Dieu aux gens de lettres, il était devenu un grand écrivain, assez grand pour que des pages extraites de ses œuvres méritent de prendre place au rang des modèles de la langue française ; il avait pris aux gens du monde les bonnes manières, les

1. L'élection de Littré, qui entraîna la démission de Mgr Dupanloup.
2. Le Père Gratry était mort en Suisse.

goûts et les délicatesses de la meilleure compagnie, et pour parler aux prêtres, il s'était fait religieux sous la conduite d'un saint, le P. Pététot ; ce saint disait de lui qu'il avait une tête d'homme, le cœur d'une femme, et le caractère d'un enfant.

Mais cet enfant s'est montré un héros, car il a traversé une grande crise religieuse sans perdre la foi, exerçant tour à tour le droit de se défendre et le devoir de se soumettre, nous apprenant à respecter les traditions, et l'autorité, qui sont les deux forces de notre Eglise. Il a traversé les malheurs de la patrie sans perdre l'espérance, les amertumes de la calomnie sans perdre la charité, les approches douloureuses de la mort sans perdre la patience. Il lui convenait de finir de vivre entre des amis, au milieu des montagnes, dans un pays libre, les yeux reposés par la vue d'un lac paisible et des frontières de la patrie, et les regards de l'âme fixés plus haut sur les grands horizons de la bienheureuse éternité.

Que des philosophes pédants le nomment un rêveur, et un poète qui raisonne, plutôt qu'un métaphysicien ; que de sévères docteurs n'accordent à son nom qu'un regret équivoque ; nous, ses amis, serrés autour de sa tombe, où nul ne manquait de tous ceux qui devaient y être — prêtres qu'il édifia, artistes qu'il convertit, femmes qu'il consola, lecteurs qu'il charma — nous l'avons pleuré, le saluant tous du nom de bienfaiteur et de père, et suivant de nos respects attendris cette âme ailée, qui s'éleva si souvent devant nos yeux et nous emporta si haut, et qui plane maintenant, rapprochée par un dernier essor de la lumière éblouissante de Dieu, dont il aimait vivant à contempler et à transmettre les splendides rayons ; et nous avons souhaité sans crainte la paix du ciel à cet ami qui a si passionnément cherché à l'établir sur la terre... — Adieu. Nous le retrouverons, mon ami, et d'ici là nous l'aimerons en notre commun maître.

Il survécut peu à son ami (1). Il se remit quelques jours au travail ; mais il était à bout. Après les coups violents des malheurs publics qui l'avaient abattu, à peine relevé, il fut repris et démoli en détail par la lancinante épreuve de la vie administrative, qu'il n'était plus de force à supporter (2).

1. Quelques années plus tard, lorsque j'eus l'honneur d'être présenté au Pape Léon XIII le jour même de son élection, il me dit, en termes que je ne puis oublier, l'émotion que lui avait causé la mort presque simultanée du Père Gratry et d'Augustin Cochin.

2. C'est ce qu'a senti le vieux philosophe Doudan qui connaissait bien la vie publique. Il dit : « Il est probable qu'il a succombé au travail

Dès le début de février, ses proches voyaient sur lui des marques de fatigue surhumaine. A la fin du mois, alors qu'un mieux semblera se produire, Denys qui l'avait quitté pour occuper un poste à l'ambassade à Londres, écrira (le 28) à son frère Henry :

Les nouvelles qu'on me donne de papa ne me rassurent qu'à moitié. Je le vois toujours si triste, et me faisant un adieu si solennel. »

Il allait mourir.

Nous avons de ses derniers jours plusieurs récits, celui de Falloux dans son livre, sur *Augustin Cochin* celui de Léopold de Gaillard dans le *Correspondant* du 25 mars 1872, les bulletins quotidiens du *Français*, et les numéros qui ont suivi le 15 mars. Nous avons un récit plus direct encore ; c'est celui qu'a écrit dans ses *Souvenirs*, un religieux qui se trouvait alors à Versailles, le P. Noury de la Compagnie de Jésus. Ces pages sont vivantes, et si sincères ! Le bon Père ne cache rien ; il dit les choses comme il les pense (1).

« Je le voyais souvent, dit-il, et quoique, sur l'appréciation des hommes et des choses, nous fussions souvent en désaccord, j'étais toujours très édifié de sa foi et de sa piété. Sur ce terrain nous nous entendions à mervèille. »

Le père Noury se rappelait surtout une conversation.

Le 8 octobre 1871, la mort avait frappé subitement, en pleine vie, en pleine activité, un homme remarquable et infiniment sympathique, le premier ministre de l'Intérieur de M. Thiers, M. Lambrecht. Le père Noury avait été appelé pour lui donner les derniers sacrements.

« En revenant, — dit-il, — je rencontrai M. Cochin, fort attristé comme moi de cette mort inopinée. Il me dit alors les choses les plus élevées et les plus touchantes sur les espérances éternelles : —
« Eh ! quoi, il y a donc des hommes capables de dire et de penser
« que toutes ces qualités brillantes, cette puissante intelligence,
« ce cœur parfait, cette amabilité, cette bonté, tout cela aurait
« disparu, aurait été anéanti en un instant ? C'est impossible. Tout
« l'homme moral et religieux demeure. Il est immortel. »

« Il ajouta beaucoup d'autres choses fort belles (2). »

immense de tous ces minces détails de l'administration. Quoiqu'il eût toujours été très actif, il n'avait sans doute pas pris l'habitude de ce pénible labeur et de cet ennuyeux et incessant tracas de l'administration, qui ne se tait ni nuit ni jour. Il faut y avoir été rompu jeune, et non seulement le gouvernement de l'Empire, par sa culture des mauvaises herbes, a étouffé dans leurs germes les bonnes plantes, mais en tenant dans l'inaction des hommes qui avaient échappé à sa corruption, il les a empêchés de se préparer par l'habitude à ce dur métier du gouvernement » (*Mélanges et Lettres*, t. II, p. 605.)

1. Souvenirs du P. Noury, 1885.

2. Le père Noury avait gardé de cette conversation un durable souvenir. Il a écrit, dix ans plus tard : « Lorsque, quelques années après la

Et le père Noury ajoute : « Il avait l'âme d'un bénédictin et d'un poète. »

C'est la seule fois, je pense, que pareil jugement lui a été appliqué. Il semble avoir quelque vérité, quand on y pense. Il ne manque au portrait que l'image de sa gaîté, qui faisait rarement défaut.

La conversation reprit un peu plus tard. Pendant des jours de fatigue et de repos forcé, qui précédaient la maladie, le religieux bienfaisant revint et fut accueilli avec un grand plaisir.

« J'allais le voir, dit-il, assez souvent. Nous avions ensemble de longues conversations, mêlées de beaucoup de controverses amicales, auxquelles d'ailleurs Mme Cochin assistait et prenait part. Pie IX était mon oracle, Mgr Dupanloup était l'oracle de M. Cochin. Il était très libéral ; j'étais autoritaire ; et tout en restant les meilleurs amis du monde, nous discutions sans fin. — Mais quand nous abordions le terrain de la piété, il n'y avait plus de note discordante ; et je sortais toujours profondément édifié de sa foi vive et de l'élévation de ses pensées. »

Dès le début, le malade garda peu d'illusions. Il dit à Mgr Dupanloup : — « Ma tête est foudroyée. Je sens que je m'enfonce dans la mort. Je meurs dans la foi de l'Eglise catholique, soumis et croyant, dans la foi des amis qui m'ont précédé et que je vais rejoindre. »

L'Evêque voulait l'engager à reprendre courage ; il ne résistait pas ; il disait : — « Je ne désire vivre que pour servir Dieu, mourir que pour le rencontrer. »

Un moment l'espérance sembla renaître. Le 21 février, le *Français* va jusqu'à parler de « prochaine convalescence » ; et il confirme la bonne impression dans les numéros suivants. Le 28 le malade put se lever quelques instants.

Mais sa tête est toujours si douloureuse ! Elle le fait penser à son ami Falloux ; il veut le lui dire.

Au Comté de Falloux

Versailles, 1er mars.

Mon cher Alfred,

Comme je vous comprends, depuis que je vous ressemble, et comme je vous admire en traversant des révoltes que vous

mort de M. Cochin, son fils Henry publia les pensées de son père, dans un volume intitulé : *Les Espérances chrétiennes*, qu'il eut la bonté de m'offrir, je me reportai naturellement vers ce souvenir, déjà lointain, de la mort de M. Lambrecht, et je compris que l'auteur de ces pages était bien celui dont j'avais entendu, en cette circonstance, les accents, pleins de foi et d'espérance. »

n'avez pas connues ! Qu'est-ce que nous avons donc fait au bon Dieu, mon bon ami? Etait-ce donc bien mal de vouloir monter sur les toits pour le servir? Il a renversé l'échelle, et la tête même a donné contre le sol ; mais que son saint nom soit béni par notre soumission et notre silence, et puissions-nous le bénir encore ensemble ! Il paraît que je vais mieux. Donnez-moi de vos nouvelles. Je crains beaucoup les surprises pour notre pauvre pays d'ici à un mois.

Tendres remerciements et respects autour de vous ; je vous demande de faire prier pour moi les Petites sœurs des pauvres (1).   Votre ami.

Dans cet intervalle de calme, sa pensée revenait à la France, à son avenir, à celui qui en tenait à cette heure la destinée dans les mains. Il voulut lui écrire et commença à dicter une lettre. Elle ne fut jamais terminée, et remise telle quelle au destinataire seulement après la mort du fidèle et sincère ami :

A Monsieur Thiers

Mon cher Président et ami,

J'ai dû succomber ces jours-ci aux attaques d'une fièvre pernicieuse dont il paraît que je reviens. Je serais mort à votre service sans me plaindre, parce que j'aime mon pays, votre personne, que j'admire profondément, et que j'aurais aimé à partager jusqu'à la mort l'acte de dévouement qui couronne votre illustre carrière. Cependant j'aurais tort de ne pas vous faire voir toute la vérité, telle que l'approche de la mort me la fait voir. Vous pouvez la recevoir de moi, sachant que je n'ai jamais donné mon âme à aucun parti, ni républicain, ni monarchique, mais seulement à Jésus-Christ, dans lequel votre puissant esprit finira par voir le vrai Dieu, venu sur la terre par un décret sublime, pour y déposer un germe perpétuel d'ordre intellectuel et de régénération morale.

Ceci est la vérité éternelle. Mais voici la vérité du moment, telle que je la vois.

Vous êtes encore assez fort, assez puissant, assez écouté dans le pays et dans l'Europe, pour pouvoir disposer des destinées de la France, votre mère, et pour pouvoir lancer ce beau navire dans le courant de la République ou de la Monarchie pendant bien des années, par un simple mouvement de votre main. Si vous le faites, vous aurez une grande place

1. Les Petites Sœurs des Pauvres, à la Tour Saint-Joseph (voir p. 239).

devant Dieu, qui vous aura choisi comme instrument, et dans l'histoire, qui n'aura jamais vu un héros, sans épée, changeant le cours des événements par la simple royauté de son esprit.

Mais il faut se hâter, et ne pas se tromper, car le temps presse, si vous voulez éviter la honte du retour de l'Empire, ou la violente tentation des convoitises de nos voisins.

Il serait plus viril de fonder la République, parce son nom apaise les passions populaires, et que nous pourrions faire en Europe une plus mâle figure sous ce nom que sous celui de la Monarchie. Mais vous ne pouvez pas ressusciter une morte. La République a été assassinée par ses enfants, l'odieux 1793, et l'imbécile 1848. — 1870 l'a emportée au tombeau. Elle a été tuée par Robespierre et Marat, puis par tous les faiseurs de phrases, de complots, de dettes et de sottises, qui sont, à trois reprises, montés sur ce char populaire...

Telle fut sa dernière pensée vers la vie et les affaires publiques, vers la France et vers l'avenir.

Il eut encore une joie. Le bruit ayant couru de sa convalescence, une nombreuse délégation d'ouvriers des Sociétés de Secours mutuels vint à Versailles porter ses félicitations. Il put les recevoir et leur serrer la main.

Dans les premiers jours de mars, le mal empira. Les douleurs cérébrales avaient redoublé ; le malade restait de longues heures accablé. Puis il revenait à lui et disait quelques mots de tendresse, de soumission et de confiance. On les a souvent cités. On doit les répéter ici.

Il pensait aux autres bien plus qu'à lui-même. Il se souvenait que la cinquantaine du mariage de ses beaux-parents devait se célébrer le 18 mars. Et il disait : « Qu'a-t-on fait pour la cinquantaine ? » — Une nuit, il s'avise qu'il est veillé par la Sœur supérieure de l'hôpital. Il veut la renvoyer à ses malades et lui dit : — « Vous ne pouvez pas les délaisser tous pour un seul ! — » « Saint Vincent de Paul, dit la Sœur, nous a recommandé de soi-« gner les bienfaiteurs des pauvres. » — Et il dit : — « Bienfaiteur « des pauvres ! Quel beau titre ! C'est le seul que j'aie jamais « ambitionné. » — Et en y pensant, il se prenait à dire : « Les pau-« vres gens ! Comme je pense à eux, maintenant que je souffre « comme eux ! »

Son souvenir allait sans cesse à ses amis qu'il avait perdus. Il se rappelait cette parole de sainte Thérèse : « Seigneur, il est temps que moi aussi je m'en aille, car tous mes amis sont morts. »

Le 6 mars, on dressa un petit autel dans sa chambre ; Mgr Dupanloup dit la messe et lui donna le viatique. Son beau-père

Benoist d'Azy servait la messe. Tous les siens étaient à genoux autour de lui. Les jours suivants il fut un peu mieux. Il ne reçut l'Extrême-Onction que le 12.

Voici le récit du père Noury.

« Mgr Dupanloup arriva presqu'en même temps que moi. Il ne pouvait retenir ses larmes. Je le priai instamment de vouloir bien lui-même faire la cérémonie... Le malade gardait toute sa connaissance, mais il fermait les yeux, et ne parlait que pour répondre aux questions qu'on lui faisait.... Je lui demandai : « — Vous « reconnaissez Mgr d'Orléans? — Oh ! oui. C'est mon père. » — Le malade parlait bas. Je rapportai ces paroles à Monseigneur, ce qui augmenta son émotion... » — Quand la cérémonie fut finie, il dit : — « Que Dieu me reçoive avec Lacordaire, Montalembert, Perreyve et Gratry. »

Il appela ses fils et leur dit : — « Je veux que vous me voyiez dans la paix de Dieu. Je suis heureux. »

Il dit encore le mot de sainte Thérèse : — « Seigneur, il est bien temps de nous voir. » On l'entendait de moins en moins.

Le père Noury rapporte : — « La sœur me dit : « il parle latin ; je ne comprends pas ses paroles. » — Je m'approchai alors, je prêtai l'oreille et j'entendis : — « *In pace, in idipsum dormiam et requiescam...,* » puis en français : — « Mon Dieu, bénissez ma femme, bénissez mes enfants. »

Il mourut le 15 mars 1872, à neuf heures du soir, à l'âge de quarante-huit ans, trois mois et quatre jours.

L'émotion des funérailles fut grande : à Versailles il y eut manifestation officielle ; M. Thiers avec le gouvernement marchait en tête ; à Paris, une manifestation plus populaire. La foule était immense, débordant de toutes parts l'église et la place Saint-Thomas d'Aquin. Il y avait un cortège de 1.500 ouvriers des Sociétés de Secours mutuels avec des immortelles à leurs boutonnières, des gens de toutes classes et de toutes croyances, des amis innombrables, mais encore une foule d'inconnus, d'humbles, de pauvres, de fidèles, de reconnaissants.

Je ne crois pas que j'exagère rien. L'impression m'est restée gravée.

Et combien d'amis qui n'étaient pas là, et pleuraient au loin ! Combien nous en avons eu de témoignages ! (1).

Un ami a dit : — « Il aura été un des hommes *les plus aimés* de son temps. »

Avant que le silence se fît, des voix çà et là se sont élevées en hommage, et des voix même d'adversaires. On ne pouvait pas ne pas s'incliner devant une pareille bonne volonté disparue.

1. J'en retiens un bien précieux, qui vient de Londres : — « Le duc de Broglie pleure. Les sanglots l'étouffent quand il veut parler de Cochin. » (CHARLES GAVARD. Un diplomate à Londres. *Lettres et notes*, Paris 1895).

Je retiens des lignes bien expressives, écrites sur l'heure, dans une lettre privée, par un des critiques les plus pénétrantes de ce temps-là. Doudan disait :

« C'était un homme tellement à part dans ces temps-ci, qu'il n'en faut pas parler en même temps que de nos misères et de nos travers. Il y a bien peu de gens qui n'aient été sensibles à cette mort. Il avait tant de vertus aimables qu'on lui pardonnait les dons très rares de son esprit. Il semblait que tout lui fût promis dans la vie publique et il aura passé sans avoir donné la mesure de son talent et de son esprit » (1).

Le temps passa. Son souvenir resta longtemps singulièrement présent. Il est resté bien fidèle en particulier dans ses humbles amis, dans la classe populaire, parmi ces ouvriers qu'il n'avait, lui non plus, jamais oubliés. C'est trente ans après sa mort que j'ai recueilli par hasard l'écho d'une voix qui s'est élevée dans une réunion de vieux ouvriers. L'un d'entre eux a dit simplement : — « Augustin Cochin, c'est un homme dont le nom restera éternellement gravé dans les mémoires ! » (2)

Il n'était pas moins resté dans les âmes les plus raffinées. C'est aussi bien des années après sa mort qu'un écrivain délicat, un esprit plutôt chagrin, mais qui se laissait à ses heures gagner par la tendresse, a fixé de lui une image qui semble parfaite (3).

« Celui-là fut la perfection même ; et encore, si, comme l'assurent les pessimistes, la perfection est souvent ennuyeuse, il faudrait trouver un autre mot pour exprimer ce délicieux mélange de piété, de bonté, de charité, de tendresse, d'éloquence, de simplicité, de patriotisme et de vertu. Il avait le charme, il avait la grâce ; il était de ceux qui donnent envie d'aimer ce qu'ils aiment, et de croire ce qu'ils croient.

« Pendant les moments trop rares et trop courts que l'on passait auprès de lui, on se sentait en présence d'une nature si exquise que l'on aurait rougi de froisser ses délicatesses par un mot grossier, par une contradiction trop violente, comme nous rougirions de faner un beau lis entre les mains de notre fille ou de notre sœur. Sa balsamique influence s'exerçait sans effort, par ce don de persuasion, qui, en nous attirant vers lui, nous engageait à être de son avis pour être meilleurs.

« Cette âme si pure, si éprise d'idéal, condamnée à souffrir de tout contact avec la vulgarité et la bassesse, n'en était pas moins intrépide, dès qu'il fallait se dévouer à la France, se jeter dans la mêlée, braver le danger, combattre les passions mauvaises, lutter contre les multitudes affolées. »

1. Suite du passage cité plus haut, p. 374.
2. Société des anciens agents retraités de la Compagnie d'Orléans. Réunion tenue à Montluçon. Septembre 1900 (*Echo de l'Allier*, 20 septembre).
3. *Gazette de France*, 21 oct. 1883. Article d'Armand de Pontmartin.

INDEX DES PERSONNES (1)

(1) On a groupé ici, pour faciliter les recherches, la plupart des noms de personnes qui se rencontrent dans les deux volumes.

TABLE DES MATIÈRES

ILLUSTRATIONS